젓가락

동아시아 5,000년 음식문화를 집어 올린 도구

젓가락

동아시아 5,000년 음식문화를 집어 올린 도구

초판 1쇄 발행 | 2017년 5월 25일
초판 2쇄 발행 | 2018년 2월 10일

지은이 | Q. 에드워드 왕
옮긴이 | 김병순

펴낸곳 | 도서출판 따비
펴낸이 | 박성경
편   집 | 신수진
디자인 | 이수정

출판등록 | 2009년 5월 4일 제2010-000256호
주소 | 서울시 마포구 월드컵로28길 6(성산동, 3층)
전화 | 02-326-3897
팩스 | 02-337-3897
메일 | tabibooks@hotmail.com
인쇄·제본 | 영신사

ISBN 978-89-98439-34-7 03910
값 22,000원

Q. 에드워드 왕 지음 | 김병순 옮김

Chopsticks

젓가락

동아시아 5,000년 음식문화를 집어 올린 도구

따비

차례

연대표　36

옮긴이 서문　39

1장　서문
중국은 전국 시대 때 젓가락을 처음 발명했다. 두 개의 막대기는 매우 단순
하지만 완벽하게 지렛대의 원리를 이용한다. 젓가락은 사람의 손가락을 연
장한 것이다.
　　　　　　　　　　　　　　　　　　　　　　　　　　　　　45

2장　왜 젓가락을 썼을까: 식사도구의 기원과 기능
고대 중국에서 끓이거나 찌는 조리법이 발달하면서, 죽과 국을 먹기 위해
식사도구가 일반화되었다. 젓가락은 국에 들어 있는 건더기를 건져 먹는
용도로 부차적으로 쓰였다.
　　　　　　　　　　　　　　　　　　　　　　　　　　　　　73

3장　쌀밥을 먹을까, 국수를 먹을까: 젓가락 사용의 변천 과정
한나라 때부터 당나라 때까지 중국 농업에 일어난 변화는 음식문화와 식
사도구에도 영향을 끼쳤다. 밀의 재배와 제분 기술의 발달로 젓가락의 활
용도가 숟가락보다 높아졌다.
　　　　　　　　　　　　　　　　　　　　　　　　　　　　　117

4장　젓가락문화로 묶이다: 베트남, 일본, 한국 그리고 그 너머
14세기경 오늘날의 중국, 베트남, 한국, 일본에 젓가락문화권이 확립되었
으나, 각 지역에서 그 양상은 민족의 전통에 따라, 음식문화에 따라, 중국
문화의 영향력에 따라 달랐다.
　　　　　　　　　　　　　　　　　　　　　　　　　　　　　161

5장　젓가락 사용: 풍습, 사용 방식과 예절
각 나라에서는 식사 방식에 맞는 식탁 예절이 발달했다. 젓가락의 길이, 놓
는 방식, 숟가락의 역할 등에서 차이가 나기는 하지만 함께 먹는 사람들에
대한 배려라는 공통점이 있다.
　　　　　　　　　　　　　　　　　　　　　　　　　　　　　205

6장 떨어질 수 없는 한 쌍: 선물, 은유와 상징으로서 젓가락

젓가락은 고대 중국에서부터 날마다 쓰는 식사도구가 된 이래 문인과 시
인, 사상가들의 사랑을 받는 대상이 되었다.   251

7장 전 세계 음식문화를 이어주는 '가교'

아시아음식은 전 세계에서 즐겨 먹는 음식이 되었고, 그것을 먹기 위해 젓
가락을 사용하는 인구도 늘고 있다. 이로써 늘어난 일회용 나무젓가락과
관계된 환경 문제도 제기되고 있다.   293

결론

젓가락과 젓가락질은 수천 년 동안 동아시아와 동남아시아 지역 사람들과
함께하면서 마침내 하나의 살아 있는 전통이 되었다.   331

출처 및 주석   340

그림 출처   371

참고문헌   373

찾아보기   389

표기 일람   400

감사의 말   410

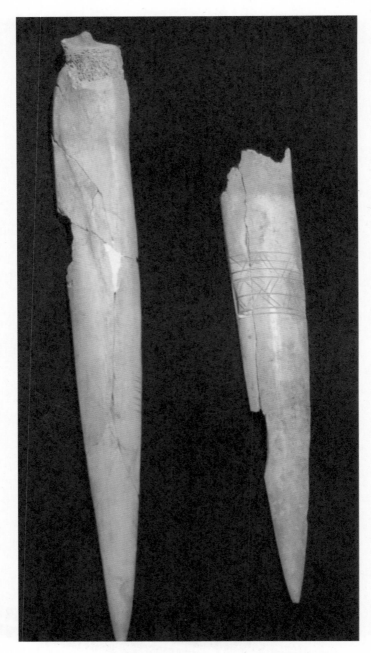

그림 1 중국 쓰촨성 신석기 문화 유적지에서 출토된 뼈 숟가락. (관련 내용 55쪽)

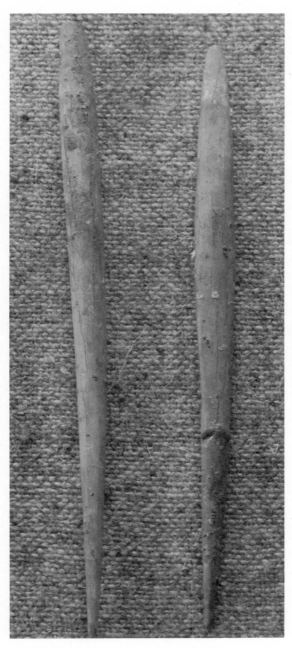

그림 2 중국 장쑤성 롱치우장 신석기 문화 유적지에서 발견된 신석기 뼈 젓가락. (관련 내용 76쪽)

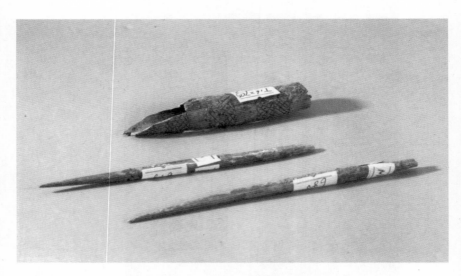

그림 3 룽치우장의 (아래쪽 가느다란 막대 두 개) 신석기 뼈 젓가락. (관련 내용 76쪽)

그림 4 이 벽돌부조는 1세기경 고대 중국에서 젓가락이 어떻게 쓰였는지 보여준다.
(관련 내용 123쪽)

그림 5 고대 중국의 식습관: 앉은뱅이 식탁 위에 음식을 차려놓고 둘러 앉은 모습.
1~3세기 것으로 추정되는 벽돌부조에 그려진 것이다. (관련 내용 220쪽)

그림 6 3~5세기경 고대 중국에서 젓가락이 조리도구로 사용된 것을 보여주는 프레스코 고분벽화. 자위
관嘉峪關시에서 20킬로미터 떨어진 고비사막 북서쪽에서 발굴된 위나라와 진나라 시대의 것이다.
(관련 내용 78쪽)

그림 7 기원전 2세기경 한나라 마왕퇴묘馬王堆墓에서 발견된 나무그릇들과 대젓가락 한 쌍이 담긴 쟁반.
(관련 내용 122쪽)

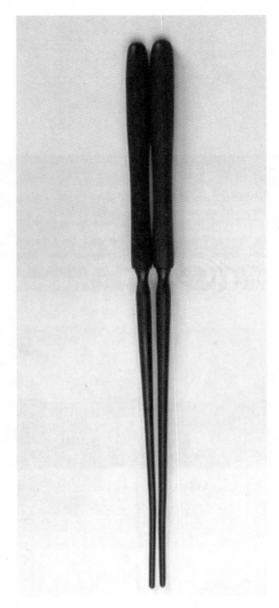

그림 8 일본 에도 시대의 (숯을 매만져서 불길을 조절하는 데 쓰는) 부지깽이: 젓가락이 식사도구가 아닌 다른 용도로 쓰였을 수 있음을 보여주는 또 다른 예다. (관련 내용 84쪽)

그림 9 17~19세기 만주족의 도구. 만주족은 대개 젓가락을 포크와 나이프와 섞어 썼다. (관련 내용 204쪽)

그림 10 주막의 천막 아래서 먹고 마시는 장면. 8~9세기. 둔황에 있는 유명한 당나라 불교 동굴사원의 프레스코 벽화. (관련 내용 160쪽)

그림 11 〈야외 소풍〉: 8세기경. 젓가락이 음식을 집어 먹는 데 쓰이고, 사람들이 바닥이 아닌 긴 의자에 앉아서 식사했음을 보여주는 당나라 벽화. (관련 내용 220쪽)

그림 12 〈문회도文會圖〉: 북송 휘종徽宗 때 조길趙佶(1082〜1135)의 작품.
두루마리, 비단에 먹과 물감, 184.4×123.9cm (관련 내용 220쪽)

그림 13 중국인이 처음에는 여럿이 한 상에서 먹지 않고 독상으로 먹었음을 보여주는 〈야연도夜宴圖〉 또는 〈한희재야연도韓熙載夜宴圖〉. 970년경 고굉중顧閎中 작품. 두루마리, 비단에 먹과 물감, 길이 28.7cm, 너비 335.5cm (관련 내용 222쪽)

그림 14 높은 의자에 앉아 식탁에서 함께 식사하는 조씨 부부. 송나라(960~1127) 무덤에서 발굴된 벽화로, 중국에서 10세기 이후에 가정에서 공동 식사가 시작되었음을 보여준다. (관련 내용 223쪽)

그림 15 아시아에서 공동 식사 방식의 확산을 보여주는 벽화. 금나라 때(13세기경) 한 식탁에서 함께 식사하는 한 가족이다. (관련 내용 225쪽)

그림 16 〈여자 22〉: 에도 시대 유행한 화풍인 우키요에浮世繪 양식으로 그린 이 그림에서 볼 수 있듯이, 일본인이 젓가락에 익숙해진 것은 약 7세기 이후였다. 우타가와 구니요시歌川国芳(1797~1862) 작품. (관련 내용 190쪽)

그림 17 중국인이 젓가락으로 어떻게 밥을 먹었는지 묘사한 〈사냥꾼 무리A Group of Trackers〉. 18세기 중국을 방문한 유럽인이 그렸다. (관련 내용 298쪽)

그림 18 19세기 말 서태후의 환관 우두머리(대태감) 이연영李連英의 초상화.
(관련 내용 231쪽)

그림 19 〈최근 미국 사회의 열풍, 중국음식점에서 식사하고 있는 뉴요커들The Latest Craze of American Society, New Yorkers Dining in a Chinese Restaurant〉. 1910년에 활약한 레슬리 헌터Leslie Hunter 작품. 《그래픽 매거진The Graphic Magazine》 삽화(1911). (관련 내용 61쪽)

그림 20 일본 도시락에 함께 담기는 젓가락. (관련 내용 233쪽)

그림 21 대개 옻칠을 한 일본의 '부부 젓가락'. 남편 것은 아내 것보다 조금 더 길고 화려하다.
(관련 내용 235, 255쪽)

그림 22　양쪽 끝으로 갈수록 가늘어지고 가운데가 둥근 일본의 축하용 젓가락 '오이와이바시'. 휴일과 명절에 인간과 신이 함께 음식을 나눠 먹는다는 신도 신앙을 반영한다.
(관련 내용 262쪽)

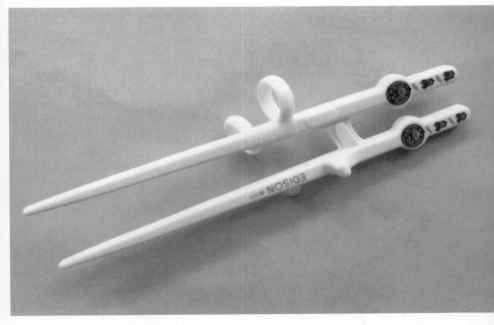

그림 23 일본에서 발명한 연습용 젓가락은 아이들이 손가락으로 젓가락을 잡고 음식을 쉽게
집어 먹을 수 있게 한다. (관련 내용 239쪽)

그림 24 일본 젓가락으로 오리고기를 넣은 메밀국수를 먹는 모습. (관련 내용 59쪽)

그림 25 쌀밥을 덩어리로 떠서 먹을 수 있다는 사실 때문에 젓가락은 아시아에서 주된 식사도구가 되었다. (관련 내용 112쪽)

그림 26 홍콩 스탠리의 스탠리마켓에 진열된 중국 젓가락, 젓가락 받침, 도자기 숟가락과 그릇들. (관련 내용 60쪽)

30

그림 27 실제 식사용보다는 선물용으로 더 많이 쓰이는, 일본 상점들에서 팔리는 장식용 젓가락.
(관련 내용 146쪽)

그림 28 일회용 젓가락으로 테이크아웃 가게에서 사 온 중국음식을 먹는 모습. (관련 내용 72쪽)

그림 29 중국 시안의 한 집단 결혼식에서 한나라 때 복식을 하고 함께 밥을 먹고 있는 부부들.
(관련 내용 258쪽)

그림 30 충남 공주시 금성동 백제 무령왕릉에서 출토된 동제 수저. (관련 내용 191, 266쪽)

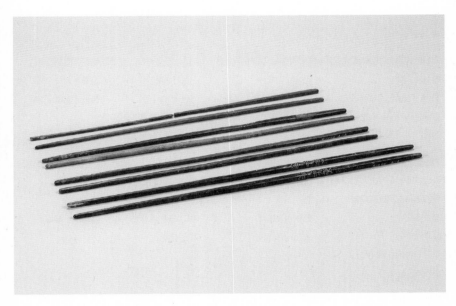

그림 31 고려 시대에 만들어진 청동제 젓가락. 정확히 언제 어디에서 출토된 것인지는 알려져 있지 않다. 길이는 23.7~27.2cm, 지름은 0.3~4.2cm다. (관련 내용 193쪽)

연대표

중국	한국	일본	베트남
기원전 4000년까지			
고대 인간 신석기 시대 (양사오[仰韶]) 곡물 뼈 도구 발견	신석기 시대	구석기/신석기 시대 (조몬[繩文])	신석기 시대
기원전 4000~1000년			
신석기 시대 하(夏), 상(商), 주(周)나라 갑골문자/ 문자 체계 청동기 시대 (청동기 도구)	신석기 시대 기원 신화	신석기 시대 기원 신화	신석기 시대 청동기 시대
기원전 1000~서기 300년			
주나라와 전국시대 진(秦)나라와 한(漢)나라 실크로드 유교와 도교 주곡: 기장(북)/ 쌀(남) 밀가루음식 확산 식사도구 사용 개시	청동기 시대 철기 시대 한사군(漢四郡) 초기 삼국 시대	신석기 시대 (조몬) 야요이(彌生) 문화 기원 신화	청동기 시대 철기 시대 한나라에 복속
서기 300~600년			
한나라 멸망 불교 남북조 시대 당(唐)나라 숟가락과 젓가락 한 벌로 사용	삼국 시대 청동기 식사도구 (숟가락, 젓가락) 발견	고분(묘) 시대 아스카(飛鳥) 시대 불교	청동기 시대 철기 시대 불교 중국 지배 지속 식사도구 사용

중국	한국	일본	베트남
600~1000년			
당나라	통일신라	아스카 시대	중국 지배 지속
불교 전파	고려 시대	나라(奈良) 시대	
실크로드	식사도구 사용	헤이안(平安) 시대	
주곡: 밀, 기장(북)/ 쌀(남)		불교 전파	
당나라 멸망		중국에 사절단 파견	
		도구 사용 소개	
		나무젓가락 발견	
1000~1450년			
송(宋)나라	고려	후기 헤이안 시대	중국 지배 종료
요(遼)나라	조선	가마쿠라(鎌倉)/	
진(晉)나라	주자학	무로마치(室町) 시대	
서하(西夏) 왕조	몽골에 복속	식사용 젓가락	
참파 벼 도입	육식		
몽골에 복속/ 원(元)나라	금속 식사도구		
주자학			
명(明)나라			
공동 식사 방식 개발			
식사도구로 젓가락만 사용			
1450~1850년			
명나라	조선	무로마치 시대	독립
청(淸)나라	임진왜란	통일 일본	후레(後黎) 왕조의
도자기 국숟가락	식사도구로 숟가락과	도쿠가와(德川) 시대	참파국 침공
	젓가락을 한 벌로 사용		

일러두기

- 인명, 지명, 일반 단어의 원어는 최초로 나올 때만 병기하며, 권말에 따로 찾아보기를 두었다.
- 본문의 강조(굵은 글씨)는 원서(저자)에 따른 것이며, 인용문 안의 〔 〕는 저자가 삽입한 것이다.
- 저자의 주석 및 출처 표시는 미주로 달았다.
- 옮긴이의 주석은 각주로 달았고, 그중 일부는 본문에 { } 안에 넣었다.
- 그림 30과 31은 한국어판을 내면서 편집부에서 추가한 것이다.

옮긴이의 글

우리 주변에 늘 있기 때문에 평소에는 그것의 존재감을 느끼지 못하는 것들이 많다. 하지만 숨이 막히는 상황에 처했을 때 공기의 중요성을 깨닫듯이, 평상시에 존재감을 느끼지 못할 정도로 일상적인 것은 그만큼 우리의 삶에서 없어서는 안 될 중요한 존재라는 방증이다. 젓가락도 그 가운데 하나일 것이다. 날마다 밥 먹을 때 젓가락을 쓰지만, 그것은 당연한 것이기에, 젓가락에 대해서 어떤 궁금증을 느끼거나 여유를 갖고 따로 생각해본 적이 없었다. 이 책을 읽기 전까지는 말이다.

중국계 미국인 학자인 저자는 이 책에서 젓가락이 언제 어디서 왜 생겨났고, 그 뒤에 어떻게 발전해서 전파되었는지를, 유적지에서 발굴된 화석과 벽화 같은 고고학 유물과 중국 고전 문헌을 비롯해 한국과 일본의 고전과 문집들을 두루 살펴서 이른바 젓가락 문화권의 형성 과정을 한눈에 꿰뚫어볼 수 있는 방대한 젓가락문화사를 완성했다. 이 책은 젓가락보다 숟가락이 먼저 쓰였지만 쌀밥과 만두나 국수 같은 밀가루음식이 널리 퍼지면서 젓가락이 더 주된 식사도구가 되었고, 북중국에서는 주식이 쌀이 아니라 기장이었기 때문에 기장밥을 주로 먹은 공자도 손으로 밥을 집어 먹었고, 당나라 때 불교의 영향으로 젓가락이 중국 밖으로 전파되었고, 젓가락을 먼저 사용한 것은 일반 하층계급이었으며 나중에 상층계급으로 퍼져나갔다는 따위의 흥미진진한 내용을 많이 담고 있다.

하지만 개인적으로는 이 책을 통해서 한국과 중국, 일본이 역사적, 문화적으로 그리고 심지어 민족적으로도 그동안 알고 있었던 것보다 훨씬 더 밀접한 관계라는 사실이 더 크게 와 닿았다. 그래서 한국과 중국, 일본이 지금처럼 서로 적대적이지 않고 우호 관계를 유지한다면, 세상은 훨씬 더 평화로워지지 않을까 하는 엉뚱한 생각도 잠시 해보았다. 또 한편, 젓가락의 역사를 통해 동북아 지역의 음식문화가 어떻게 바뀌었고 상이한 지리적 환경에 어떻게 다양하게 적응하며 서로 교류했는지를 알 수 있다는 것은 또 다른 즐거움이다.

바늘 가는 데 실 가듯이, 식사도구에 음식이 있는 것은 당연한 이치다. 책 읽기가 단순한 지적 만족이 아니라 삶의 기쁨일 수 있다는 것을 이 책을 통해 또 한 번 느낀다. 평소 일상에서 흔히 보는 것을 소재로 그것의 역사를 탐색하는 책들을 좋아하지만, 젓가락을 소재로 해서도 이렇게 방대하고 깊이 있는 글이 나올 수 있다는 사실에 감탄하지 않을 수 없다. 그러나 여기서 말하는 한국과 관련된 젓가락의 역사는 좀 명확하게 이해되지 않는 부분들도 있다. 예컨대, 6세기경 삼국 시대 때 한반도에서 처음으로 젓가락을 쓰기 시작했다는 저자의 주장은 우리의 역사 문헌들에 대한 연구가 부족한 가운데 나온 추정이기 때문에, 결국은 우리 학자들이 풀어야 할 숙제가 아닌가 생각한다. 실제로 이 책의 참고문헌 가운데 한국인 학자가 쓴 논문이나 책은 거의 없다.

이 책을 번역하면서 어려웠던 점을 몇 가지 말한다면, 첫째, 책에서 인용하는 내용들의 출처가 중국 고전이기 때문에 원문이 한문이라는 점이었다. 그런데 원서에서는 영어로 그것을 번역하여 썼기 때문에 우리말로 다시 번역할 때, 우리 독자들을 위해 한문 원문을 찾아서 주석을 달 필요가 있었다. 또한 영역한 인용문이 국내 고전 언해나 집주의 내용과 일치하지 않을 경우 일일이 확인해야 했기 때문에 시간이 매우 오래 걸렸다. 따라서 원서의 영어 내용과 우리말로 번역한 것이 약간 다를 수 있다. 국내의 고전 언해와 집주 내용을 주로 따랐기 때문이다. 둘째, 영문으로 표기된 인명이나 책이름도 일일이 한자어를 찾아 표기해야 하는 어려움도 컸다. 일부는 잘 알려지지 않은 저자 이름이거나 전공 학자가 아니면 잘 모를 문집 속에 등장하는 인물 이름도 있어, 그들의 한자명을 찾는 과정 또한 매우 힘들었다. 구글 검색을 통해 그 이름이 들어 있는 문집이나 논문들을 찾아 본문에서 한자명을 찾아내기도 했다. 셋째, 저자가 오기하거나 잘못 인용한 출처 때문에 엄청난 시간을 소비한 경우도 있다. 예컨대, 저자가 《시경》에 나온 시라고 출처를 밝힌 것이 사실은 《초사》에 실린 시라는 사실을 알아내기까지 걸린 시간과 노력은 이루 말할 수 없다. 이런 번역의 어려움을 장황하게 쓴 까닭은 번역이 단순히 책에 나온 내용을 우리말로 옮기는 과정이 아니라, 독자들이 알고 싶어하는 정보들을 미리 고민하고 찾아내는 작업도 병행하는 것임을 알리고 싶어서다. 또한 이런 종류의 책은 편집자의 손질도 그만큼 많이 가기 때문에 그들의 노고에도 감사의 말씀을 드리지 않을 수 없다. 하지만 이렇게 고생하고 번역한 책은 끝났을 때 만족 또한 크다. 그만큼 독자들에게도 일독을 권할 만한 책이라는 뜻이다.

이 책의 저자도 회고하듯이, 어렸을 적에 젓가락질을 배우느라 부모님에게 한두 번 혼나보지 않은 사람은 없을 것이다. 하지만 요즘은 아예 젓가락을 쓰지 않고 포크와 숟가락만 쓰는 아이들도 많다. 시대가 바뀌어서 그런 거라고 그냥 넘어갈 수도 있지만, 식습관과 식사도구의 변화는 이 책에서 보듯이 역사와 문화의 산물이다. 젓가락이 인류 역사에서 가장 품격 있는 식사도구라는 롤랑 바르트의 젓가락 예찬은 젓가락문화권에서 젓가락의 존재감을 잊고 살기 쉬운 사람들이 귀담아들을 만하다.

"젓가락은 서양의 나이프(그리고 그것의 포악한 대용물인 포크)와 완전히 다르다. 젓가락은 음식을 베거나 찌르거나 난도질하거나 잘라내는 것(이것은 모두 요리를 위한 재료 준비로 격하된 매우 제한된 행동들이다. 팔기 위해 살아 있는 장어의 껍질을 벗겨내는 생선 장수는 그것을 일종의 제물을 바치기 위한 행위지 살생이라고 생각하지 않는다.)을 거부하는 식사도구다. 젓가락으로 먹는 음식은 이제 더 이상 폭력을 가해서 얻은 먹이(서로 얻기 위해 다투는 살덩어리, 고기)가 아니라, 조화롭게 이동된 물질이다. 젓가락은 이전에 새 모이와 밥으로 뚜렷이 구분되던 물질을 한 줄기 젖으로 바꾸었다. 젓가락은 지치지 않고 어머니가 밥을 한입 떠먹이는 것 같은 몸짓을 하는 반면, 창과 칼로 무장한 서양의 식사 방식에는 포식자의 몸짓이 여전히 남아 있다."

2017년 5월

김병순

1장

서문

중국은 전국 시대 때 젓가락을 처음 발명했다.

두 개의 막대기는 매우 단순하지만 완벽하게 지렛대의 원리를 이용한다.

젓가락은 사람의 손가락을 연장한 것이다.

손가락이 할 수 있는 것은 무엇이든 젓가락도 할 수 있다.

게다가 젓가락의 이런 위대한 능력은 기온이 높이 올라가도,

얼음이 얼 정도의 추위에도 전혀 영향받지 않는다.

오늘날 15억 명이 넘는 사람이 날마다 젓가락으로 음식을 먹는다. 이 책은 옛날부터 오늘날까지 젓가락의 역사를 살펴보는, 영어로 쓴 최초의 책이다. 이 책의 목적은 세 가지다. 첫째는 사람들이 어떻게 그리고 왜 젓가락을 쓰기 시작했고, 아시아 지역을 넘어서 여러 나라에서 어떻게 젓가락 사용이 식습관으로 굳어졌는지 설득력 있고 믿을 만한 근거를 가지고 설명하는 것이다. 둘째는 젓가락 사용이 아시아 지역의 조리법과 요리에 어떤 영향을 끼쳤고, 또 그 반대로 영향을 받은 것은 없는지 검토하는 것이다. 그리고 셋째는 젓가락을 사용하는 사람들의 문화들에 숨어 있는 저마다의 젓가락과 젓가락질의 문화적 의미가 무엇인지 분석하는 것이다. 젓가락은 주로 식사도구지만 그 밖에 다른 용도로도 많이 쓰인다는 특징이 있다. 풍부하고 깊이 있는 문화 기록들이 젓가락의 역사

속에 깊숙이 파묻힌 채 우리의 탐색을 기다리고 있다.

    수세기 동안 젓가락은 그것을 사용하는 아시아 지역 사람들과 그렇지 않은 세계의 나머지 지역 사람들을 구분하는 근거 가운데 하나였다. 심지어 일부 일본인 학자는 지구상의 다른 두 문화권— 중동과 남아시아, 동남아시아 일부 지역처럼 손가락으로 밥을 먹는 식사 전통이 있는 문화권과 오늘날 유럽, 아메리카, 오스트레일리아 같은 지역처럼 포크와 나이프를 써서 음식을 먹는 문화권— 에 비해 매우 독특한 '젓가락문화권'을 따로 구분하기까지 한다.[1] 또, 린 화이트Lynn White 같은 학자들은 세계를 손가락으로 밥을 먹는 사람들, 포크로 먹는 사람들, 그리고 젓가락으로 먹는 사람들의 세 부류로 나누었다.[2] 젓가락을 최초로 사용한 중국을 중심으로 하는 젓가락문화권은 한반도, 일본 열도, 동남아시아 특정 지역, 몽골 스텝과 티베트 고원지대를 아우른다. 최근 몇 십 년 동안 아시아음식이 전 세계적으로 점점 인기를 얻으면서, 이 젓가락문화권의 범위 또한 계속 넓어지고 있다. 기존에 그 문화권에 속하지 않았던 지역에서도 아시아음식을 먹으면서 젓가락을 사용하는 사람이 점점 많아지고 있다. 실제로 전 세계에 산재한 중국음식점을 비롯한 아시아음식점에 오는 아시아인이 아닌 많은 손님이 젓가락을 사용하는데, 그들 가운데 일부는 젓가락질이 매우 능숙하다. 또한 전통적으로 오른손을 써서 밥을 먹는 태국과 네팔에서도 오늘날 젓가락을 써서 음식을 먹는 모습을 점점 더 자주 목격할 수 있다.

젓가락을 사용하는 사람들은 대개가 이 아시아의 식사도구를 쓰는 것이 단순히 전통적인 식습관의 계승이라고만 생각하지는 않는다. 그들은 또한 젓가락 사용이 음식을 먹는 것 말고도 효용성이 많다고 믿는다. 런던에 살고 있는 일본계 영국인 작가인 키미코 바버Kimiko Barber는 《젓가락 식사법The Chopsticks Diet》(2009)이라는 책에서, 일본음식이 서양음식보다 대체로 더 몸에 좋은데 그러한 건강식의 열쇠는 무엇을 먹는가가 아니라 어떻게 먹는가라고 주장한다. 그녀는 젓가락이 바로 그런 역할을 한다고 주장한다. 그녀의 논거는 이렇다. "젓가락으로 밥을 먹으면 천천히 먹기 때문에 밥을 덜 먹게 된다." 젓가락이 주는 이득은 단순히 밥을 덜 먹게 하는 것만이 아니다. 바버의 계산에 따르면, 젓가락으로 먹으면 더 천천히 ─한 끼에 20분 정도─ 먹기 때문에, "음식에 대해 찬찬히 생각할 수 있는 정신적 여유와 거기서 얻는 즐거움을 누릴 수 있게 한다."[3] 다시 말해서, 젓가락으로 먹으면 당신은 음식을 음미할 줄 아는 미식가가 된다!

젓가락으로 밥을 먹으면 이보다 훨씬 더 많은 이점이 있다고 주장하는 사람들도 있다. "젓가락문화권"이라는 새로운 용어를 만들어낸 일본인 작가들 가운데 한 명인 이시키 하치로一色八郎는 젓가락을 쓰려면 두뇌와 손이 서로 조화를 잘 이루어야 하기에 (아마 다른 도구들을 사용하는 것보다 더 긴밀한 협조가 필요할지도 모른다.) 젓가락 사용은 민첩하게 손을 놀릴 수 있게 할 뿐 아니라, 궁극적으로 두뇌 발달, 특히 어린이의 지능 향상에 큰 도움을 준다고 주장한다. 이시키 말고도 이렇게 생각하는 사람들이 있다.[4] 최근 몇 년 사이에 여러 과학자가 젓가락과 관련된 몇 가지 또 다른 의문점을 풀기 위한 실험을 진행했는데, 그 가운데 하나가 젓가락질을 자주 하면 손놀림이 더욱 민첩해지는가 하는 것이다. 심리학자들도 젓가락질이 어린이들이 밥을 먹을 때 더 높은 차원의 독립성을 촉진할 수 있는지 세밀하게 살펴보았다. 그 결과는 둘 다 긍정적이었다. 하지만 또 다른 과학적 연구에 따르면, 어릴 적 젓가락질은 어린이들의 소근육(손가락과 얼굴 근육) 운동을 촉진하지만, 평생토록 젓가락을 사용하면 늙어서 손 관절이 퇴행성 골관절염에 걸릴 위험이 높아질 수 있다고 한다.[5]

젓가락 사용이 주는 다양한 이점과 함께 신체에 피해를 입힐 수 있는 것들을 조사하고 설명하는 것은 가치 있는 과학적 연구임에 틀림없다. 그러나 내가 여기서 말하고자 하는 것은 앞에서 시작할 때 언급한 그 세 가지로 제한된다. 나는 역사학자로서 젓가락 사용의 장점과 단점을 역사 속에서 주로 검토하되, 역사적 근거와 고고학적 증거를 바탕으로 논의를 진행할 것이다. 하나의 사회적 징표, 문학적 상징, 문화적 유물, 종교적 대상으로서 젓가락의 복합적 기능을 설명하려면 다양한 문학 자료, 전통문화, 종교 문헌에 의존하지 않을 수 없다.

수천 년 동안 아시아 전역에서 널리 쓰인 식사도구로서 젓가락은, 손가락으로 적절하게 그것을 감싸 쥐고 효과적으로 젓가락질을 하려면 웬만큼 연습이 필요하지만, 지속적인 유용성과 꾸준한 매력을 보여주었다. 젓가락문화권에서 그런 훈련은 대개 어릴 적부터 시작한다. 최근 몇 년 동안, 서양 문화의 영향력을 고려할 때 아시아 국가들에서도 포크와 나이프를 사용하는 사람이 점점 늘고 있다. 단순히 서양인 손님이 자주 출입하는 음식점에 한정된 이야기가 아니다. 반면, 아시아의 젊은이들 가운데 젓가락질을 제대로 할 줄 아는 사람이 줄어들었다는 말도 있다. 전통적으로 각 가정에서 젓가락질하는 법을 배웠지만, 이제는 적절한 사용법을 배우지 못한 많은 어린이가 자기 식대로 젓가락 사용법을 익혀서 품위 없는 모습으로 젓가락질을 하고 있다.

그럼에도 불구하고, 오늘날 많은 사람이 음식을 먹을 때 서양의 포크와 나이프를 쓰는 전 세계 다른 지역과 비교하면, 젓가락문화권의 본거지들은 여전히 온전하게 건재하고 있다. 그들의 일상생활에서 젓가락은 없어서는 안 될 도구이기 때문이다. 더 나아가, 그 문화권에 살고 있는 사람들은 외부 세계에서 온 방문객도 그 도구를 쓰기를 바란다. 대부분의 음식점 식탁 위에 늘 얹혀 있는 유일한 식사도구가 젓가락이다. 아시아 지역 밖에 있는 중국음식점이나 다른 아시아 국가 음식점에 가면, 젓가락을 넣은 봉지나 식탁용 종이깔개 위에 젓가락 사용법을 표시한 간단한 그림이 인쇄되어 있다. 그것을 본 모든 손님은 젓가락을 한번 써보고 싶은 마음이 들게 마련이다.

젓가락은 언제 발명되었고 고대 중국에서 어떻게 처음으로 사용하게 되었을까? 고고학적 연구 결과에 따르면, 중국의 신석기 문화 유적지 여러 곳에서 젓가락의 원형으로 여겨지는 기다란 뼈막대들이 발견되었는데, 이는 기원전 5000년이나 그 이전에 벌써 젓가락이 사용되었을 수 있다는 뜻이다. 그러나 그것이 정말 젓가락이었다 해도, 당시에는 음식을 먹는 도구로만 쓰이지는 않았을 것이다. 오히려, 이런 초기의 젓가락은 아마도 두 가지 기능을 했을 가능성이 크다. 조리할 때, 또는 식사할 때, 아니면 두 경우 모두에 쓰였을 것이다. 흥미롭게도 많은 아시아 가정에서 이에 대한 사례를 발견할 수 있다. 지금까지도 아시아 가정에서 젓가락은 편리한 주방 기구다. 예컨대 음식을 끓일 때, 젓가락을 교반기나 믹서처럼 사용할 수 있다. 또한, 막대기 두 개를 집게처럼 움직여서 그릇에 담긴 음식물을 집을 수도 있다. 그릇에서 음식물을 꺼내 입에 넣을 때, 사람들이 사용하는 그 막대기들은 식사도구, 다시 말해서 젓가락이 된다. 음식 전문가들은 대개 이런 식으로 고대 중국에서 젓가락이 처음 사용되었다고 믿는다. 역사 문헌과 조사에 따르면, 손이 아니라 식사도구(젓가락을 포함해서)를 써서 음식을 먹는 것은 기원전 4세기부터 서서히 중국인이 선호하는 식습관으로 자리 잡기 시작했다.[6]

젓가락이 나오자마자, 문화와 요리와 관련된 요소들이 직간접적으로 젓가락은 물론이고 주방 기구 사용을 확산시키는 데 한몫했다. 중국인을 비롯한 여러 아시아인에게 음식물을 집어 나를 때 도구를 사용한다는 것은 문화적 진보를 의미한다. 우리가 이 책을 통해 전하고자 하는 요점이 바로 이것이다. 그러나 뜨거운 음식을 조리하거나 먹을 때, 기구를 사용하는 것은 어쩌면 필수적일지도 모른다. 중국의 청동기 시대인 상商나라 때(기원전 1600~1046), 세발솥 형태의 청동 그릇이 널리 쓰였다. 이런 주방 기구가 음식을 조리하기 위해, 특히 음식물을 끓이기 위해 만들어졌다는 것은 의심할 나위가 없다. 물론 사람들은 조리된 음식을 손으로 집어 먹을 수 있다. 그러나 대개 끓인 음식이 그러하듯이 죽처럼 액체 상태로 조리된 음식이라면, 그것을 손으로 먹기는 어렵다. 게다가 고대 중국인은 끓인 음식을 좋아했을 뿐 아니라, 그것을 대개 뜨거운 상태 그대로 즐겨 먹었다. 따라서 밥을 먹을 때 손을 데거나 다치는 것을 피하려면 기구를 사용하는 것이 꼭 필요했다.

하지만 이런 식습관—뜨거운 음식을 먹는 습관—이 어떻게, 그리고 왜 중국인 사이에 널리 퍼지고 오늘날까지 어느 정도 지속되고 있는지에 대해서는 아직까지 어떤 명확한 설명도 나온 것이 없다. 북중국의 기후가 한 요인이었을 수도 있다. 그곳은 여름을 빼고는 늘 춥고 건조한 날씨였기(지금도 그러하다.) 때문에, 뜨거운 음식을 더욱 좋아했을 수 있다. 국(중국어로 '껑羹'*)은 고대 중국의 역사 문헌들에서 대중이 가장 많이 먹는 요리로 기록되어 있다. 지금보다 더 많은 사람이 먹었을 것으로 보이는 고기 섭취가, 뜨거운 음식을 먹는 식습관을 갖게 된 또 하나의 요인이었을 수 있다. 고기요리는 식으면 맛이 없어지기 때문이다.

---

* 우리말로는 '갱'이라고 읽는데, 채소나 고기 등을 넣어 끓인 걸쭉한 수프를 말한다.

식사도구 사용이 식습관으로 정착되고 하나의 문화 형태로 받아들여지면서, 지리적으로 다양한 지대에 사는 사람들에게 그와 같은 식습관이 퍼져나갔다. 예컨대, 일본인은 북중국 사람처럼 뜨거운 음식을 그다지 즐기지 않았지만, 7세기부터 젓가락질을 하기 시작했다. 베트남은 북중국보다 기후가 훨씬 더 따뜻하고 습도가 높은데도 뜨겁게 끓인 음식들이 일부 있다는 것은 특이하다. 따라서 일본인과 베트남인은 중국의 문화적 영향 때문에 음식을 먹을 때 도구를 사용하게 되었다고 주장하는 사람들도 있다. 천 년 동안 중국 제국의 지배를 받은 베트남의 경우, 이런 문화적 요인은 동남아시아 대부분의 이웃 국가가 전통적으로 손을 사용해 음식을 먹었다는 것을 고려할 때 더욱 특이하다. 이 이웃 국가들과 대조적으로 베트남인은 수백 년 동안 젓가락을 사용해 음식을 먹었다.

그렇다면, 우리가 도구를 써서 음식을 먹으려고 할 때, 반드시 젓가락만 써야 할 까닭이 있을까? 꼭 그렇지는 않다. 비록 약 5세기부터 지금까지 젓가락문화권이 아시아 지역에 건재했지만, 그 지역에 사는 사람들이 발명해 사용하고 있는 식사도구가 젓가락뿐인 것은 아니다. 실제로 나이프와 포크는 물론이고 숟가락과 국자 같은 도구들이 모두 아시아 대륙에 등장했고, 조리하거나 식사할 때 모두 사용되었다. 게다가 고고학적 유물과 역사 문헌에 따르면, 젓가락이 비록 일찌감치 발명되기는 했지만 최초의 식사도구는 아니었고, 그것을 처음 사용한 고대 중국에서도 한동안 가장 중요한 식사도구로 취급받지 못했다. 먼저 사용되고 더 중요한 식사도구는

숟가락이었다. 좀 더 자세히 말하자면, 그것은 중국어로 '비ヒ'라고 하는 단검 모양의 숟가락으로, 고대 중국인에게 반드시 필요한 식사도구였다.(그림 1)

초기에 숟가락이 젓가락보다 더 중요한 식사도구였다는 것을 이해하려면 중국인과 아시아인이 역사적으로 먹은 음식의 종류를 생각해볼 필요가 있다. 음식사가들은 사람들이 먹는 음식을 대개 두 가지로 나눈다. 곡물음식과 곡물이 아닌 음식. 전자는 한 끼 식사로 쌀이든 밀이든 기장이나 옥수수든, 곡물을 먹는 많은 곳에서 당연히 더욱 중요하다. 아시아인은 예외 없이 그러하다. 중국어로 '판飯'은 모든 곡물음식을 가리키는 단어다. 오늘날 그것은 대개 '쌀밥'을 의미한다. 그 단어는 한국어로 '밥', 일본어로 '[고]항ご飯', 베트남어로 '꼼co'm'이라고 발음되는데, 모두 같은 의미다. 그처럼 중국에서 밥을 먹는 것을 '츠판吃飯'이라고 말하는데, 말 그대로 '익힌 곡물(쌀밥)을 먹는 것'을 의미한다. 물론, 식사할 때 '차이菜'라고 통칭되는, 곡물음식이 아닌 요리들도 함께 차려지지만 그때도 중국인은 그냥 밥을 먹는다고 말한다. 마찬가지로, 일본어로 '고항오 다베루ご飯を食べる'에는 단순히 쌀밥을 먹는다는 의미를 넘어 다른 반찬이나 요리와 함께 한 끼 식사를 한다는 이중적 의미가 있다. 이런 유사한 표현들은 그들의 식사에서 곡물음식이 차지하는 비중이 얼마나 큰지 잘 보여준다. 실제로 곡물음식이 아닌 음식들—차이—은 구어체 중국어로는 '시아판下飯' 또는 '반찬'이라고 하는데, 그것의 주 기능은 밥맛을 돋워 곡물음식을 삼키기 쉽게 하는 것이다.

숟가락은 고대 중국에서 가장 중요한 식사도구였는데, 곡물음식을 떠먹는 데 그것을 사용했기 때문이다(국을 떠먹는 데 쓴 것은 후세의 일이다). 그에 비해, 젓가락은 처음에 곡물이 아닌 음식을 집으려고 고안된 도구였다. 수세기 동안 중국 문헌에는 이 두 도구를 한 쌍으로 묶어서 '비쭈匕箸' 또는 '츠쭈匙箸'라고 기록했다. 단어 구성에서 숟가락이 젓가락보다 앞서는 것은 숟가락이 더 중요했음을 보여주는 증거다. 그 둘의 관계는 음식을 섭취할 때 '판'이 '차이'보다 중요한 것과 같다. 이러한 식사 전통은 오늘날에도 여전히 관찰되는데, 한국 사람은 지금도 밥을 먹을 때 숟가락과 젓가락을 함께 사용한다. 한국인이 식사할 때 권하는 방식은 고대 중국의 식사 방식처럼, 곡물음식을 먹을 때는 숟가락을 사용하고 곡물이 아닌 음식을 먹을 때는 젓가락을 사용하라는 것이다.

그러나 한국인의 식사 예절은 요리와 관련된 필요성보다는 문화적 결정 요소의 영향을 더 많이 받았다. 쌀이 주곡으로 아시아 전역에 점점 더 널리 전파되면서, 젓가락은 밥을 덩어리로 뭉쳐서 입에 넣기 좋은 도구로 사람들에게 받아들여졌다. 오늘날도 대다수 젓가락 사용자가 그렇게 하는데, 한국인도 가족과 식사할 때처럼 격식을 차리지 않아도 되는 자리에서는 그러는 경우가 많다. 그러나 고대부터 당唐나라 때(618~907)까지 북중국(과 한반도)의 주곡은 그 지역의 기후에 적합한 내한성 작물인 기장이었다. 기장은 점착성이 있고 덩어리로 뭉쳐 집어 먹을 수 있는 쌀밥과 달리 걸쭉한 죽으로 요리하는 것이 가장 적합해서, 중국의 의례준칙이 장려하듯이 그것을 떠먹으려면 숟가락을 쓰는 것이 더 좋았다. 반면, 젓가락은 국 같은 수프요리에 담긴 건더기를 건져 먹기에 좋았다.

고대 중국에서는 그 용도가 곡물이 아닌 음식이나 국에 담긴 건더기를 건져 먹는 데 한정되어서 젓가락이 한동안 부차적 식사도구로 사용되었지만, 이 역할은 금방 바뀌었다. 실제로 그 변화는 국수, 만두와 부침개 같은 밀가루음식에 대한 수요가 점점 늘어나던 한漢나라 때(기원전 206~서기 220)부터 시작되었다. 고고학은 중국인이 국수를 만들 때 절구와 절굿공이를 써서 곡물을 찧는 법을 오래전부터 알고 있었음을 보여준다. 실제로 세계에서 가장 오래된 국수의 유물이 중국 북서 지방에서 발견되었다. 그것은 기장으로 만든 국수인데 4,000년 이상 전의 것이다. 한나라 때는 인력이나 축력을 이용해 돌리는 맷돌이 널리 사용되었다. 중국인은 기장 말고도 아마 중앙아시아의 문화적 영향 때문에 전파되었을 밀도 가루로 빻았다. 제분이 밀을 가공하는 방식으로 널리 받아들여지기 전에는, 중국인은 통밀을 끓여서 그대로 먹었다. 그러나 밀이 더욱 대중적인 곡물이 된 것은 두말할 것도 없이 밀가루 덕분이었다. 당나라 말, 그러니까 10세기 초에 밀은 북중국에서 기장의 지배력을 뒤흔들 만큼 아주 중요한 곡물이 되었다.

부침개(팬케이크)와 공갈빵(번) 말고도, 국수와 만두는 아시아뿐 아니라 세계 다른 지역에서 사람들이 즐겨 먹는 두 가지 밀가루음식이다. 이 두 가지 음식을 먹을 때는 숟가락보다 젓가락을 쓰는 것이 훨씬 낫다. 다시 말해서, 중국에서 젓가락은 1세기쯤부터 벌써 숟가락의 최고 자리를 넘보기 시작했다. 흥미롭게도, 서양의 음식 전문가들은 파스타의 인기로 유럽인이 포크를 쓰기 시작한 것은 그보다 훨씬 뒤의 일이며, 식탁에서 그 밖의 식사도구들을 사용하기 시작한 것은 14세기부터라고 주장한다. 이탈리아에서 전해지는 한 이야기에 따르면, 포크가 식사도구로서—로마 시대에는 포크가 주방 기구 가운데 하나였던 것과 달리— 유럽에 처음 소개된 것은 11세기 초에 투르크족의 한 공주가 베네치아 출신의 돈 많은 귀족과 결혼하면서부터였다. 그러다 많은 유럽인이 파스타를 즐겨 먹으면서 곧바로 포크가 널리 사용되기 시작했다. 어떤 연구에 따르면, 중세 투르크인은 파스타를 먹기 위해 포크뿐 아니라, 동시에 젓가락도 사용했다.[7] 어쨌든 포크가 유럽인이 국수를 먹기 위한 도구라면, 젓가락은 젓가락문화권 바깥의 사람들을 포함해 아시아인이 선택한 식사도구다. 대개 음식을 먹을 때는 손가락이나 다른 식사도구를 사용하는 태국을 비롯한 동남아시아 여러 나라의 사람들도 국수를 먹을 때는 보통 젓가락을 사용하는 편이다.[8]

국수는 곡물음식이다. 그러나 사람들은 대개 국수를 먹을 때 면만 먹지 않는다. 면에 다른 것을 섞어서 먹는다. 그것이 국물이나 양념일 수도 있고, 때로는 고기나 채소일 수도 있다. 그럴 때 비로소 국수는 한 끼 식사가 된다. 이런 혼합을 통해 이른바 '판'과 '차이', 또는 곡물음식과 곡물이 아닌 음식이라는 이분법은 의미를 잃게 된다. 아시아에서 이와 같은 음식의 좋은 예가 바로 '라멘拉面'(일

본어로 라멘ラーメン, 한국어로 라면)이다. 중국에서 처음 만들어 먹기 시작했는데 최근 수세기 동안에는 아시아 전역에 걸쳐 폭넓게 인기를 얻은, 국물을 부어 끓인 국수를 가리킨다. 라멘에 쓰이는 국수는 '라拉'라는 한자의 뜻처럼 밀가루반죽을 여러 차례 늘이거나 '잡아당겨' 가느다란 가락들로 뽑아내 만든다. 그러나 이 음식의 매력은 고기, 채소, 골파, 간장 그리고 각종 양념으로 맛을 낸 국물에 있다. 일본식 라멘 또한 해초, 가마보코(어묵)를 함께 넣어 먹는 게 보통인데, 삶은 달걀을 위에 얹기도 한다. 따라서 국수음식은 양념을 치는 순간 곡물음식과 곡물이 아닌 음식이 서로 섞여 하나의 요리가 된다. 마찬가지로, 고기를 갈아 채소와 버무린 만두소를, 밀가루반죽을 얇게 펴서 만든 만두피로 감싼 중국 만두 또한 곡물음식과 곡물이 아닌 음식을 구분하는 전통적 생각을 뛰어넘는다. 이런 밀가루음식을 젓가락으로 먹게 되면서, 젓가락은 숟가락에 필적하는 효율적인 식사도구로 인정받았다.(그림 24)

그러나 밀가루음식의 확산으로 젓가락 사용이 늘어났다는 주장은 어쩌면 북중국에만 해당되는 이야기일지 모른다. 아주 오랜 옛날부터 쌀이 주곡이었던 남중국 같은 지역의 사람들은 오래전부터 곡물전분음식뿐 아니라, 함께 나오는 비곡물 음식도 젓가락으로 먹었다. 송宋나라 때(960~1279), 쌀 생산은 북중국이든 남중국이든 베트남에서 조생종 벼를 들여온 덕분에 크게 증가했다. 이런 성장은 명明나라 때(1368~1644)까지 이어졌고 한반도에서도 쌀 생산이 늘어났다. 그 시기 쌀 섭취량의 증가는 젓가락문화권의 기반을 강화하고 다졌다. 역사 문헌과 문학 자료에 따르면, 14세기부터 젓가락만 사용해 밥을 먹는 사람이 많아졌다. 이런 변화는 오래 전부터 숟가락과 젓가락을 함께 써서 밥을 먹는 전통이 있었던 중국인에게 특히 두드러졌다. 중국에서 젓가락만 써서 밥을 먹게 된 이유는 수없이 많겠지만, 사각 식탁에 모두가 둘러앉아 함께 밥을 먹는 전통적인 식사 풍습이 그 이유 중 하나일 수 있다. 젓가락으로 곡물음식과 곡물이 아닌 음식을 모두 집어 먹기 시작하면서 젓가락은 곧바로 젓가락문화권에서 가장 기본이 되는 식사도구가 되었다. 그 결과, 숟가락은 국물을 떠먹는 용도로 뒷걸음질치고 숟가락 모양도 그 용도에 맞게 바뀌었다.(그림 26) 이런 상황은 중국과 베트남, 일본에서 지금도 마찬가지다.

쌀밥을 먹는 것 말고도, 중국을 비롯해 아시아 지역에서 처음 시작된, 차를 마시는 독특한 문화 전통은 젓가락이 식사도구로 자리를 잡는 데 크게 기여했다. 비록 많은 차 전문가가 차 맛 자체를 음미하고 싶어하지만, 차를 마실 때 약간의 과자나 간소한 요리를 조금씩 곁들여 먹는 것이 관례였기 때문이다. 이때 먹는 과자와 전채요리를 '샤오시小食' 또는 '디앤신点心'이라고 하는데, 후자는 영어 '딤섬dim sum'으로 더 많이 알려져 있으며 전채요리를 뜻한다. 두 용어는 모두 당나라 때 등장했는데, 차를 마시는 풍습이 무르익던 시기였다. 차를 마시면서 여러 가지 간단한 먹을거리를 집어 먹는 다과 풍습은 이후 수백 년 동안 더 심화되고 확산되어 오늘날까지 이어지고 있다. 대개 이런 간소한 요리—전 세계 광둥요리 음식점에

서 오늘날 흔히 볼 수 있는 전병, 고기, 새우나 생선완자 등——는 젓
가락으로 먹는 것이 관례이고 먹기도 편하다. 실제로 아시아의 찻
집뿐 아니라 식사가 제공되는 숙박업소에서 가장 많이 볼 수 있는
식사도구가 젓가락이다.(그림 19)

젓가락은 다른 식사도구와 비교할 때 (대나무나 값싼 나무로 만
든다면) 제조 비용이 적게 들 수 있다. 이런 비용 대비 효율성 때문
에 젓가락은 아시아에서 가장 많이 사용되는 식사도구가 되었다.
어떤 의미에서, 차를 마시는 것과 젓가락은 서로 다른 사회적 배경
을 가진 사람들이 모두 즐길 수 있는 것이다. 현실에서 계급 차이
가 존재한다는 것은 부인할 수 없다. 예컨대, 부자는 고급 차를 마
시고 값비싼 젓가락을 쓸 수 있지만 가난한 사람은 그렇게 할 수
없다. 그러나 부자든 가난한 사람이든, 차를 마시며 휴식을 취하고
젓가락으로 간식을 먹을 수 있다. 앞으로 이 책에서 계속해서 주장
하겠지만, 실제로 한 식탁에 앉아 함께 식사하는 것과 밥 먹을 때
젓가락만 쓰는 것은 중국인 사회를 비롯한 이웃 사회들의 하층계
급에서 먼저 시작되었다. 이런 행태는 격식을 차리지 않고 비공식
적이기에, 일반 대중 사이에서 먼저 행해진 뒤 서서히 상층의 사회
계층에게로 퍼져나간다. 한국인이 가족과 밥을 먹을 때나 그와 비
슷한 편안한 자리에서 밥을 먹을 때—격식을 차려야 하는 자리에
서 사용하는 숟가락 대신— 젓가락을 사용하는 것은 바로 이런 점
을 잘 설명한다.

그렇다면, 한때 고대 중국에서 숟가락, 젓가락과 거의 동시에 나

타났던 나이프와 포크는 어떠한가? 오늘날 고고학자들이 발굴한 한나라 때 무덤들 안에는, 사람들이 요리하고 밥을 먹는 다양한 장면이 벽면에 그려져 있다. 석벽에 그려진 이런 그림과 부조는 나이프와 포크가 당시에 주방 기구로는 사용되었지만 식사도구로는 쓰이지 않았음을 보여준다. 이후 수백 년 동안, 나이프 또는 클리버 cleaver*와 포크는 근대에 와서 유럽인이 그것들을 식사도구로 (재)사용하기 전까지는 변함없이 주방 기구 구실만 했다. 다시 말해서, 포크와 나이프는 처음에 주방 기구로 쓰이다 나중에 식사도구가 된 젓가락과 달리, 중국과 이웃 지역에서 그렇게 탈바꿈하지 못했다. 여기서도 다시 한 번 요리와 문화적 요인이 작용했다.

요리와 관련해 말하자면, 고대 중국에서 스튜요리의 인기는 우리의 주목을 끌 만한 가치가 있다. 스튜요리는 대개 고체의 식재료들을 끓여서 액체로 만든 요리로, 대개 육즙과 양념을 곁들여 먹는다. 최근에 발굴된 한나라 때 역사 문헌과 고고학 유물은 이 시기, 또는 그 이전에 스튜요리에 들어가는 고체 식재료들이 요리하기 전에 미리 작은 조각으로 썰렸음을 보여준다. 따라서 고기를 자르는 데 썼던 나이프는 식탁에서 특별히 소용이 없어서 주방에 그대로 남아 있을 수 있었다. 고기 조각들은 잘게 썰려 있고 수프 안에 있어서 그것들을 집어 먹기에는 포크보다 젓가락이 더 유용했다.

---

* 도끼처럼 생긴 커다란 중국 식칼.

물론 사람들이 젓가락 사용을 더 좋아했기 때문에 미리 고기를 잘게 썰었다고 말할 수 있다. 1960년대에 일본을 방문했던 프랑스 언어학자이자 문학비평가인 롤랑 바르트Roland Barthes(1915~1980)는 음식과 식사도구가 서로 보완적이라는 점을 강조하면서 실제로 그런 말을 했다.

그들이 음식을 잘게 썰어 먹는 데는 다 이유가 있다. 음식을 잘게 써는 것은 단순히 편히 먹기 위해서만이 아니라, 잘게 썬 음식의 진수를 맛보기 위해서이기도 하다. 동양음식과 젓가락이 조화를 잘 이루는 것은 단순히 기능적으로나 도구적으로만 설명할 수 없다. 그들이 음식물을 잘게 써는 것은 젓가락으로 음식물을 잘 집기 위해서이기도 하지만, 그들이 음식물을 잘게 썰기 때문에 젓가락이 필요한 것이기도 하다. 하나같이 동일한 동작과 동일한 방식은 음식 재료와 식사도구를 초월한다. 분리라는 관점에서 말이다.[9]

롤랑 바르트는 젓가락으로 음식물을 집는 방식을 면밀하게 관찰하고나서, 자신이 늘 사용하는 식사도구인 포크와 나이프에 비해서 젓가락을 사용하는 것이 문화적으로 어떤 의미가 있는지 깊이 통찰한다.

젓가락은 음식을 먹기 좋게 잘게 조각낼 때, 서양의 식사도구들(포크와 나이프)이 자르고 찌르는 것과 달리 조금씩 나누고 떼어내고 집는다. 젓가락은 절대로 음식물을 마구 훼손하지 않는다. (채소라면) 서서히 떼어내거나 장어 같은 생선이라면 쿡 밀어 넣어 조각을 내 음식물을 자연스럽게 분리해낸다(나이프가 아니라 맨손으로 음식물을 잘라내는 것에 더 가깝다). 끝으로, 어쩌면 젓가락의 기능 가운데 가장 매력적인 것일지 모르지만, 젓가락은 음식물을 나른다. 단순히 젓가락으로 음식물을 집는 것이 아니라, 두 손을 교차하는 것처럼 젓가락으로 받침대를 만들어 밥을 한 덩어리 떠서 입 안에 넣을 수도 있고, (옛날부터 동양인이 밥 먹을 때 하는 몸짓처럼) 주걱으로 밥을 푸듯이 밥그릇을 입에 대고 젓가락으로 하얀 눈송이 같은 밥을 입 안으로 밀어 넣을 수도 있다. 젓가락이 제공하는 이 모든 기능과 그것을 위해 필요한 모든 몸짓을 볼 때, 젓가락은 서양의 나이프(그리고 그것의 포악한 대용물인 포크)와 완전히 다르다. 젓가락은 음식을 베거나 찌르거나 난도질하거나 잘라내는 것(이것은 모두 요리를 위한 재료 준비로 격하된 매우 제한된 행동들이다. 팔기 위해 살아 있는 장어의 껍질을 벗겨내는 생선 장수는 그것을 일종의 제물을 바치기 위한 행위지 살생이라고 생각하지 않는다.)을 거부하는 식사도구다. 젓가락으로 먹는 음식은 이제 더 이상 폭력을 가해서 얻은 먹이(서로 얻기 위해 다투는 살덩어리, 고기)가 아니라, 조화롭게 이동된 물질이다. 젓가락은 이전에 새 모이와 밥으로 뚜렷이 구분되던 물질을 한 줄기 젖으로 바꾸었다. 젓가락은 지치지 않고 어머니가 밥을 한입 떠먹이는 것 같은 몸짓을 하는 반면, 창과 칼로 무장한 서양의 식사 방식에는 포식자의 몸짓이 여전히 남아 있다.[10]

이러한 바르트의 숙고는 고대 중국에서 젓가락이 식사도구로 바뀌게 된 과정과 이유에 영향을 끼친 문화적 요인들을 검토하는 데 매우 유용하다. 롤랑 바르트에 따르면, 젓가락을 사용하는 사람들은 나이프와 포크를 사용하는 사람들처럼 음식을 "폭력적"으로 다루지 않는다는 점에서 젓가락은 "약탈적"이지 않다. 이런 주장을 편 사람은 바르트 말고도 많다. 16세기에 아시아를 여행하면서 젓가락을 본 많은 서양인은 아시아인의 젓가락 사용을 (좀 더?) 문명화된 식습관이라고 생각하면서 비슷한 느낌을 공유했다.

중국인에게 이것은 소중한 문화적 신념이 되었다. 옥스퍼드대학교의 원로 중국학자 레이먼드 도슨Raymond Dawson은 그것을 다음과 같이 간결하게 표현했다.

〔중국인에게〕 문명인과 야만인을 구분하는 기준으로, 젓가락으로 밥을 먹는 사람인지, 손가락 또는 나중 일이지만 나이프와 포크 같은 하등한 도구로 밥을 먹는 사람인지만큼, 그렇게 명확한 기준은 없다.[11]

이런 생각이 중국인만이 아니라 젓가락문화권에 있는 다른 아시아인에게도 공통적이었다는 점은 말할 나위도 없다. 지금도 그들은 모두 나이프를, 주방에서나 쓰는 것이지 식탁에서 쓰는 것이라고는 생각하지 않는다. 이런 풍습의 기원을 문화적으로 추적하는 간단한 방법은 공자(기원전 551~479)의 사상을 따랐던 중심인물인 맹자(기원전 372~289)가 '군자'(유교에서 대개 올곧고 인간미가 넘치는 지식인을 지칭하는 용어)의 자질 가운데 하나로 거론한 말을 살펴보는 것이다.

맹자께서 말씀하셨다. "백성들이 그렇게 말하더라도 상심하지 마십시오. 왕께서는 인술仁術을 행하신 겁니다. 왕께서는 그때 소는 보았지만 양은 아직 보지 못하였습니다. 군자는 금수에 대해 연민한 마음이 있기 때문에 살아 있는 것을 보고 차마 그 죽는 것을 보지 못하며, 죽어가며 울부짖는 소리를 듣고 차마 그 고기를 먹지 못합니다. 따라서 군자는 푸줏간과 부엌을 멀리합니다."12*

우리는 이 말이 전통적인 아시아요리에서 대체로 육식의 비중이 낮은 것에 어떻게 기여했는지는 알지 못한다. 그러나 진정한 군자는 부엌을 멀리해야 한다는 맹자의 경고가 중국뿐 아니라 아시아 전역, 적어도 유교의 영향권에 있는 지역 안에서 널리 알려진 것은 사실이다. 그 말에 따르면, 나이프는 주방에서 조리하는 사람이 식탁에 오를 고기를 잘게 썰기 위해 사용하는 주방 기구일 뿐이었다. 이것은 맹자가 스승으로 떠받든 공자가 고기를 조리할 때 요구했던 바로 그 조리 방식인 것으로 보인다.13 1세기경 중국에 전

---

* 《맹자》〈양혜왕장구 상[梁惠王章句 上]〉7장에 나오는 구절로, 제물로 쓰려고 끌고 가는 소를 보고 양혜왕이 불쌍하다며 풀어주라 하고 대신 양을 제물로 쓰라고 명한 것을 두고 백성이 비난한 것에 대해 맹자가 왕을 두둔하며 한 말이다.
  원문: 曰 無傷也, 是乃仁術也, 見牛未見羊也. 君子之於禽獸也, 見其生, 不忍見其死 ; 聞其聲, 不忍食其肉. 是以君子遠庖廚也.

파되었다고 생각되는 불교의 영향을 받아 동물 고기는 아시아음식의 식재료로 많이 쓰이지 않았다. 불교는 어떤 살생도 금했기 때문이다. 프린스턴대학교 중국사 교수였던 고 프레더릭 모트Frederick Mote에 따르면, 중국에서 고기라는 식재료는 "대개 요리의 주재료가 아니라 채소에 맛을 내는 재료나 소스의 원료로 쓰였다."[14] 따라서 이런 요리 전통은 아시아에서 수백 년 동안 나이프가 주방에서만 쓰이는 것으로 고정되는 결과를 초래했다. 또한, 식탁에서 나이프를 쓰지 않으니 포크도 그다지 쓸모가 없었다. 포크는 나이프로 고기를 썰 때 고기를 안정되게 붙잡는 도구였기 때문이다.

중국을 비롯한 아시아 사람들이 전통적으로 자신들의 식사법이 그 밖의 지역 사람들의 식사법보다 더 문명화된 방식이라고 믿는다 할지라도, 식사할 때 도구를 쓰든 손가락을 쓰든 그것이 문화 수준의 차이를 가리킨다기보다는 단순히 저마다의 문화적 선호를 반영할 뿐이라는 사실을 주목할 필요가 있다. 실제로 고상한 식사법인지 아닌지는, 식사도구를 쓰는가 안 쓰는가, 쓴다면 그것이 무엇인가보다는, 음식을 입에 넣기까지 어떤 과정을 거치는가가 더 많이 좌우한다. 어떤 식사 문화 전통이든 우아한 식사 방식과 비천한 식사 방식이 있게 마련이다. 두 방식을 가르는 기준은 대개 지역마다 다르다. 예컨대, 손으로 밥을 먹는 지역에서는 대개 오른손만을 쓰는데, 왼손은 깨끗하지 않다고 보기 때문이다. 게다가 일부 지역에서는 손으로 밥을 먹을 때 오른손의 세 손가락(엄지, 검지, 중지)만 써서 먹어야 예절을 지키는 것이라고 생각한다. 반면에 서양식 나이프와 포크를 써서 밥을 먹는 지역에서는 어떤 요리를 먹는가에 따라, 예컨대 샐러드, 수프, 주요리를 먹을 때 저마다 거기에 맞는 식사도구를 써서 먹는 것이 식사 예법을 지키는 것이라고 본다.

젓가락이 음식을 나르는 도구로 쓰인 지 천 년이 지나는 동안, 젓가락을 어떻게 적절하고 우아하게 잡고 사용해야 하는지 정하는 식사 예법 또한 발전해왔다. 이런 예법은 젓가락문화권 전반에 걸쳐 놀랄 정도로 매우 비슷하다. 첫째, 젓가락을 쓰는 사람은 대개 젓가락을 잡는 가장 효과적이고 우아한 방법이 다음과 같다고 믿는다. 젓가락 한 짝을 엄지의 아래 부분에 두고 중지와 약지 사이로 눌러 고정하고, 다른 한 짝은 엄지로 흔들리지 않게 누르면서 중지와 검지를 이용해 움직이는 식으로 마치 연필을 쥐듯이 잡는다. 음식을 떨어뜨리지 않고 나르기 위해 이 젓가락 두 짝을 함께 놀린다. 둘째, 젓가락 잡는 법을 배웠다면 이제는 음식을 움켜잡고 나르는 방법을 익혀야 한다. 예컨대, 젓가락은 날렵하고 휘어지기 쉬운 만큼, 그릇 안에서 음식을 뜨거나 파내는 데 쓰지 않으며, 아무리 젓가락으로 집기가 힘든 음식물(예컨대, 고기완자)이라 해도 그것을 찔러 먹는 데 쓰지도 않는다. 음식물을 나르는 도중에 그것을 떨어뜨리거나 흘리면 대개 **실례**를 범하는 것이다. 젓가락을 쓰는 사람이 점점 많아지면서, 그것을 정확하고 능숙하게 쓰는 것은 아시아의 올바른 식탁 예절에서 반드시 필요한 부분이 되었다.

식탁 예절은 밥 먹을 때 다른 사람의 식욕에 영향을 끼칠 정도로 불쾌감을 주는 행동을 막기 위해 생겨난 것이다. 위에서 설명한 젓가락 예절의 발전 과정 또한 근본적으로 동일한 관심과 우려에서 비롯하였다. 실제로 젓가락의 발명과 사용은 지저분하게 먹는 것을 막기 위해서였다고 주장하는 사람도 있다. 오늘날 서양의 식탁 위에는 다양한 식기 말고도 냅킨이 놓이는데, 필요할 때 입과 손을 닦기 위한 것이다. 16세기에 유럽인이 아시아에 왔을 때, 그들은 아시아인이 손을 더럽히지 않으면서 그릇에서 한입 먹을 만큼의 음식을 소량 집어서 입 안에 넣기 위해 젓가락을 쓰는 것을 보았다.[15]

그러나 깔끔하고 세련된 식사법은 사람에 따라, 문화에 따라 확실히 기준이 다를 수 있다. 예컨대, 대개 젓가락문화권에서는 젓가락으로 음식물을 집어 나르다 떨어뜨리는 것을 못마땅해서 그런 일이 일어나지 않도록 다양한 방법을 개발했다. 일반적인 한 가지 방법은 젓가락으로 음식물을 집어 나르는 거리를 줄이는 것이다. 따라서 중국, 일본, 베트남 사람은 젓가락으로 밥을 먹을 때, 밥그릇을 입에다 갖다 대고 밥을 입 안으로 밀어 넣는 습관이 있다. 하지만 젓가락 사용을 처음 본 일부 유럽인과 한국인에게 그런 식사법은 매우 품격이 떨어지는 것으로 보였다. 이런 이유 때문에 한국인은 밥을 먹을 때 전통적으로 내려온 예법에 따라 숟가락을 사용하도록 권한다.

젓가락은, 능숙하게 사용할 줄 알든 모르든 늘 두 짝을 함께 움직여야 한다. 두 짝을 함께 움직여야 하는 젓가락의 이런 고유한 특성은 그것의 독특한 디자인, 색깔, 재질과 더불어 젓가락을 이미 오래전부터 아시아의 인기 있는 선물이자 문화적 상징, 심지어 문학적 은유로 만들었다. 다시 말해, 이제 젓가락은 단순한 식사도구가 아니다. 예컨대, 서로 뗄 수 없다는 젓가락의 특성 덕분에, 아시아 전역에서 젓가락은 결혼 선물, 연인 사이에서 애정을 교환하거나 부부의 행복을 기원하는 징표로 널리 인기를 끌었다. 오늘날 아시아의 많은 사람은 젓가락을 결혼식에서 주요한, 때로는 없어서는 안 될 물품으로 생각한다. 젓가락을 주제로 한 사랑 이야기는 아시아의 민담이나 전설에도 자주 등장한다. 젓가락은 단순히 그런 이야기들의 소재거나 오늘날 결혼식에서 여전히 사용되는 물품일 뿐아니라, 실제로 그것을 통해 어떤 의미를 표현하는 효율적 도구이기도 하다. 옛날 문인들은 젓가락이 사용되는 독특한 방식을 새롭게 표현하고, 생생하게 눈에 보이듯이 시와 이야기로 재미있게 풀어냈다. 최근에는 젓가락을 만드는 재료들에도 중요한 사회적, 심지어 정치적 의미를 부여하기도 한다. 예컨대, 부자들 가운데는 자기 신분을 과시하기 위해 금, 은, 상아, 옥, 흑단이나 희귀목으로 만든 값비싼 젓가락을 좋아하는 사람이 많다. 비록 상아로 만든 젓가락은 여러 가지 역사적 이유 때문에 전통적으로 타락과 부패의 상징이 되었지만 말이다. 옥으로 만든 젓가락은 깨지기 쉽기에 일상에서 음식을 먹을 때는 사용되지 않았다. 그러나 문학 작품에는 자주 등장했는데, 거기서 옥 젓가락의 색깔과 모양은 여인이 흘리는 눈물에 자주 비유되었다!

따라서 유구한 역사를 지닌 고대의 식사도구인 젓가락은, 시간이 흐르면서 밥을 먹을 때뿐 아니라 먹지 않을 때에도 편리하고 창의적으로 이용되는 적응성 높은 도구로 발전했다. 이런 적응성은 그 밖의 다른 식사도구와 구별되는 독특한 특성이 되었다. 노벨물리학상 수상자인 리정다오李政道는 젓가락과 손가락을 흥미롭게 비교했다.

중국은 전국 시대 때 젓가락을 처음 발명했다. 두 개의 막대기는 매우 단순하지만 완벽하게 지렛대의 원리를 이용한다. 젓가락은 사람의 손가락을 연장한 것이다. 손가락이 할 수 있는 것은 무엇이든 젓가락도 할 수 있다. 게다가 젓가락의 이런 위대한 능력은 기온이 높이 올라가도, 얼음이 얼 정도의 추위에도 전혀 영향받지 않는다.[16]

최근 몇 세기 동안, 젓가락은 그 어느 때보다 더 거대한 변화를 겪었다. 예컨대, 현대의 최신 기술 덕분에, 플라스틱 젓가락이 내구성이나 경제성 측면에서 다른 재질의 젓가락을 능가하면서 가장 많이 쓰이는 젓가락이 되었다. 그러나 대젓가락이나 나무젓가락이 아직도 여전히 인기를 끌고 있으며, 금속 젓가락도 그에 버금간다. 실제로 때로는 내구성이 오늘날 사람들이 바라는 유일한 특성이 아닐 때도 있다. 절약과 보존보다는 소비를 미덕으로 여기는 오늘날 소비주의는 높아진 위생 의식과 어울려 아시아뿐 아니라 전 세계에 걸쳐 일회용 젓가락—대개 값싼 목재나 대나무로 만든—의 사용을 새로운 대세로 만들었다. 다양한 플라스틱 젓가락과 일회용 젓가락의 인기는 문화의 차이를 떠나 아시아음식, 특히 중국음식에 대한 매력을 더욱 증대하면서 전 세계 어디서든 젓가락을 사용하는 모습을 볼 수 있게 했다.(그림 28) 이렇듯 젓가락문화권은 아시아를 벗어나 전 세계 구석구석까지 점점 영역을 넓히고 있다. 동시에 플라스틱과 목재의 남용은 환경 문제를 일으키기도 한다. 젓가락은 세상에서 가장 오래된 식사도구 가운데 하나로서, 앞으로도 여전히 그 매력을 잃지 않을 것이 틀림없다.

2장

왜 젓가락을 썼을까:
식사도구의 기원과 기능

고대 중국에서 끓이거나 찌는 조리법이 발달하면서,

죽과 국을 먹기 위해 식사도구가 일반화되었다.

물기가 많은 죽이나 국을 먹는 데는 숟가락이 더 유용한 식사도구였고,

젓가락은 국에 들어 있는 건더기를 건져 먹는 용도로 부차적으로 쓰였다.

끓이지 않고 찐 곡물음식은 손으로 집어 먹었다.

채소를 넣고 끓인 국은 반드시 젓가락을 써야 한다. 그러나 국에 채소가 없다면 쓰지 않아도 된다.

기장을 먹을 때는 젓가락을 쓰지 마라.

- 예기

1993년 4월 5일, 중국사회과학원 고고학연구소의 한 고고학 연구팀이 장쑤江蘇성 가오유高邮에 있는 신석기 유적지 룽치우장龙虬庄에서 일련의 발굴 작업을 시작했다. 1995년 12월, 연구팀은 1,335제곱미터의 유적지에서 제4차를 마지막으로 발굴 작업을 완료했다. 그곳에서는 기원전 6600년에서 기원전 5500년 사이로 추정되는 유물이 2,000개 넘게 나왔는데, 대부분이 동물 뼈로 만든 각종 도구와 살림 용구들이었다. 1993년의 '10대 새로운 고고학 발견'의 하나로 일컬어진 이 발굴이 그 밖의 중국 신석기 시대 고고학 발견들과 다른 것은, 그곳에서 42개의 가느다란 뼈막대가 발견

되었다는 사실이다. 중국 학자들은 이 막대들을 인류 최초의 젓가락이라고 믿는다!(그림 2와 3)

그것들은 정말 젓가락이었을까? 그것들의 생김새는 어떠할까? 연구팀이 작성한 보고서에 따르면, 이 유물들은 길이가 9.2센티미터에서 18.5센티미터 사이이며, 지름은 0.3센티미터에서 0.9센티미터였다. 그 뼈막대는 가운데가 두텁고 위는 사각 모양이며 아래로 갈수록 점점 뾰족해졌다.[1] 비록 조악한 모양이기는 하지만, 그 겉 모습은 오늘날 우리가 쓰고 있는 젓가락과 정말 닮았다. 그러나 이와 비슷하게 생긴 뼈막대들이 이전에도 다른 신석기 유적지들에서 발견되었는데, 당시 학자들은 그것들을 비녀라고 생각했다. 실제로 룽치우장 발굴단도 처음에는 이 뼈막대들을 비녀로 분류하는 것이 적절하다고 생각했다.

그럼에도 불구하고, 《중국의 젓가락문화사中國箸文化史》의 주 편집자 류윈刘云은 이 뼈막대들이 두 가지 이유 때문에 젓가락이 틀림없다고 믿는다. 첫째, 뼈로 만든 비녀는 더 많은 손질이 간 흔적이 있고 대개 길이와 모양이 일정했지만, 룽치우장에서 발굴된 것들은 저마다 모양이 다르다. 가운데가 두툼하기는 해도 양 끝이 둥글거나 타원형이거나 네모지거나 납작하고, 길이 또한 제각각이다. 둘째, 비녀는 대개 무덤의 머리맡에 놓여 있는 반면, 이 뼈막대들은 항아리와 농기구 같은 생활도구들과 함께 손 주위에 놓여 있었다. 따라서 류윈은 뼈막대들이 음식을 먹을 때 쓰는 도구, 즉 젓가락이라고 주장한다. 류윈을 비롯한 여러 학자는 이런 가설을 근거로 그 밖에 다른 유적지에서 발굴된 신석기 시대의 뼈와 나무로 만든 막대들을 재평가하기 시작했다. 이 학자들은 롱치우 장의 가느다란 뼈막대 유물들처럼 처음에는 비녀로 생각했던 것들도, 그것이 놓인 위치가 머리맡이 아니라 몸통 근처라면 음식과 관련된 도구로 쓰였을 가능성이 크다고 결론지었다.[2] 그래도 의문은 남는다. 비록 그 막대들이 먹을거리를 다루는 데 쓰였다고 하더라도, 그것이 정말로 젓가락일까? 좀 더 자세히 말하자면, 그것은 두 짝을 한 손으로 잡고 먹을 것을 움켜쥐어 입에 넣는 데 쓰였는가? 현재로썬 그렇게 단언하기는 어렵다. 롱치우장에서 발견된 것이 세계 최초의 젓가락이라고 확정하기 위해서는 더 많은 증거가 필요하다.

중국인이 젓가락으로 음식을 조리해 먹기 시작했을 가능성을 보여주는 보다 명백한 증거들은 청동기 시대인 상나라 때(기원전 1600~1046)의 것이다. 1930년대, 북중국의 허난河南성 유적지를 발굴하던 고고학자들은 상나라 수도였던 안양安陽현의 유적지 은허殷墟에서 여러 개의 숟가락과 국자와 함께 청동막대 여섯 개를 발견했다. 그것들의 반지름이 약 1.3센티미터로 나중에 나온 젓가락에 비해 훨씬 두툼해도, 발견된 막대의 개수나 놓인 위치를 볼 때 집게처럼 쌍으로 사용되었음을 알 수 있다. 하지만 고고학자들은 그것들이 식사도구로만 쓰였는지는 확신하지 못한다. 일부 학자는 야금술 작업을 위해 만들어진 것일 수 있다고도 주장한다.[3] 그러나 이 청동 조각들이 음식을 조리하는 데—솥에 담긴 식재료들을 휘저어 섞거나, 숯이나 장작을 마련하고 불길을 잡는 데— 쓰였을 것이라고 말하는 사람이 더 많다.(그림 6) 앤더슨E. N. Anderson은 저서 《중국의 음식The Food of China》에서 중국음식을 조리할 때는 그다지 많은 도구가 필요하지 않다고 말한다. 클리버라는 큰 식칼은 물론이고 도마, 웍처럼 우묵하게 팬 큰 냄비, 웍에 담긴 식재료를 뒤집는 데 쓰는 주걱, 젓가락 두 짝이면 충분하다. 그의 말에 따르면, 젓가락은 식재료를 "집고 휘젓고 거품을 내고 걸러내고 재배열"하는 데 쓰인다.⁴ 전통 풍습에 비추어볼 때, 상나라 유물들이 젓가락이라는 생각은 합리적인 것처럼 보인다. 동아시아와 동남아시아에서는 지금도 젓가락이 조리할 때 없어서는 안 되는 도구로 남아 있다. 그곳 사람들은 젓가락을 (달걀을 깨뜨려 휘젓는) 거품기와 (만두소를 만들기 위해 다진 고기와 채소를 뒤섞는) 믹서로 사용한다.

중국 남부와 남서부의 청동기 유적지들을 발굴하는 또 다른 고고학자들은 자신들이 사실상 식사도구라고 믿는 막대들을 발굴했다. 예컨대, 양쯔揚子강 중류에 있는 후베이湖北성의 창양長陽현에서는 1980년대 한 발굴 작업에서 상나라 때에 속하는 뼈막대 두 개가 출토되었다. 또한, 주周나라 때(기원전 1045~256)로 추정되는 상아로 만든 젓가락 한 쌍—상아로 만든 것으로는 지금까지 발견된 최초의 젓가락—이 같은 유적지에서 발견되었다. 그리고 안후이安徽성(중국 남부)과 윈난雲南성(중국 남서부)에서도 청동으로 만든 젓가락이 발견되었다. 이것은 지름이 0.4센티미터에서 0.6센티미터

사이로, 안양의 은허 유적지에서 출토된 것보다 훨씬 더 가늘었다. 위로 갈수록 굵고 네모난 모양이고 아래로 갈수록 가늘어지고 둥근 모양인 이 젓가락은, 오늘날 쓰고 있는 젓가락과 거의 닮았다. 창양 유적지 발굴에 참여했던 고고학자 왕산차이王善才는 이렇게 말했다.

창양에서 발견된 고대 숟가락과 젓가락의 모양과 디자인은 오늘날 우리가 쓰고 있는 것과 거의 동일하다. 젓가락은 심지어 표면에 무늬를 조각해 넣었을 정도로 매우 세련되게 손질되어 있었다. 현 시점에서 고고학자들이 발견한 최고로 오래된 젓가락은 상나라 중엽 때 것으로, 이것은 중국인이 3,300년 전부터 젓가락을 사용했으며, 그것을 만드는 기술수준이 매우 높았다는 것을 입증한다.[5]

여기서 왕산차이는 고대 중국에서 숟가락이 또 다른 식사도구였음을 지적한다. 고고학 유물과 문헌 자료들은, 고대 중국인이 음식을 다루는 데 사용한 주 도구가 숟가락이었음을 보여준다. 숟가락으로도 젓가락처럼 솥에서 조리되고 있는 식재료들을 휘젓고 음식물을 떠서 입에 넣을 수 있었다. 따라서 신석기 시대에 젓가락이 처음 등장했을 때, 숟가락, 좀 더 자세히 말하면 단검 모양의 숟가락—중국 역사 기록에 '비匕' 또는 '치匙'라고 나오는—은 이미 널리 알려진 상태였다. 이런 종류의 숟가락은 부싯돌, 뼈칼과 함께 중국 전역에 걸쳐 다양한 신석기 유적지에서 출토되었다. 지금까지 가장 오래된 '비'는 1977년 중국 북부 허난성 우양舞阳현에 있는 페이리강裴李崗 유적지에서 발견되었다. 기원전 8000년에서 기원전 7500년 사이 것으로 알려진 이 '비'는 동물 뼈로 만들어졌고, 고기를 썰거나 솥이나 그릇에서 조리된 음식을 떠먹는 도구로 다양하게 사용되었으리라고 추정된다. 이 '비' 숟가락 말고도, 밑바닥이 뾰족하고 마치 혀같이 생긴 도기 숟가락—고대 중국에서 '샤오匕' 또는 '시耜'라고 부른—은 모양이 더 둥글고 타원형으로 오늘날 국자에 더 가깝다. '비'와 '샤오'는 모두 상단에 폭이 좁은 손잡이가 달려 있다. 지금까지 고고학자들이 발굴한 것들을 보면, 타원 모양의 '샤오'형 숟가락보다 단검 모양의 '비'형 숟가락이 더 많다. '비'는 대개 동물 뼈로 만들어진 반면, '샤오'는 옥이나 상아 같은 다른 재료로 만들어졌다. 그것들은 1950년대 중반에 산시陝西성 시안西安의 반포半坡 같은 또 다른 유적지에서도 출토되었다.

나이프와 포크—뼈와 금속으로 만들어진—도 비록 훨씬 적은 양이지만 중국의 신석기 시대 유적지에서 발견되었다. 시간이 흐르면서 나이프와 포크가 중국의 유적지에서 발견되는 경우는 점점 줄어들었다. 이것은 중국인이 서서히 그것들(특히 나이프)을 식사도구로 사용하지 않게 되었음을 뜻한다. 나이프는 주나라 후반부터 음식 조리에만 쓰는 것으로 한정되었다. 포크는 대개 갈래가 2개인 것이 한나라(기원전 206~서기 220)와 그 이후까지 사용되었다. 당시 포크는 식사도구보다는 주로 음식을 나르는 데 쓰는 주방 기구였다.[6] 중국 고고학자들은 왜 나이프와 포크가 고대 중국에서 식사도구로 쓰이지 않았는지 설명했다. 중국사회과학원 고고학연구소의 왕런샹王仁湘의 주장에 따르면, "포크의 사용은 고기 섭취와 밀접한 관련이 있다. 포크는 숟가락이나 젓가락과 달리, 음식물[고기]을 나르는 힘을 제공하기 때문이다. 고대 중국에서 포크 사용은 일반적이지 않았다. 포크를 사용했던 사람들, 즉 '육식을 하는 사람들'은 상류층에 한정된 반면, 민중 대부분은 '초식을 하는 사람들'이었다. 일반 민중은 고기를 먹을 기회가 거의 없었기 때문에 포크를 사용할 필요가 없었다."[7] 왕런샹의 지적은 오늘날 포크가 고기뿐 아니라 채소—토스트 샐러드 같은—를 먹을 때도 효과적이라는 사실 때문에 힘을 잃을 수도 있지만, 고대 중국(과 아시아 국가들)의 조리 습관에 대한 그의 주장은 여러 고고학 유물과 역사 연구가 뒷받침하고 있다. 전혀 예외가 없는 것은 아니지만, 사람들이 먹는 음식의 종류에 따라 먹는 도구도 달라지게 마련이다. 식사도구의 발명이 음식을 조리해 먹고 싶은 사람의 마음과 관련이 있다고 믿을 만한 충분한 이유가 있다. 중국인이—예나 지금이나— 음식을 조리하고 먹을 때 모두 젓가락을 쓴다는 사실은 이러한 현상의 좋은 예다.

인류 문명의 발전 과정에서 불을 다룰 줄 아는 능력이 이전과 완전히 다른 새로운 세상을 열었다면, 불을 이용해 음식을 조리한 것은 또 다른 신기원을 연 것이라고 할 수 있다. 펠리페 페르난데스-아르메스토Felipe Frenandez-Armesto는 음식의 역사에 대한 연구에서, 인간이 음식을 조리해 먹는 방법을 알아낸 것이 바로 인류의 식습관을 최초로 바꾼 획기적 사건이라고 생각한다.[8] 마찬가지로, 하랄 브루소Harald Brüssow는 인간이 조리된 음식을 먹기 시작하면서 호모 에렉투스(서서 걷는 사람)에서 호모 사피엔스(생각하는 사람)로 진화할 수 있었다고 본다. 조리된 음식을 먹는 습관은 "기본적으로 식품 안전성에 기여할 뿐 아니라 큰 이[齒]의 이점을 감소시켰다." "조리된 음식은" 영양학적으로도 두뇌 발달에도 크게 도움을 줄뿐더러 "날 음식보다 훨씬 덜 썰고, 덜 찢고, 덜 간다." 따라서 호모 사피엔스는 이가 크지 않아도 되었다.[9]

조리된 음식을 먹는 것이 반드시 뜨거운 음식을 먹는 것을 의미하는 것은 물론 아니다. 그러나 음식을 뜨겁게 해서 먹고자 한다면 도구를 사용하는 것이 당연하며, 그것은 이미 서문에서 지적한 바 있다.[10] 특히, 고대 중국에서 숟가락과 젓가락이 발명되고 널리 쓰인 까닭은 사람들이 손을 데지 않고 뜨거운 음식을 먹고 싶어했기 때문이다. 중국인은 도구를 이용해 뜨거운 음식을 맛보고 먹을 수 있었다. 음식을 뜨겁게 해서 먹는 것은 고대부터 지금까지 중국인의 식습관으로 굳게 자리 잡았다. 오늘날 많은 중국인은 손님을 즐겁게 하는 동시에 그들에게 환대를 표시하려고 다양한 요리를 마련한다. 중국 요리문화 전문가인 자오룽광赵荣光의 말에 따르면, 그들은 손님들이 도착하기 전에 음식을 조리하지 않는다. 음식이 뜨거울 때, 다시 말해 "석쇠에 구워 바로 나온" 음식을 손님에게 대접하고 싶어하기 때문이다. 중국인이 흔히 쓰는 말로 표현하면, "쳰려츠趁热吃(뜨거울 때 먹어라.)"이다.[11] 그에 비해, 예로부터 손으로 음식을 먹는 사람들이 사는 일부 지역에서는 뜨거운 음식을 먹지 않는 것이 관례다. 예컨대, 남아시아와 동남아시아 사람들은 대개 실온의 음식을 먹는 것을 선호하는데, 중동 사람들도 마찬가지다.[12] 동남아시아에서도, 일부 사람들이 때로는 식기를 사용하기는 해도, 손으로 음식을 집어 먹는 것이 지금까지도 그곳의 오랜 전통이다. 결론적으로, 기후와 생태는 특정한 음식문화가 발달하는 원인 가운데 하나가 될 수 있다.

신석기 시대부터 중국의 정치와 문화 중심지는 북중국이었다. 그곳의 기후는 건조하거나 반건조하다고 할 수 있는데, 겨울에는 춥고 여름을 제외하고는 비가 거의 오지 않는다. 앞서 말했듯이 중국인이 삶거나 끓여 뜨거운 국물이 있는 음식을 좋아하는 이유가 바로 이런 기후 때문이었을 수도 있다. 출토된 상나라 때의 수많은 청동기—와 도기— 그릇들의 모양과 크기는 당시 중국인이 어떻게 음식을 조리하고 집어 날랐는지 잘 보여준다. 상나라 때의 가장 일반적인 음식 그릇은 '딩鼎'(다리가 3개, 또는 4개 달린 솥), '리鬲'(속이 빈 다리가 3개인 솥), '쩽甑'(시루), '푸釜'(가마솥), '얜甗'(청동 시루)이었다. 이 그릇들은 명칭에서 알 수 있듯이 삶거나 끓이거나 찌는 용도로 쓰였다. 이런 방식이 당시의 주요한 조리법이었다면, 그 그릇들 가운데 크기가 매우 큰 것이 일부 있는 것으로 미루어 볼 때, 식재료를 이렇게 생긴 그릇들 안에서 뒤섞고 돌리고 휘젓는 도구들(주걱, 숟가락, 젓가락)이 필요했을 것이다. 아니, 어쩌면 반드시 있어야 할 도구였을 것이다. 음식 조리가 끝나면, 그 도구들은 조리된 음식을 담는 데 다시 쓰였다. 젓가락은 조리된 음식을 차리는 데 아주 편리한 도구일 뿐 아니라, 조리하는 동안 음식의 조리 상태를 살피고 뒤섞고 맛보는 데도 매우 유용했다. 물론 그러고나서 음식을 먹을 때도 아주 쓸모 있는 것은 두말할 나위도 없다. 주방에서 젓가락의 또 다른 용도는 부젓가락이나 집게처럼 이 그릇들 밑에 있는 땔감이 골고루 잘 타도록 헤집는 것이었다. 중국과 일본에서는 이것을 '부지깽이'라고 부르는데,(그림 8) 옛날에 젓가락이 식사와 무관한 도구로 쓰였던 좋은 예다.(아래 참조)

상나라의 마지막 왕인 주왕紂王(기원전 1105~1046)은 자기가 좋아하는 음식을 먹을 때 상아로 만든 젓가락을 썼다고 한다. 이것은 고대 중국에 젓가락이 존재했음을 보여주는 최초의 언급이자 많은 사람이 아는 유명한 이야기다. 코끼리 같은 거대 동물은 고대의 한 시기에 북중국의 더 따뜻하고 습기가 많은 지역을 무리지어 배회했다. 그러나 고고학 발굴에 따르면, 상아로 만든 젓가락은 상나라가 아니라 오히려 주나라(기원전 1046~256) 유물에서만 나왔다. 주왕이 상아 젓가락을 썼다는 기록 또한 주나라 때 사상가이자 정치 전략가였던 한비자韓非子(기원전 281~233)가 쓴 글에 나온다.

옛날에 주왕이 상아 젓가락을 만들었다. 그것 때문에 당시 상나라 태사太師 직위에 있던 기자箕子는 두려웠다. 그는 생각하기를 '상아 젓가락을 쓰게 되면 흙으로 빚은 질그릇이 아니라 옥이나 무소뿔로 만든 잔을 쓰게 될 것이다. 더 나아가 상아 젓가락과 옥잔은 콩과 거친 푸른 채소로 쑨 죽이 아니라 야크, 코끼리, 표범의 태아 고기와 어울릴 것이다. 또한, 야크, 코끼리, 표범의 태아 고기를 먹는 사람들은 짧은 삼베옷이나 걸치고 초가집에 앉아서 먹지는 않을 테고, 반드시 아홉 겹 비단옷을 입고 고대광실에 앉아 있을 것이다. 나는 그 끝이 어떨지 알아 겁나니 처음부터 두려워 떨지 않을 수 없다.'

다섯 해가 지나자 고기를 늘어놓아 화단처럼 만들고, 고기 굽는 기둥들을 세우고, 술지게미로 만든 언덕에 오르고, 술로 연못을 만들기까지 했다. 그 결과 주왕은 망했다. 기자는 상아 젓가락을 보고 하늘 아래 재앙이 닥칠 것을 예견한 것이다. 따라서 노자가 이르기를 "작은 것을 볼 줄 아는 것을 일컬어 밝다고 한다."*13 라고 했다.

다시 말해, 고대 중국에 상아 젓가락이 있었다면, 그것은 극도로 희귀한 것이거나 매우 사치스러운 생활방식의 상징이었다. 한비자가 생각한 것처럼, 주왕은 자신의 사치스러운 입맛 때문에 왕조를 몰락시켰다. 실제로 주왕의 '상아 젓가락[象箸]'에 대한 과시를 비유적으로 표현한 한비자의 이야기는 한국인의 역사적 기억에 영

---

* 원문: 昔者紂爲象箸而箕子怖, 以爲 "象箸必不加於土鉶, 必將犀玉之杯; 象箸玉杯必不羹菽藿, 必旄, 象, 豹胎; 旄, 象, 豹胎必不衣短褐而食於茅屋之下, 則錦衣九重, 廣室高臺, 吾畏其卒, 故怖其始." 居五年, 紂爲肉圃, 設炮烙, 登糟邱, 臨酒池, 紂遂以亡. 故箕者見象箸以知天下之禍. 故曰:"見小曰明."(출처:《한비자》유로[喩老] 편)

향을 끼쳤다. 한반도에 대한 중국의 영향력이 가장 높았던 조선 시대(1392~1897)*의 학자들은 주왕의 상아 젓가락 사용을 방탕하고 퇴폐적인 생활과 사악하고 부패한 정부를 상징하는 일종의 낙인으로 생각했다.[14]

역설적으로, 상아 젓가락은 쉽게 구할 수 있는 재료로 만든 고대 중국의 다른 재질의 젓가락들과 달리 풍요—따라서 더욱 갖고 싶은 것—의 상징이 되었다. 한국인이 금속 젓가락을 좋아하는 것을 빼고는, 젓가락문화권에서 대부분 대젓가락이나 나무젓가락이 지금까지도 여전히 쓰이고 있다. 그러나 아직까지 고대 중국의 대젓가락들을 많이 발굴하지는 못했다. 1978년 후베이성에 있는 증후을曾侯乙**의 무덤에서 대젓가락 한 쌍이 발견되었다. 길이 37~38센티미터에 너비 1.8~2.0센티미터로 기원전 5세기 중엽 것으로 추정되는 젓가락은 한쪽 끝이 서로 연결되어 있어서 오히려 거의 집게처럼 보인다.[15] 후베이성 당양當陽시에서 나온 또 다른 젓가락 한 쌍은 길이가 18.5센티미터로 두 짝이 서로 분리되어 있는데, 기원전 4세기 유물로 추정된다.[16] 한나라 때(기원전 206~서기 220) 유적지들에서는 대젓가락과 나무젓가락이 더 많이 출토되었는데, 이것에 대해서는 다음 장에서 논의할 것이다. 대나무 등으로 만든 나무젓가락 유물이 고고학 발굴에서 드문 것은 그것들이 뼈

---

* 저자는 대한 제국으로 국호를 변경한 1887년까지를 조선으로 보고 있다.
** 전국 시대 수주 일대를 지배하던 증(曾)나라의 통치자.

나 상아, 무소뿔 그리고 금속(청동, 구리, 금, 은, 철)으로 만든 젓가락보다 훨씬 빨리 썩어버리기 때문이라고 설명할 수 있다.

그러나 주나라에서 한나라까지의 역사 기록들은 대나무를 비롯한 다양한 나무가 고대 중국에서 만들어진 젓가락의 주재료였음을 명백하게 보여준다. 그 기록들에서 젓가락을 의미하는 중국 문자로 쓰인 '箸'와 '筯'(둘 다 중국어로 '쭈'라고 읽음)*, 또는 '筴'와 '梜'(둘 다 중국어로 '지아'라고 읽음)**은 모두 대나무와 나무를 나타내는 어근을 가지고 있는데, 이것은 바로 젓가락의 원재료로 대나무와 나무가 압도적으로 많이 쓰였음을 보여주는 증거다. 이 문자들의 구성 형태는 젓가락의 사용 방식과 도구로서의 지위에 관해 많은 것을 알려준다. 箸는 '대나무와 관련된 것'이라는 의미를 내포하고 있는 반면, 筯는 대나무로 만든 보조 도구***임을 보여준다. 마찬가지로, 筴와 梜의 경우도 집게 모양의 젓가락이 음식물을 움켜쥐고 붙잡는 데 쓰임을 보여준다. 비록 고고학적으로 강력한 증거 자료는 부족하지만, 대나무와 나무를 나타내는 어근을 가진 이 모든 문자만으로도 고대의 젓가락들이 상아나 금, 청동보다 훨씬 쉽게 구하고 싸게 살 수 있는 나무나 대나무 같은 재료로 만들어졌음을 명백하게 알 수 있다.

젓가락이 이런 역사 기록들에 나타나는 빈도는 중국인 사이에

---

* 우리말로는 '저'로 읽는다.
** 우리말로는 '협'으로 읽는다.
*** 대나무 죽(竹) + 도울 조(助)

서 젓가락이 얼마나 많이 쓰이는 도구인지 잘 알려준다. 중국 어디를 가든 젓가락이 없는 곳은 없기 때문에, 사람이 어떤 생각을 밝힐 때 젓가락을 소재로 이용하는 경우도 많았다. 상나라가 멸망한 이유 가운데 하나로 상아 젓가락을 지목한 한비자의 이야기가 바로 그런 경우다. 한비자와 동시대 인물인 순자荀子(기원전 340~245)는 자신이 쓴 《순자》라는 책에서 "집착을 떨쳐버리는 것"(그 책의 주제 가운데 하나)이 얼마나 중요한지 보여주기 위해서 젓가락을 예로 든다. 순자는 이렇게 말한다.

산 아래에서 산꼭대기의 나무를 쳐다보면, 열 길이나 되는 큰 나무도 젓가락보다 커 보이지 않는다. 젓가락이 아무리 필요하다고 해도 산꼭대기에 올라가 그 큰 나무를 꺾을 사람은 아무도 없다. 높은 것이 그 긴 것을 가렸기 때문이다.*17

이 구절은 당시 사람들이 젓가락을 만들 때, 보통 나무의 아랫부분에 있는 잔가지들을 꺾어 만들었음을 알려준다. 실제로 중국에서 전해 내려오는 전설에 따르면, 하夏나라를 세운 우禹임금이 바로 그런 방식으로 처음으로 젓가락을 만들었다고 한다. 우임금은 홍수를 막을 방법을 찾느라 정신이 없어서 밥을 서둘러 먹으

---

* 원문: 從山下望木者, 十仞之木若箸, 而求箸者不上折也, 高蔽其長也(출처: 《순자》 해폐
  [解蔽] 편)

려고 작은 나뭇가지 두 개를 잘라 젓가락으로 사용한 것이다. 그
는 이 공로를 인정받아 왕이 되었다. 이것은 비록 우화지만 실제
로 젓가락이 임시변통으로 쉽게 구할 수 있는 재료로 만들어졌
을 수 있음을 잘 보여준다. 그와 비슷한 일이 수천 년이 지난 뒤 청
淸나라(1644~1911)가 서방 열강과의 전쟁에서 패한 1900년*에 다
시 일어났다. 당시 청나라 왕조의 실질적 지배자였던 서태후西太后
(1835~1908)는 베이징으로 달아났다. 그녀는 피신 중 어떤 마을을
지나다가 죽 한 사발을 얻어먹게 되었다. 서태후를 수행하던 신하
는 죽을 떠먹을 도구를 찾지 못하자 작은 수숫대 두 개를 꺾어 임
시변통으로 젓가락을 만들어서 그녀가 무사히 식사를 마칠 수 있
게 했다.[18] 젓가락을 쉽게 만들 수 있었던 덕분에 서태후는 곤경에
서 벗어날 수 있었던 것이다. 중국인은 오래전부터 식사도구를 사
용해 밥을 먹는 전통이 있었기 때문에 당시 상황이 서태후에게 곤
혹스러웠을 것은 당연하다.

중국인이 젓가락을 식사도구로 널리 쓰기 시작한 때가 언제인지
정확하게 알아내기는 어렵다. 전국 시대(기원전 475~221)의 다양한
기록에서 되풀이되는 젓가락에 대한 언급들로 미루어볼 때, 젓가
락이 널리 쓰이게 된 시기가 아마도 전국 시대였을 것이라는 추정
은 합리적이라 할 수 있다. 고대 중국에서의 젓가락의 기원을 치밀

---

* 서태후가 의화단 폭동을 등에 업고 서양 열강에 선전포고를 하여 벌인 전쟁에서 패한
것을 가리킨다.

하게 연구해온 일본인 학자 오다 마사코大田昌子는 그 기록들을 검토한 결과, 중국인이 숟가락과 젓가락을 습관적으로 사용하기 시작한 것이 주나라 말, 다시 말해서 기원전 6세기에서 기원전 3세기 사이라는 데 동의한다.[19] 그렇다 하더라도 이 과도기는 꽤 오랫동안 유지되었던 것으로 보인다. 여러 역사 기록에 따르면, 식사도구가 발명되어 일상적으로 사용된 지 한참 뒤에도 고대 중국인 중에는 여전히 음식을 손으로 집어 먹는 사람이 많았기 때문이다. 상류계급의 의식과 예절 해설서인 《예기禮記》에는 이런 과도기의 상황에 대한 중요한 정보들이 담겨 있다. 《예기》는 주나라 말에 공자와 그의 제자들이 처음 편찬했으며, 이후 한나라 때까지 유학자들이 계속해서 편집하고 주석을 단 것으로 알려져 있다. 《예기》에 수록된 두 가지 식사법은 특별히 주목할 필요가 있다.

한 음식을 다른 사람들과 같이 먹을 때, 배가 부르도록 [서둘러서] 먹으려 하지 말아야 한다. '판'(밥)을 함께 먹을 때는 손을 씻어서는 안 된다.

'판'을 공처럼 둥글게 말지 마라. 여러 가지 음식을 게 눈 감추듯 먹지 마라. [국물을] 꿀꺽꿀꺽 마시지 마라. 뼈다귀를 이로 오도독오도독 씹어 먹지 마라. 먹고 있던 생선을 다시 내려놓지 마라. 뼈다귀를 개에게 던져주지 마라. [먹고 싶은 게 있다고] 덥석 집어 먹지 마라. '판'을 [식히기 위해] 펼쳐놓지 마라. 기장을 먹을 때는 젓가락을 쓰지 마라. 국

안에 있는 채소를 국물과 함께 훌훌 마시지 말고, 그 안에 양념도 치지 마라. 이를 계속해서 쑤시지 말고 젓갈을 많이 먹지 마라. 손님이 국에 양념을 치면, 주인은 국을 잘 조리하지 못했다고 미안해할 것이다. 손님이 젓갈을 많이 먹으면, 주인은 자신의 가난을 탓할 것이다.[*][20]

첫 번째 인용구에 따르면, 밥 또는 조리된 곡물은 식사도구를 쓰지 않고 손으로 먹었다. 두 번째 인용구의 첫 번째 문장에서 "밥을 공처럼 둥글게 말지 마라."라고 말하기 때문이다. 누구나 알다시피, 밥을 둥글게 마는 것은 손으로만 할 수 있다. 그런데 첫 번째 인용구에서 지시한 것처럼 손을 씻으면 안 된다고 한 이유는 무엇일까? 한나라 때 저명한 유학자였던 정현鄭玄(127~200)은 유교가 학문의 형태로 되면서 그것에 대한 설명을 시도했는데, 당나라의 또 다른 저명한 유학자인 공영달孔穎達(574~648)도 그 설명에 동의했다. 두 학자는《예기》가 실제로 말한 것은, 손을 씻지 말라는 것이 아니라 손님 앞에서 손에 묻은 흙이나 땀, 물기를 옷에 닦는 일이 일어나지 않게 물기 없는 깨끗한 손으로 밥을 먹어야 한다는 것이라고 풀이했다. 그런 행동이 손님의 기분을 잡치게 해서 밥맛이 떨어질 수도 있기 때문이다.[21]

젓가락의 본디 기능과 관련해 아주 흥미로운 질문 가운데 하나

---

* 원문: 共食不飽, 共飯不澤手. 毋搏飯, 毋放飯, 毋流歠, 毋吒食, 毋嚙骨, 毋反魚肉, 毋投與狗骨. 毋固獲. 毋揚飯. 飯黍毋以箸. 毋嚃羹, 毋絮羹, 毋刺齒, 毋歠醢. 客絮羹, 主人辭不能亨. 客歠醢, 主人辭以.(출처:《예기》곡례 상[曲禮 上])

는, '왜《예기》에서 밥을 먹을 때 젓가락이 아니라 손을 쓰라고 가르치는가'다. 다시 말해, 고대 중국인은 밥을 먹을 때 왜 맨손으로 먹기도 하고 식사도구를 쓰기도 했을까? 그 질문에 답하기 위해서는 약간의 설명이 필요하다. 다른 한편으로 오늘날에도 많은 문화에서 이 두 가지 방식(손가락도 쓰고 식사도구도 쓰는)을 혼용하는 모습을 볼 때, 그것은 흔한 일이라고 말할 수도 있다. 예컨대, 유럽인은 아마 14세기부터 식사할 때 도구를 사용하기 시작했지만, 지금도 마찬가지로 필요에 따라 어떤 음식을 먹을 때는 손가락을 썼다. 영어로 '핑거 푸드finger food'*라는 말이 바로 그런 경우다. 매우 다양한 음식(미니 파이, 소시지롤, 누드도그, 치즈올리브도그에서 닭다리 또는 닭날개 바비큐, 미니 키시파이, 사모사, 샌드위치와 아스파라거스에 이르기까지)이 핑거 푸드에 속한다는 사실은, 서양에서 손으로 식사하는 풍습이 존립할 수 있었을 뿐 아니라 매우 흔했다는 것을 보여준다. 게다가 전 세계 어디를 가든 대다수 사람이 심지어 격식을 차리는 자리에서도 손으로 빵을 뜯어 먹는 모습을 아주 쉽게 볼 수 있다. 식사할 때 도구를 쓰는 데 익숙한 젓가락문화권의 사람들이 손가락을 써서 먹는 경우는 사실 예외적 상황이라 아니할 수 없다. 그들은 땅콩 같은 것도 젓가락으로 집을 수 있을 만큼 젓가락질이 능숙하지만, 유독 그것은 손으로 집어 먹는다.

---

* 손가락으로 쉽게 집어 먹을 수 있는 음식.

다시 말해, 사람들이 식사할 때 손가락을 쓸지 식사도구를 쓸지는 대개 어떤 음식을 먹느냐에 달려 있다. 고대 중국에서는 기장을 먹을 때 젓가락을 쓰지 않았다. 왜 그랬을까? 문맥으로 미루어볼 때, 기장은 밥의 일종이었다고 할 수 있다. 그렇다면, 기장은 당시에 유일한 밥이었을까? 그렇지 않은 것으로 보인다. 고대 중국의 주나라 역사 기록들을 보면, '바이구百穀', '지우구九穀', '리우구六穀', 그리고 가장 많게는 '우구五穀'라는 용어들이 등장한다. 이 용어들은 밥이 여러 종류의 곡식으로 조리될 수 있음을 명백하게 보여준다. 그렇다면, 그것들은 어떤 종류의 곡식일까?

공자의 제자들이 공자의 언행을 기록한 《논어論語》에 '오곡'을 언급한 유명한 구절이 나온다. 그 내용은 다음과 같다.

자로子路(공자의 제자)가 공자를 따라가다가 우연히 뒤처지게 되었다. 그때 지팡이를 짚고 대바구니를 메고 김을 매러 가던 한 노인을 만났다. 자로가 물었다. "노인장께서는 우리 선생님이 지나가는 것을 보셨습니까?" 노인이 대답했다. "팔다리를 부지런히 움직이지 않고 오곡도 분별할 줄 모르는데, 그 사람을 누가 선생님이라고 부르는가?" 노인은 지팡이를 땅에 꽂아두고 김매기를 계속했다.*

---

* 원문: 子路從而後, 遇丈人, 以杖荷蓧. 子路問曰: "子見夫子乎?" 丈人曰: "四體不勤, 五穀不分, 孰爲夫子?" 植其杖而芸.(출처: 《논어》 미자[微子] 18장)

그러나《논어》에는 '오곡'이 무엇인지 명시되어 있지 않다.《예기》
와 주나라의 중요한 의례 기록인《주례周禮》에도 '오곡'이 여러 차례
등장하지만, 여기서도 마찬가지로 어떤 종류의 곡식들인지 분류되
어 있지 않다. 그로부터 한 세기쯤 지나서, 당시 최고의 유학자였던
맹자가 오곡에 관해 어렴풋하게 언급한 구절이《맹자》에 나온다.
"후직后稷*이 백성들에게 다섯 가지 곡식을 심고 거두라고 가르쳐,
백성들이 오곡을 경작해서 그것이 무르익으니, 모든 백성이 먹고살
수 있었다."**22

　'오곡'에 대한 정의는 한나라 때 처음 시도되었다. 한나라는 주
나라 말 전국 시대를 끝내고 중국 중원(북중국의 중심)을 통일한
진秦나라가 멸망하고 세워졌다. 그러나 한나라 때 나온 오곡의 정
의는 일관되지 않았다. 예컨대, 한나라 최고의《맹자》주석자였던
조기趙岐(108~201)는《맹자》에 나오는 오곡이 "벼, 조, 기장, 밀, 콩
류"라고 말했다. 그에 반해, 조기와 동시대에 살았던 정현은《주
례》와《예기》같은 의례 기록들에 주석을 달면서 오곡을 "삼, 기장,
조, 밀, 콩류"라고 말했다. 벼 대신에 삼[麻]을 집어넣은 것이다. 삼
은 섬유를 뽑아내기 위한 작물이지만 그것의 씨는 먹을 수 있으
며, 실제로 정현이 일생을 보낸 중국 북부와 북서부의 고대 중국
인은 삼을 식용으로 재배했다.23 그러나 정현이《주례》에 나오는

---

* 주나라의 시조로 후대에 곡식의 신으로 받들어 모셨다.
** 원문: 后稷教民稼穡. 樹藝五穀, 五穀熟而民人育.(출처:《맹자》등문공 상[滕文公 上] 4장)

'육곡'을 설명할 때는 정작 삼을 빼고 있어 혼동을 일으킨다.[24] 따라서 오늘날 일부 학자는 정현의 설명에 문제를 제기한다. 비록 쌀이 오곡에 포함되지 않은 것이 맞다고 해도, '麻'라는 단어가 삼을 의미한 것은 아니라고 주장한다. 중국어로 '麻'는 삼뿐 아니라 참깨를 의미하기도 하기 때문이다. 참깨는 중앙아시아에서 자라는 작물로 정현이 살던 시대에 북서부 지역을 경유해 중국에 전파되었다.[25]

그런 변화에도 불구하고, 기장이 북중국에서 밀, 콩, 아마도 벼와 더불어 주요 곡물이었던 것은 지금도 마찬가지다. 기장(특히, 조)과 콩, 벼는 중국에서 가장 먼저 재배된 곡물로 알려져 있다. 학명이 오리자 사티바Oryza sativa(아시아 벼 종자)*인 벼는 최근에 남중국의 디오통환吊桶环 동굴 유적지에서 발굴된 벼가 기원전 10000년에서 기원전 9000년 사이에 재배된, 지금까지 알려진 가장 오래된 벼로 밝혀지기 전까지만 해도, 남아시아와 동남아시아가 원산지인 것으로 오랫동안 알고 있었다. 그 밖의 다른 곡물들은 수입되었다. 밀은 중앙아시아가 원산지이지만, 상나라 청동기 그릇에 밀이라는 글자가 새겨진 것으로 미루어, 청동기 시대나 그 이전에 중국에 유입되었다고 추정된다.[26] 장시江西성에 있는 디오통환 유적지 말고도, 저장浙江성의 허무두河姆渡 유적지에서도 기원전 8000년경 것으로 추정되는 벼가 출토되었다. 그 뒤에 최초로 뼈로 만든 젓가락이 출

---

* 아프리카에서 재배되는 벼 종자도 있으며, 학명은 오리자 글라베리마(Oryza glaberrima)다.

토된 장쑤성의 룽치우장에서 기원전 6500년과 기원전 5500년 사이 것으로 추정되는 벼 화석이 대량으로 매장된 곳이 발견되었는데, 이것 또한 벼가 주요 곡물이었다는 명백한 증거다.[27] 이 고고학 발견들은 남중국, 혹은 강우량이 많은 양쯔강 지역이 아시아 벼 경작의 기원임을 입증한다. 그러나 벼는, 오늘날도 마찬가지지만 주로 중국 남부 지방의 작물이었다. 따라서 북부 지방 사람이었던 정현은 오곡에 벼를 포함시키지 못했다.

기장이 곡물로서 사람들에게 인기가 많았다는 것은 기록에도 잘 나타나 있다. 현존하는 가장 오래된 고대 중국 문학 자료인 《시경詩經》에 조와 기장은 모두 서른일곱 차례 나오는데, 어떤 곡물보다 많이 언급된다. 예컨대, 다음과 같은 시다.

증손자 집 노적가리가
섬과 같고 언덕과 같은지라.
천 개의 창고가 필요하고
만 개의 수레가 필요하나니.
기장과 조, 벼와 수수가 (…)*[28]

실제로 중국인은 농사의 신을 후직后稷, 즉 기장 신이라고 불

---

* 원문: 曾孫之庚,如坻如京./ 乃求千斯倉, 乃求萬斯./ 黍稷稻粱 (…)(출처:《시경》소아[小雅] 보전[甫田])

렸다. 《시경》에는 다음과 같이 후직에게 바치는 시가 나온다.

> (…) 후직이 아름다운 곡식을 심으시니 (…)
> 이삭이 늘어지고 알차더니 (…)
> 검은 기장과 낱알이 두 개인 기장이며
> 붉은 차조와 흰 차조로다.*

기장은 또한 당시에 가장 귀하게 생각하는 곡물이었다. 고사에 따르면, 공자가 한 연회에 초대받았을 때, 비록 주인은 공자에게 복숭아 껍질의 털을 털어내는 용도로 기장을 쓰라고 했지만, 공자는 어떤 다른 음식보다 기장을 먼저 먹기로 했다. 공자의 설명에 따르면, "기장은 오곡 가운데 가장 귀한 것으로 선왕께 제사를 드릴 때 으뜸가는 제물입니다." 그에 비해 "그러나 복숭아는 여섯 가지 과일 가운데 가장 천한 제물입니다."**29

기장은 다음과 같은 이유 때문에 고대 중국에서 매우 중요하고 대중적인 곡물이었다. 다른 곡물과 비교할 때 가장 가뭄에 잘 견디는 작물로, 황허黃河강 유역의 중국 북부 기후에 아주 적합했다. 실제로 기장의 원산지는 남중국과 동남아시아 같은 아열대 지역

---

* 원문: (…) 種之黃茂 (…)/ 實穎實栗 (…)/ 維秬維秠, 維穈維芑.(출처:《시경》대아[大雅] 생민[生民])
** 원문: 夫黍者五穀之長也, 祭先王為上盛. 果蓏有六, 而桃為下.(출처:《한비자》외저설좌 하 [外儲說左 下] 편)

이었을 수도 있지만, 그것이 처음으로 재배된 지역은 북중국이 거의 틀림없다. 고대 중국 농업의 전문가인 핑티 호Ping-ti Ho는 그 지역, 즉 자신이 "황토"라고 부르고 중국 신석기 문명의 발원지로 보는, 웨이수이渭水강과 황허강의 높고 낮은 지대가 기장의 원산지라고 강력하게 주장했다.[30] 중국 음식문화에 대한 최초의 연구를 영어로 편집한 하버드대학교의 고고학과 인류학 교수였던 고 K. C. 창Chang(1931~2001) 또한 조(학명은 세타리아 이탈리카Setaria italica)의 "원산지가 중국 북부인데, 신석기 시대부터 재배하기 시작해서 주나라 때까지 이어졌다."라고 했다.[31] 시안의 반포에 있는 양사오仰韶 유적지 같은 곳에서는 20세기 초부터 기장 화석이 대량으로 매장된 곳이 여러 군데 발견되었다.

고대 중국에서 재배된 기장의 종류는 매우 다양했다. 가사협賈思勰(386~543)이 쓴 중국 최고最古의 농업 서적《제민요술齊民要術》에는 당시에 재배한 다양한 기장 종류에 관한 상세한 설명이 수록되어 있다.

기장이란 기장은 모두 있다. 그것들은 익는 시기가 다 다르다. 또한 짚의 길이와 강도, 낟알의 수도 다 다르고, 맛이며 낟알이 쉽게 떨어지는 정도도 제각각이다.

일찍 익는 종자는 줄기가 짧고 낟알이 많다. 늦게 익는 종자는 줄기가 길고 낟알이 적다. 짚이 질긴 종자는 줄기가 짧은 노랑 기장 종류에 속하고, 짚이 연한 종자는 줄기가 긴 초록 기장, 흰 기장, 검정 기장 종류에 속한다. 낱알 수확이 적은 종자는 맛은 좋지만 낱알이 쉽게 떨어지고, 수확량이 많은 종자는 맛은 없지만 생산성이 높다.[32]

중국의 문헌에서 기장이 여러 가지 용어로 언급된 사실로 미루어볼 때, 중국에서 기장 재배가 널리 확산되었음을 알 수 있다. 상나라 갑골문자와 주나라 역사 기록들에 가장 많이 등장하는 용어가 '서黍', '속粟', '직稷', '양粱'이었다. '양'은 나중에는 수수를 의미하기도 했다. 그러나 그것들이 실제로 어떤 종자를 말하는지(대개 '서'는 기장을, '속'은 조를 의미하는 것으로 알려져 있다), 그리고 그것들이 서로 어떤 관련이 있는지(예컨대, '속'과 '직'이 모두 조를 의미하는지 아닌지)는 지금도 불확실하다.[33] 기장을 가리키는 용어가 혼동을 불러일으키는데도, 사람들이 기장을 널리 언급했다는 사실은 그 작물이 대중에게 얼마나 인기가 있었는지를 보여준다. 실제로 이 모든 증거는 북중국에서 적어도 천 년 동안, 다시 말해서 고대부터 8세기경까지 기장이 지배적인 작물이었음을 알려준다.

위에서 검토한 것을 종합해보면, 《예기》에서 언급한 '판'(밥)은 대개 기장이었을 가능성이 크다. 물론 콩이나 밀 같은 다른 곡물과 섞어서 먹었을 수도 있다.[34] 그렇다 해도 의문은 남는다. 왜 당시 사람들은 젓가락으로 기장밥을 먹지 않았을까? 그 대답은 당시에 (그리고 지금도) 기장으로 어떻게 밥을 지었는가 하는 조리법과 깊은 관련이 있을 것으로 보인다. 고대부터 현재까지 대다수 중국인은 기장을 끓이거나 쪄 먹었다. 낱알이 작기(쌀보다 작다.) 때문이다.

기장은 가열되면 낟알들이 서로 단단하게 달라붙기 때문에 그것들 사이로 공기가 잘 통하지 않는다. 따라서 기장은 쌀로 밥을 해 먹는 것처럼 조리할 수 없다. 쌀은 물을 적당히 부어 고온에서 끓인 뒤, 불을 낮추고 뜸을 들이면 밥알이 부드럽게 부풀어 오른다. 기장으로 밥을 지을 때 이런 식으로 하거나 충분히 물을 붓지 않으면, 솥 중간에 있는 낟알이 뜸 들기도 전에 밑바닥에 깔린 낟알은 다 타버리고 말 것이다.

고대 중국어로는 대개 기장을 찌면 '판飯'이라고 하고 기장을 끓이면 '조우粥'(죽)라고 하는 경우가 많아 보인다. 이런 구별은 주나라 문헌에서 이미 등장했고 후한後漢 시대에도 계속되었다. 주나라 말의 한 기록에 따르면, "낟알을 쪄서 '판'을 짓고, 낟알을 끓여서 '조우'를 쑤기 시작한 사람은 바로 황제黃帝(전설에 나오는 중국인의 시조)였다."[35] '조우'가 상나라와 주나라의 갑골문자와 청동 비문에 등장하는 반면, '판'은 나중에 주나라 역사 기록들에서부터 언급된다. 이렇듯 '조우'가 '판'보다 시기적으로 앞선 것은 아마도 끓여 먹는 것이 대중에게 더 익숙한 조리법이었음을 보여준다. 또한 상나라 청동 그릇에 대한 여러 연구를 보더라도, 가마솥(푸)이나 다리가 세 개 달린 청동 솥(딩) 같은 끓이는 도구가 시루(쩡 또는 얀) 같은 찜통보다 더 먼저 발명되었음을 알 수 있다. 오늘날 학자들은 '쩡'과 '얀' 같은 시루의 디자인이 상나라와 주나라의 청동과 도기 그릇들에서 많이 발견되는 '푸' 같은 가마솥을 개선해서 나온 것이라고 생각한다. '쩡'과 '얀'의 구조는 두 부분으로 나뉜다. 윗부분에 음식을 놓고, 아랫부분에 열을 가해서 증기를 발생시킨다. 다시 말해서, 가마솥 밑에 그저 증기를 발생시키는 바구니를 덧붙인 것이 바로 시루다. 여러 역사 기록을 보면, 크기가 작은 시루인 '쩡'이 곡물음식을 찔 때 주로 쓰였음을 알 수 있다.[36]

《예기》에서 '판', 즉 밥을 먹을 때 손으로 먹으라고 한 것으로 미루어보아, 그 당시의 밥은 기장을 끓인 것이 아니라 찐 것이었을 가능성이 크다. 기장을 찐 밥은 끓인 죽과 비교할 때 낟알이 단단해서 손으로 집을 수 있었기 때문이다. 그런데 기장을 쪄서 밥을 하는 것은 조리하는 데 시간이 많이 걸리고, 한 번에 안치는 양도 적기 때문에 경제적이지 못했다. 그러나 이것은 오히려 주로 상류층 사람들을 대상으로 쓴 《예기》의 특성과 딱 맞아떨어지는 것처럼 보인다. 이와 반대로, 일반 민중은 배를 채우기 위해 기장을 끓인 죽(조우)이나 귀리죽(콩이나 채소를 넣고 끓인)을 먹을 수밖에 없었을 것이다. 그러나 명절에는 일반 민중도 떡과 만두—지금도 여전한 아시아 음식문화 풍습—를 만들기 위해 곡물을 쪄서 조리하는 것을 좋아했다.

손으로 음식을 먹는 것은 쉬워 보이지만, 실제로는 더 엄격한 식사 예절을 요구한다. 예컨대, 남아시아 사람은 밥을 먹을 때 대부분 손가락을 쓰는데, 그들의 식사문화에서 지켜야 할 몇 가지 금기 사항이 있다. 그것은 대개 밥을 지저분하게 먹어서 다른 사람에게 혐오감을 일으키는 것을 막으려는 조치다. 따라서 고대 중국의 《예기》는 기장(을 찐)밥을 먹을 때 손을 어떻게 써야 하는지에 대한 매우 세심하고 까다로운 예법을 가르치는 책이다. 제례 전문가인 공자와 그의 제자들은 대개 밥을 먹을 때 손으로 먹었으니, 어떻게 하는 것이 예법에 맞는지 잘 알고 있었으리라 추정된다. 공자의 시대에는 귀족들도 손으로 음식을 먹는 데 익숙했던 것으로 보인다. 그것의 유명한 예가 기원전 7세기 초 정鄭나라 대부 송공宋公이다. 그는 마음을 끄는 이색적인 음식을 볼 때마다 손가락이 저절로 움직이는 사람으로 역사에 기록되어 있다.[37] 중국어로 집게손가락을 '밥 먹는 손가락', '시지食指'라고 하는데, 고대 식습관의 잔재라고 할 수 있다.

그러나 다른 많은 사람에게는 끓인 곡물을 먹을 때 식사도구를 사용하는 것이 더 편리할 수 있었다. 춘추 시대 제齊나라 재상이자 정치 전략가였던 관중管仲(기원전 723/716~645)이 지은 《관자管子》에는, 스승 앞에서 밥을 먹을 때는 곡물을 집을 때만 손을 쓰고, 다른 음식을 먹을 때는 손을 쓰지 말라는 말이 나온다.[38] 다시 말해, 아이들은 손으로 음식을 먹는 것이 아직 서툴러서, 섣부르게 행동하다 스승에게 야단맞지 않도록 식사할 때 손을 쓰는 것을 일부 제한하는 편이 더 나았다.

《예기》에는 기장을 끓여 죽으로 먹을 때 어떻게 하라고 명확하게 기술되어 있지 않다. 그러나 유학자 공영달은 죽을 먹을 때는 손을 쓰지 않고 숟가락을 썼을 것이라고 추정했다. 그는 "기장을 먹을 때는 젓가락을 쓰지 마라."라는 문장에 주석을 달면서, 《예기》에서 단검 모양의 숟가락, 즉 '비匕'를 쓰라고 권고했다고 했다.

《예기》가 처음 쓰였을 때보다 훨씬 후대인 당나라 사람 공영달은 기장을 조리하는 방식이 찌거나 끓이는 두 가지이며, 쪄서 먹을 때는 손으로 먹고, 끓여 먹을 때는 질척이기 때문에 숟가락으로 떠먹는다는 사실에 주목했다.[39] 물론 죽처럼 물기가 많은 음식도 젓가락을 써서 먹었을 수 있다. 그러나 그렇게 하려면, 밥그릇을 들어 입에 갖다 대고 필요할 때 젓가락으로 음식물을 퍼 넣으며 홀홀 마셔야 한다. 말할 필요도 없이 이런 식사법은 품위 있는 행동과는 전혀 거리가 멀다. 따라서 《예기》에서는 이런 행동을 금한다. 하지만 오늘날에 여전히 그런 것처럼, 그때에도 (금지 명령에도 불구하고) 그렇게 먹는 사람들이 있었다는 것은 의심할 여지가 없다.[40] 그럼에도 숟가락은 기장으로 쑨 죽을 보다 품위 있게 먹을 수 있는 더 좋은 도구다. 숟가락으로는 그릇을 들어 입에다 갖다 대지 않아도 음식물을 쉽게 떠먹을 수 있기 때문이다.

따라서 사람들은 필요성, 편의성, 유행 같은 여러 가지 이유로 식사도구를 사용하기 시작했다. 고대 중국에서는 당연히 끓여 먹는 것이 쪄 먹는 것보다 훨씬 더 대중적인 조리법이었다. 경제성이나 편의성 면에서 모두 더 낫기 때문이었다. 고고학자들은 상나라 때 것부터 한나라 때 것까지, 출토된 청동과 도기 그릇들 가운데 찜통보다 솥이 더 많다는 것을 알아냈다. 그들은 또한 '푸'(가마솥)와 '딩'(삼발이 솥) 말고도, 그것들보다 더 작고 개인적인 삼발이 솥인 '리'가 당시에 흔히 쓰던 조리도구라는 사실을 발견했다. '리'는 고기를 조리할 때 주로 사용된 청동 솥 '딩'과 달리, 대개 도기로 만들어졌다. 고고학자들은 '리'의 크기가 작은 것으로 미루어 개인들이 곡물, 즉 기장으로 밥을 지을 때 썼으리라 생각한다. 20세기 초부터, 상나라 수도였던 허난성 은허 유적지에서 수많은 '리'의 도기 조각들이 출토되었다. 이 발견들은 '리'가 당시 일반 민중이 많이 쓰는 조리도구였음을 보여주며, 더 나아가 고대 중국의 많은 사람이 기장을 끓여서 죽으로 먹었음을 입증한다.[41]

역사 기록들에 따르면, 기장을 끓여 만든 음식은 물기가 얼마나 많은지, 그리고 다른 식재료들이 들어갔는지에 따라 다양한 형태를 띠었다. 귀리죽처럼 걸쭉한 죽인 '잔饘'이 될 수도 있고, 묽은 미음인 '조우粥'나 '후糊'가 될 수도 있었다. 또한 《예기》에도 이런 말이 나온다. "증자가 말하기를 '우리 아버님께서 이렇게 말씀하셨습니다. 큰 소리로 통곡하여 애통함을 널리 알리고, 넋 나간 듯 풀어헤친 상복으로 그 마음을 표현하고, 밥은 죽이나 미음을 쑤어 먹는데, 이것은 천자로부터 만백성 모두가 똑같다.'라고 하셨습니다."[*42] 귀족들이 먹을 때나 명절 때처럼 기장을 쪄 먹는 것 말고도, 기장을 어떻게 조리해서 먹느냐에 따라 신분의 차이를 잘 알 수 있었다. 기장으로 걸쭉하게 죽을 쑤어 먹는 사람은 대개 좀 잘사는 사람이고, 묽게 미음을 쑤어 먹는 사람은 가난한 사람이었다. 그러나 이런 차이는 절대적일 수 없었다. 북중국의 건조하고

---

* 원문: 申也聞諸申之父曰: 哭泣之哀, 齊斬之情, 饘粥之食, 自天子達.(출처: 《예기》 단궁 상 [檀弓 上])

추운 날씨에는 죽이 적합한 음식이었기 때문이다. 지금도 사정은 마찬가지다.

곡물을 끓여 먹을 때 숟가락을 사용하는 것이 가장 일반적이고 좋았기에, 숟가락은 고대 중국에서 가장 중요한 식사도구가 되었다. 반면, 젓가락은 조리된 곡물을 먹을 때 쓸 수 없었기에 부차적인 식사도구처럼 보였다. 고대 중국어로 젓가락을 의미하는 '쭈筯'라는 글자는 윗부분이 대나무를 나타내는 어근이고, 아랫부분은 '보조하는/돕는/보충하는'이라는 뜻의 글자로, 젓가락이 보조 역할을 하는 도구임을 보여준다. 《예기》는 젓가락을─유일하게 (?)─ 써야 할 때가 언제인지를 명시하고 있다. "국에 채소가 들어 있다면, 반드시 젓가락으로 먹어야 하지만, 그렇지 않다면 젓가락을 쓰지 말아야 한다."[43] 국─중국어로 '껑羹'─은 먼저 여러 가지 재료에 물을 붓고 끓여 만든다. 기장을 끓여 죽을 쑬 때처럼, 중국인이 국을 조리하는 방법은 다양하다. 걸쭉한 육수로 고깃국을 끓일 수도 있고, 채소만을 넣고 묽게 국을 끓일 수도 있다. '껑'(어근이 양羊을 뜻한다.)이라는 글자는 어원상으로 볼 때, 본디 국이 양고기를 넣고 끓인 것임을 보여준다. 가장 오래된 중국어사전인 《이아爾雅》에는 "고기[肉]를 '껑'이라 부르기도 했다."라고 나온다. 국을 끓일 때 들어가는 재료로는 양고기 말고도 쇠고기, 돼지고기, 닭고기, 오리고기나 개고기도 있다. 어떤 재료를 넣고 국을 끓였는지는 접두어로 표시했는데, 예컨대 양고깃국은 '양껑羊羹', 개고깃국은 '츠안껑犬羹', 돼지고깃국은 '튄껑豚羹' 같은 식이다. 또한 '싱껑xinggeng'이라는 국도 있었는데, 고기를 넣지 않은, 채식하는 사람을 위한 국이나 죽으로 추정된다. 그러나 한편 고깃국에 맛을 더하려고 각종 채소나 향신료를 넣기도 했는데, 이런 다양한 종류의 국을 먹을 때 젓가락은 유용한 도구였다.[44]

국 종류가 이렇게 다양했다는 사실은 고대 중국인이 국을 즐겨 먹었다는 것을 입증한다. 실제로《예기》에는 이런 말이 나온다. "제후로부터 평민에 이르기까지 신분에 관계없이 모든 사람이 '껑'과 '판'을 먹었다." 다시 말해서, 고대 중국인은 곡물을 끓여서 죽이나 미음을 쑤어 먹었을 뿐 아니라, 곡물이 아닌 식재료, 특히 '차이菜'(채소)로 채소국을 끓여 먹는 것도 좋아했다. 중국인은 음식을 뜨겁게 해서 먹는 것을 좋아했기에, 많은 사람이 국을 끓여 먹으면서 젓가락이 중요한 식사도구로 떠올랐다. 고고학자들은 수많은 가마솥과 삼발이 솥 말고도 주나라 청동과 도기 그릇들에서 다양한 식품보온기, '웬딩溫鼎'을 발굴해냈다.[45] 이 식품보온기들은 중국인의 식습관을 확인해준다. 당시 중국인은 젓가락을, 국그릇 속의 내용물을 휘젓고 섞고 움켜쥐고 맛보고 먹는 데 썼을 것으로 보인다.[46] 실제로 중국음식을 연구하는 학자들은 젓가락의 발명이 국을 끓여 먹기 위해서였다고 생각하는데, 처음에는 단순히 국 건더기를 골고루 섞는 용도였다가 집어 먹는 도구로 발전했으리라 보았다.[47]

그러나 기장이 주곡이 아닌 지역—남중국 같은 곳—에서는 사정이 어떠했을까? 곡식이 아닌 재료로 요리된 음식을 먹을 때 꼭 젓가락만 사용했을까? 실제로 고대에도 다양한 요리 전통과 음식 문화가 아시아 대륙에서 발전했다. 《초사楚辭》*를 보면, 다음과 같은 다양한 식사 방식이 나온다.

오곡은 높이 쌓여 산더미 같고, 고미쌀은 널려 있네.
가마솥에 부글부글 끓는 국을 보니, 갖은양념 어울려 향기가 가득하다.
살진 왜가리, 집비둘기, 그리고 고니, 승냥이 고기 넣은 국 맛이 그만이네.
혼이여 돌아오시라! 입에 맞는 대로 실컷 맛보시라.
신선한 큰 거북에 살진 닭고기, 초나라 낙유에 버무리고,
새끼돼지 육장에 개 쓸개 섞어, 양파를 날로 썰어 향긋한 맛을 낸다.
오나라 요리인 달콤한 물쑥국, 알맞은 국물 맛 감미롭구나.
혼이여 돌아오시라! 마음대로 골라 드시옵소서.
고라니 굽고 물오리 찌고, 삶은 메추리 골고루 갖춰놓고,
지져낸 붕어에다 삶은 꾀꼬리고기, 상쾌한 온갖 맛 다 갖추었도다.
혼이여 돌아오시라! 아름다운 이 음식 먼저 드시옵소서.
네 번 걸러 익힌 술이니, 꿀꺽꿀꺽 잘도 넘어간다.

---

* 한나라 때 유향이 초나라의 굴원 등이 쓴 시들을 모아 낸 책으로, 영문 원서에서는 인용한 시가 《시경(Classic of Odes)》에 수록되었다고 했는데, 저자의 실수로 보인다.

맑은 향기 나는 얼음 채운 진국술은, 일꾼들 취해도 취한 줄 모른다오.

오나라 단술에 누룩 섞어, 초나라 청주 만들었으니,

혼이여 돌아오시라! 마시고 즐기며 모든 시름을 푸소서.[*48]

이 시는 다양한 음식과 그것들을 조리하는 일반적인 방식을 묘사하면서, 오吳나라와 초楚나라의 요리법이 크게 달랐음을 보여준다. 오나라와 초나라는 남중국의 양쯔강 유역에 위치해 있었다. 초나라는 중류 지역이고 오나라는 더 아래 하류 지역이었다. 그렇다면, 남중국의 음식문화는 실제로 어떠했을까? 유감스럽게도 그것이 매우 이국적이었다는 것을 빼고는 이 시에서뿐 아니라 주나라 말의 역사 기록 대부분에서도 세밀하게 설명된 부분을 찾을 수 없다. 실제로 현존하는 고대 중국 관련 역사 문헌의 대부분은 북중국 사람이 쓰고 주석을 달았기 때문에 그들의 편견이 그 속에 스며들었을 수밖에 없다.

오늘날 고고학과 인류학 연구들은 고대부터 이미 중국의 농업

---

* 원문: 五穀六仞, 設菰粱只./ 鼎臑盈望, 和致芳只./ 內鶬鴿鵠, 味豺羹只./ 魂乎歸徠! 恣所嘗只./ 鮮蠵甘雞, 和楚酪只./ 醢豚苦狗, 膾苴蓴只. / 吳酸蒿蔞, 不沾薄只./ 魂兮歸徠! 恣所擇只./ 炙鴰烝鳧, 煔鶉敶只./ 煎鰿臛雀, 遽爽存只./ 魂乎歸徠! 麗以先只./ 四酎并孰, 不歰嗌只./ 清馨凍飲, 不歠役只./ 吳醴白糵, 和楚瀝只./ 魂乎歸徠! 不遽惕只.(출처: 전국 시대 초나라 사람 경차[景差]가 지은 것으로 알려진 시 〈대초[大招]〉의 일부임.) 원전 번역은 http://kydong77.tistory.com/7893와 http://blog.naver.com/bhjang3/140051505861에 나온 내용을 인용하고 일부 수정했다.

과 농업경제가 남과 북에서 서로 다르게 나타났음을 보여준다. 이러한 남과 북의 분리는 황허강을 경계로 막힌 북부 지역과 양쯔강을 따라 아래로 이어진 남부 지역 사이의 지리적, 생태적 차이 때문에 발생했다. 이 두 개의 거대한 강줄기는 중국 역사 전반에 걸쳐 그 두 지역—과 각각의 하부 지역들—의 농업과 식습관 형성에 막대한 영향을 끼쳤다. 조지프 니덤Joseph Needham의 걸작《중국의 과학과 문명Science and Civilization in China》에 집필자로 참여한 프란체스카 브레이Francesca Bray는 그것을 간단명료하게 설명한다. "우리는 중국의 농업 전통을 북부의 건조 곡물 경작(밭농사)과 남쪽의 수경 농업(논농사), 크게 두 가지로 구분했는데, 저마다 대표하는 작물과 농사도구, 경작지 형태가 달랐다(…)"[49]

벼 경작이 남중국의 농업과 북중국의 농업을 구분한다고 할지라도, 이것을 명시한 역사 문헌은 현존하지 않는다.《시경》같은 고대 기록에 쌀은 열두 번 나오지만, 기장의 등장횟수와 비교하면 훨씬 적다. 하지만 남중국에서 쌀은 아주 오랜 옛날부터 주곡이었던 것으로 보인다. 장시성의 디오통환 동굴, 저장성의 허무두와 싼싱두이三星堆, 그리고 쓰촨四川성(1980년대에 발굴)의 고고학 유적들은 모두 쌀이 오래전부터 양쯔강 지역에서 가장 중요한 작물이었음을 확인해주었다. 더 나아가 이 발견들은 남중국이 신석기 시대 북중국과 비슷한 문화수준에 이르렀음을 보여준다. 프란체스카 브레이는 허무두 문화를 설명하면서 "가장 오래된 문화 유적층에서도 솜씨 좋고 아름답게 장식된 도기와 복합적인 목공품 같은 정교한 기술수준을 확인할 수 있다. 또 많은 벼 화석은 당시에 살았던 사람들이 초기 농업 단계의 농부들이 아니라 식량 조달 수단으로서 벼를 본격적으로 재배했음을 보여준다."라고 주장한다.[50]

쌀은 남부 지방에서 중국 문명의 발전에 매우 결정적인 역할을 했기 때문에, 곡물로서 쌀의 역할을 간략하게 설명하고 넘어갈 필요가 있다. 인류 역사 전반에 걸쳐, 쌀은 가장 많이 경작된 작물이며 동시에 종자가 가장 다양한 작물 가운데 하나였다. 여러 상을 받은 수필가 마가렛 비세Margaret Visser의 주장에 따르면, "이 곡물은 지구에 사는 인구 절반을 먹여 살리는 주요 자양분이다. 지금 만일 전 세계의 벼농사에 치명적인 영향을 끼치는 재난이 발생한다면," 그녀는 이어서 말한다. "최소한 15억 명의 인구가 극심한 기아에 시달릴 것이고, 그 가운데 수백만 명은 구제 조치가 이루어지기 전에 굶어 죽을 것이다."[51] 오늘날 쌀이 없어서는 안 될 작물이듯이, 근대 이전에도 쌀은 지금보다 훨씬 더 중요한 역할을 했던 것으로 보인다. 음식사가 펠리페 페르난데스-아르메스토에 따르면, "대부분의 역사에서—과학적 종자 개량의 고된 과정을 통해 오늘날 놀랄 만큼 수확량이 많은 다양한 밀 종자를 생산해내기까지—쌀은"

세상에서 견줄 만한 것이 없는, 수확량이 가장 많은 음식이었다. 다양한 토종 종자가 있는 쌀은 1헥타르당 평균 5.63명을 부양하는 반면, 밀은 3.67명, 옥수수는 5.06명을 부양한다. 역사 전반에 걸쳐, 쌀을 주식으로 하는 동아시아와 남아시아 문명은 다른 지역보다 더 인구가 많고, 생산성이 높고, 더 창의적이고, 더 산업화되고, 더 기술이 발전하고, 더 강력한 무력을 보유했다.[52]

중국이 바로 이런 나라였다. 북부 지방에서 고대 중국 문명을 육성한 것이 기장이라면, 쌀은 남부 지방의 문화를 발전시킨 주역이었다. 시간이 흐르면서, 쌀은 중국 농업과 먹거리체계food system에서 훨씬 더 막중한 자리를 차지했다.

중국의 역사 기록들을 보면, 남중국에서 쌀의 중요성을 언급하는 기록들이 많다. 예컨대,《주례》는 "벼는" 양쯔강 징저우荊州와 양저우揚州 두 지역 모두에 "적합한 작물이었다."라고 인정한다. 한나라 때 위대한 역사가로 중국 대륙을 널리 돌아본 사마천司馬遷(기원전 145~87)은 저서《사기史記》에서 "영토는 넓은데 사람은 별로 없는 초나라와 월越나라(양쯔강 중류와 하류에 위치한)의 주곡은 쌀이었고 어죽을 주식으로 했다."라고 썼다. 사마천의 설명은 남중국의 식습관이 북중국의 식습관과 다르다는 것을 보여준다.

그렇다면, 남부 지방의 중국인이 젓가락을 더 많이 사용하게 된 것은 쌀밥을 주로 먹었기 때문이라는 말인가? 고고학 연구에 따르면, 그것은 어느 정도 상관성이 있는 것으로 보인다. 그와 관련된 유물들이 남중국의 유적지들에서 더 많이 출토되었기 때문이다. 가장 오래된 젓가락이 발굴된 롱치우장 유적지는 양쯔강 하류에 위치한 장쑤성에 있다. 그리고 롱치우장 문화는 황허강 유역 것들보다는 양쯔강과 화이허淮河강 유역 것들과 더 긴밀한 관련이 있었다. 따라서 벼 화석이 롱치우장에서 출토된 것 또한 우연이 아니었다. 앞서 말했듯이, 지금까지 고고학자들이 발굴한 청동기 시대부터 한나라 때까지의 (청동과 대나무) 젓가락 대부분은 중국 남부와 남서 지방에서 출토되었는데, 다른 곳보다 벼 경작이 잘되는 지역이었다. 이 젓가락 유물들로 미루어볼 때, 남중국에서는 북중국과 달리 오래전부터 젓가락이 매우 실용적인 식사도구였으리라 유추할 수 있다. 다시 말해, 남중국 사람들은 국에 담긴 건더기를 집어 먹을 때만 젓가락을 사용한 것이 아니라 쌀밥—그들의 곡물음식—을 먹을 때도 젓가락을 사용했다.[53]

쌀밥은 다른 곡물에 비해 젓가락을 사용해서 덩어리로 움켜쥐고 옮기기가 더 쉬울 수 있다.(그림 25) 따라서 사람들은 젓가락을 써서 쌀밥을 먹을 수 있다고 생각했을 수 있다. 물론 벼는 종자가 다양하다. 동아시아와 동남아시아에서 가장 많이 먹는 쌀은 멥쌀로 시니카sinica(자포니카japonica)종과 인디카indica종으로 나뉘는데, 대부분의 벼가 여기에 속한다. 쫀득쫀득한 찹쌀은 중국어로 '눠糯', 베트남어로 '가오 넵gao nếp', 태국어로 '까오니여우ข้าวเหนียว'라고 부르는데, 대개 명절에 다양한 떡이나 과자로 만들어 먹는다. 낟알 모양이 둥글고 불투명한 찹쌀에 비해 상대적으로 반투명한 멥쌀은 중국 본토 전역의 신석기 유적지에서 발굴되었지만, 특히 다른 곳보다 양쯔강 유역에서 더 많이 나왔다.[54] 한편, 시니카/자포니카종과 인디카종은 벼가 익는 기간, 낟알 수와 모양, 조리 방식에서 크게 차이가 난다. 예컨대, 시니카/자포니카종은 낟알이 길쭉한 인디카종에 비해 더 매끄럽고 차지다. 쌀은 기장처럼 통째로 먹을 수도 있고, 빻아서 가루를 내 먹을 수도 있다. 고대 중국인은 두 가지 방식을 다 썼다.

그러나 기장과 비교할 때, 쌀은 쫀득거리는 정도가 다양한 것은 물론이고 일단 밥을 지으면 훨씬 잘 뭉쳐진다. 낟알이 기장보다 커서 끓는 물에서 낟알 사이로 공기가 잘 통하기 때문이다. 그 결과, 쌀은 끓이든 찌든 기장보다 밥 짓는 시간이 더 짧다. 시니카/자포니카종과 인디카종은 모두 차지지 않은 벼라지만, 밥을 지으면 기장보다 낟알끼리 더 잘 달라붙는다. 따라서 한입에 들어갈 정도로 작게 낟알을 뭉쳐서 젓가락으로 쉽게 떠먹을 수 있다. 점착성이 강한 쌀밥의 특성을 고려할 때, 기장을 쪄서 먹을 때처럼 쌀밥을 손으로 집어 먹으면, 손에 밥알이 달라붙기 때문에 먹기가 불편했을 것이다. 오늘날 쌀밥을 먹을 때 손가락을 사용하는 전 세계 몇몇 지역에서는 밥 먹으면서 바로 손을 씻을 수 있게 물그릇을 준비한다. 이 문제를 처리하는 또 다른 방법은 식용유를 섞어 밥을 하는 것이다. 그러나 이 방법을 쓰면 손에 묻은 기름을 닦아내야 하는 성가신 일이 생긴다. 따라서 이런 불편함을 해결하기 위해 나온 방법이 쌀밥을 먹을 때 젓가락을 사용하는 것이다. 물론 젓가락을 사용해서 밥알을 효과적으로 입에 넣는다 해도 젓가락에 또 밥알이 달라붙을 수 있다. 그러나 젓가락에 달라붙은 밥알을 떼어내는 것은 훨씬 쉽다. 젓가락은 크기가 작고 가늘기 때문이다. 시간이 흐르면서, 젓가락은 점점 더 뾰족하고 반들반들해져서 젓가락에 밥알이 달라붙는 문제를 더 잘 해결할 수 있었다.

그러나 서문에서 언급했듯이, 사람들이 식사할 때 도구를 사용할지 말지—그리고 어떤 도구를 쓸지 쓰지 않을지—를 결정하는 데는 문화나 요리와 관련한 여러 요인이 작용한다. 쌀밥을 먹는다고 반드시 도구를 써야 하는 것도 아니며, 그 도구가 반드시 젓가락이어야만 하는 것 또한 아니다. 오랫동안 쌀이 주식이었던 동남아시아에서 오직 베트남 사람만이 밥을 먹을 때 젓가락을 썼다. 나머지 다른 나라 사람은 모두 손으로 먹거나 숟가락과 포크를 사용해서 먹었다. 예컨대, 태국에서는 과거에 손으로 밥을 먹었지만, 지금은 숟가락과 포크로 먹는다. 먼저 숟가락으로 밥그릇에서 밥을 떠서, 다른 손에 든 포크의 뒷부분으로 밥을 누른 뒤, 마침내 입안에 넣는다. 포크와 숟가락으로 먹기 어려운 찹쌀밥은 대개 오른손으로 밥을 한 줌 쥐고 작은 공처럼 돌돌 말고 손톱만 한 자국을 내 거기에 소스와 양념, 반찬을 담아 입 안에 넣는다.[55] 이것은 쌀밥을 먹는 방법이 매우 다양하게 개발되었음을 보여준다. 젓가락의 사용은 그중 하나이며, 사람들이 그 방법을 채택한 이유는 실용적인 필요 때문이라기보다는 문화적 영향이 더 크다.

요컨대, 우리는 이제까지 살펴본 고고학 유물과 문학 자료를 바탕으로 고대 중국의 음식문화에 관해 젓가락과 관련지어 다음과 같이 일반적인 결론을 내릴 수 있다.

첫째, 비록 여러 식사도구가 신석기 시대에 발명되었다고 해도,

고대 중국인은 여전히 손(관습에 따라 오른손만 쓰는 것을 더 선호했지만)으로 음식을 먹는 습관을 버리지 않았다. 실제로 음식을 먹을 때 손을 사용하는 방식과 식사도구를 사용하는 방식이 꽤 오랫동안 병행되었다.

둘째, 고대 중국에서 여러 가지 조리법이 쓰였지만, 그 가운데 끓여 먹는 방식이 당시에 가장 널리 쓰인 조리법이었고 그다음이 쪄 먹는 방식이었다.[56] 중국인은 곡물음식뿐 아니라 곡물이 아닌 음식도 끓여 먹었다. 곡물음식을 끓이면 죽(조우粥)이라 하고, 곡물이 아닌 음식을 끓이면 국(껑羹)이라 했다. 이런 조리 형태가 밥 먹을 때 도구를 쓸지 안 쓸지, 도구를 쓰면 어떤 도구를 쓸지를 결정했다.

셋째, 숟가락은 고대 중국에서 끓인 음식을 먹기 위해 최초로 발명되었다. 끓인 음식은 물기가 많았기 때문이다. 단검처럼 모서리가 날카로운 숟가락, 즉 '비ㄴ'는 국에 담긴 고기를 자르는 데도 매우 유용했다. 이처럼 숟가락은 주된 식사도구였던 반면에, 젓가락은 보조 역할을 수행했다. 숟가락과 젓가락의 주 기능은 국이나 죽에 담긴 채소를 집는 일이었지만, 곡물음식—기장 같은—을 끓여 먹을 때는 쓰지 않는 게 관습이었다. 기장을 쪄 먹을 때처럼 대개 손으로 먹었다. 따라서 젓가락이 처음 나왔을 때는 곡물인 '판飯'이 아니라, 곡물이 아닌 '차이菜'를 먹는 데 쓰는 것으로 한정되었다.

'판'은 옛날이나 지금이나 여전히 중국을 비롯한 여러 나라에서 음식 섭취의 주된 형태다. 그러나 젓가락을 식사도구로 도입한 남중국 사람들은 곡물이 아닌 음식을 먹을 때만 그것을 사용한 것이 아니라, 그 지역의 주식인 쌀밥을 먹을 때도 의도적으로 그것을 사용했을 가능성이 크다. 하지만 대부분의 사료가 북중국에서 나온 것이어서, 이와 같은 식습관이 언제부터 시작되었는지는 정확하게 알기 어렵다. 다시 말해, 오늘날 젓가락이 베트남, 일본 그리고 중국 전역에서 공통적으로 쓰이는 유일한 식사도구임에도 그것이 어떻게 해서 널리 쓰이기 시작했는지는 정확히 알지 못한다.

그러나 사람들이 쌀밥을 먹을 때 젓가락이 얼마나 효과가 좋은지 아는 데 그다지 오랜 시간이 걸리지 않았음은 명확하다. 한나라 때부터 북중국과 중국 북서부 지방의 요리 전통이 현저하게 큰 변화를 겪으면서, 젓가락은 그 어느 때보다 다양한 기능을 보여주기 시작한다. 다음 장에서 이것을 살펴볼 것이다.

3장

쌀밥을 먹을까, 국수를 먹을까:
젓가락 사용의 변천 과정

한나라 때부터 당나라 때까지 중국 농업에 일어난 변화는

음식문화와 식사도구에도 영향을 끼쳤다.

밀의 재배와 제분 기술의 발달로 밀가루반죽음식,

예컨대 국수, 만두 등의 인기가 높아지면서, 젓가락의 활용도가

숟가락보다 높아졌다. 아시아 지역에서 당나라 문화의 영향력으로 인해,

동아시아 전역에서 젓가락문화권이 형성되기 시작했다.

자네가 태어나자 맨 먼저 활이 걸렸고, 그날을 축하하는 자리에서 나는 가장 귀한 손님이었네. 나는 젓가락을 들어 뜨거운 국수를 먹었고, 하늘의 기린과 같으라고 축시를 읊었네.

– 유우석劉禹錫(772~842)

새로운 요리의 발견은 새로운 별의 발견보다 인간을 더 행복하게 만든다.
– 앙텔므 브리야사바랭Anthelme Brillat-Savarin,《미식 예찬Physiologie du Gout》(1825)

　　사마천은《사기》에서 위대한 중국 제국의 초창기였던 한나라(기원전 206~서기 220) 때 일어난 매우 재미난 수많은 일화를 이야기한다. 그 가운데 일부는 흥미롭게도 젓가락이 주인공으로 등장한다. 사마천은, 롱치우장 근처 장쑤성 북부 지역에서 성장해 나중에 한나라를 세우고 한고조漢高祖가 된 유방劉邦(기원전 256~195)이 권력을 잡기 위해 준비하는 장면을 옮긴다. 한번은 유방이 식사를 하면서 한 책사가 제시한 전략 계획을 살피고 있었다. 그러나 유방이 가장 신뢰하는 책사인 장량張良(기원전 256~186)이 그 계획에 반대했다. 장량은 유방을 설득하기 위해서 여러 개의 젓가락을 빌려

강력한 반론을 폈다. 마침내 장량은 유방을 설득하는 데 성공했다. 유방은 대신 장량의 계책을 채택하기로 마음먹었다.[1] 사마천은 장량이 젓가락으로 자신의 반론을 어떻게 설명했는지 정확하게 말하지 않는다. 그러나 그 이후로 이 이야기는 역사의 기억 속에 남았다. 이 이야기는 유방과 그의 참모들이 음식을 먹을 때 젓가락을 사용했음을 보여준다.

《사기》에는 젓가락 관련한 또 다른 전기가 나온다. 그 이야기의 주인공은 한고조의 아들인 문제文帝(재위 기원전 180~157)와 손자인 경제景帝(재위 기원전 157~141)의 양 대에 활약한 유능하고 뛰어난 장군 주아부周亞夫(기원전 199~143)다. 주아부는 뛰어난 공적을 많이 세운 덕분에 거의 두 황제가 통치하던 기간 내내 황제의 두터운 신임을 받았다. 그러나 결국에는 그것에 취해 너무 오만하게 행동한 나머지, 경제의 신임을 잃고 말았다. 사마천은 주아부와 관련한 일화 한 편을 기록했다. 하루는 주아부가 황제의 명을 받아 왕궁에서 함께 식사하려고 왔는데, 자기 접시 위에 젓가락도 없이 잘게 썰지 않은 커다란 고기 한 덩이가 얹혀 있는 것을 보았다. 그는 주위를 돌아보며 젓가락을 달라고 요청했는데, 돌아온 것은 "이 정도면 자네에게 충분한 거 아닌가?"라는 조롱 섞인 황제의 말 한마디였다. 창피를 당하고 심한 모욕감을 느낀 주아부는 황제에게 인사를 하고 음식에 손도 대지 않은 채 왕궁을 빠져나왔다. 경제는 그가 떠나는 것을 보고 탄식하며 이렇게 말했다. "그렇게 하고도 자네가 어떻게 짐을 계속 보필할 수 있을꼬?" 그로

부터 몇 년 뒤, 실제로 경제는 마침내 주아부를 처형할 구실을 잡았다.[2]

이 두 이야기는 한나라 때 젓가락 사용이 일상적이었음을 보여준다. 그러나 여기서 좀 더 살펴볼 문제가 두 가지 있다. 첫째, 이두 이야기에서 사마천은 당시 사람들이 '숟가락'을 사용하거나 제공했는지 여부를 언급하고 있지 않다는 사실이다. 앞 장에서 분명히 확인했듯이, 고대 중국인에게 숟가락은 주된 식사도구였다. 둘째, 주아부가 자기 앞에 놓인 썰지 않은 고깃덩어리를 보았을 때 젓가락을 찾아 주위를 둘러보았는데, 《예기》에 따르면, 젓가락은 국에 든 채소를 건져 먹을 때만 사용하도록 되어 있었다는 사실이다. 첫 번째 문제에 대한 대답은 찾기가 좀 더 쉬워 보인다. 그때까지만 해도 중국인은 곡물음식을 먹을 때 어떤 것은 여전히 손으로 먹었다. 반드시 숟가락으로 먹어야만 하는 것은 아니었다는 말이다. 두 번째 문제에 대해서는, 중국인이 곡물이 아닌 음식을 다룰 때 젓가락을 쓰기 시작했다고 설명할 수도 있다. 이 장에서는이 두 가지 문제—중국인이 식사할 때 반드시 도구를 써서 먹기시작한 때가 언제인지, 그리고 그들이 어떤 음식을 먹든 젓가락을쓰기 시작한 때는 언제인지—를 한나라 때부터 당나라(618~907)때에 이르기까지 자세하게 살펴볼 것이다.

중국의 고고학자들은 지난 수십 년 동안 한나라 때의 무덤들을수없이 많이 발굴했다. 이 발굴들은 당시 사람들이 평상시에 어떻게 밥을 먹었는지에 관한 귀중한 정보를 제공한다. 후난湖南 성의 성도인 창사長沙 인근에 있는 마왕퇴묘馬王堆墓가 하나의 중요한 예다. 1972년에서 1974년 사이에 발굴된 마왕퇴묘는 3기의 무덤으로 구성되어 있는데, 기원전 193년부터 기원전 186년까지 장사長沙국(전한의 제후국 중 하나)의 승상으로서 최초로 대후에 오른 이창利倉 가족 세 사람의 무덤이다. 그 가운데 1972년에 첫 번째로 발굴된 무덤이 가장 호화찬란했다. 그 안에 묻힌 시신은 대후 이창의 아내 신추辛追로, 쉰 살쯤에 죽은 것으로 추정되는데 보존 상태가 매우 좋았다. 법고고학자들은 대후 부인이 심장마비로 죽었을 가능성이 크다고 보았다. 그녀의 식도와 위, 창자에서 머스크멜론의 씨가 발견된 것으로 미루어 그것을 먹다가 심장발작을 일으킨 것으로 추정된다. 그 무덤에서 나온 또 다른 흥미로운 유물은 각양각색의 상자 48개와 도기 그릇 51개인데, 그 속에 다양한 음식물이 담겨 있었던 것으로 보아 대후 부인이 평소에 먹는 것을 무척 좋아했음을 보여준다. 상자 속에는 쌀, 밀, 기장, 조, 렌즈콩 같은 곡식 낱알들이 들어 있었다. 대후 부인의 시신 주위에는 그런 식기들 말고도 많은 만찬용 칠기, 물그릇이 있었는데, 놀랍게도 한 칠기 사발 위에 젓가락 한 쌍이 놓여 있었다![3](그림 7)

젓가락 말고도 타원형으로 움푹 파인 볼에 긴 자루가 달린 옻칠한 나무 숟가락과 국자들도 그 무덤들에서 나왔다. 숟가락은 매우 세련된 모양인 반면 젓가락은 일부 옻칠을 한 것도 있지만 숟가락에 비하면 매우 단순해 보인다. 일본의 젓가락을 연구해 책을 써낸 무카이 유키코向井由紀子와 하시모토 게이코橋本慶子는 대후 부인이 생전에 젓가락은 실제로 썼지만, 더 정교하게 만들어진 숟가락과 그릇 같은 주방 기구들은 아마도 무덤에 함께 묻는 부장품이거나 신령스러운 물건이었을 가능성이 크다고 추정한다. 그것들은 또한 대후 부인이 음식을 먹을 때 전통적인 관습대로 손으로 먹는 경우도 있었음을 보여준다.[4]

숟가락, 젓가락 같은 식사도구가 함께 출토된 곳이 마왕퇴묘 한 곳만은 물론 아니다. 고고학자들은 한나라의 다른 무덤들에서도 비슷한 유물을 발견했다. 학자들은 젓가락과 숟가락이 함께 발견되는 것을 보고 당시에는 밥을 먹을 때 숟가락과 젓가락을 함께 사용하는 경우가 점점 많아졌다고 생각했다.[5] 그러나 설사 그랬다 하더라도 숟가락과 젓가락의 관계는 여전히 서양에서 포크와 나이프의 관계—하나는 음식물을 찍어 누르고 다른 하나는 그것을 써는—만큼 그렇게 긴밀하지도, 상호 보조적이지도 않은 것처럼 보인다. 당시 중국인은 식사할 때 젓가락과 숟가락 가운데 하나밖에 쓸 줄 몰랐다.

한나라 무덤들 가운데 일부에는 무덤 내부의 방과 통로에 음식을 조리하고 먹는 모습이 그려진 돌부조와 돌벽화들 또한 있었다. 예컨대, 쓰촨성 청두成都시 신두新都에서 발견된 돌부조에는 연회 장면이 묘사되어 있다. 방바닥에 세 사람이 앉아 있는데, 왼쪽에 앉은 사람이 받치고 있는 음식을 먹기 위해 가운데 앉은 사람이 젓가락을 잡으려고 하는 장면이다. 왼쪽에 앉은 사람이 들고 있는 사발에 담긴 음식물 위에 젓가락 한 쌍이 얹혀 있다.(그림 4) 그리고 또 다른 젓가락 두 쌍이 방바닥 한가운데의 커다란 상 위에 놓여 있다. 산둥山東성 자상嘉祥현의 그 유명한 무량사당武梁祠堂의 벽면에는 또 다른 식사 장면이 그려져 있다. 〈싱취부푸邢渠哺父〉(아버지에게 밥을 먹이고 있는 싱취)라고 명명된 벽화는 싱취라는 사람이 왼손에 젓가락으로 음식물을 집고 오른손에 국자를 들고 아버지에게 음식을 먹여드리는 모습이 그려져 있다. 그의 뒤에는 하인 한 명이 또 다른 음식 그릇을 들고 있는데, 이것은 아버지에게 드릴 음식이 더 있음을 뜻한다. 이 벽화는 말할 것도 없이 한나라에서 공식적으로 채택한 유교의 효 사상을 널리 장려하기 위한 그림이었다.

이와 같은 연회 장면과 밥 먹이는 장면은 《사기》에서 주장하는 것, 즉 한나라 때 주된 식사도구가 젓가락이었음을 확인해준다. 그런 장면들은 또한 대개 젓가락과 숟가락이 함께 매장되어 있기는 했어도, 밥을 먹을 때 반드시 숟가락과 젓가락을 함께 사용한 것은 아니라는 점도 보여준다. 싱취가 든 국자는 아버지가 자기 손으로 잡고 먹을 곡물음식을 쉽게 담을 정도의 크기로, 보통 밥 먹는 숟가락보다 더 컸다. 마왕퇴묘에서 발견된 옻칠한 숟가락들은 또한 그 가운데 일부가 개인이 일상에서 사용하던 것이 아니었으리라는 주장을 뒷받침하는 것으로 보인다. 출토된 숟가락 대부분은 (오목한 볼과 자루를 포함해) 길이가 18센티미터가 넘고 (볼의) 너비는 6센티미터가 넘었다. 이런 숟가락은 음식을 직접 먹기보다는 담아 나르는 용도에 더 적합했을 수 있다. 게다가 마왕퇴묘에서는 볼

이 얕고 타원형인 작은 사발이 아주 많이 나왔는데, 종지의 양 끝에 '귀'가 하나씩 날개처럼 달려 있었다. 고고학자들은 이런 형태의 사발들이 술이나 국 같은 국물음식을 담아두기 위해 사용되었으리라 추정했다. 사발 안에 무엇이 들었든지 사발을 두 손으로 잡고 들이켜기 쉽게 하려고 사발 양 끝에 날개를 단 것이 틀림없기 때문이다. 다시 말해, 기장죽 같은 음식을 이런 날개 달린 사발에 담으면 굳이 숟가락을 쓸 필요가 없었다.

한나라 초의 식사법이 그 이전 시대의 것—음식을 먹을 때 손을 쓸 때도 있고 식사도구를 쓸 때도 있었다—을 변함없이 어느 정도 답습하고 있었다면, 한나라 말인 2세기 초부터는 식사법에 두드러진 변화가 일어났다.[6] 이 변화로 중국인의 식사도구 사용은 급격히 증가했고 마침내 손가락으로 밥 먹는 습관을 대체했다. 중국 문헌에서는 밥 먹는 도구를 '비쭈ヒ箸'(숟가락과 젓가락)라고 썼다. '비쭈'에 대한 최초의 언급은 한나라의 몰락과 위魏나라, 촉蜀나라, 오吳나라 삼국의 흥망성쇠를 다룬 역사책인 진수陳壽의 《삼국지三國志》에 나온다. 진수는 한나라의 쇠락에서부터 이야기를 시작하는데, 환관과 무장들이 어린 황제들을 손아귀에 넣고 국정을 농단했기 때문에 한나라가 몰락했다고 주장한다. 강력한 군사력을 보유한 장수 동탁董卓(?~192)은 후자의 대표적 인물로 기록되어 있다. 진수의 설명에 따르면, 동탁은 자신에게 반대하는 사람들을 위협하고 한나라 황실을 완벽하게 통제하기 위해서 어느 날 여러 재상을 만찬에 초대했다. 거기서 그는 모두가 보는 앞에서 전쟁포로로 잡힌 한

무리의 혀를 베고 눈을 뽑고 수족을 자르는 형벌을 내렸다. 그것을 지켜본 많은 사람이 공포에 질려 "두려워 떨며 손에 들고 있던 숟가락과 젓가락을 떨어뜨렸지만" 동탁은 아무 말 없이 음식을 먹고 술을 마셨다.[7] 진수의 세밀한 묘사는 한나라가 종말을 향해 달리던 당시에 음식을 먹을 때 숟가락과 젓가락이 한 벌로 사용되는 경우가 더 흔해졌음을 보여준다.

진수가 젓가락과 숟가락을 동시에 언급하는 것은 이것이 유일한 장면이 아니다. 이것보다 더 유명한 사건이 나중에 위나라와 촉나라를 건국한 조조曹操(155~220)와 유비劉備(161~223)가 함께 식사하는 자리에서 일어났다. 동탁 이후 한나라 황실에서 권력과 영향력을 행사하던 무장 조조가 만찬에 유비를 초대했다. 당시에 유비는 한나라 황실 가문의 일원이었지만 연륜으로 보나 권력으로 보나 조조보다 한 수 아래였다. 유비는 만찬에 참석하기 전에, 황제로부터 조조를 죽일 방법을 찾으라는 비밀 명령을 받은 상태였다. 유비가 막 밥을 먹으려 할 때, 조조는 유비에게 "자, 생각하건대, 이 나라에 영웅은 당신과 나 두 사람뿐이오. 나머지 사람은 전혀 문제가 안 되오."라고 하며 건배했다. 진수는 "유비가 바닥에 숟가락과 젓가락을 떨어뜨렸다."라고 썼는데, 조조가 유비 자신의 음모를 알아챈 줄 알고 충격을 받아 지레 겁을 먹었기 때문이었다.[8]

이 이야기만으로는, 이야기에 나오는 사람들이 식사하면서 숟가락과 젓가락만 사용했는지, 경우에 따라서는 손으로도 여전히 음

식을 먹었는지 분명하게 알 수 없다. 그러나 당시—3세기—부터 12세기 초까지, '비쭈'나 '츠쭈箸箸'('치箸'는 오늘날 숟가락에 더욱 가까운 모양으로, 오목한 볼이 얕고 길게 구부러진 자루가 달렸으며 대개 '비ヒ'보다 더 길다.)는 중국 기록들에 흔히 나오는 문구가 되어, 다양한 종류의 기록에서 식사 장면이 묘사되거나 기록될 때마다 나왔다.[9](여기서는 자세하게 설명하지 않겠지만, 다음에 나오는 장들에서 몇몇 사례가 소개될 것이다.) 이것은 늦어도 3세기부터는 중국인이 식사할 때 손을 쓰지 않고 도구를 사용해 먹는 것이 일상화되고 사회 관습이 되었음을 보여준다.

젓가락이 손가락의 기능을 효과적으로 확장할 수 있는 도구가 되면서, 이 시기의 중국인은 젓가락의 융통성 덕분에 식사할 때 점차 손을 쓰지 않게 되었다. 사마천의 주아부 이야기는 한나라 때 젓가락의 기능이 《예기》에 규정된 것처럼 국에 담긴 채소를 집어 먹는 용도에만 국한된 것에서 이미 탈피했음을 보여주었다. 그러나 젓가락이 곡물이 아닌 식재료로 만든 음식을 먹기에 편리한 도구가 되려면 젓가락으로 움켜쥐기 쉽고 입으로 물고 씹기 좋게 음식을 잘게 썰 필요가 있었다. 상나라 때 청동 그릇의 크기가 큰 것으로 미루어, 청동기 시대의 고대 중국인은 고기를 큰 덩어리째로 조리했다고 추측할 수 있다. 당시에는 고기를 익혀 먹을 때 입으로 뜯어 먹어야 했다. 물론 손님들과 함께 먹을 때는 좀 더 조심스레 뜯어 먹었겠지만 말이다. 따라서 《예기》에는 손님과 식사를 할 때 "육즙이 있는 (연한) 고기는 이로 뜯어 먹을 수 있지만, 육포는 그렇게 먹을 수 없다."*라고 씌어 있다.[10] 이것은 익힌 고기를 이로 뜯어 먹는 것은 사회적으로 용인했지만, 커다란 육포 조각을 이로 뜯어 먹는 것은 금했다는 사실을 보여준다.

주나라가 쇠퇴하던 시기에, 고기를 적당히 잘게 썰고 보기 좋고 먹기 좋게 배열하는 새로운 조리법이 먼저 교양 있는 지식인층의 관심을 끌며 나타났던 것으로 보인다. 지식인들의 스승인 공자는 고기를 적당한 크기로 썰었는지 아닌지를 매우 까다롭게 따지는 사람으로 유명했다. 그의 제자들이 언급한 바에 따르면, "바르게 자르지 않은 고기는 드시지 않았으며, 그 고기에 적합한 장이 없으면 또한 드시지 않았다."** 실제로 공자의 식성은 다음 구절에서 가장 잘 드러난다. "밥은 곱게 찧어 지은 쌀밥을 싫어하지 않았고, 날 고기는 가늘게 썬 것을 싫어하지 않았다."***[11]

고기를 잘게 써는 조리법이 당시에 동물 고기의 희소성 때문에 생겨났을까? 무엇 때문인지 정확히 알기는 아무래도 어렵다. 그러나 역사 기록들에 따르면, 주나라에서 육식, 특히 쇠고기 섭취를 권장하지 않았음은 분명하다. 소와 물소가 농사를 지을 때 매우 중요한 구실을 했기 때문이다. 새끼 양과 돼지, 심지어 개 같은 다른 육상 동물도 특별한 경우를 위해 비축되었다.[12] 따라서 《예기》에는 다음과 같은 금지 명령이 나온다.

---

* 원문: 濡肉齒決, 乾肉不齒決.(출처:《예기》곡례 상 48장)
** 원문: 割不正不食, 不得其醬不食.(출처:《논어》향당[鄕黨] 편 10-8C)
*** 원문: 食不厭精, 膾不厭細.(출처:《논어》향당 편 10-8A)

충분히 납득할 만한 이유가 없으면, 제후는 소를 죽이지 않았고, 대부는 양을 죽이지 않았으며, 사士는 개나 돼지를 죽이지 않았고, 서인은 진미를 먹지 않았다.*

《맹자》에 나오는 충고는 더욱 엄격하다.

5묘(토지 측량 단위)의 택지가 있는 집집마다 주변에 뽕나무를 심게 한다면, 50세 노인들도 비단옷을 입을 수 있으며, 닭과 돼지, 개를 기를 때 번식 시기를 놓치지 않으면, 70세 노인들도 고기를 먹을 수 있습니다.**

커다란 육상 동물 고기를 먹는 것이 규제되면서, 중국인은 닭고기나 꿩고기, 오리고기처럼 거의 썰지 않아도 되는 작은 동물의 고기를 즐겨 먹기 시작했다. 따라서 고기를 먹기 쉽게 얇게 써는 것은 문화적 선호를 떠나서 당연한 선택이었을 수 있다. 그러나 문화적 선호는 의심할 나위 없이 중요했다. 유교가 영향력을 넓히며 국가의 공식 이데올로기가 된 한나라에서 일반 민중도 고상한 문화수준을 보여주는 하나의 규범으로 공자의 식사법을 채택했을 것이다.

---

* 원문: 諸侯無故不殺牛, 大夫無故不殺羊, 士無故不殺犬豕, 庶人無故不食珍.(출처: 《예기》 왕제[王制] 편 32장)
** 원문: 五畝之宅, 樹之以桑, 五十者可以衣帛矣 ; 雞豚狗彘之畜, 無失其時, 七十者可以食肉矣.(출처: 《맹자》 양혜왕장구 상 편 1a-3)

마왕퇴묘에서 발견된 유물들은 한나라 때의 요리 풍습을 밝히는 데도 기여했다. 고대 중국인이 대나무에 글을 새겨 넣은 죽간竹簡이 무덤에서 모두 312매 출토되었다. 이 '간책簡冊' 가운데 일부는 요리책으로, 당시의 음식뿐 아니라 조리법에 관한 정보도 담고 있었다. 우리는 그것들을 통해 "음식을 굽고, 데치고, 볶고, 찌고, 튀기고, 뭉근히 끓이고, 소금에 절이고, 햇볕에 말리고, 식초에 절이는 것"이 당시의 다양한 조리법이었음을 안다. 그러나 그 조리법들은 또한 음식을 뭉근히 끓여 먹는 것—국을 끓여 먹는 것—이 당시 사람들이 가장 즐겨 하는 요리였음도 보여준다. 죽간에 설명된 국은 두 가지 종류로 나뉜다. 하나는 고깃국이고 다른 하나는 섞엇국이었다. 고깃국은 아홉 종류가 있었는데, 쇠고기, 양고기, 사슴고기, 돼지고기, 새끼돼지고기, 개고기, 야생 오리고기, 꿩고기, 닭고기를 넣고 국을 끓여 먹었다. 섞엇국은 쇠고기와 쌀처럼 고기와 곡식 또는 다양한 채소를 섞어 끓이는데, 종류가 훨씬 다양했다. 예컨대, "사슴고기-소금에 절인 생선-죽순, 사슴고기-타로토란, 사슴고기-팥, 닭고기-박, 붕어-쌀, 갓 잡은 철갑상어-소금에 절인 생선-연근, 개고기-셀러리, 붕어-연근, 쇠고기-순무, 양고기-순무, 돼지고기-순무, 쇠고기-방가지똥(야생초), 개고기-방가지똥"을 섞어 끓인 국들이 있었다.[13] 여기 기록된 조리법들은 구체적으로 명시되어 있지만, 이를테면 덩어리가 큰 동물 고기로 국을 끓일 때 덩어리가 작은 고기(닭고기, 오리고기, 꿩고기)처럼 잘게 썰어야 하는지 마는지 같은 상세한 설명은 없다. 하지만 여러 가지 식재료를 섞어 국을 끓일 때 거의 그렇게 하듯이, 아마도 사람들은 고기를 잘게 썰어 끓여야 훨씬 더 좋다는 것을 알고 그렇게 했을 테다.

20세기 중국을 대표하는 유명한 작가 린위탕林語堂은 한마디로 "중국의 모든 조리 기술은 식재료를 어떻게 섞느냐에 달려 있다."라고 요약했다.[14] 식재료들을 비슷한 크기로 썰어서 한 솥에 넣어 조리했을 때, 젓가락은 음식 종류가 고기든 채소든 상관없이 그것을 먹기에 좋은 도구가 되었다. 이런 조리 기술은 한나라 때 이미 확립된 것으로 보인다. 따라서 주아부는 썰지 않은 큰 고깃덩어리가 나온 것을 보고 포크나 단검 모양의 숟가락인 '비'를 찾지 않고 젓가락을 찾았다. 젓가락은 고기를 먹기에 적합한 도구가 분명 아니었는데도 말이다. 주아부는 어쩌면 고기요리를 포함해 곡물이 아닌 음식을 먹을 때 젓가락을 쓰는 데 이미 익숙한 상태였을지 모른다.

중국인은 아주 일찍부터 나이프와 포크 사용을 피했기 때문에, 그들에게 커다란 고깃덩어리를 다루는 것은 힘들고 어색한 일이었을 수 있다. 사마천의 《사기》에 나오는 유방에 관한 또 다른 일화는 여기서 인용할 만하다. 유방이 아직 세력을 규합하고 있을 때, 그의 최대 난적인 항우項羽가 오늘날 시안 근처인 홍문鴻門에서 연회를 열고 유방을 초대했다. 그러나 그것은 함정이었다. 당시에 세력이 유방보다 더 컸던 항우는 유방과 그의 수행원들을 모두 죽일 음모를 꾀했다. 유방의 경호원이었던 번쾌樊噲는 위험한 상황에 처했음을 깨닫고 연회 자리에 불쑥 나타났다. 항우는 그에게 덜 익은 돼지 족발을 하나 던져주면서 싸움을 걸었다. 번쾌는 당황해하지 않고 그 족발을 방패 위에 놓고 칼로 잘 썰어 게걸스럽게 집어 삼켰다. 그의 용기는 항우를 위협했다. 항우가 머뭇거리는 사이에 유방은 그 상황을 모면할 기회를 잡아 도망갈 구실을 찾았고 목숨을 구했다. 결국 항우를 반격해서 전쟁에서 이기고 한나라를 세운 사람은 바로 유방이었다.[15] 따라서 홍문에서의 연회*는 중국 역사에서 가장 기억에 남을 사건이 되었다. 그곳에서 유방을 죽이려던 항우의 실패는 그에 맞서는 세력에게 국면을 바꿀 수 있는 계기를 주었고, 결국 항우에게 결정적 패배를 안기고 죽음에 이르게 했다. 흥미롭게도, 번쾌가 보여준 용감한 행위는 다름 아닌 커다란 고깃덩어리를 잘 손질해 먹은 것이었다!

　한나라에서 커다란 고깃덩어리를 잘 손질할 줄 아는 사람은 영웅적이고 용감한 사람으로 인정받았다. 그 시기에 고기를 한입에 씹기 좋게 잘게 써는 것은 점차 하나의 풍습으로 굳어졌다. 송나라 역사가로 《후한서後漢書》를 쓴 범엽范曄(398~445)이 기록한 또 다른 이야기는 이런 점을 잘 보여준다. 능속陵續이라는 사람이 황실 모반 음모에 연루되어 체포되었다. 그러자 그의 어머니가 감옥에 음식을 넣었다. 옥리는 음식을 그에게 전달하면서 누가 그것을 만들어 보냈는지는 알리지 않았다. 능속은 국을 먹다가 갑자기 울음을

---

* 줄여서 홍문연(鴻門宴)이라고 부른다.

터뜨리며, 이 음식은 자기 어머니가 만든 게 틀림없다고 옥리에게 말했다. 어떻게 그 사실을 알았는지 옥리가 묻자, 능속이 이렇게 말했다. "우리 어머니는 국을 끓일 때, 고기는 정육면체로 썰고 파는 똑같은 크기로 잘라 넣는다오. 그래서 이 국을 끓인 사람이 우리 어머니라는 것을 아는 거라오."*[16] 사람의 마음을 사로잡는 이 모든 이야기는 한나라 때 음식을 한입에 먹기 좋게 잘게 썰기 시작하면서 젓가락의 용도가 단순히 국에 담긴 채소를 집어 먹는 데 한정되지 않고 곡물이 아닌 모든 음식을 집어 먹는 데 사용되는 것으로 확대되었다는 사실을 밝히는 데 기여한다.

그러나 젓가락의 용도 확장은 여기서 끝나지 않았다. 한나라에서 당시 사람들이 먹던 곡물음식과 관련해 이전과 다른 새로운 '요리 혁명'이 일어났기 때문이다. 이 '혁명'은 밀을 갈아 만든 밀가루를 반죽하여 조리한 음식이 등장하면서 힘을 받기 시작했으며, 특징으로 자리 잡았다.[17] 앞에서 언급했듯이, 지금까지 최초의 국수 유물은 중국에서 발견되었다. 고고학자들은 북중국 전역에 있는 신석기 문화 유적지들에서 안장식 맷돌saddle quern**과 마석rubbing stone***을 발굴했다. 그것들은 당시 사람들이 곡물을 갈아 조리했음을 보여준다. 그러나 신석기 중기와 말기 시안 근처의 양사오 문화(기원전 5000~3000)와 산둥의 다원커우大汶口 문화(기원전

---

* 《후한서》 독행열전(獨行列傳) 50장에 나오는 내용이다.
** 양손으로 공이를 쥐고 앞뒤로 밀어 곡물을 가는 도구.
*** 공이를 한 손에 쥐고 돌려 곡물을 가는 도구.

4040~2240)에는 맷돌이 없었다. 음식사가들은 당시에 사람들이 곡물을 갈아 조리하기보다는 낟알을 통째로 찌거나 끓여 먹었으리라 추측했다.[18]

밀을 끓이거나 찐 밥을 중국어로 '마이판麥飯'이라고 불렀다. 그것은 밀이 쌀과 기장처럼 낟알을 통째로 조리해 먹는 음식이었음을 보여준다. 그러나 '마이판'은 밥알이 거칠고 맛이 없는 것으로 알려져 있었다.[19] 그 결과, '마이판'은 소박하고 간소한 삶을 상징하게 되었다. 예컨대, 공직에 있는 정부 관리가 날마다 '마이판'을 먹는다면, 사람들은 그를 강직하고 도덕적인 사람이라고 생각했고, 심지어는 황제에게 상을 받기도 했다.[20] 통밀을 끓여 먹을 때 맛을 좋게 하는 방법이 여러 가지 있었다. 그중 하나는 팥이나 콩, 각종 채소를 섞어 조리하는 것이다. 또 다른 방법은 특정한 씨앗이나 꽃으로 향미를 가미하는 것이다. 예컨대, 밀음식을 만들 때는 대개 활짝 핀 회화나무 꽃을 넣었다. 그것은 '마이판'에 향긋한 맛을 가미해 입맛을 돋우어 쉽게 삼킬 수 있게 했다. 그러나 '마이판'의 밥알은 여전히 쌀이나 기장, 특히 황량黃粱(글자 그대로 노랑 기장, 보통 메조를 말함)종에 비해 부드럽지 않았다.

하지만 밀을 가루로 만들어 반죽한 음식이 나오면서, 밀음식의 맛이 획기적으로 좋아졌다. 이것은 또한 오늘날 대다수 사람이 밀을 조리해 먹을 때 쓰는 방식이기도 하다. 중국인이 이 방식을 쓰기 시작한 것은 한나라 때였다. 고고학과 역사학은 모두 기원전 1세기경에 중국인이 안장식 맷돌을 다시 사용하기 시작했을 뿐 아니라 밀가루를 빻을 때는 회전식 맷돌rotary quern*도 사용했음을 보여준다. 만두피와 국수 뽑기에 충분한 고운 밀가루를 얻을 수 있었기 때문이다. 예컨대, 고고학자들은 1958년 허난성 사오커우韶口에 있는 한나라 때 무덤들에서 3개의 맷돌을 발견했다. 그로부터 10년 뒤인 1968년 한 고고학 발굴단이 허베이河北성 만청滿城의 잘 보존된 한나라 무덤에서 또 다른 회전식 맷돌을 찾아냈다. 또한 한나라 때 유학자인 환담桓譚(기원전 23~서기 50)이 쓴 《신론新論》은 당시에 밀가루를 빻는 데 사용되던 다양한 제분기에 관한 아주 훌륭한 기록 증거들을 제공한다.

복희伏羲(농업의 신)가 절구와 절굿공이를 발명한 뒤, 수많은 사람이 그것을 유익하게 사용했다. 시간이 흐르면서 사람들은 그것의 용도를 개선해서 체중을 실어 [곡식을] 가는 방법을 알아냈다. 그 결과는 전보다 10배나 더 좋았다. 더 나아가, 그들은 소나 말, 당나귀, 염소를 이용하거나 물을 동력으로 이용해 제분기를 돌리는 장치들을 개발했다. 그러자 결과가 전보다 100배 더 좋아졌다.[21]

축력이나 수력을 이용한 제분기가 있었다는 것은 당시에 밀이나 여러 곡물을 가공하는 방식이 주로 찧거나 빻는 것이었음을 알려준다.

---

* 둥그런 돌 두 개를 포개놓고 중심축 둘레로 회전시켜 곡물을 가는 도구.

제분 기술 덕분에 밀가루음식은 한나라에서 사람들이 즐겨 먹는 것이 되었다. 중국어로 '빙餅'(우리말로 떡)이라는 말은 밀가루 반죽음식, 또는 반죽을 기반으로 한 음식을 가리킨다. 그 용어는 묵자墨子(기원전 470~391)가 쓴 《묵자》에 등장했는데, 그 뒤 한나라 기록들에 훨씬 많이 나타났다.[22] 예컨대, 서기 2세기에 유희劉熙가 쓴 어휘사전 《석명釋名》에는 밀가루음식의 종류가 여섯 가지로 나뉘어 기록되었는데, 밀가루의 고운 정도나 형태에 따라 접두어를 달리 붙여서 종류를 구분했다. 떡의 인기는 여러 역사 기록에서 찾아볼 수 있다. 기록에 따르면, 한나라 선제宣帝(재위 기원전 74~49)는 왕위 후계자로 뽑히기 전에는 거리 좌판에서 자주 떡을 사 먹었다. 또 다른 한나라 황제 질제質帝(재위 145~146)도 떡을 좋아했다. 하지만 불행히도 그는 그것 때문에 비극적 죽음을 맞았다. 사악한 재상이 그가 먹을 '삶은 떡'('주빙煮餅'-국수일까?*)에 독약을 넣은 것이다.[23]

한나라 황제들은 밀가루음식을 좋아했을 뿐 아니라, 오늘날 시안인 한나라 수도 주변에서 특히 밀농사를 권장하는 정책들도 내놓았다. 한나라 성제成帝(재위 기원전 33~7) 때 하급관리였던 범승지氾勝之가 그런 정책들을 시행하는 책임을 맡았다. 그는 임무를 성공적으로 수행한 공로로 벼슬자리가 높아졌다. 범승지는 자신의 경

---

* 떡국이 아닐까 생각된다.

험을 바탕으로 중국 최초로 음식사를 다룬 책*을 썼다. 거기에는 겨울과 봄에 밀을 재배하는 방법이 기록되어 있다. 더 나아가 최식 崔寔(105~170)이 쓴 한나라 때 농업 교본《사민월령四民月令》은, 봄에 재배하는 밀은 해마다 첫 달(2월)에, 겨울에 재배하는 밀은 여덟 번째 달(10월)에 씨를 뿌려야 한다고 가르친다.[24] 그 뒤로 몇 세기 동안 밀을 재배하는 추세는 점점 더 강화되었다. 당나라 때에 이르면, 북중국에서 밀은 주곡의 자리를 두고 기장과 경쟁했다. 다음에 살펴볼 주제가 바로 이것이다.

비록 제분 기술의 발전이 밀가루를 더욱 쉽게 생산할 수 있게 했다 하더라도, 중국인의 밀가루반죽음식 열풍은 무엇보다 중앙아시아와 남아시아의 영향을 크게 받았다. 즉, 한나라 이북에 사는 유목, 반유목 부족민은 한나라 황실의 지속적인 걱정거리였지만, 한족과 이른바 '후렌胡人' 사이에도 문화 교류는 예외 없이 일어났다. '후렌'은 '서역西域'(말 그대로, 서방 지역)의 모든 유목민을 지칭하려고 중국인이 만들어낸 용어로, 상대를 비하하는 말이었다. 중국 기록들에 따르면, '서역'은 중국 북서 지방에서 중앙아시아와 남아시아 전역을 망라하는 방대한 지역을 일컫는다. 워싱턴대학교 중국학 교수인 데이비드 크네츠게스David Knechtges는 한나라와 그 이후 중국의 음식문화에 관한 한 논문에서 "서역의 음식들은 대개 앞에 '호胡'자가 붙은 것을 확인할 수 있는데, 그것은 중세 초기

---

* 농서인《범승지서(氾勝之書)》를 가리킨다.

에 중앙아시아와 인도 사람들, 그리고 '특히 이란계 사람들'을 가리
킨다."라고 지적한다.[25] '서역'은 한나라의 처지에서 볼 때 늘 국경을
넘나드는 골치 아픈 지역이었다. 하지만 그곳은 한나라가 이웃의
유목 부족들과 교역 관계를 유지하려면 반드시 거쳐 가야 할 통행
로이기도 했다. 그 지역을 통과하는 그 유명한 실크로드가 그런 교
역로의 대표적인 예라 할 수 있다. 한무제漢武帝(재위 기원전 141~87)
의 명령으로 10년 동안 사절단을 이끈 한나라 관리 장건張騫(기원
전 164~114)은 실크로드를 개척한 걸출한 인물이었다. 한나라 역사
기록들에 따르면, 장건은 말은 물론이고 다양한 과일과 채소, 곡물
도 가지고 온 것으로 알려졌다.[26] 그 가운데 대표적인 것으로 알팔
파, 완두콩, 양파, 누에콩, 오이, 당근, 호두, 포도, 석류, 참깨가 있다.
그것들은 모두 나중에 중국 먹거리체계에 완벽하게 통합되었다.

실제로 떡은 한나라에서 인기 있는 음식이 되었는데, 중앙아시
아의 영향도 컸다. 3세기 말, 속석束晳(263~302)이라는 문인이 떡
에 관한 글인 〈병부餠賦〉를 썼다. 그 글에는 당시에 먹었던 다양한
종류의 떡이 생생하게 기록되어 있다. 떡이 어떻게 만들어지고(즉,
고기를 넣는지 마는지), 양념 종류에 따라 어떤 맛이 나는지, 그리
고 그것을 어떻게 먹는지를 매우 칭송하는, 침샘을 자극하는 설명
이 가득하다. 6세기에 가사협이 쓴 농업백과사전《제민요술》에도
떡을 만드는 방법 열두 가지가 수록되어 있다. 이런 조리법들은
당시의 몇 가지 떡이, 오늘날에도 많은 사람이 먹고 있는 얇고 넓
적하게 구운 빵(사오빙燒餠), 수타면(라몐拉面), 만두(훈툰餛飩) 같은

밀가루반죽음식과 조리 방식이 비슷했음을 보여준다.

속석은 아름다운 운율로 쓴 에세이의 서두에서 다음과 같이 흥미로운 말을 한다. "떡을 만들기 시작한 것은 아주 최근의 일이었다. 들리는 말로는 일반 민중이 먼저 해 먹기 시작했으며, 심지어 **이국땅**에서 넘어온 음식이라는 소문도 있다." 속석이 말한 떡의 기원은 아마도 맞는 이야기일 것이다. 중앙아시아의 영향을 나타내는 어근 '후胡(호)'가 들어간 '후빙胡餠'은 그 시대의 전형적인 떡을 가리키는 말이었던 것으로 보인다. 기록에 따르면, 한영제漢靈帝(기원전 168~189)는 "오랑캐 옷과 오랑캐 천막, 오랑캐 의자, 오랑캐가 앉는 방식, 오랑캐 음식, 오랑캐 비파와 피리, 오랑캐 춤"을 좋아했다. 그 결과, '오랑캐 열풍'은 제국 전체를 휩쓸었고, 마침내는 한나라 군대에 오랑캐 병사들을 고용하기까지 했다. 한나라 말기에 강력한 권세를 누렸던 장수 동탁은 오랑캐 기마부대를 둠으로써 자신의 군사력을 강화한 것으로 알려졌다.[27] 이른바 '후빙'은 당연히 밀가루로 반죽한 음식이었다. 2세기에 유희는 당시 사람들이 가장 즐겨 먹는 밀음식을 여섯 가지 들었는데, 그 가운데 가장 첫 번째로 든 것이 후빙이었다. 유희는 후빙을 "넓적하게 구워 위에 참깨를 뿌린 큰 빵"이라고 설명했다.[28] 그것은 예나 지금이나 중앙아시아에서 날마다 먹는 녹말음식인 '난naan' 빵과 비슷하다. 서역에 속하는 신장新疆의 위구르족(터키인)은 '난'을 '낭nang'이라고 부르는데, 지금도 날마다 이것을 먹는다.[29] 그 밖의 다른 중국 지역에서 즐겨 먹는 '지마芝麻(참깨) 사오빙'도 이것의 변종이라고 할 수 있다.

후빙을 먹을 때는 대개 도구가 필요 없다. 그 때문에 한나라 때에는 식사하면서―특히 빵을 먹을 때― 숟가락과 젓가락을 함께 사용할 필요가 없었다. 한때 열풍처럼 중앙아시아음식이 널리 유행하더니 한나라 말부터는 그 영향력이 점점 수그러들었다. 예컨대, 후빙이 인기를 끌었음에도 음식을 구워 먹는 조리 방식은 한족 사회에서 결코 대세가 되지 못했다. 유희의 사전에는 밀로 만든 또 다른 음식으로 초기 형태의 국수와 만두가 나오는데, 중국의 또 다른 전통 조리 방식인 삶거나 찌는 조리법을 이용한 음식들이다. 3세기 사람인 유희는 여러 가지 밀가루음식을 격찬했는데, 그것들은 대개가 중국 전통 조리 방식들로 이미 만들어지고 조리되고 있었다. 예컨대, 중국인은 밀가루반죽을 굽는 대신 쪄서 '만터우滿頭'(찐만두)를 만들고, 기름을 살짝 두르고 부친 '미안빙麵餅'(부침개)을 만들어 먹었다. 당시에는 국수도 있었는데, 유희는 그것을 '탕빙湯餅'(말 그대로 밀가루반죽에 국물을 붓고 조리한 음식*)이라고 불렀다. 유희는 또한 계절에 따라 다양하게 조리해 먹는 법에 대해서도 특별히 조언했다. 만터우는 따뜻한 봄 날씨에 최적의 밀가루음식인 반면, 탕빙은 여름이 최적인데, 물을 부어 조리하므로 더운 날씨에 땀을 흘리고나서 먹으면 좋기 때문이다. 유희는 겨울에는 추운 날씨를 이겨내기 위해 뜨거운 미안빙을 먹으라고 했다.[30] 이런 여러 밀가루음식 가운데 유희가 좋아한 것은 '중국식 빵'이라고 부를 수

---

* 호떡을 탕빙이라고도 한다.

있는 만터우였던 것으로 보인다. 시간이 흐르면서, 만터우는 밀가루반죽으로 두껍게 만두피를 만들어 만두소(고기, 채소, 팥 같은 것을 다진 것)를 채운 '바오즈包子'와 함께 중국인이 날마다 먹는 음식이 되었다.

바오즈는 중국 만두라고 하는 '자오즈餃子'와 비슷한 음식이다. 둘 다 밀가루반죽으로 만두피*를 입힌 음식이기 때문이다. 자오즈는 대개 튀김만두가 더 일반적이지만, 바오즈와 마찬가지로 찐만두로 조리할 수도 있다. 하지만 둘 사이의 더 중요한 차이는 먹는 방식에 있다. 자오즈는 젓가락으로 집어 먹는 반면에, 바오즈는 손으로 집어 먹는다. 젓가락은 또한 중국인이 즐겨 먹는 또 다른 밀가루음식인 국수를 먹기에도 편리한 도구다. 유희는 밀가루음식의 전문가로서, 이미 그 당시에 국수를 먹을 때 가장 적합한 도구가 젓가락이라고 말했다.[31] 후세에 이 두 가지 밀가루음식은 다른 어떤 밀가루음식보다 대중이 더 즐겨 먹는 것이 되었다. 유희와 함께 당대의 유명한 문인이었던 안지추顔之推(531~595)는 만두—그는 그것을 훈툰, 또는 완탄wonton이라고 불렀다—가 "세상 모든 사람을 위한 음식!"이라고 할 정도로 매우 즐겨 먹는 음식이라고 주장했다. 그런 추세는 이후 수백 년 동안 지속되었다.[32] 일본의 불교 승려 엔닌圓仁(793~864)이 쓴 《엔닌의 일기Ennin's Diary》**는 엔닌이

---

* 자오즈의 만두피는 매우 얇은 반면, 바오즈의 만두피는 두텁고 폭신하다.
** 엔닌이 쓴 《입당구법순례행기(入唐求法巡礼行记)》를 에드윈 라이샤워가 영역한 책의 제목이다.

838년에서 847년까지 당나라를 순례하면서 기록한 여행기다. 엔닌과 동료들은 중국을 횡단하면서 때때로 중국인이 주는 '훈툰'을 받아먹었다. 그들은 또한 당나라에 있는 동안 완탄—보다 많지는 않았지만—만큼이나 자주 국수를 먹었다.[33]

곡물음식을 먹을 때, 특히 곡물과 곡물이 아닌 것이 섞인 형태의 음식을 먹을 때도 젓가락을 쓰기 시작한 것은 아마도 한나라 때와 그 이후까지 국수와 만두의 인기가 식지 않은 덕분이었다고 볼 수 있다. 서문에서 살펴보았듯이, 이런 형태의 밀가루음식들이 새로 생겨나자마자 그때부터 전통적인 '판'과 '차이'의 구분, 즉 곡물음식과 곡물이 아닌 음식을 나누는 것은 의미가 없어졌다. 만두를 빚을 때, 곡물음식과 곡물이 아닌 음식을 서로 뒤섞어 하나로 만든다. 또한, 국수를 먹을 때도 사람들은 면에 다양한 양념을 뿌리거나 국물을 붓는다. 따라서 젓가락은 이 만두와 국수를 집어 먹기에 매우 적합하다. 한편, 국수 국물을 마실 때 그냥 젓가락을 사용할 수도 있지만 대개는 보조 도구로 숟가락을 써서 떠먹기도 한다. 젓가락을 쓰면 그릇을 들어 직접 입에 대고 국물을 후루룩 마셔야 하는 불편이 따르기 때문이다. 하지만 일본에서는 오히려 젓가락으로 국물을 마시는 방식을 권한다. 따라서 국수를 먹을 때 마지막으로 하는 행동이 국물을 마시는 것이 된다. 일본에서는 젓가락으로 국수 그릇 안에 있는 면과 건더기들을 집어 먹은 뒤에 이런 식으로 국수 국물인 미소된장 국물을 마신다.

만두와 국수 덕분에 중국인의 젓가락 사용이 크게 늘었다는 사

실을 감안할 때, 그것들의 역사를 간단하게나마 살펴보는 것도 의미 있는 일일 테다. 만두를 처음 개발해낸 사람은 한나라 한의사였던 장중경張仲景(150~219)이라는 설*도 있지만, 실제로 가장 오래된 만두의 형태는 그것보다 훨씬 더 이른 시기에 등장했다. 기원전 4세기 것으로 추정되는 무덤에서 최초의 만두 형태가 발견되었다.[34] 만두를 가리키는 중국말 자오즈는 송나라(960~1279) 이전에는 대중적으로 널리 알려지지 않았지만, 훈툰이라는 말은 그 이전부터 사용되었다. 3세기 초, 위나라 문헌학자 장읍張揖이 편찬한 어휘사전 《광아廣雅》에 따르면, 훈툰은 초승달 모양의 밀가루반죽 덩이라고 나와 있다. 최초의 국수 화석이 중국에서 발견되었기 때문에 중국인은 자신들이 국수를 발명했다고 생각할 수도 있다. 국수는 파스타처럼 종류가 다양한데, 그 가운데 가장 잘 알려진 것이 '라멘'이다. 옛날 중국에서는 국물에 담긴 면을 '스워빙索餅'(긴 줄처럼 생긴 국수)이나 '탕빙' 또는 '슈인빙水引餅'(물에 담그거나 떠운 국수)이라고 불렀는데, 전자는 면의 모양을 말한 것이고, 후자는 끓는 물에 요리하는 방식을 말한 것이다.[35] 스워빙은 아주 가느다란 면으로 베르미첼리vermicelli**와 비슷하다. 일본에서는 그것을 'ソミョン(소멘)', 한국에서는 '소면'이라고 부른다.

국수의 인기는 동아시아의 서쪽 지역을 넘어 실크로드를 따라

---

* 동상에 걸린 귀를 치료하기 위해 귀 모양의 밀가루반죽을 귀에 붙였다고 한다.
** 잘게 잘라 수프에 넣어 먹는 가느다란 이탈리아 국수.

중앙아시아 너머까지 뻗어나갔다. 다시 말해, 한나라의 중국인은 중앙아시아로부터 다양한 식물과 과일을 수입한 반면, 오늘날 신장을 포함한 '서역'을 통해 이웃 지역에 국수를 수출했다. 동아시아 음식문화 전문가인 일본인 학자 이시게 나오미치石毛直道는 신장에서 중앙아시아에 이르는 지역에 사는 사람들이 흔히 실 모양의 가느다란 국수를 가리켜 말하는 '라그만lagman/레그만legman'이라는 위구르 말이 '라멘'이라는 중국어에서 파생되었다고 주장한다.[36] 그 말은 이후로도 더 널리 퍼져나갔다. 피터 골든Peter B. Golden은 중세 터키에 관한 문헌학 연구를 통해, 1세기부터 14세기까지 흉노족과 몽골족 같은 유목민의 이주 경로를 따라 동아시아에서 지중해 지역에 이르기까지 널리 퍼져나간 '다양한 파스타음식[pasta complex]'을 면밀히 검토한다. 골든은 또한 국수를 먹는 것과 젓가락 사용 사이의 본질적 관계에 대해서 말한다. 그는 중세 터키에서 젓가락이 "마카로니를 먹을 때 쓰는 두 개의 나무막대"로 설명되어 있음을 알아냈다.[37]

젓가락은 식사도구로 널리 인기를 끌면서, 또한 점점 더 값지고 오래 쓸 수 있는 재료로 만들어지기 시작했다. 분명 대나무 등 나무로 만든 젓가락이 그 시기에 가장 일반적인 것으로 남아 있었는데, 대중이 사용했을 가능성이 높은 것이 바로 값싼 나무젓가락이었기 때문이다. 그러나 중국에서 발굴된 고고학 유물들에 따르면, 1세기 이후부터 금속 젓가락이 크게 늘었다고 기록되어 있다. 특히, 6세기와 10세기 사이에 은 젓가락의 사용이 엄청나게 늘어났다. 류원은 출토된 젓가락 유물들을 정밀 분석한 결과, 신석기 시대부터 젓가락이 뼈나 황동 또는 청동에서 대나무나 나뭇가지에 이르기까지 다양한 재료로 만들어지기 시작했다고 주장한다. 마왕퇴묘 같은 한나라 초기 무덤들에서 출토된 젓가락은 대젓가락이 일반적인 반면, 한나라 후기로 가면서 황동으로 만든 주방 기구가 더 많이 발굴되었다. "그러나 중대한 변화가 발생한 것은 수나라와 당나라 때다."라고 류원은 지적한다. 그 시기의 많은 젓가락이 옥이나 희귀한 동물 뼈 같은 고급 재료로 만들어졌기 때문이다.[38]

1949년부터 현재까지 중국에서 출토된 젓가락들 가운데 가장 많은 것이 은 젓가락이다. 모두 87쌍으로 6세기에서 10세기 사이, 즉 수隨나라와 당나라 때 것으로 추정된다. 이것들 중 가장 오래된 유물은 수나라(581~618)의 수도였던 지금의 시안 근처에서 발굴되었지만,[39] 그 밖의 나머지는 전국 곳곳에서 발견되었다. 엄밀하게는 북부보다는 남부 양쯔강 지역에서 더 많이 발견되었다. 87쌍의 은 젓가락 가운데 36쌍은 장쑤성의 단투丹徒에서, 30쌍은 저장성의 창싱長興에서 발견되었다.[40]

은 젓가락이 이렇게 일부 지역에 몰려 출토된 것은 우연이었을 수도 있다. 어쨌든 수나라와 당나라 때 것으로 추정되는 전례 없이 많은 금속 젓가락, 특히 다양한 은 젓가락이 나왔다는 사실은 당시에 그런 젓가락이 유행했음을 확실하게 보여준다. 이 같은 새로운 현상이 일어난 까닭은 여러 가지로 설명할 수 있을 것이다. 그중 하나는, 앞서 언급했듯이 젓가락의 용도가 더 늘어나면서—

곡물이 아닌 음식뿐 아니라 곡물음식을 집어 먹을 때도 사용되면서— 내구성에 대한 관심이 높아졌기 때문이라고 볼 수 있다. 다른 하나는, 일반적으로 은이 비소의 독성을 탐지할 수 있다고 믿었기 때문에, 중국이나 그 밖의 다른 나라의 부자와 권력자가 은 젓가락을 선호하게 되었다고 볼 수 있다. 세 번째 요인으로는, 다음에 자세히 살펴보겠지만 당나라 때 북중국 사람들의 고기 섭취, 특히 양고기 섭취가 증가한 것과 관련이 있을 수 있다.

또한, 류원과 동료 학자들은 당나라 때 생활수준의 향상과 야금술의 발전이 당시에 금속 젓가락의 사용을 더욱 촉진하였다고 주장한다. 그들의 주장은 일부 은 젓가락과 금속 젓가락의 윗부분에 정교한 조각이 새겨졌거나 심지어 순금으로 도금된 것들도 발견되었다는 사실에 근거한다. 둘 다 전에는 볼 수 없던 것들이었다. 다시 말해, 당나라 때 정교한 세공술을 이용해 예술적으로 만든 젓가락—중국어로는 '콩지쭈工藝箸', 일본어로는 '고게이바시こうげいばし'—이 등장했다.[41](그림 27) 기술의 발전을 보여주는 이 수공예 젓가락들은 또한 당나라 때 민간의 생활이 향상되었고, 사람들이 젓가락을 선물로 교환하기 시작할 정도로 젓가락의 위상이 높아졌음을 입증한다.

당나라는 중국 왕조 시대 역사에서 또 하나의 황금기로, 역사적으로 이전의 한나라와 비견될 정도로 중요한 시기였다. 당나라 제국의 영토는 거대했다. 당나라 왕조 통치 시기 전반에 걸쳐 서쪽으로는 내륙아시아까지 영토를 확장했다. 그렇게 당나라는 중앙아시아와 동아시아의 영향이 중국 본토로 여과되어 들어오는 통로를 늘 열어놓았다. 당나라 왕조를 세운 이씨 가문의 일부 조상은 본디 대평원 출신이었다. 당나라 황제들은 저마다 정부를 확립한 뒤, 한족과 그 북쪽과 북서쪽 이웃에 있는 유목민들 사이에 무역과 상업을 장려하기 위한 다양한 정책을 계획하고 촉진했다. 그들은 또한 서로 다른 종교와 신앙을 허용하고 그 지역의 문화 교류를 조성했다. 따라서 사람들은 당나라가 지배하던 시기를 동아시아 역사에서 '사해동포주의 시대'라고 부른다. 젓가락문화권이 아시아에 더 깊이 뿌리를 내리고 넓어진(예컨대, 일본으로 전파된) 때가 바로 이 사해동포주의 시대였다.

당나라 황제들의 개방 정신은 자신이 다스리는 서로 다른 종족들 사이에 공존하는 다양한 요리 풍습을 장려했다. 이것은 당나라 정부 처지에서 어느 정도 어쩔 수 없는 선택이었다. 한나라 왕조가 멸망한 뒤, 북중국은 여러 유목 집단으로 넘쳐났고 그로 인해 대규모 이주 사태가 발생했기 때문이다. 그 지역의 중국인 농촌공동체는 남쪽으로, 대부분 양쯔강 지역으로 이주했다. 한나라 이후의 이 시기를 중국사에서는 '남북조 시대'라고 부르는데, 유목민들이 중국의 북쪽과 북서쪽에 여러 정권을 세우면서 북쪽에서 도망쳐온 망명자 집단들이 중국의 남쪽과 남서쪽에 정부들을 (다시) 세웠기 때문이다. 당시에 북쪽과 남쪽에 세워진 왕국들은 모두 단명했다. 6세기 말 수나라 왕조가 세워지고 이어서 7세기 초 마침내 당나라 시대가 도래할 때까지, 남북조의 어느 왕국도 다른 왕국을 정복하지 못했고 대륙을 통일하지 못했다. 이 모든 것은 식생활과 요리법의 남북 분리가 그때까지 지속되었다는 사실을 의미한다. 예컨대, 북쪽 사람들은 유목민의 영향을 받아 고기와 낙농식품을 더 많이 먹은 반면, 남쪽 사람들은 쌀밥과 생선, 채소를 날마다 먹었다. 이 같은 음식 섭취와 미각의 차이는 문학 작품에도 잘 반영되어 있다. 6세기 중엽에 쓴 방대한 역사 문학인 양현지楊衒之의《낙양가람기洛陽伽藍記》는, 남쪽 사람인 왕숙王肅이 북중국의 유목민 정권인 북위北魏 왕조(386~534)를 위해 일할 때 그가 자기 주변의 대다수 사람이 하듯이 양고기를 먹고 우유를 마시는 대신에 남쪽에서 하던 대로 쌀밥과 생선찌개를 먹고 차를 마시는 모습을 상세히 묘사했다. 실제로 왕숙은 북쪽 지방의 식사를 매우 역겨워한 반면, 북쪽 사람들 또한 왕숙의 식습관을 혐오하고 조롱했다.[42]

한나라의 멸망과 당나라의 발흥 사이의 공백 기간은 또한 동아시아에서 불교의 영향력이 형성되기 시작한 시기였다. 그러나 흥미롭게도 중국은 불교를 수용할 때도 여느 지역과 다르게 받아들였다. 비록 중국에도 동아시아에서 강력한 영향력을 펼치고 있던 대승불교가 북방 경로를 통해 들어왔고 불교 계율에 따라 동물 살상을 금기시했지만, 북쪽 사람들은 남쪽 사람들에 비해 여전히 고기를 더 많이 먹었다. 야오웨이준姚伟钧은 동아시아에서 불교음식의 영향력을 검토한 결과, 몽골과 티베트 지역 사람들에게 고기와 낙농식품은 필수 음식이어서 그곳의 불자들은 예나 지금이나 육식을 금지하는 규율을 전혀 지키지 않았다고 말한다.[43] 그 주장은 아주 간단명료하다. 하지만 남방의 불교는 고기 섭취를 금지했다. 아마 동물 고기가 북방의 전통 식단에서만큼 중요하지 않았기 때문일 것이다. 521년, 남양南梁의 무제武帝(소연蕭衍이라고도 부름, 재위 502~549)가 처음으로 육식을 금지하는 칙령을 내렸다. 불교에 귀의하여 헌신함으로써 중국 역사에서 '불법천자佛法天子'라는 별명을 얻은 양무제는 금욕주의를 실천하고 육식을 멀리했다. 그는 하루에 한 끼만 먹되 술이나 고기는 금하고 거친 현미밥과 된장국만 먹었다.[44]

여러 명의 당나라 황제 또한 불자로 알려졌지만, 대개는 (남방을 포함해) 제국 내에서 육식을 금하지는 않았다. 그들의 선조가 북서 지방의 유목민 출신이기 때문이었을 것이다. E. N. 앤더슨은 중앙아시아가 중국 북서 지방의 음식에 끼친 영향에 관해 쓴 논문에서 "북서 지방 요리는 공통적으로 고기, 특히 이전에는 전혀 쓰지 않았던 양고기를 많이 쓴다."라는 사실을 알아냈다.[45] 이것은 놀라운 일이 아니다. 당나라 이전에 북방에서 삶의 대부분을 보낸 가사협은《제민요술》에서 이미 식용으로 동물을 키우는 것, 특히 염소와 양을 사육하는 방법을 상세하게 설명한다. 중국음식사가 왕리화王利华 또한 5세기부터 양고기를 좋아하는 중국인이 점점 더 늘어났다고 말한다. 왕리화는 많은 사료를 바탕으로, 당나라 때 이미 북중국에서는 돼지고기보다 양고기를 더 많이 먹기 시작했다고 주장한다. 당나라 정부는 대개 우수한 관리들에게 양고기를 하사하고는 했는데 그 밖의 다른 고기를 주는 경우는 거의 없었다. 그 결과, 양고기는 당나라 역사 기록들에 가장 빈번하게 언급되었다.[46] 요컨대, 당나라 때 그 이전 어느 때보다 가장 고기를 많이 먹었다.

당나라 사람의 고기 섭취량이 늘어난 것을 가지고 최근에 발굴된 그 시기 금속 식기들의 대부분을 설명할 수 있을지에 대한 논란의 여지는 여전히 남아 있다. 사람들의 입맛은 현실적 욕구뿐 아니라 전통과 관습, 신앙의 영향을 받을 수도 있다. 그러나 금속이 목재나 대나무보다 더 오래가고, 익힌 고기가 생선이나 채소보다 질기다는 것 또한 명백한 사실이다. 생선과 채소는 열을 가하면 용해되기 쉽기 때문이다. 젓가락문화권에서 다소 독특한 현상으로, 한국인이 금속 식기를 좋아하는 것이 어쩌면 그러한 추측이 맞다는 점을 뒷받침하는 증거일지도 모른다. 한국요리에서 고기는 다른 어떤 아시아 국가의 요리에서보다 더 중요한 식재료이기 때문이다. 한국의 젓가락은 전통적으로 황동과 청동으로 만들어졌지만, 오늘날은 스테인리스강으로 만들어진 젓가락이 더 많다. 중국인처럼, 은이 독성을 탐지할 수 있다고 생각하는 한국의 부자들도 예나 지금이나 은 젓가락을 좋아한다. 반면, 일본에서는 근대에 이를 때까지 수백 년 동안 고기요리가 없었다. 일본에는 나무젓가락을 좋아하는 사람이 압도적으로 많다. 다양한 금속 젓가락은 그들에게 아무 매력도 없었던 것처럼 보인다. (일본인이 나무젓가락을 선택한 여러 가지 다른 이유는 다음 장에서 살펴볼 것이다.)

고기요리와 고기 위주의 요리를 더 많이 먹으면 사람들은 대개 나이프와 포크를 쓰게 마련이다. 그러나 당나라 때 가장 많이 쓴 식사도구는 그 전과 마찬가지로 여전히 '비쭈', 즉 숟가락과 젓가락이었다. 중국인은 한나라와 그 이후 시기의 요리 전통을 따라 고기를 조리하기 전에 여전히 한입에 먹을 정도로 잘게 썰었다. 그 결과, 젓가락은 음식물을 집어 나르기에 가장 안성맞춤의 식사도구였다. 게다가 삶고 끓이는 것 말고도 기름에 볶는 새로운 조리법이 후한 시대부터 인기를 끌기 시작했다. 이 조리법의 인기는 젓가락 사용을 촉진했고 젓가락의 입지는 계속 강화되고 단단해졌다. 기름에 볶는 조리법은 먼저 냄비나 웍에 식용유를 넣고 열을 가해 달군 다음, 쉽게 볶고 잘 섞일 수 있도록 사전에 잘게 썰어놓은 식재료들을 그 안에 넣는 방식이다. 기름에 볶는 조리법의 중요한 이점 가운데 하나는 에너지 효율이다. 빵이나 고기를 구울 때처럼 오랫동안 식재료에 열을 가하지 않고 뜨거운 불길 속에서 신속하게 음식을 익히기 때문이다.[47] 음식을 볶을 때 전통적으로 고기와 같은 식재료들을 잘게 써는 방식은 조리 시간을 단축할 뿐 아니라 요리에 들어가는 식재료들이 골고루 잘 섞여 맛이 어우러지게 한다.

여러 역사 기록을 보면, 한나라 때 곡물음식을 가공하기 위해 빻는 방식이 널리 쓰였듯이, 식용유를 짜기 위해서 참깨와 유채 씨 같은 다른 식물들도 빻았다는 내용이 나온다. 예컨대, 가사엽은 《제민요술》에서 참깨를 심고 기르는 방법을 보여준다. 그는 또한 참기름을 넣고 요리하는 다양한 조리법을 소개한다. 그 책에 나온

한 가지 조리법은 스크램블드에그를 만드는 법이다. 흥미로운 것은 가사협이 소개한 조리법이 참기름을 쓰라고 권하는 것 말고는 오늘날 스크램블드에그를 조리하는 방법과 정확하게 일치한다는 점이다.[48] 당나라 때부터 질 좋은 숯을 사용한 덕분에, 기름에 볶는 조리법은 민간에서 더욱더 즐겨 쓰게 되었고 계속 발전해나갔다. 실제로 이 조리법을 중국의 요리 전통에서 중요한 계기를 마련한 돌파구들 가운데 하나로 보는 학자들이 많이 있다.[49] 볶음요리를 위해서는 식재료들을 잘게 썰어야 해서, 젓가락은 그것들을 집을 때 효과적인 도구가 된다. 실제로 어떤 사람들은 식재료들을 볶을 때도—그것들을 휘젓고 정렬하고 골고루 섞기 위해— 젓가락을 사용한다.

젓가락 사용이 당나라 때 더 늘어난 것은 틀림없지만, 아직도 많은 사람이 가장 중요한 영양소인 탄수화물 곡물음식인 '판'을 먹을 때는 여전히 숟가락을 썼다. 물론 당나라에서 어떤 곡물이 '판'이었는지는 그 이전과 마찬가지로 지역에 따라 달랐다. 중국의 음식문화가 남방과 북방으로 끊임없이 분리되어 있어서, 양쯔강 지역 주변에 사는 사람들에게 쌀은 과거 수백 년 동안 그랬듯이 날마다 먹는 주식이었다. 하지만 유감스럽게도 그 시기에 나온 대부분의 문헌 자료는 당나라 중앙 정부가 자리 잡고 있었던 북중국 지역 것들이다. 그리고 북부와 북서부 지역에서 가장 많이 먹는 곡물은 여전히 기장이었다. 기장은 가뭄과 홍수에 잘 견디는 것 말고도 또 다른 장점이 있다. 기장은 곤충에 강하기 때문에 기근에 대비해 저장하기에 가장 좋은 곡물이었다. 당나라 문서에 따르면, 정부가 기장을 곡물저장소에 쌓아놓았다고 나온다. 하지만 흥미롭게도 똑같은 문서에 밀도 당나라 곡물저장소에 비축하는 저장 곡물이 되었다는 기록이 나온다.[50]

다시 말해, 밀가루음식이 계속 사람들의 입맛을 사로잡으면서 북중국 사람이 날마다 먹는 곡물음식이 더욱 다양해졌다. 밀 때문에 기장의 지배력이 약화된 것이다.[51] 당나라의 음식문화를 연구하는 또 한 명의 학자 왕사이시王赛时에 따르면, "당나라 기록 가운데 음식에 대한 내용이 나오는 데는 어디든 '빙'(반죽음식)이라는 용어가 늘 나온다." 그는 또한 한나라 때와 비교할 때, 이 시기에 '빙'의 다양성이 눈에 띄게 증가했다고 지적한다. 한나라 때 많은 중국인의 마음을 사로잡았던 '난'이라 부르는 빵 '후빙'은 당나라 때에도 여전히 인기가 있었다. 하지만, 이제 찜통으로 쪄낸 '증빙蒸饼(찐빵)이나 기름을 두르고 부친 '젠빙煎饼(부침개)이 사람들의 입맛을 끌면서 후빙의 인기도 위협을 받았다. 또한, 당나라 때는 탕빙(국수)의 종류도 더욱 다양해졌다. 예컨대, 당나라 사람은 뜨거운 국수와 차가운 국수를 모두 먹었다. 후자는 오늘날 일본 소바そば(메밀국수)를 먹는 방식과 닮았다. 당나라 기록들에 따르면, 오늘날 북중국에서 흔히 보듯이 국수가 손님을 접대하는 음식이 된 것은 당나라 때였다.[52]

그러나 밀가루반죽음식 말고도, 북방의 중국인에게 '판'은 여전히 삶거나 찐 곡물, 대개 기장(다양한 종의 수수와 조 모두)과 밀을 의미했다. 죽을 쑬 때는 여전히 그것들을 통째로 삶았다.[53] 따라서 당나라 기록에서 '판'은 대개 걸쭉한 죽 형태로 익힌 곡물음식을 의미했다. 당나라 문인들이 쓴 시와 산문을 보면, '판'을 떠먹을 때 숟가락을 썼음을 알 수 있다. 한때 고위 관리였다가 당나라 현종玄宗에게 쫓겨난 설영지薛令之(683~?)는 시를 써서 자신이 황제에게 인정받지 못한 것을 식사할 때 적절치 못한 식사도구를 사용한 사람에 비유하면서 자신의 불만을 은밀하게 돌려서 토로한다. "밥알(판)이 끈적거리면, 숟가락으로 먹기가 어렵고, 국(껭)이 묽으면, 둥글게 만들어진 젓가락이 필요하다."[54] 그의 시는 당시 사람들이 '판'을 먹을 때 숟가락을 사용했고, '차이'를 먹을 때 젓가락을 사용했음을 확인해준다. 그는 또한 '판'을 (쌀밥처럼) 끈적거리게 조리하면 안 된다고 말한다. 숟가락에 달라붙어서 떠먹기가 어렵기 때문이다. 또 다른 당나라 사대부였던 한유韓愈(768~824)는 한 친구에게 보내는 편지에다 자신이 '판'을 떠먹을 때, 특히 진밥을 먹을 때는 숟가락을 쓴다고 썼다. 그는 나이가 들어 이가 흔들거려서 숟가락으로 쉽게 떠먹을 수 있는 부드러운 진밥을 더 좋아하게 되었다고 토로한다. 그는 소가 되새김질하듯이 밥알을 천천히 여러 번 반복해 씹었을 것이다.[55]

사람들은 한유가 좋아한 '판'이 매우 질척여서 입 안에서의 감촉이 '조우粥'(죽)에 더 가까웠으리라 생각할 수 있다. 그러나 '조우'와 '판'은 투과성과 유동성의 차이 말고는 명확하게 구별되는 것이 없었던 것 같아 보인다. 어떤 '조우'는 귀리죽처럼 매우 뻑뻑하고 걸쭉한 반면, 어떤 '판'은 매우 물기가 많아서 오히려 질척거렸다. 후한 시대부터 19세기 말까지 중국인들은 '조우'와 '판' 말고도 '수이판水飯'(물에 만 밥)과 '탕판湯飯'(뜨거운 국밥) 같은 용어들도 새로 만들어 사용했는데, 이것들은 '조우'와 '판'을 구분하는 동시에 연결하기도 했다. 그리고 명나라 때(1368~1644)부터 '시판稀飯'(묽은 곡물)이라는 신조어가 통용되기 시작했다. '시판'은 '조우'와 서로 바뀌어 불리기도 하는데, 오늘날에도 여전히 통용되고 있다. 두 종류의 죽은 곡물에 물을 부어 끓인다는 점에서는 동일하지만, 조리하는 방식이 약간 다르다.[56] 둘 다 숟가락으로 떠먹는다.

한유와 같은 당나라 문장가와 시인들은 '판'을 떠먹기 위한 숟가락을 대개 '리우치流匙'라고 불렀다. '리우流'(흐르고 떠다니는)와 '치匙'(숟가락)를 결합해 만든 이 용어는, 숟가락을 이용하면 재빠르게 '판'을 퍼서 손쉽게 떠먹을 수 있음을 비유해서 나타낸 것이다. 즉, '리우치'는 밥알이 조금이라도 숟가락에 들러붙어 남는 것을 허용하지 않을 그런 종류의 숟가락이었다. 당나라의 시인들은 숟가락의 효율성을 강조하는 의미로 '판'을 먹을 때 '리우치'가 작동하는 방식을 묘사하려고 '미끄러지다/미끄러지듯 가다'라는 뜻의 동사 '화滑'를 자주 썼다. 한유와 동시대에 활동했던 시인 백거이白居易(772~846)는 이렇게 탄성을 지르며 과장되게 노래를 불렀다. "맛있는 생선은 기름이 불길 위로 떨어져 불꽃을 깜빡이고, 정갈하고 부드러운 밥알은 숟가락 위에서 미끄러지듯이 (내 입 속으로) 흘러내리네."[57]

숟가락으로 매끄럽게 밥을 퍼서 먹고 싶은 만큼 떠먹으려면 두 가지 조건이 맞아떨어져야 하는 것처럼 보인다. 첫째, 숟가락 표면이 매끈해야 하고, 둘째, 익힌 곡물 낟알이 너무 차지지 않게 하기 위해서 적당한 양의 수분을 함유해야 한다. 당나라 때 대부분의 식기가 은이나 황동 같은 금속으로 만들어져 목재로 만든 것보다 표면이 더 매끈했기 때문에 첫 번째 조건은 갖춰진 것으로 보인다. 두 번째 조건은 물적 증거로 입증하기 어렵지만, 당나라 문헌에서 '리우치'—'화'라는 동사와 조화를 이루어—라는 말을 자주 쓴 것을 볼 때, 당시 사람들이 먹은 '판'은 오늘날 사람들이 먹는 '판'과 '조우'의 경계에 있었음을 가리키는 것으로 보인다. 숟가락에 밥풀을 남기지 않고 날렵하게 밥을 떠먹으려면 적당한 수분이 낟알에 함유되어 있어야 했다.[58] 학자들은 또한 당나라 사람이 죽을 많이 먹었다고 지적했다. 아픈 사람들에게 죽이 약효가 있다고 믿는 사람이 많았기 때문이다.[59] 여러 차례의 고고학 발굴 작업은 이런 사실들을 확인해주었다. 당나라 때 무덤들에서 두 종류의 숟가락이 발견되었는데, 하나는 볼이 거의 평평할 정도로 얕고 자루가 짧은 반면, 다른 하나는 볼이 깊고 크고 자루가 길다. 전자는 곡물음식을 먹을 때 쓰고 후자는 국물을 마실 때 쓴 것으로 추정된다.[60] 그에 비해, 신석기 시대에 어디서나 볼 수 있었던, 모서리가 날카로운 단검 모양의 숟가락 '비'는 대체로 자취를 감추었다. 그러나 '비'라는 용어는 숟가락을 의미하면서 수세기 동안 여전히 통용되었다.[61]

그 밖에도, 기장이 가장 중요한 곡물의 자리에서 밀려난 까닭은 밀에 대한 선호가 증가한 탓도 있지만, 또한 쌀밥이 중국 전역으로 확산된 때문이었다는 사실을 당나라 기록들은 보여준다. 밀음식과 밀가루음식이 당나라 시에 매우 자주 등장하기 시작했다. 그러나 수많은 당나라 시는 또한 오늘날 거의 벼를 재배하지 않는 북중국 지역에서 논농사 짓는 모습을 그렸다. 일본 승려 엔닌은 당나라 때 중국 전역을 순례하면서 불교 사찰에 들를 때마다 대개 쌀죽을 먹었다고 말했다.[62] 이를 통해, 당나라 때 밀 섭취가 크게 늘어나기는 했지만, 당시 정부는 북중국, 특히 당나라의 수도인 창안長安*이 자리 잡고 있던 관중關中** 지역에서 논농사를 지으라고 장려했음을 알 수 있다.[63] 당시에는 관중에서 벼를 재배했던 것으로 보인다. 그 지역의 기후가 비교적 습해 논농사에 적합하기도 했지만, 당나라 황실에서 일하는 사람들의 쌀 수요가 매우 컸기 때문이다. 앞서 말했듯이, 공자 시대 이후로 북중국 사람들에게 쌀밥을 먹는다는 것은 풍족하고 때로는 호화로운 생활을 하는 것으로 여겨졌다. 엔닌은 당나라 때 쌀이 밀보다 훨씬 더 비쌌다고 썼다.[64]

우리는 당나라 수도에서 일하던 정부 관리들, 다시 말해 정부에서 주관하는 공무원 시험에 합격한 사람들이 고위직으로 올라가는 데 성공한 것을 과시하는 한 방편으로 쌀밥을 즐겨 먹었으리라 짐작할 수 있다.[65] 그 예로 당나라 때 유명한 시인 두보杜甫

---

* 지금의 시안(西安)
** 지금의 산시(陝西)성.

(712~770)를 드는 것은 적절하지 않을지도 모른다. 당나라에서 그의 공직 경력이 그리 오래지 않기 때문이다. 하지만 그가 남긴 시가운데 당나라 수도 창안 근처에서 저녁 식사로 쌀밥을 먹은 것에 관해 쓴 시가 있다. 북부 사람이었던 두보는 쌀밥을 먹고 그 맛에 큰 감명을 받았다. 그는 중국과 동아시아의 체스라고 할 수 있는 인기 있는 놀이 바둑(웨이치圍棋)의 흰 돌(원즈雲子, 작은 구름)에 쌀알을 비교했다. 두보는 말년에 양쯔강 상류의 벼 재배 지역인 쓰촨성 청두에서 여러 해를 보냈다. 그러나 그가 쓴 시에 따르면, 두보는 전통에 따라 숟가락으로 쌀밥을 떠먹었다.[66]

왕리화는 당나라의 먹거리체계를 연구하면서, 당시 북중국이 정치의 중심지였기 때문에 "오늘날보다 쌀이 전체 곡물 생산에서 차지하는 비율이 훨씬 더 높았을 것이 틀림없다."라고 주장했다. 그의 설명에 따르면, 당나라 때 관개기술은 논에 물을 끌어댈 정도로 전례 없는 수준으로 발전했다. 그러나 당시 황실 기록에 따르면, 관개용수 때문에 수많은 법적 분쟁이 발생했다고 한다. 일부 사람들이 제분기에 동력을 전달하기 위해 물레방아를 돌리는 데 관개용수를 썼기 때문이다.[67] 왕리화는 당시 사람들이 서로 물을 쓰려고 다투는 모습에는 밀을 제분하는 것과 대조적으로 논농사에 대한 관심이 꾸준히 증가하고 있음이 반영되어 있다고 말한다. 에드워드 샤퍼Edward H. Shafer도 북중국에서 벼가 전보다 더 많이 재배되었다고 인정한다. 그러나 그는 "비록 당나라 때 북중국에서 벼를 재배하기는 했지만 밀이나 기장과 경쟁할 정도는 아니었다."라고 주장한다.[68] 따라서 당나라 때 북중국에서 먹었던 '판'의 주재료는 대개가 쌀이 아니라 기장이나 밀이었다. 그리고 사람들은 쌀밥을 먹더라도 전통을 버리지 못하고 계속 숟가락으로 밥을 먹었을 것이다. 설영지의 경우가 그것을 명확하게 말해주고 있다. 쌀이 주식이었던 푸젠福建성에서 자란 그는 쌀밥을 떠먹을 때 숟가락만큼이나 효과적으로 젓가락을 쓸 수 있다는 사실을 잘 알고 있었을 것이다. 그러나 그는 자신이 쓴 시에서 '판'을 먹을 때 숟가락을 썼다고 말한다.

요컨대, 한나라 때부터 당나라 때까지, 중국의 농업과 음식문화에 몇 가지 큰 변화가 일어났다. 그 변화들은 중국인의 식사도구 사용에도 영향을 끼쳤다. 그 기간의 초기에는 식사를 할 때 손으로 집어 먹지 않고 숟가락과 젓가락을 쓰는 것이 중국 사회의 확고부동한 식습관으로 자리 잡았다. 숟가락은 그 기간의 전반에 걸쳐 주된 식사도구였다. 당시에 기장이 곡물로 여전히 중요한 자리를 차지하고 있었기 때문에 기장밥을 편리하게 떠먹고 또 당시 풍습(고대 유교 의례준칙에서 장려하는 방식)을 따르려면 숟가락을 써야 했다. 그러나 밀가루음식의 종류가 점점 늘어나 사람들의 폭넓은 사랑을 받고, 특히 국수의 인기가 높아지면서, 중국 전역에서 젓가락의 유용성을 알고 곡물이든 곡물이 아니든 식사를 할 때 전보다 더 많이 젓가락을 쓰기 시작한 것이 확실해 보인다. 그 결과, 젓가락은 그동안 식사도구로서 부동의 수위를 지켰던 숟가락의 자리를 넘볼 수 있는 중요한 기회를 얻었다. 따라서 한나라와 당나라의 석각과 벽화들에 식사 장면이 나올 때 대개 젓가락이 주된—때로는 유일한— 식사도구로 그려진 것은 그다지 놀랄 일이 아니다.(그림 10) 아시아 지역에서 당나라 문화의 광범위한 영향력 덕분에, 젓가락의 인기는 끊임없이 높아지면서 당나라 영토의 경계를 넘어 북쪽으로는 몽골 평원, 북동쪽과 동쪽으로는 한반도와 일본 열도, 그리고 남쪽으로는 인도차이나 반도에 이르기까지 널리 퍼져나갔다. 따라서 비록 시간과 공간에 따라 뚜렷한 다양성을 보이지만, 젓가락문화권의 거대한 모습이 갖춰지기 시작했다.

4장

젓가락문화로 묶이다:
베트남, 일본, 한국 그리고 그 너머

14세기경 오늘날의 중국, 베트남, 한국, 일본에

젓가락문화권이 확립되었고, 몽골 스텝과 만주 지역,

북중국과 중국의 북서부의 고비 사막과 타클라마칸 사막까지

광범위하게 퍼져나갔다. 그러나 각 지역에서 그 양상은

민족의 전통에 따라, 음식문화에 따라, 중국 문화의 영향력에 따라 달랐다.

동양음식과 젓가락이 조화를 잘 이루는 것은 단순히 기능적으로나 도구적으로만 설명할 수 없다. 그들이 음식물을 잘게 써는 것은 젓가락으로 음식물을 잘 집기 위해서이기도 하지만, 그들이 음식물을 잘게 썰기 때문에 젓가락이 필요한 것이기도 하다. 하나같이 동일한 동작과 동일한 방식은 음식 재료와 식사도구를 초월한다. 분리라는 관점에서 말이다.

－롤랑 바르트,《기호의 제국Empire of Signs》

1996년, 당시 하버드대학교의 행정학과 교수이던 새뮤얼 헌팅턴 Samuel P. Huntington(1927~2008)은, 그해《뉴욕타임스》베스트셀러로 선정된《문명의 충돌과 세계 질서의 재편The Clash of Civilizations and the Remaking of World Order》이라는 책을 발간했다. 이 책에서 헌팅턴은 지금까지 세계에 3대 문명이 형성되었다고 주장했다. 서양의 유대-기독교 문명, 동아시아의 유교 문명, 중동의 이슬람 문명이 그것이다. 흥미롭게도, 실제로 이러한 3자 구도로 세계를 배치할 수 있다면, 이 문명들은 종교적 전통과 문화적 이상, 정치 제도(헌팅턴이 가장 중요하게 고려했던 요소)로 서로 구별될 뿐 아니라, 헌팅턴의 책에서는 거의 주목받지 못한 조리법과 식사법에서도 차이가 난다. 서문에서 언급했듯이, 벌써 1970년대부터 이시키 하치로 같은 일본 음식사가들과 1980년대 미국 역사학자 린 화이트는 전 세계에 세 종류의 식습관, 또는 음식문화권이 존재한다고 말했다. ① 손으로 먹는 식습관, ② 포크와 나이프, 숟가락으로 먹는 식습관, ③ 젓가락으로 먹는 식습관. 이시키는 첫 번째 문화권이 전 세계 인구의 약 40퍼센트를 차지하는데, 주로 남아시아와 동남아시아, 중동과 근동 지역, 아프리카 사람들이 거기에 속한다고 자세히 설명했다. 두 번째 문화권은 전 세계 인구의 약 30퍼센트를 차지하는데, 유럽과 남북 아메리카 사람들로 구성된다. 마지막으로 세 번째 젓가락문화권은 전 세계 인구의 또 다른 30퍼센트를 차지하는데, 중국인, 일본인, 한국인, 베트남인이 그들이다. 이시키는 한 발 더 나아가 이런 식습관의 두드러진 차이가 음식 섭취(고기를 먹든 안 먹든, 주식이 초목이든 덩이뿌리든), 음식 준비, 식사 예절과 식탁 예법의 차이를 반영하고 확장한다고 설명했다.[1] 이시키와 화이트, 헌팅턴이 세계를 분리해 보는 관점은 지리적, 인구통계학적으로 볼 때 동일하다.

그러나 이처럼 광범위한 일반화는 특별한 영역 안에 있는 미묘한 차이를 놓치기 쉽다. 음식물을 나르는 데 젓가락을 쓰는 것이 매우 독특한 식습관이기는 하지만, 젓가락을 쓰는 사람들도 때로는 보조적으로 다른 식사도구를 쓰고는 했다. 젓가락문화권을 방문하여 눈여겨본 사람이라면 그곳 사람들이 쓰는 젓가락의 종류와 사용 방식이 눈에 띄게 서로 다르며, 또한 그들이 숟가락도 쓰는지, 쓴다면 언제 어떻게 쓰는지에서도 뚜렷한 차이가 있음을 알수 있을 것이다. 예컨대, 젓가락이 다양한 재료로 만들어지고는 있지만, 가장 인기 있는 젓가락은 단연 나무젓가락인 것으로 보인다. 특히 일본인이 나무젓가락을 더 좋아한다. 일본의 고급음식점에서는 손님에게 대개 버드나무로 만든 백목白木 젓가락을 주는 반면, 중국의 고급음식점에서는 다채로운 색상의 도자기 숟가락과 상단에 도금을 입히거나 정교한 조각을 새긴 젓가락이 식탁 위에 놓여 있는 것을 발견할 가능성이 높다. 한국에서는 어디를 가든 숟가락과 젓가락을 함께 쓰는 것을 볼 수 있는데, 그것들의 재질은 대개 스테인리스강 같은 금속이다. 중국인은 고대 중국 때부터 젓가락을 만들 때 일반 목재 말고도 대나무를 썼는데, 오늘날에도 여전히 두 가지 모두 널리 쓰이고 있다. 대젓가락은 베트남에서도 널리 사용되고 있는데, 그곳에서 대나무가 잘 자라기 때문이다. 그러나 베트남은 아시아 여타 지역에 고급 자단紫檀*으로 만든 젓가락을 수출하는 것으로도 유명하다. 베트남인은 대젓가락, 일본인은 보통의 나무젓가락을 사용하지만, 서로 한 가지 공통점이 있다. 젓가락을 쓰는 다른 나라 사람들과 비교할 때, 베트남인과 일본인은 식사할 때 오직 젓가락만 쓴다. 숟가락은 쓰지 않는다. 이런 차이는 어디서 온 것일까? 시간이 흐르면서 바뀌었

---

* 열대 상록 활엽 교목. 암갈색 재목이 단단하고 향이 좋아 고급 가구 재료로 쓰인다.

을까? 이 장은 젓가락문화권의 역사와 특징을 면밀히 검토하면서 이 문제들을 다룰 것이다.

젓가락문화권의 형성 과정을 설명할 때, 베트남에서 시작하는 것이 합당해 보인다. 중국의 이웃 나라 사람들 가운데 베트남인이 중국으로부터 식사도구, 특히 젓가락 쓰는 식습관을 가장 먼저 받아들였을 수 있기 때문이다. 저명한 베트남 역사학자 뉴엔 반 후엔 Nguyen Van Huyen(1908~1975)은 베트남의 역사와 문화에 관한 연구에서 다음과 같이 자기 나라의 식습관을 설명한다.

식사 때, 바닥 한가운데 펼쳐진 나무나 구리로 만든 쟁반 위에 음식이 담긴 접시들이 놓인다. 사람들은 가부좌 자세로 둥그렇게 둘러앉아서 밥을 먹는다. 저마다 자기 밥그릇과 젓가락이 있다. 모두가 함께 먹을 음식이 접시들에 담겨 있다. 작은 조각으로 썰려 조리된 음식물을 각자 자기 젓가락으로 집어 먹는다.[2]

이 설명은 말할 것도 없이 중국의 요리와 식사 풍습의 특징을 나타내는 데 바로 쓰일 수 있다. 태곳적부터 베트남의 식습관, 또는 일반적으로 동남아시아 본토의 식습관은 남중국의 식습관과 거의 완벽하게 비슷했다. 그런데 베트남은 역사적으로 동남아시아 이웃 나라들과 뚜렷하게 구별되었다. 기원전 약 3세기부터 서기 약 10세기까지, 여러 중국 정부가 베트남, 특히 북부 지방을 지배함으로써, 베트남은 다른 동남아시아 국가들보다 중국의 영향을 훨씬 더 많이 받았다.

남중국, 즉 양쯔강이나 주강珠江* 유역에서처럼, 쌀은 베트남의 주곡이었다. 비록 지금까지 발견된 가장 오래된 볍씨는 양쯔강 삼각주에서 출토된 것이지만,** 베트남에서 벼를 재배하기 시작한 시기는 신석기 시대로 남중국에 비해 결코 뒤지지 않으리라 추정된다. 실제로 베트남은 아시아의 쌀 원산지들 가운데 한 곳이다. 프란체스카 브레이는 "논벼 경작이 기원전 3000년대 중반이나 그 이전에 홍강紅江*** 삼각주지대에서 확립되었다."라고 말한다.³ 홍강 삼각주에서 생산되는 주곡은 쌀이다. 그 지역, 특히 메콩강 삼각주는 수많은 강줄기와 호수가 미로처럼 종횡으로 얽혀 있다. 따라서 생선 또한 베트남에서 나는 주요 산물이 되었다. 한나라 역사가 사마천은 남중국 음식문화의 특징을 설명하면서 "주곡은 쌀이고 주요 요리는 생선찌개다."라고 말한다. 이 말은 베트남의 음식문화를 설명할 때도 바로 쓸 수 있다. 따라서 뉴엔 반 후엔이 말한 베트남인의 식습관은 중국인의 식습관에도 그대로 들어맞을 수 있다.

---

* 웨장(粵江)강이라고도 한다. 중국 윈난성 남부에서 시작하여 남중국해로 흘러든다.
** 저자가 언급하는 볍씨는 중국 장시(江西)성 셴런둥(仙人洞) 동굴 유적에서 출토된 볍씨 (1만 500년 전 것으로 추정), 또는 후난(湖南)성 유찬얀(玉蟾岩) 동굴 유적에서 출토된 볍씨(1만 1,000년 전 것으로 추정)를 말하는 듯하다. 그러나 충북대 박물관이 1997~1998년과 2011년 두 차례 조사를 통해 충북 청주시 소로리에서 발굴한 볍씨가 1만 3,000년에서 1만 5,000년 전의 것으로 확인되었다.
*** 베트남어로는 송코이라고 하며, 중국에서는 위안강이라고 부르는데, 중국 북서부에서 발원하여 베트남 북부로 흐른다.

베트남인은 양쯔강 유역에 사는 중국인처럼 날마다 쌀밥과 생선요리를 먹는다. 따라서 베트남 속담에는 쌀밥과 생선을 소재로 하는 것들이 많다. 한 격언은 "쌀밥에 생선 반찬보다 더 좋은 것 없고"에서 시작해 "자식 있는 어머니보다 더 좋은 것이 없다."로 이어진다. "쌀이 있다면 모든 것을 가진 거나 마찬가지다. 쌀이 모자란다면 모든 것이 부족하다."라는 격언도 있다. 베트남인은 손님을 대접할 때 늘 쌀밥과 생선을 상에 올린다. 그들은 손님에게 이렇게 말한다. "밖에 나가면 생선을 먹을 수 있지만, 집에 들어오면 (찹)쌀밥을 먹을 수 있다." 베트남에서 재배되는 벼의 종류는 매우 다양하다. 저지대 논에서 재배되는 벼도 있고 건조한 고지대 밭에서 재배되는 벼도 있다. 베트남 격언에 "밭에서 키운 쌀밥을 먹으면 편안하게 잠잘 수 있고, 논에서 키운 쌀밥을 먹으면 실컷 잠잘 수 있다."라는 말이 있다. 또, 흥미롭게도 쌀 생산 지역인 므엉댕muòng Deng의 격언은 찌개요리 또한 인기 있는 음식이라고 넌지시 암시한다. "쌀밥을 먹고 싶으면 므엉댕으로 가고, 켱keng*을 먹고 싶으면 므엉하muòng Ha로 가라."* 다시 말해, 아마도 생선찌개는 남중국에서처럼 그 지역민이 가장 즐겨 먹는 요리일 것이다.

베트남과 남중국 사람들이 쌀밥을 먹는 방식은 여러 면에서 서로 비교될 수 있다. 예컨대, 두 지역 사람들 모두 찰벼(중국어로는 '눠糯[나]')를 경작하고 그것을 명절음식이나 의례음식으로 쓴다.

---

* 중국어 껑(羹)에서 온 말로, 찌개를 가리킨다.

베트남어로 찹쌀은 '가오넵gao nep'이라 하고, 멥쌀은 '가오떼gao te'라고 한다. 중국과 베트남 두 나라에서 음력으로 정월 초하루에 새해를 축하할 때 찹쌀떡은 빠질 수 없는 음식이다. 이 쌀떡의 종류는 중국에서는 다양하지만, 베트남에서는 '반뗏banh Tet'이라는 찹쌀떡 한 가지만 있는데 새해를 축하하기 위해 특별히 장만한다. 피츠버그대학교의 인류학자인 닐 에이비엘리Nir Avieli는 '반뗏'을 베트남 민족의 정체성을 나타내는 "상징적 명절음식"이라고 불렀다. 베트남인은 반뗏을 만들 때, 먼저 밤새도록 찹쌀을 물에 불렸다가 건져서 돼지고기, 깍지콩과 섞은 뒤 댓잎으로 싸서 나무 가시로 매듭을 고정한다. 그런 다음, 여러 시간 동안 찐 뒤에 먹는다.[5] 쌀떡을 준비하고 조리하는 방식은 오늘날 남중국과 타이완에서 용선제龍船祭(음력 5월 5일 단오절) 때, 중국의 남방 지역 사람들이 가장 즐겨 먹는 명절 떡인 '쫑즈粽子'를 만드는 방식과 똑같다. 중국에서 쫑즈는 본디 전국 시대 칠웅七雄 가운데 하나였던 초나라의 관리이자 시인 굴원屈原(기원전 339~278)의 죽음을 기리기 위해 만들어 먹었다. 그러나 저장성 남부에 독립 국가로 중국이 세운 고대 베트남 왕국인 남월南越(베트남어로 '남비엣Nam Viet')국에서는 옛날부터 새해를 맞이해 쫑즈를 먹는 전통이 전해지고 있었다.

쌀떡은 쌀가루로도 만들 수 있다. 북중국 사람은 밀알을 갈아서 밀가루를 만들고 그것으로 반죽음식을 만들지만, 남중국과 베트남 사람은 자기네 주식인 쌀을 갈아서 가루를 낸다. 쌀가루, 특히 여러 가지 찹쌀가루에 소금이나 설탕을 뿌리고 반죽해 쪄낸 떡은 각종 문화 행사나 종교 행사에 주된 음식으로 나온다. 이 떡들은 식물 잎으로 싸매지 않지만 잎에서 추출한 식용안료로 다양한 색을 낸다. 이 떡들은 대개 쪄내기 때문에, 뜨거울 때 찜통에서 떡을 집어내 먹기에는 젓가락이 안성맞춤이었을 것이다. 그러나 명절음식으로서 이런 떡들은 대개 제례가 끝난 뒤에 먹었다. 다시 말해, 이 떡들은 뜨거울 때 먹지 않으니 손으로 집어먹을 수 있다. 쌀떡은 남중국과 베트남뿐 아니라 벼를 재배하고 손으로 집어 먹는 습관이 있는 동남아시아 전역에서 즐겨 먹는 음식이다.

쌀가루로 쌀국수를 만들어 먹기도 한다. 쌀국수는 중국과 베트남, 그리고 동남아시아 일부 지역에서 젓가락으로 먹는다. 얇게 썬쇠고기 조각, 아시아산 바질, 박하 잎사귀, 라임과 숙주나물을 넣어 함께 먹는 국수인 '퍼pho'(베트남 쌀국수)는 최근 몇 년 사이에 베트남 바깥에서 가장 유명한 베트남음식이 되었다. 그러나 실제로는 중국 남부와 남서부, 그리고 그 밖의 동남아시아 많은 지역에서 쌀국수가 주식인데, 여러 가지 다른 식재료를 넣어서 함께 먹는다. 쌀국수는 베트남의 '퍼'처럼 국물에 말아서 먹기도 하지만, 싱가포르나 타이완, 말레이시아, 인도네시아에서 흔히 먹는 국수요리인 '차오궈탸오炒粿条'처럼 센 불에 볶아서 먹을 수도 있다. 차오궈탸오는 대개 숙주나물, 통새우, 부추, 간장과 칠리소스를 넣어 조리한다. 퍼와 차오궈탸오는 모두 중국요리의 영향을 받은 음식이다.

'퍼'는 광둥廣東어로 쌀국수를 의미하는 '퓐粉'이라는 말에서 파생되었고, '차오궈탸오'는 푸젠성 남부 중국인이 쓰는 호키엔Hokkien어로 '차코에티아우chhá-kóe-tiáu'라는 말에서 왔다. 따라서 중국 화교 집단이 처음에 이런 국수요리를 동남아시아로 퍼뜨렸을 가능성이 크다.[6]

강제적이든 자발적이든 이주는 문화 교류의 중요한 수단이었다.[7] 진나라와 한나라 같은 고대 중국 제국들은 전쟁에서 승리한 뒤 대개 국방과 식민지 관리를 위해서 새로 정복한 국경 지역에 위수 부대를 주둔시켰는데, 그들은 나중에 화교집단이 되었다. 사마천의 《사기》 같은 당시의 역사 기록들에 따르면, 오늘날 저장성과 푸젠성에서 베트남 북부의 홍강 계곡에 이르기까지 중국 동남부의 연안대를 관통하는 지역을 포괄적으로 '웨越'라고 지칭한다. 전국 시대에 저장성의 중심에 있었던 월越나라는 한때 강대국이었다.[8] '웨'는 베트남어로 '비엣Viet'이라 쓰고, 중국에서는 베트남을 '웨난越南'이라 부른다. 말 그대로 '월나라의 남쪽 지역'이라는 뜻이다. 진나라(기원전 221~206)를 세운 진시황은 중국 본토인 북부를 통일한 뒤, 곧바로 월나라가 있던 땅을 정복하기 위해서 다섯 차례 군대를 파병했다. 그 가운데 한 번을 조타趙佗(기원전 230~137, 베트남어로 '찌에우 다Trieu Da')가 지휘했는데, 그는 베트남 북부를 군사적으로 지배하는 데 성공했다. 그러나 진나라가 통일한 중국 제국의 급속한 와해는 결국 베트남에 주둔한 진나라 군사들에 대한 완벽한 지배권을 조타에게 쥐어주는 결과를 초래했다. 조타는 새로 수립

된 한나라와의 관계를 끊고 베트남 남부로 더욱 영토를 확장해 독립 국가—'월의 남쪽'이라는 의미로 '난웨南越'(베트남어로 '남비엣Nam Viet')국—를 세웠다.

조타는 자신이 세운 왕국을 방어하고 권력을 강화하기 위해서 "북쪽으로 이어지는 산길들을 봉쇄하고 개인적으로 자신에게 충성하지 않는 모든 관리를 제거"했다고 한다. 그러나 말년에는 중국과의 관계를 재개하고 자기 왕국이 한나라의 종주국임을 인정했다. 기원전 111년, 조타가 죽은 지 몇 십 년 뒤에 난웨국(베트남 역사로는 찌에우 왕조)은 멸망했다. 한나라 정부는 난웨국이 멸망한 뒤, 그곳 영토를 7개 현으로 분할했다. 그 가운데 2개 현이 지금의 베트남에 속하게 되었다. 오늘날 베트남 북쪽으로 이어진 중국 여러 성의 관할 구역에 속하는, "북쪽으로 이어지는 산길들"은 다시 개방되었고, 그 길을 따라서 중국의 영향력이 베트남으로 더욱더 자연스럽게 흘러들었을 것이다.' 이런 상황은 다음 세기까지 거의 바뀌지 않았다. 그 시기에 베트남의 자치 정부들이 일부 등장했다. 그 정부들은 모두 단명하다가 938년에 마침내 응오꾸엔Ngô Quyền(897~944)이 새로운 독립 왕조를 세웠다. 따라서, 젓가락문화권에 속한 모든 나라 가운데 베트남은 중국의 영향을 가장 많이 받았다. 페니 밴에스테릭Penny Van Esterik은 동남아시아 본토의 요리문화를 연구하면서 "베트남은 그 지역에서 가장 중국화된 나라로서 중국요리의 원칙을 충실하게 따랐고, 오늘날 동남아시아 국가들 가운데 모든 음식을 먹을 때 기본적으로 젓가락을 쓰는 유일한

나라다."라고 말한다. 그녀는 또한 동남아시아 지역에서 베트남을 빼고 나머지 국가들은 중국음식과 국수요리를 먹을 때만 젓가락을 쓴다고 지적한다.[10]

무카이 유키코와 하시모토 게이코는 젓가락문화권에 대한 연구 논문에서, 베트남인이 젓가락을 식사 때 음식물을 집어 먹는 도구로 채택하게 된 데는 중국의 문화적 영향력이 가장 컸다고 인정한다. 앞서 살펴보았듯이, 이런 식습관은 베트남이 처음에 중국의 지배를 받으면서 뿌리내린 것으로 보인다. 중국과 베트남 두 나라는 대젓가락의 종류가 다양하다는 공통점이 있을 뿐 아니라, 젓가락의 디자인과 특징도 매우 비슷하다. 그 가운데서도 젓가락의 아랫부분이 둥글고 윗부분이 사각형이라는 공통점이 있는데, 무카이와 하시모토의 주장에 따르면, "땅은 네모나고, 하늘은 둥글다."라는 고대 중국의 우주관을 반영하고 확장한 디자인인 것이다. 그리고 베트남과 중국의 젓가락 길이 또한 비교될 수 있는데, 평균 25센티미터로 일본인과 한국인이 선호하는 길이보다 더 길다. 또한 부유한 베트남인은 중국에서와 마찬가지로 상아로 만든 젓가락을 좋아한다. 그에 비해, 무카이와 하시모토의 고국인 일본에는 그런 전통이 뿌리내리지 않았다.[11] 물론 이 경우에는 동남아시아와 남아시아, 중국의 지리적 요소—그곳에 코끼리가 살고 있었고 지금도 살고 있는 반면, 일본에는 코끼리가 없었다—가 작용한다.

위에서 말한 차이가 있지만, 일본 열도의 식습관은 남중국이나 베트남과 오히려 비슷하다. 일본 열도의 비교적 온화한 기후(홋카이도는 예외다.)와 풍부한 수자원 덕분에, 쌀밥과 생선은 일본음식에서도 매우 중요한 위치를 차지한다. 앞서 말했듯이, 베트남인과 일본인은 대개 날마다 쌀밥과 생선요리를 먹기 때문에 그것을 먹기에 매우 편리하고 효율적인 젓가락만을 써서 식사를 한다. 이시키하치로는 일본인이 처음부터 식사도구로 젓가락을 채택하고 포크와 나이프에는 등을 돌린 까닭이 쌀밥과 생선을 좋아하는 식성 때문이라고 주장했다. 이시키의 설명에 따르면, 젓가락은 쌀밥을 밥그릇에서 입 안으로 옮길 수 있을 뿐 아니라, 일본인이 가장 즐겨 요리하는 식재료인 생선의 살을 발라내고 뼈를 제거하기도 쉽고 편리하다.[12] 이시키의 설명에는 명백히 단서 조항이 필요하다. 쌀밥과 생선은 동남아요리에서도 중요한 자리를 차지하지만 그 지역에서 젓가락만 쓰는 사람은 베트남인밖에 없기 때문이다. 게다가 위스콘신대학교의 인류학 교수인 에미코 오누키-티어니Emiko Ohnuki-Tierney의 논문 같은 일부 연구에 따르면, 일본인이 쌀밥을 좋아한다는 것이 이미 잘 알려진 사실이라 해도 19세기 중반 이전에 일본의 서민은 날마다 쌀밥을 먹지도 못했고 그럴 만큼 부유하지도 않았다고 한다. 쌀에다 팥이나 다른 식재료를 섞어 먹는 것이 고작이었다. 다시 말해, 일본인이 늘 쌀밥을 먹었다는 것은 신화에 불과하다. 심지어 일본인이 쌀밥을 좋아하는 것은 부자가 되기를 바라는 마음을 반영한 것이라고 주장하는 사람도 있다.[13]

오늘날 베트남인과 일본인이 식사할 때 젓가락만 사용한다고 해도, 일본인은 7세기까지만 해도 젓가락을 쓰지 않았다. 중국의 역사 기록들을 보면 일본의 고대 역사에 관한 정보가 나온다. 한 예로 3세기에 진수가 쓴 《삼국지》를 보면, 당시 일본인의 일상의 여러 특징에 관한 묘사가 나온다. 진수는 일본인이 벼와 삼을 재배하고, 비단을 만들려고 뽕나무에서 누에를 친다고 썼다. 또한, 일본인의 식습관에 관해서는 나무로 만든 그릇이나 대나무 바구니에 담긴 음식을 손으로 집어 먹었다고 기록한다. 그런 식습관은 이후로 수세기 동안 바뀌지 않았다. 당나라 궁중 역사가들이 621년에서 636년 사이에 편찬한 《수서隋書》(수나라 역사)에는 일본인의 식습관이 다음과 같이 묘사되어 있다. "일본인에게는 대개 쟁반이나 접시가 없었다. 그들은 잎사귀에 음식을 얹어서 손으로 집어 먹었다." 두 기록 모두에서 일본인은 생선을 좋아하고 동물 고기는 싫어하는 노련한 어부로 묘사되어 있다. 진수의 책은 심지어 일본에는 소, 말, 호랑이, 표범, 양 같은 커다란 육지 동물이 살지 않았다고 지적한다.[14]

무카이 유키코와 하시모토 게이코는 《수서》에 나온 정보를 수용하면서 7세기 초에 일부 상류층 일본인이 식사 때 젓가락과 숟가락을 이미 쓰고 있었으리라 추측했다. 당나라 기록에 따르면, 일본의 스이코推古 천황(재위 592~628)*이 607년과 608년 두 차례

---

* 일본 33대 천황이자 첫 번째 여성 천황. 배다른 오빠인 비다쓰 천황의 계비였으므로 스이코 황후로도 불린다.

에 걸쳐 수나라와 수교를 맺기 위해 수양제隋煬帝에게 궁중신료였던 오노노 이모코小野妹子를 공식 사절(겐즈이시遣隋使)로 수나라에 파견했다고 나오기 때문이다. 오노노 이모코의 여행은 일본 정부가 중국 문화를 배우기 위해서 중국에 파견한 사절단 행렬의 시작이었다. 오노노 이모코와 그의 수행원들은 중국에 체류하는 동안 (중국인에게 많은 것을 배우는 가운데) 식사도구로 젓가락과 숟가락을 한 벌로 쓰는 법을 처음으로 배웠다. 오노노 이모코가 최초의 사절단으로 중국에 왔다가 일본으로 돌아갈 때, 중국의 수양제도 배세청裴世靑을 대표로 12명의 수행원을 포함한 사절단을 함께 보냈다. 배세청과 오노노 이모코는 일본 왕실에 식사도구를 써서 음식을 먹는 방법을 소개했고 일본 왕실에서는 이 식습관을 열심히 받아들였다.[15]

618년, 중국에서는 수나라가 망하고 당나라가 들어섰다. 그러나 중국 문화를 받아들이고자 하는 일본인의 열의는 약해지지 않고 더욱 강화되었다. 그 결과, 중국의 영향력—일본어로 '다이리쿠후大陸風'(대륙의 바람)나 '도후唐風'(당나라의 바람)—은 일본 열도를 휩쓸며 9세기 후반까지 전혀 수그러들지 않았다. 일본의 쇼토쿠聖德 태자(572~622)가 당나라의 정치제도와 법전에 큰 관심을 보이면서 중국 문화의 다른 측면들도 일본으로 수입되고 모방될 수 있는 기회가 많아졌다. 일본 왕실에서 파견한 공식사절단을 '겐토시遣唐使'라고 불렀는데, 이는 중국이 수나라에서 당나라로 왕조가 바뀌었음을 반영한 것이다. 일본은 모두 열세 차례 사절단을 파견한 뒤, 마지막 사절단이 893년에 중국에 갔다. 이전에 한국을 통해 일본에 전해진 대승불교는 그 사절단들과, 일본에서 바다와 육지를 가리지 않고 포교 활동을 펴고 다닌 중국 승려들을 통해 더욱 발전했다. 게다가 엔닌처럼 불교에 귀의한 일본 승려들이 중국을 방문하여 전국을 돌아다녔다. 일본 왕실과 귀족들이 중국 문화에 마음에 빼앗긴 반면, 당시 일본의 서민은 여전히 손으로 음식을 집어 먹었다. 8세기 중엽에 편찬된 《만요슈萬葉集》에 실린 시가들은 일본인이 집에서는 대나무껍질로 짠 바구니에 음식을 넣고, 집 밖으로 멀리 갈 때는 나뭇잎에 음식을 싸서 나갔음을 보여준다. 이런 묘사는 위에서 인용한 《수서》의 기록을 상기시킨다.

고고학 유물에 따르면, 일본에서 젓가락은 7세기에 처음 등장했다. 그 이전에는 숟가락밖에 없었다. 예컨대, 시즈오카靜岡의 도로登呂와 나라奈良의 가라코韓子 같은 야요이彌生 문화 유적지들(기원전 3세기경)에서는 식사도구로 쓰인 것으로 보이는 나무 숟가락이나 국자들만 나왔다. (도로에서는 나무젓가락도 여러 개 나왔는데, 길이가 35센티미터이고 지름이 0.2~0.6센티미터인 것으로 보아 식사도구로는 쓰이지 않았으리라 추정된다.) 그러나 646년, 오노노 이모코가 중국에 사절단으로 다녀온 뒤 수십 년 만에 일본은 마침내 학자들이 일본 최초의 젓가락이라고 믿는 것을 만들어냈다. 그것은 일본인이 젓가락을 쓰게 된 것이 중국의 문화적 영향 때문이라는 사실을 보여준다. 이 젓가락들은 592년에서 693년까지 일본의 수도였던 나라의 아스카쿄明日香京 이타부키板葺 궁궐 유적지에서 발견되었다.

일본에서 흔히 볼 수 있는 상록수인 편백나무(일본어로 '히노키檜木')로 만든 이 젓가락은 가운데가 불룩하고 한쪽 끝이나 양쪽 끝이 뾰족한 모양이었다. 길이는 30~33센티미터이고 뾰족한 끝의 지름은 0.3~1.0센티미터였다. 694년부터 710년까지 일본의 수도였던 후지와라쿄藤原京의 후지와라 궁궐 유적지에서도 또 다른 젓가락들이 출토되었다. 이 젓가락들 또한 히노키로 만들어졌는데, 궁궐을 짓는 데 쓰인 것과 같은 나무였다. 이 젓가락들은 양쪽 끝이 가늘어지는 모양으로, 이타부키 궁궐터에서 발견된 것을 닮았다. 그러나 그것들의 길이는 훨씬 더 짧고(15~23센티미터) 아랫부분 두께는 0.4~0.7센티미터였다. 무카이와 하시모토는 이 두 종류의 젓가락이 서로 다른 이유는 그것들이 서로 다른 목적으로 제작되었기 때문이라고 추정했다. 이타부키 궁궐터에서 나온 것들은 종교 의례를 치를 때 쓰는 용구로 더 오래 전부터 쓰인 반면, 후지와라 궁궐터에서 나온 것들은 궁궐을 짓던 일꾼들이 밥 먹을 때 쓰고 버렸을 가능성이 크다.[16]

710년, 일본 왕실은 오늘날 나라현에 위치한 후지와라쿄에서 헤이조쿄平城京로 또 한 번 이사했다. 710년부터 784년까지 수도였던 헤이조쿄에서는 모두 54개의 히노키 젓가락이 왕실의 부엌이 있던 헤이조 궁궐 주변의 배수구와 우물터에서 출토되었다. 그것들은 모두 모양이 같았다. 가운데가 불룩하고 한쪽 끝이나 양쪽 끝이 점점 가늘어지는 모양이었다. 길이는 13센티미터에서 21센티미터까지 다양하고 지름은 약 0.5센티미터였다. 1988년 헤이조에서 그때까지보다 훨씬 더 큰 발굴이 이루어졌다. 나라 시대에 세워진 가장 오래되고 거대한 불교 사찰 가운데 하나인 도다이 지東大寺 인근에서 약 200개의 히노키 젓가락이 발견되었는데, 이전에 출토된 것들과 디자인이 비슷했다. 길이가 약 25센티미터이고, 뾰족한 아랫부분의 지름은 0.5센티미터, 불룩하고 둥그스름한 윗부분의 지름은 1.5센티미터였다. 무카이와 하시모토는 헤이조 궁궐터와 도다이지에서 출토된 젓가락들도 일꾼들이 밥 먹을 때 쓰고 버린 것이었을 가능성이 크다고 생각한다. 고고학자들은 또한 8세기 말 문화 유적지인 시즈오카의 이바伊場에서도 나무젓가락을 발굴했다. 이 젓가락들도 히노키로 만들어졌는데, 길이가 22~26센티미터에 지름이 0.6센티미터였다. 세심하게 광택을 낸 젓가락들은 가운데가 불룩하고 다면체 모양이며 양쪽 끝이 약간 뾰족했다. 이 발견은 8세기에 젓가락 사용이 더 이상 왕족이나 불교 신도만을 위한 호화롭고 이국적인 관습이 아니었음을 잘 보여주었다.[17]

고대 일본 유적지에서 출토된 모든 젓가락 유물의 특징은 중국 수나라와 당나라 유적지에서 발굴된 것들과 비슷하다. 그것들은 모두 가운데가 둥글고 한쪽 끝이나 양쪽 끝으로 갈수록 가늘어지는 모양이었다. 당나라 때의 젓가락들도 길이가 18~33센티미터로 다양하고 평균 24센티미터였다. 그 이전의 중국 젓가락들에 비해 더 길었다.[18] 따라서 일본에서 나무젓가락의 발견은 동아시아의 젓가락 역사 연구에서 매우 중요하다. 첫째, 같은 시기에, 다시 말해 중국 수나라와 당나라 때 유적지에서 나무젓가락이 발굴된 적은 거의 없다. 나무젓가락은 대개 당나라 문헌에 나오는데, 금과 옥, 무소뿔 그리고 향기 나는 목재로 만든 젓가락들에 곁들여 나온다.[19] 둘째, 그 시기의 일본과 중국 유적지에서 발견된 대부분의 젓가락은 나무로 만든 것이든 금속으로 만든 것이든 디자인이 똑같다. 몸통이 둥글고 양쪽 끝으로 갈수록 가늘어졌다. 그러나 이런 디자인이 일본에서는 모방되고 유지되고 있는 (그 이유는 아래에서, 그리고 다음 장들에서 살펴볼 것이다) 반면, 중국에서는 수나라와 당나라 때만 널리 쓰였고 그 이후에는 사라진 것으로 보인다. 중국에서는 아랫부분 한쪽 끝만 가늘어지는 모양이 더 일반적이 되었다. 젓가락의 윗부분은 사각으로 만들었는데, 식탁에서 굴러다니지 않게 하기 위해서였을 가능성이 크다. 앞서 말했듯이, 베트남에서도 이런 형태의 젓가락이 더 인기가 있었다. 셋째, 일본에서 발견된 나무젓가락들 가운데 일부가 실제로 공사장의 일꾼들이 밥을 먹고 난 뒤에 버린 것들이라면, 그것은 세계 최초의 일회용 젓가락일 것이다.

젓가락은 또한 8세기부터 일본 기록들에 나타났다. 8세기 초엽의 가장 오래된 역사책인 《고시키古事記》와 《니혼쇼키日本書紀》에는 젓가락을 소재로 한 이야기들이 나온다. 또 다른 기록에도 젓가락이 나온다. 예컨대, 도다이지의 승려들은 자신들의 출납부에 거북 딱지로 만든 젓가락을 시주로 받았다고 기록했다. 또한, 그 기록에는 (남아메리카 원산인) 지르코테ziricote 나무로 만든 특별한 젓가락

한 쌍이 창고에 보관되어 있다고 나온다. 역설적이게도 이 두 종류의 특별한 젓가락은 오늘날 남아 있지 않지만, 당시에 공사장 일꾼이나 승려들이 사용한 뒤에 버렸을지도 모를 훨씬 더 일상적이었던 히노키 젓가락들은 앞서 말했듯이 나중에 도다이지 주변에서 발굴되었다.[20]

이 불교 사찰의 기록들은 당시 일본인이 외국의 젓가락, 즉 '하쿠라이노하시舶来の箸'를 계속 가져왔음을 보여준다. 그리고 이렇게 수입된 젓가락들은 은이나 다양한 구리 합금을 포함해 여러 가지 재질로 제작되었다. 9세기에 일본 왕실의 명령으로 편찬된 의례준칙 개요서인 《엔기시키延喜式》는 일본의 상류층도 중국과 한국에서와 마찬가지로 은이나 백동 같은 금속으로 만든 젓가락을 좋아했음을 보여준다. 이 책은, 그 금속 젓가락들이 수입품이었을 수 있기 때문에, 일본 왕족과 최고위 귀족층을 위한 것이었다고 명시한다. 신분이 6등급 아래인 사람들은 누구나 대젓가락만 사용하게 되어 있었다. 그러나 일본의 고고학 유적지에서 지금까지 대젓가락이 출토되지 않은 것으로 볼 때, 대젓가락도 수입품이었을 가능성이 크다.[21] 일본에서도 대나무가 자란다. 하지만 일본에서 대젓가락은 중국과 베트남에서처럼 흔하지 않았다. (아래에서 그것을 일부 설명할 것이다.)

오노노 이모코가 처음으로 젓가락을 중국에서 일본으로 가져왔을 때, 그는 젓가락을 순가락과 함께 사용하는 모습을 보여주었다. 그가 중국에서 그렇게 배웠기 때문이다.[22] 이후 200년에서 300년 동안, 즉 나라 시대(710~794)에서 헤이안平安 시대 (794~1185)에 이르기까지, 일본 왕족과 귀족은 이 유서 깊은 중국 관습을 그대로 따랐다. 970년에 발간된 일본 귀족의 생활을 그린 문학서인 《우쓰호 모노가타리宇津保物語》는 한 귀족 부인이 자식을 낳은 뒤 갖가지 선물—여러 가지 요리, 음식 그릇과 도구들—을 받은 사례를 기록한다. 그 식사도구에는 은수저도 포함되어 있었다. 10세기 말에서 11세기 초에 나온 또 다른 문학서 《마쿠라노소시枕草子》에는 궁녀인 저자가 글을 쓰고 있을 때 옆방에서 금속 숟가락과 젓가락을 절걱거리며 밥을 먹는 소리를 들었다고 쓰여 있다.[23] 그러나 시간이 흐르면서 중국이 일본에 끼치는 영향력은 약해졌다. 밥 먹을 때 숟가락과 젓가락을 함께 쓰던 식습관이 점점 사라지면서 금속으로 만든 식사도구도 점차 인기가 없어졌다. 13세기 일본 요리책인 《주지루이키忠治類規》에 따르면, 은 젓가락은 전채를 먹을 때만 쓰는 반면, 나무젓가락은 주식인 밥을 먹을 때 썼다고 한다. 두 종류의 젓가락은 길이도 서로 달랐는데, 은 젓가락이 나무젓가락보다 길었다.[24]

헤이안 시대 이후 중국의 영향력 약화는 일본인의 대젓가락 제작에 대한 관심 저하, 또는 무관심을 초래했을 것이다. 일본인은 대나무를 집 짓는 재료로 썼다. 《수서》와 《만요슈》에 따르면, 일본인은 음식을 담으려고 대나무로 바구니를 짰는데, 지금도 일본의 일부 지역에서는 이런 전통을 여전히 볼 수 있다. 대나무는 일본의 문학과 민속에서 긍정적으로 그려진다. 일본의 고유한 문학 장르인

'모노가타리' 가운데 현존하는 가장 오래된 《다케토리 모노가타리竹取物語》는 대나무를 베는 사람에 대한 유명한 이야기다. 대나무를 베는 사람이 하루는 대나무 숲에서 대나무 줄기 안에 아름다운 여자아이가 있는 것을 발견하고는 집으로 데려왔다. 그가 아내와 함께 그 아이를 딸처럼 키우는 동안, 대나무를 베러 갈 때마다 대나무 줄기 안에서 금을 발견했다. 그 소녀가 성년이 되자, 그녀의 미모는 수많은 구혼자의 마음을 사로잡았다. 당시 나라를 다스리던 왕도 그 가운데 한 사람이었다. 그러나 그녀는 모든 사람의 구혼을 뿌리치면서, 자신이 달의 여신이며 이제 지상을 떠나 달로 되돌아가야 한다고 설명했다. 그녀는 그렇게 달로 떠나고 이야기는 끝을 맺는다.

대나무 베는 사람에 대한 이야기들은 《만요슈》에 실린 여러 시가에도 등장하는데, 이 설화는 그 출처가 일본일 것이다. 하지만 그 이야기가 전개되는 내용은 거꾸로 중국의 영향을 받았을 수도 있다. 일본 연구자들은 나중에 대나무 소녀가 달의 여신이라고 밝히고 지상을 떠나는 내용이 중국 설화들에서 나왔을 수 있다는 점을 지적했다. 달에서 살기를 염원하며 지상에서 자라나는 여자아이를 그린 유명한 '창어嫦娥(항아)'의 전설─그녀는 마침내 달의 여신이 되었다─은 태곳적부터 중국에 전해 내려오는 설화였다. 중국 우화에 따르면, 달에는 '우강吳剛'이라는 나무꾼이 살고 있었다. 대나무로 특히 널리 알려진 중국의 쓰촨성에도 대나무 줄기 속에서 자라는 소녀에 대한 이야기들이 있었다.[25]

대젓가락은 《고시키》와 《니혼쇼키》에서 나타났다. 진구神功 황후는 신라를 정벌하기로 하고 신에게 전쟁 승리를 위한 기도를 올렸다. 황후는 병사들에게 편백나무, 즉 히노키를 태워 재로 만들고 가시와かしわ나무(일본산 상록수 떡갈나무) 잎으로 만든 접시, 대젓가락과 함께 바다에 던져 해신과 산신들에게 제물로 바치라고 명령했다. 이 물품들, 특히 대젓가락들이 바다에 떠서 한반도까지 일본 함대를 호위했다. 이 모든 것이 제대로 작동했다. 황후는 신라 정벌에 성공했고 마침내 3세기 초에 한반도를 지배*했다.[26] 이 전설 말고도, 일본에서 일부 젓가락이 대나무로 만들어졌다는 증거가 있다. 생선요리를 할 때 쓰는 조리용 젓가락인 '마나바시真魚箸'가 잘 알려진 예다. 마나바시는 오늘날 나무나 금속으로 제작된 것들이 더 많은데, 대개 일본인이 음식을 먹을 때 사용하는 나무젓가락보다 더 길다.

그러나 진구 황후가 대나무 젓가락을 사용했다는 내용은 고대 역사에서 두 번만 언급될 뿐이다. 《고시키》와 《니혼쇼키》에 나오는 젓가락에 대한 다른 내용들은 모두 일반 목재로 만든 나무젓가락들이었다. 두 문헌에 기록된 한 이야기에는 일본인이 믿는 신 '스사노오노 미코토素盞嗚尊'가 천상에서 추방되어 땅에 내려와 강변을 거닐다가 강물에 떠다니는 젓가락을 보았다고 나온다. 그는

---

* 진구 황후의 신라 정벌은 《니혼쇼키》에 기록된 내용으로, 진구 황후의 실존 자체가 사실로 확인된 바 없으며, 왜곡 서술된 역사라는 학설이 유력하다.

이것을 보고 강 상류에 틀림없이 사람들이 살고 있다고 생각한다. 그는 상류로 올라가서 한 가족을 발견했다. 이 이야기는 두 기록이 편찬된 무렵(8세기)에 일본인이 음식을 먹을 때 젓가락 사용을 당연하게 생각했음을 보여준다. 그렇다면, 그때 강물 위에 떠다니던 젓가락은 한 쌍으로 사용되고 있었을까? 그 대답이 《만요슈》에 수록된 한 시가에 나온다. 그 시가는 자기 남동생의 죽음을 슬퍼하는 한 남자의 이야기를 그린다. "부모님은 우리 둘을 서로 마주보는 젓가락 한 쌍처럼 기르셨네." 그 남자는 비탄에 빠져 이렇게 노래한다. "우리 동생의 목숨은 어찌 이다지도 아침 이슬처럼 덧없단 말인가?"[27]

일본이 국토 조림 비율이 높은 나라라고 자랑하는 것을 통해 알수 있듯이, 일본 열도 어디서든 나무를 쉽게 이용할 수 있다. 따라서 나무젓가락은 일본에서 가장 흔한 젓가락이다. 사이프러스(측백나무과)와 소나무(소나무과)는 일본에서 가장 널리 이용된다. 일본인은 사이프러스 가운데서도 히노키(편백나무)와 스기杉木(삼나무)를 가장 좋아한다. 이 나무들은 상록수로서, 일본 문화에서 생명의 활력을 상징한다. 일본인은 오래된 고목을 '신보쿠神木'라고 부르며 숭배하는 전통이 있다. 이 신성한 나무들은 대개 순례자들의 행렬을 끌어들인다. 이처럼, 사이프러스 목재로 만든 젓가락은 대나무를 포함해 다른 재료로 만든 젓가락에 비해 귀한 대접을 받는다. 이시키 하치로는 자신의 책에서 많은 일본인이 수백 년 동안 관습적으로 행했던 삼나무로 만든 젓가락에 대한 숭배, '하시스기 신코箸杉信仰'에 대해 살펴본다.[28] 삼나무 말고도 다양한 목재—예컨대, 편백나무와 버드나무—가 기념품 젓가락을 만드는 데 많이 쓰인다.

나무 숭배는 신도神道 신앙이다. 따라서 일본인이 목재 물건, 특히 나무젓가락을 좋아하는 것은 신도 신앙의 영향력을 확대한다. 신도 신앙에 따르면, 나무(돌, 강, 산 등과 함께)는 '가미神의 땅'에 서린 자연의 정기를 나르는 '자연력' 가운데 하나였다. 신도를 믿는 사람들은 일본이 바로 가미의 땅이라고 말한다. 나무에도 영혼이 있는데, '고다마木靈'라고 부른다. 고다마에 가까이 다가가고 경의를 표하려고, 일본인은 신사神社를 지을 때 오직 맨목재만을 썼다. 일본은 서양에서 옻칠과 칠기의 나라로 잘 알려져 있지만, 신사 내부의 가구와 용기까지도 대부분 색을 입히거나 옻칠을 하지 않았고 맨목재로만 제작했다. 때때로 신사를 방문한 사람들이 안에 들어가기 전에 손을 씻는 데 쓰는 국자처럼 대나무로 만든 물건들을 신사에서 발견할 수도 있지만, 대개는 나무로 만든 물건이 훨씬 더 일반적이다.

신도 신앙은 젓가락 제작 방식과 젓가락 사용 방법을 포함해 여러모로 일본의 젓가락문화에 영향을 끼쳤다. 예컨대, 나무젓가락의 수명을 연장하려고 거기에 옻칠을 할 수 있는데, 그것은 중국과 일본 모두에서 하는 방식이다. 옻칠한 젓가락을 일본에서는 '누리바시塗り箸'라고 부른다. 어디서 만들고, 광택을 내기 위해 어떤 식으로 칠을 했는지(옻은 한 종류밖에 없다)에 따라 그 종류가 수없이

많다. 그러나 신사에서는 맨목재만 사용하기에, 일본인은 옻칠을 하지 않고 살짝 광택만 낸 백목 젓가락인 '시라키바시白木箸'를 최고로 친다. 아무 칠도 하지 않은 백목 젓가락이 그것을 쓰는 사람에게 자연, 즉 자연의 정기와 자유롭게 소통할 수 있게 해준다고 믿기 때문이다. 이처럼 버드나무나 편백나무로 만든 백목 젓가락은 전통적으로 신사나 불교 사찰에서 종교 의식을 거행할 때 사용되었다. 신과 사람은 세상에서 연결된 삶을 살기에 그들은 서로 음식을 나눈다고 생각한다. 그때 백목 젓가락을 사용하는 것은 그런 연결을 극대화하는 구실을 한다. 그래서 사람들은 이 백목 젓가락을 대개 '오하시御箸'(고귀한 젓가락)라고 부르는데, 어떻게 사용하느냐에 따라 '신하시神箸'(신성한 젓가락) 또는 '레이바시靈箸'(신령한 젓가락)라고도 부른다. 일본인은 천황을 신도의 신이라고 믿으므로, 일본의 왕족도 백목 젓가락을 쓴다.

불교 또한 여러 가지 중요한 방식으로 일본의 젓가락문화—백목 젓가락에 대한 선호를 포함해서—를 만드는 데 한몫했다. 불교 교리는 고기와 같은 풍성한 음식을 포함해 속세에 대한 애착을 버리게 했다. 따라서 아시아 전역의 불교 사찰에서는 모든 승려가 대개 죽과 채소로만 차려진 소박한 식사를 한다. 《엔닌의 일기》는 일본인 승려 엔닌이 당나라 불교 사찰들에 묵었을 때 그와 같은 식사 대접을 받은 과정을 기록하고 있다. 소박한 식사에 대한 이런 강조는 소박한 식사도구로 나아간다. 실제로 음식물을 집어 먹을 때 젓가락만 쓰기 시작했다면, 그 누구보다도 불교 승려들이 가장 먼저 그렇게 했을 가능성이 크다. 그리고 불교 승려들이 가장 많이 쓰는 젓가락은 나무처럼 값싼 재료로 만들어진다.

8세기 중엽, 그러니까 엔닌이 중국에 가기 약 100년 전에 중국인 불교 승려 감진鑑真(688~763)은 포교를 목적으로 일본에 가려다 몇 차례 실패한 끝에 마침내 일본에 상륙했다. 젓가락이 일본 왕족과 귀족층에 소개된 지 얼마 되지 않은 때였다. 중국 젓가락의 개인수집가인 란샹藍翔은 중국 승려들이 젓가락으로 식사하는 모습을 본 일본인이 그 모범적인 식사법에 영향을 받아 불교에 많이 귀의하게 되었다고 추측한다. 그는 오노노 이모코가 일본 왕실에 식사도구로 밥 먹는 법을 가르쳤듯이, 중국의 불교 승려들이 일본인 평민 사이에 그런 식사법을 퍼뜨리는 데 기여했으리라고 주장한다. 감진이 일본에 도착한 뒤 포교를 펼쳤던 도다이지에서 수많은 나무젓가락이 출토된 것으로 볼 때, 란샹의 추측은 신빙성이 있는 것으로 보인다. 불교는 일본의 요리 전통에도 영향을 끼쳤다. 유명한 '가이세키會席 요리'(일본의 코스 만찬요리)는 불교 사찰음식에서 유래하였다. 오늘날 가이세키 요리는 매우 섬세한 맛을 자랑하는 값비싼 고급음식이 되었지만, 그것을 먹을 때 쓰는 식사도구는 여전히 평범한 백목 젓가락 한 쌍이다. 그런데, 일본의 젓가락 예법— 젓가락을 식탁 위에 가로로 놓고, 밥 먹을 때 그것을 두 손으로 공손하게 들어 올린다—은 불교 사찰이 아닌 다른 곳에서도 나타난다.[29]

가이세키 요리를 먹을 때 쓰는 젓가락을 '리큐바시利休箸'라고 부르기도 하는데, 선불교 승려이자 다도茶道의 창시자인 센노 리큐千利休가 그 정찬에 이름을 붙였기 때문이다. 리큐바시, 즉 '리큐의 젓가락'은 가운데가 불룩하고 양쪽 끝으로 갈수록 가늘어지는 모양으로, 고대 일본과 당나라 유적지에서 출토된 젓가락들과 디자인이 닮았다. 또 이렇게 양쪽 끝으로 갈수록 가늘어지는 모양의 젓가락은 '료쿠치바시兩口箸'라고도 부르는 반면, 한쪽 끝만 뾰족한 젓가락은 '가다쿠치바시片口箸'라고 부른다. 가이세키 요리를 먹을 때, 리큐바시나 료쿠치바시를 쓰는 한 가지 이유는 요즘 사람들이 믿는 것처럼, 식사가 여러 가지 코스요리로 구성되어서 서로 다른 종류의 음식물을 집어 나를 때 거기에 맞는 젓가락 끝을 이용할 수 있고, 각각의 요리를 순수하게 즐길 수 있기 때문이다. 그러나 대개 평범한 나무로 만든 젓가락을 다른 공식적인 자리, 즉 종교 행사나 기념식 같은 데서 쓰기도 한다. 이것은 다음 장들에서 검토할 것이다.

다른 종류의 음식물을 집어 먹을 때 거기에 맞는 종류의 젓가락을 쓴다는 생각은 일본의 가이세키 요리에서 처음 시작된 것이 아니다. 앞서 인용한 요리책《주지루이키》에서 이미 전채요리를 먹을 때는 은 젓가락을 쓰고, 쌀밥을 먹을 때는 나무젓가락을 쓰라고 했다. 훗날, 사람들은 해산물을 집어 먹을 때 '마나바시', 즉 생선 젓가락을 쓰고, 채소를 먹을 때는 '사이바시菜箸'(채소 젓가락)를 사용했다. 두 종류의 젓가락은 모두 가다쿠치바시로 한쪽 끝만 뾰족한 젓가락이다. 다만, 마나바시는 사이바시보다 길이가 더 길다. 무로마치室町 시대(1337~1573)*에, 일본의 요리법은 다양한 코스음식인 '혼젠本膳 요리'로 대표되는 정교한 수준에 도달했다. 혼젠이 본디 의미하는 것은 '주 코스요리 식사'**다. 혼젠 요리를 먹을 때, 처음에는 마나바시와 사이바시를 모두 썼다. 마나바시는 생선 살을 발라내거나 조갯살을 파먹을 때 쓴 반면, 사이바시는 채소를 집어먹을 때 썼다. 그러나 일본 음식문화사에 관한 책을 쓴 쉬징보徐靜波의 주장에 따르면, 16세기 말에 가서는 대다수 일본인이 식사할 때 한 종류의 젓가락만 쓰기 시작했다고 한다. 그 젓가락의 모양은 마나바시처럼 해산물을 먹기 편리하도록 한쪽 끝이 뾰족하고, 길이는 사이바시보다 짧았다. 이와 같은 디자인은 오늘날 일본에 그대로 남아 있으며, 아시아 다른 나라의 젓가락과 일본 젓가락을 구별하는 특징이 되었다.[30](그림 16)

한편, 한반도에서 젓가락을 사용한 것은 일본보다 역사가 더길다. 한국인에게 젓가락은 식사도구로서 최초의 도구가 아니었다. 고고학 유물에 따르면, 한반도 사람들이 식사를 할 때 가장 먼저 사용한 식사도구는 숟가락이었다. 한국에서 발견된 최초의 숟가락은 뼈로 만든 것이었다. 그것이 발굴된 곳은 오늘날 북한의 함평군 나진 유적지로, 기원전 700년에서 기원전 600년 사이의 것으로 추

---

* 아시카가 다카우지(足利尊氏)가 가마쿠라 막부를 타도한 고다이고(後醍醐) 천황에 대항해 고묘(光明) 천황을 세운 때가 1336년이고, 무로마치 막부를 연 때는 1338년이다. 원서의 1337년은 어떤 근거에 의한 것인지 알 수 없다.
** 보통 자그마한 상에 몇 가지 요리를 얹어 내오는데, 대개 다섯 상에서 일곱 상 정도가 순서대로 나온다.

정된다. 또 다른 고고학 유적지인 평양 인근의 낙랑 구역에서는 옻칠을 한 나무젓가락이 발견되었는데, 낙랑군樂浪郡은 중국의 한무제가 기원전 108년에서 서기 313년까지 한반도의 위만조선 지역에 설치했던 행정단위였다.[31] 한반도에서 발견된 젓가락 가운데 가장 오래된 것은 삼국 시대(53~668)[*]인 6세기 초 것으로 보이는 청동 젓가락이다. 그것은 501년에서 523년까지 백제를 통치했던 왕{무령왕}의 무덤에서 출토되었다.(그림 30) 백제는 삼국 가운데 하나였다. 나머지 다른 두 나라는 고구려와 신라였다. 이 젓가락들이 발견된 무덤에서는 청동 숟가락들도 함께 나왔는데, 이것은 삼국 시대에 왕궁에서 식사할 때 숟가락과 젓가락을 모두 사용했다는 뜻이다. 이것이 중국의 영향을 받은 식습관이라는 증거는 이 젓가락들의 디자인이 당시 중국의 젓가락과 비슷하다는 것이다. 중간이 불룩하고 둥글고 양쪽 끝이 약간 뾰족하다. 윗부분은 지름이 0.5센티미터이고 아랫부분은 지름이 0.3센티미터다. 길이는 약 21센티미터로 중국과 일본에서 같은 시기에 사용된 젓가락들의 길이와 비슷하다.

한반도에 삼국이 성립하기 이전, 기원전 2세기경에 중국의 한나라는 한반도 북부에 군사주둔 지역 네 곳[**]을 설치했다. 대략 400년 동안 그런 상황이 유지되었다. 그러나 중국의 한반도 군사

---

[*] 저자가 삼국 시대를 서기 53년부터 시작했다고 보는 것은 고구려 제6대 태조왕(재위 53~146)의 즉위년을 기준으로 한 것으로, 중국 사서들을 따른 것으로 보인다.
[**] 낙랑, 임둔, 현도, 진번의 한사군(漢四郡)을 말한다.

주둔이 그 지역의 식습관에 영향을 끼쳤다는 증거는 거의 없다. 실제로 기원전 1세기 초 같은 지역에 고구려가 세워졌기 때문에, 한사군이 존재하는 동안 한반도의 삼국과 끊임없이 전쟁을 일삼았으리라 추측할 수도 있다. 그러나 한반도의 남서쪽에 있던 백제는 후한 시대에 바닷길을 통해 중국 정권들과 계속해서 관계를 유지했다. 신라 또한 정도는 좀 덜했지만 중국과의 접촉을 놓지 않았다. 당나라 왕조가 중국에 들어선 뒤, 당나라 통치자들은 신라와 동맹을 맺고 백제와 고구려를 정벌해 마침내 삼국 시대를 종식시켰다. 당나라 역사가들은 그 같은 고구려, 신라, 백제 왕조와의 접촉뿐 아니라 그들의 지리, 문화, 역사도 기술했다. 그러나 당시의 중국 문헌들은 그때 한반도 사람들이 "바닥에 쪼그리고 앉아서 다리가 짧은 밥상에 음식을 올려놓고 먹기를 좋아했다."라고 말했을 뿐 식사도구를 사용했는지 여부는 아무 기록도 남기지 않았다.[32]

백제가 중국 정부에 정기적으로 공물을 바치며 관계를 유지했다고 해서, 백제 왕의 무덤에서 발견된 젓가락과 숟가락이 중국 황제의 하사품이라고 단정할 수 있을까? 그럴 가능성은 충분히 있다. 한반도에서 당시에 식사도구를 사용했다고 확증하는 문헌 기록이 전혀 발견되지 않았기 때문이다. 삼국의 역사는 또한 한국의 역사서들—12세기 초에 김부식金富軾이 쓴 《삼국사기》와 13세기 초에 일연─然이 쓴 《삼국유사》─에 기록되어 있다. 그러나 거기에도 삼국에서 젓가락을 사용했다는 언급은 역시 없다. 하지만 삼국 시대

후반으로 가면서 중국의 영향력이 한반도에서 더욱 강력해졌다. 유교, 도교, 불교는 모두 지역적 특성에 따라 다양한 모습으로 한국 사회 구조 형성에 막강한 영향력을 발휘했다. 게다가, 당나라 군대는 삼국 시대가 끝나갈 무렵, 고구려를 침공해 영토의 일부를 차지했다. 따라서 한반도의 일반 백성이 중국의 식습관에 노출되었을 가능성이 크다고 짐작할 수 있을 것이다. 요컨대, 대다수 한국인은 6세기경에 식사도구를 사용하기 시작했을 것이다.

당나라 왕조가 몰락한 뒤, 한반도는 새로운 왕조가 떠오르는 것을 보았다. 936년, 고려 왕조(918~1392)가 한반도를 통일했다. 고려는 한국사에서 중요한 시기였다. '코리아Korea'는 고려에서 나온 말이다. 이 시기에 쓰인 젓가락들이 한반도 전역에서 많이 발견되었다.(그림 31) 그렇게 출토된 젓가락들은 모두 은, 황동 또는 동합금으로 만들어진 것이다. 그것들은 그 이전의 젓가락들처럼 몸통이 둥글거나 다면체이고 양쪽 끝이 가느다란 모양이었다. 그리고 젓가락이 발견된 곳에서는 늘 숟가락이 함께 발견되었는데, 그 숟가락의 재질은 젓가락과 똑같았다. 이 모든 것은 당시 한반도 사람들이 식사도구를 널리 사용하고 있었음을 보여준다. 당시의 고려인도 당나라 때 중국인처럼 음식을 먹을 때 숟가락과 젓가락을 모두 사용했다. 이것은 지금도 한국 사회에서 널리 권장되는 식습관이다.

한반도와 북중국의 식습관이 옛날에도 비슷했고 지금도 그러한 까닭은 어쩌면 이 두 지역이 위도상 같은 위치에 있기 때문인지도 모른다. 고대 한국인이 어떻게 식사를 했는지 설명할 수는 없지만, 당나라의 역사 기록들은 한반도의 농경제가 중국의 농경제와 매우 닮았다는 사실을 일관되게 보여준다. 예컨대, 6세기 중엽 이연수李延壽가 쓴《북사北史》에는 신라는 "땅이 기름져 논과 밭에 모두 작물을 심는다. 신라의 오곡, 과일과 채소, 새와 동물, 그리고 여러 산물은 중국의 그것들과 어느 정도 일치한다."라고 기술되어 있다. 당나라의 다른 문헌들에도 이연수가 묘사한 내용이 그대로 반복된다.[33] 그러나 이연수를 비롯한 중국의 학자들은 고대의 저술가들과 마찬가지로 그 오곡이 무엇인지 명확하게 표기하지 않았다. 신라인이 논과 밭에서 모두 작물을 길렀다고 이연수가 말하는 것으로 볼 때, 벼는 오곡 가운데 하나였을 것이다. 하지만 북중국에서와 마찬가지로, 신라에서 벼는 가장 중요한 곡물이 아니었던 것으로 보인다. 김부식의《삼국사기》에 벼는 2회밖에 나오지 않는 반면, 기장은 19회, 밀은 11회나 나오기 때문이다. 흥미롭게도, 김부식은 밀을 여러 차례 언급하지만, 대개는 가뭄이나 서리로 피해를 입은 과정을 설명하면서 그 작물을 기술하고 있다. 요컨대, 기장은 가뭄과 홍수에도 잘 견뎌내는 작물이어서, 당시 한국인이 다른 작물보다 더 선호했던 곡물임에 틀림없다.[34]

김부식의《삼국사기》가 쓰인 때와 거의 같은 시기에, 북송(960~1127)의 휘종徽宗이 1123년에 고려에 파견한 중국 사신 서긍徐兢(1091~1153)은《선화봉사고려도경宣和奉使高麗圖經》이라는 방대한 여행기를 썼다. 이것은 한반도에 대한 포괄적인 기술이다. 서긍은 당시 한반도에서 밀, 보리, 벼 말고도, 다양한 기장 종류를 재배하고 있었다고 언급한다. 그는 또한 한반도에서는 밀을 특정한 지역에서만 재배하기 때문에, 밀의 가격이 꽤 비쌌다고 지적한다. 또한 벼와 관련해서는 한반도에서는 메벼 가운데 인디카종인 '시안秈'이나 찰벼인 '뉘糯'는 심지 않고 메벼 가운데 시니카/자포니카종인 '징粳'*만 심었다고 말한다.[35] 다시 말해, 벼는 밀과 마찬가지로 그때 한반도에서 흔히 재배하는 곡물이 아니어서 당시 한국인의 주곡이 아니었다. 서긍이 한국인이 시니카/자포니카종만 심었다고 언급한 까닭은, 당시가 남중국에서 인디카종, 특히 참파champa** 벼를 재배하기 시작하던 때라서 중국의 상황과 비교하기 위해서였을 수도 있다. 이러한 새로운 벼 종자의 도입으로 중국인은 쌀을 더 많이 먹게 되었다(이것은 다음 장에서 다룰 주제다). 대체로, 서긍의 설명은 12세기 이전 한반도의 식습관이 당나라 이전과 당나라 때 북중국의 식습관과 비슷하다는 것을 보여준다.

하지만 서긍의 설명은 이전 기록들과 마찬가지로 당시 고려인이 식사 때 숟가락이나 젓가락을 사용했는지 아닌지 언급하고 있지 않다. 그러나 그는 황동, 도자기, 나무(대개 옻칠을 한)로 만든 다양한 그릇, 접시, 양푼, 물병, 여러 주방 기구 같은 다른 생활용품에 대한 자세한 정보를 제공한다. 서긍은 특히 고려에서 만든 금속공

---

* 원서에는 '껑'으로 표기되어 있는데 이는 '국'을 의미하는 것으로, 메벼를 뜻하는 '징'을 오기한 것으로 보인다.
** 2세기 말에서 17세기 말까지 인도네시아계 참족이 베트남 중부에 세운 나라.

예품의 품질과 거기에 금이나 은을 입히는 한국인의 기술에 크게 감명받았다. 도금한 금속공예품은 훨씬 더 귀했다. 그는 또한 당시 고려에서 생산된 청자의 색깔과 질감에 매료되었다.[36] 서긍이 고려인이 식사도구를 썼다는 말을 하지 않았다고 해서 당시 고려에서 식사도구를 쓰지 않았다고 쉽게 결론 내리는 사람도 있을 수 있다. 하지만, 관점을 조금 달리해서 보면, 서긍은 주변을 매우 주의 깊게 면밀히 관찰하는 여행자였기에, 오히려 고려인이 이미 식사도구를 널리 쓰고 있었다고 말할 수도 있다. 다시 말해, 고려인이 그때까지도 아직 숟가락과 젓가락을 쓰지 않고 있었다면, 그는 그것을 반드시 지적하고 넘어갔을 것이기 때문이다.

고려 말, 한반도에서는 서서히 점점 더 많은 사람이 쌀을 먹기 시작한 것으로 보인다. 15세기 중엽에 여러 권으로 편찬된 역사책 《고려사高麗史》에서 쌀은 이전의 역사 기록에서보다 더 자주 언급된다. 쌀은 또한 기근에 대비해 정부가 곡물저장고에 비축하는 비상 곡물이 되었다. 더 나아가, 왕실에서는 왕족이나 모범이 되는 공직자들에게 쌀을 하사했다. 이런 사례들은, 쌀이 여전히 흔치 않은 귀한 곡물이지만 그것을 먹는 사람이 점점 더 늘어나고 있었음을 보여준다. 그러나 이 책에서 또한 기장이 당시의 다른 어떤 곡물보다 훨씬 더 많이 언급되는 것으로 미루어볼 때, 당시 가장 인기 있는 곡물은 기장이었음을 알 수 있다. 이것은 대다수 고려인이 기장을 주된 탄수화물 식품으로 여전히 생각하고 있었음을 보여준다. 따라서 고려인이 당나라의 식습관을 그대로 계승해서 숟가락과 젓가락을 함께 써서 밥을 먹었다고 이해해도 무관할 것이다. 이 두 가지 사실은 고려 왕조와 뒤이은 조선 왕조(1392~1897)의 유적지에서 발굴된 유물들에서도 확인되었다. 2장에서 이미 살펴보았듯이, 기장은 죽과 미음을 끓이기 가장 좋은 곡물이어서, 젓가락보다는 숟가락으로 먹기가 더 좋았을 것이다.

서긍은 고려에 있는 동안 금속공예의 높은 수준에 큰 충격을 받았다. 그가 목격한 고도의 야금술로, 지금까지 한반도에서 발굴된 고대 한국의 식사도구들이 일본과 대조적으로 나무보다는 금속으로 만들어진 것이 압도적으로 많은 까닭을 설명할 수 있을까? 확실히 그럴 가능성이 높다고 할 수 있다. 은이든 황동이든 금속으로 만든 식사도구가 훨씬 더 내구성이 커서 많은 사람이 그것을 선호했으리라는 사실은 의심할 나위가 없기 때문이다. 물론 한반도의 일반 평민이 은수저는 물론 다양한 금속 합금으로 만든 식사도구를 쓸 정도로 여유가 있었으리라고는 상상하기 힘들다. 하지만 심지어 가난한 가정에서도 내구성 때문에 황동이나 백동으로 만든 금속제 식사도구를 가지고 싶어했을 것이다. 어쩌면 내구성보다 더 중요한 이유가, 한반도, 특히 북부 지방에 금, 철, 구리가 많이 매장되어 있어서 일상 용구들을 금속으로 만드는 것이 다른 지역에 비해 상대적으로 쉬웠다는 점일지도 모른다. 반면, 한반도에는 대나무가 중국이나 베트남처럼 흔하지 않다. 사람들은 한국인이 금속, 특히 금을 좋아하는 것이 그들의 성씨에도 드러난다고 말하기도 한다. 오늘날 한국인의 25퍼센트 정도가 '김金'씨 성을 가지고 있는

데, 그것은 '금'을 뜻한다. 그리고 동아시아 문화에서 금은 대개 모든 금속을 대표한다. 끝으로, 하지만 앞서 말한 것과 마찬가지인 중요한 이유로, 당나라의 끊임없는 영향력을 생각할 수 있다. 당나라 왕조는 비록 10세기 초에 동아시아의 중심 세력으로서 힘을 잃었지만, 당나라 문화와 관습은 이후 수백 년 동안 중국과 이웃 나라들에 끊임없이 영향을 끼치며 본보기가 되었다. 한반도에서의 금속제 식사도구에 대한 선호는 이런 영향력의 예라고 할 수 있는데, 당나라 유적지에서 발굴된 식사도구의 대부분이 금속제 젓가락과 숟가락이기 때문이다.

고려 말, 몽골의 발흥과 뒤이은 한반도 침략은 한국의 음식과 요리문화에 중요한 변화를 일으켰다. 몽골이 한반도를 점령하는 과정은 결코 쉽지 않았다. 몽골은 수십 년 동안 고려와 전쟁을 벌인 끝에, 1270년대에 마침내 한반도를 평정하여 거대한 몽골 제국의 한 행정구역으로 편입하였다. 몽골의 지배 덕분에, 그동안 불교의 영향으로 한국요리에서 배제되었던 고기를 사람들이 먹기 시작했고 시간이 흐르면서 한국인의 식탁에 고정적으로 오르는 음식이 되었다. 물론 고기를 먹을 정도로 경제적 여유가 있는 사람들에 한해서 그랬다는 말이다. 숯불에 고기를 굽거나 뜨겁게 달군 냄비에 얇게 썬 고기를 넣고 끓이는 것(데치는 것)과 같은 몽골식 조리법 또한 고려인에게 소개되었다.[37] 중국인들의 여행기는 한국인이 13세기부터 어떻게 고기를 다시 먹기 시작했는지에 관해서 매우 흥미진진하고 귀중한 정보를 제공한다. 서긍은《선화봉사고려도경》에서 고려인이 12세기에 불교의 가르침에 따라 양고기, 돼지고기를 거의 먹지 않았다고 전한다.[38] 그러나 1488년 명나라 사신으로 조선에 온 동월董越(1430~1502)이 쓴 《조선잡록朝鮮雜錄》에는 조선 사람들이 쇠고기, 양고기, 돼지고기, 거위고기를 어떻게 먹었는지 설명하면서, 그 가운데 양고기를 가장 좋아했다고 기록되어 있다.[39] 식생활에서의 이와 같은 두드러진 변화는, 말할 것도 없이 한반도에서 몽골의 영향력이 커졌다는 뜻이다. 다시 말해, 금속제 식사도구가 한국인 사이에서 꾸준히 인기가 있었고 지금까지도 그 명맥을 이어온 것은 우연한 일이 아니었다. 어쩌면 금속제 식사도구가 널리 사용되었던 당나라에서와 마찬가지로, 고기요리를 먹는 것과 관련해 더욱 내구성이 높고 견고한 식사도구가 필요했기 때문일 수도 있다. 두 경우 모두 양고기 등 여러 동물 고기의 섭취가 총체적으로 늘어난 것을 포함해, 유목민의 요리와 문화의 영향력 때문이라는 사실은 두말할 나위 없이 명확했다.

전통적으로 금속제 식사도구는 몽골족, 티베트족, 만주족과 그들의 조상(예컨대, 흉노족)이 가장 즐겨 사용했다. 음식을 먹을 때보다는 조리할 때 포크와 나이프를 주로 사용한 이웃의 농경국가들(중국, 일본, 베트남, 그리고 한국)과 달리, 이들 유목민족은 수세기 동안 식사도구로 포크와 나이프, 특히 나이프를 많이 사용했다. 고기를 잘게 썰어야 손으로 집어 먹을 수 있었기 때문에, 나이프는 더욱 없어서는 안 될 도구였다. 이렇게 손으로 음식을 집어 먹는 식습관을 말하는 '쇼우시手食'는 중국인이 이웃 나라들의 식습관을 설명할 때 일반적으로 쓰는 표현이 되었다. 그 용어는 3세기부터, 특히 중국이 여러 이민족과 활발하게 접촉하기 시작한 당나라 때와 그 이후의 수많은 중국 기록에 나타난다.[40]

그러나 일부 유목민은 중국과 교류가 활발해지면서 음식을 조리하고 집어 먹으려고 젓가락과 숟가락을 사용하고 만드는 법 또한 배웠다. 이 장을 시작하면서 기원전 3세기에 진나라의 대륙 정복 때문에 중국의 영향력이 베트남에까지 이르렀다고 말했다. 진나라 황제 진시황은 베트남 정벌을 위해 조타를 남쪽으로 파병했던 때와 거의 같은 시기에, 또 다른 장수 몽염蒙恬(?~기원전 210)에게 30만 명의 군사를 주어 북쪽의 스텝지대를 지배하는 강력한 유목집단인 흉노족을 물리치도록 명령했다. 몽염의 병사들은 군사작전이 끝난 뒤, 굽이치는 황허강의 거대한 물줄기로 둘러싸인 오르도스 사막에 배치되어 국경선을 지키는 수비대가 되었다. 더 나아가, 진시황은 그 지역에 방어벽을 구축하기 위해 수많은 노동력을 강제 동원해서 보냈다. 그 방어벽은 오늘날 널리 알려진 만리장성의 일부가 되었다. 진나라가 멸망한 뒤에는 한나라의 통치자들이 흉노족을 북방 스텝지대로 다시 몰아내려는 노력을 멈추지 않았고 간간이 성공을 거두기도 했다. 그러나 이와 같은 군사적 분쟁의 저변에서는 두 민족 사이의 문화 교류도 일어났다. 최근의 고고학 발굴 결과에 따르면, 흉노족도 곡물음식을 쪄 먹기 위해 '쩽甑', 즉 시루를 썼다는 사실이 밝혀졌다. 흉노족은 또한 음식을 집어 먹기 위해 뼈로 젓가락을 만들어 사용했다.[41] 이것은 하나의 예외적 상황일 수도 있지만, 그럼에도 문화 교류가 일방적으로만 이루어지지 않았음을 보여준다. 중앙아시아의 영향력이 유목민과의 접촉을 통해 한나라로 흘러 들어간 것처럼, 중국의 조리법과 식습관 또한 중국 본토 너머 지역으로 확산되었다.

중국은 당나라가 망한 뒤 수십 년 동안 혼란의 소용돌이 속에 있었다. 그 사이에 조광윤趙匡胤(927~976)이라는 장수가 세력을 잡고 중국 본토에 북송 왕조를 세웠다. 그러나 송나라의 영토는 당나라에 비하면 훨씬 작았다. 북쪽과 북서쪽에 펼쳐진 스텝지대와 산맥, 사막지대를 지배하지 못했기 때문이다. 다시 말해, 송나라는 거란족, 여진족, 몽골족 같은 이민족 집단과 아시아 본토에 대한 지배권을 공유했다. 송나라 역사가들은 이 유목민 집단들의 사회적 행동과 문화 관습들에 관해 저마다 자세히 설명했다. 서몽신徐夢莘(1126~1207)이 편찬한 역사 기록《삼조북맹회편三朝北盟會編》(송나라의 북방 정권들과의 외교 관계 문서 모음집)은 만주족이 음식을 먹을 때 손으로 집어 먹고 식사도구를 전혀 쓰지 않았다고 지적한다.[42] 이런 논평은 고고학적 조사와 발굴에 의해 뒷받침된다. 1970년대에 중국의 고고학자들은 거란족의 무덤을 하나 발견했다. 거란족은 만주를 중심으로 요遼나라(916~1125)를 세웠다. 거기서 발굴된 주방 기구들 가운데 물항아리, 병, 냄비, 양푼, 그릇, 칼은 있었지만 젓가락은 없었다. 무덤 속 벽에 그려진 벽화들 가운데 하나에는 칼을 들고 동물의 다리를 썰고 있는 한 남자(요리사였을까?)가 그려져 있었다. 그것은 고기를 썬 다음에 바로 사람들이 손으로 집어 먹을 수 있게 쟁반—당시 거란족과 몽골족의 묘지에서는 그릇보다 쟁반이 더 많이 발견되었다—에 올려놓았으리라는 것을 암시했다.[43]

그러나 시간이 흐르면서 아시아의 유목민들이 곡물과 고기, 채소를 집어 먹으려고 젓가락을 쓰기 시작했음을 고고학 유물들을 통해 알 수 있다. 거란족은 몽골족과 여진족에 비해 한나라의 영향력을 더욱 적극적으로 수용했다. 오늘날의 네이멍구內蒙古 자치구에 있는 한 거란족 무덤에 대한 고고학적 발굴 작업에서는 황동, 은, 자기로 만든 냄비, 병, 꽃병, 그릇, 쟁반, 컵, 거울을 포함해 각종 가정용품이 나왔다. 그것들 가운데 황동 젓가락 한 쌍도 있었다. 길이가 23센티미터로, 윗부분에 선들을 살짝 조각해 넣은 것이었다.[44] 이것이 예외적인 경우도 아닐뿐더러 거란족이 금속 젓가락만 쓴 것도 아니었다. 북중국과 중국 북동부 지역 전역에 있는 12세기 이후 거란족 무덤들에서는 옻칠을 한 나무젓가락들이 출토되었다. 여진족의 무덤들에서도 뼈, 황동, 나무로 만든 젓가락들이 발견되었는데, 이 유물은 여진족도 서서히 젓가락을 수용하기 시작했음을 보여준다.[45] 나중에는 몽골족도 젓가락을 쓰기 시작했다. 네이멍구의 츠펑赤峰에서 진행된 발굴 작업은 그런 사실을 잘 보여준다. 1970년대부터 1980년대 후반까지, 거란족이나 몽골족 귀족의 것으로 추정되는(그 지역은 처음에 거란족이, 나중에 몽골족이 지배했다) 두 기의 무덤에서 벽화들이 발견되었다. 한 벽화에는 음식을 먹는 장면이 그려져 있다. 다리가 짧은 직사각형 식탁 위에 금속제 그릇, 쟁반, 숟가락과 젓가락이 놓여 있다.[46] 또 다른 츠평 무덤에서 발견된 벽화는 젓가락을 사용해 음식을 집었다는 사실을 더욱 잘 보여준다. 거기에는 시녀가 주인의 식사 시중을 드는 장면이 나온다. 시녀는 왼손에 큰 그릇을 들고 오른손으로 젓가락을 잡고 있다. 주인의 입에 넣어주려고 젓가락으로 그릇에 담긴 음식물을 휘저어 섞는 것처럼 보인다.[47] 후자의 무덤은 14세기 것으로 추정되는데, 따라서 몽골족의 무덤일 가능성이 높다. 그 무덤의 발굴은 몽골족이 13세기 말 중국을 정복한 뒤, 젓가락을 사용하는 중국의 식습관을 서서히 받아들였음을 증명한다. 몽골족이 중국에 세운 원元나라(1271~1368)의 궁중 의전은 그런 사실을 더욱 보강하며 뒷받침한다. 궁중 의전에 따르면, 예법에 맞는 궁중 장례식에서는 고인을 위한 식사도구 한 벌—각종 그릇, 쟁반, 젓가락—이 반드시 함께 무덤에 묻혀야 한다고 명시되어 있다. 이것은 몽골족이 젓가락을 필수적인 식사도구로 여겼음을 의미한다.[48]

요컨대, 젓가락문화권이 14세기경 오늘날의 중국, 베트남, 한국, 일본에 확립되었을 뿐 아니라, 몽골 스텝과 만주 지역, 북중국과 중국의 북서부의 고비 사막과 타클라마칸 사막까지 광범위하게 퍼져나갔다는 사실을 많은 자료가 보여준다. 그러나 몽골족과 거란족, 그리고 그들 지역에 거주하는 다른 유목민족은 이런 젓가락문화권의 팽창 때문에 나이프와 포크 같은 자신들의 전통적인 식사도구를 완전히 버리지는 않았다. 오히려, 그것들을 젓가락과 함께 조합해서 적절하게 사용했다. 물론 그 방식은 다양해서, 젓가락을 숟가락이나 나이프와 함께 쓸 때도 있고 나이프와 포크, 또는 숟가락과 포크와 함께 쓸 때도 있었다.[49] 예컨대, 만주 왕실에서는 식사할 때, 나이프와 포크, 그리고 젓가락을 한 벌로 사용했다.(그림 9) 만주 지역의 유목 집단인 만주족은 명나라가 망한 뒤, 청나라 (1644~1911)를 세웠다. 그러나 만주족은, 자신들이 중국을 지배했는데도 궁중에서 식사할 때 나이프와 포크뿐 아니라 젓가락도 함께 사용했다.

5장

젓가락 사용:
풍습, 사용 방식과 예절

음식을 여럿이 나눠 먹는 식사 방식이 사람들 사이에

널리 퍼지면서 젓가락은 더욱 그 진가를 발휘했다.

또한 여럿이 나눠 먹기에 식탁 예절이 필요했다.

각 나라에서는 식사 방식에 맞는 식탁 예절이 발달했고,

젓가락의 길이, 놓는 방식, 숟가락의 역할 등에서 차이가 나기는 하지만

함께 먹는 사람들에 대한 배려라는 공통점이 있다.

젓가락 두 짝을 한데 모았을 때 또 다른 기능은 음식 조각을 꼭 집을 수 있다는 것이다. 하지만 꼭 집는다는 말이 지나치게 강하고 공격적인 표현이기는 하다. 왜냐하면, 음식물은 그것을 집어 올리고 나르는 데 딱 필요한 만큼보다 더 큰 압력은 결코 견뎌내지 못하기 때문이다. 젓가락의 움직임은 재질—목기나 칠기—에 따라 훨씬 더 부드러워질 수 있다. 그 동작에는 안아 옮기려고 아이를 조심스레 다루는 어머니의 손길 같은 그런 포근함이 있다. 그때 가해지는 힘은 더 이상 강제로 눌러서 밀어내는 힘이 아니다. 우리가 음식을 대하는 중요한 태도가 바로 여기에 있다 (…) 젓가락은 결코 음식물을 찢거나 썰거나 길게 자르지 않으며, 결코 손상을 입히지 않는다. 다만 음식물을 분류하고 뒤집고 옮길 뿐이다.

— 롤랑 바르트, 《기호의 제국》, 16쪽.

인간은 그가 무엇을 먹는가가 결정한다.

— 독일 격언

여러 역사책과 전기에 따르면, 고대인은 음식을 먹을 때 숟가락과 젓가락을 둘 다 썼다. 조선 또한 이런 관습을 따랐다. 그러나 중원 (중국)이 혼란에 빠지자, 수많은 장수가 그곳을 떠나 동쪽(조선)으로 갔다. 그들은 어떻게 조리된 음식이든 상관없이, 그것을 먹을 때 숟가락 없이 젓가락만 사용했다. 이런 식습관이 언제부터 시작되었는지 나는 모른다. 옛날에 명나라 태조(주원장)가 진우량陳友諒*을 격퇴하

---

* 원나라 말기의 군웅. 장시, 후난, 후베이를 세력권에 두고 주원장과 겨루다 1363년 포양호 결전에서 패하고 전사했다.

기 전에는 음식을 먹고 마실 때 숟가락을 절대 쓰지 않으리라고 맹세했다는 말이 있다. 그는 자신의 결의를 만방에 보여주고 싶어했다. 그때부터 숟가락 없이 밥을 먹는 것이 관습으로 굳어졌다. 그러나 이 이야기가 믿을 만한 것인지는 확인할 길이 없다.

명나라에 사신으로 갔다 온 조선의 문신 윤국형尹國馨(1543~1611)은 17세기 초(1604) 중국에 갔을 때 쓴 수상록《갑진만록甲辰漫錄》에다 자신이 관찰한 내용을 위와 같이 기록했다.[1] 윤국형이 중국에 갔을 때는 한반도의 조선 왕조(1392~1897)가 해마다 또는 격년에 한 번씩 명나라에 문화외교 사절단을 보내고 중국 황실에 공물을 바치는 것이 관례화된 때였다. 조선의 통치자들은 유교가 정부 운영의 이상적 지침이라는 생각을 중국의 통치자들과 공유했기 때문이다. 어려서부터 유교의 가르침을 배운 조선의 사신들은 명나라의 문화와 사회의 특징—음식문화와 식습관을 포함해서—을 다양하게 살펴볼 수 있는 귀중한 정보를 제공하는 수많은 여행기를 남겼다. 윤국형이 위에서 서술한 내용은 그런 정보 가운데 하나다. 윤국형은 유교의 기원지인 중국에 도착했을 때, 자신이 잘 알고 있는 《예기》 같은 유교 경전에서 권장하는 식사 예법을 중국인이 따르지 않는 것을 보고 깜짝 놀랐다. 그는 자신이 만난 중국인들이 식사할 때 젓가락만 쓰고 숟가락은 함께 쓰지 않는 데 큰 충격을 받았다. 윤국형은 이런 (새로운) 식사 방식을 정말 이해할 수 없었고, 그의 질의에 대한 중국인들의 설명도 그대로 받아들이기가 어려왔다.

그러나 곡물음식이든, 곡물이 아닌 음식이든 그것을 집어 먹을 때 젓가락을 쓰는 것은 17세기 중국에서 전혀 새로운 일이 아니었다. 이미 한 세기 전에 조선의 유학자 최부崔溥(1454~1504)는 중국인이 식사할 때 젓가락이 유일한 도구가 되었다고 자신의 일기에 썼다. 유럽인 여행자와 선교사들도 16세기에 남중국에 도착한 뒤 똑같은 말을 했다.[2] 앞에서 추측했듯이, 남중국에서는 쌀이 주곡이었고 쌀밥은 얇게 썬 고기와 채소처럼 덩어리로 집어 나를 수 있어서, 오래전부터 남중국 사람들은 편리함과 경제적 이유로 식사할 때 젓가락을 사용했을 가능성이 크다. 하지만, 최부와 윤국형이 여행한 곳은 북중국이었다. 북중국 사람들이 일상의 식사 자리에서 숟가락을 쓰지 않는 새로운 식사 방식을 쓰기 시작한 것은 언제부터였을까? 다시 말해, 오늘날 보이는 것처럼 중국 전역에서 식사도구로 젓가락만 쓰기 시작한 것은 언제일까? 이것은 매우 흥미로운 질문이다. 왜냐하면, 3장에서 말했듯이, 젓가락 사용이 중국 사회에 널리 퍼졌는데도 당나라 때까지 숟가락은 '판'(익힌 곡물)을 나르는 주된 도구로 여전히 남아 있었기 때문이다. 숟가락과 젓가락을 한 벌로 사용한 사례는 당나라의 문헌에 많이 기록되어 있다. 거기에는 숟가락과 젓가락을 가리키는 '비쭈匕箸' 또는 '츠쭈匙箸'라는 단어가 늘 등장한다. 그렇다면, 10세기에 당나라가 몰락하고난 뒤, 대체 무슨 일이 있었기에 중국 전역에서 이런 변화가 일어났을까?

실제로 중요한 사건이 발생했을 뿐 아니라, 그것이 기록에도 남아 있다. 당나라가 망한 뒤 960년에 북송 왕조가 세워질 때까지, 여러 정권이 중국을 지배하기 위해 서로 경쟁하듯 성쇠를 거듭했다. 그러나 송나라는 북방의 변경을 지켜내는 데 무력했다. 1127년, 송나라는 만주의 강력한 유목민족인 거란족과의 일전에서 대패한 뒤, 수도인 카이펑開封을 빼앗겼다. 카이펑에서 나서 거기서 살다 남쪽으로 후퇴한 맹원로孟元老(1090~1150)는 자신의 회고록에 그 도시에서 누렸던 윤택한 삶을 회상하며 매우 상세하게 묘사한다. 그는 주막과 음식점에서 외식할 때, 식사를 하는 사람들이 "옛날에는 숟가락으로 먹었는데, 지금은 모두 젓가락을 쓴다."라고 말한다. 카이펑이 북중국에 위치하고 있으니 맹원로의 말은 비록 12세기 초 외식에 한정해 한 말이지만, 북중국 사람들이 식사할 때 젓가락만 썼다는 것을 의미한다.[3] 이것은 당나라 때 식습관과는 극명하게 대조되는 모습이었다. 10세기 중엽 당나라가 망하고 몇십 년 뒤에 편찬된 《구당서舊唐書》에는, 군대 규율을 엄격하게 집행하기로 소문났던 당나라 장수 고숭문高崇文이 부하 병사들에게 군사 파견 주둔지에서 밥을 먹을 때 반드시 숟가락과 젓가락을 함께 사용하라고 특별 명령을 내렸다고 기록되어 있다. 기록에 따르면, 그는 자신의 명령을 거역하는 병사들을 처형하기까지 했다.[4]

대개 사람은 자신이 먹는 음식의 종류에 따라 식사도구를 달리하기에, 당나라가 멸망한 뒤에 북중국 사람들이 숟가락을 쓰지 않고 젓가락만 쓰게 된 이유가 혹시 이전과는 전혀 다른 음식을 먹기 시작했기 때문은 아닌지 확인해볼 필요가 있다. 맹원로는 당시카이펑의 음식점에서 식사하고 있던 모든 사람이 식사도구를 젓가락으로 전면 교체했다고 회상했다. 하지만 그들이 식당에서 먹고 있던 음식이 어떤 종류인지는 구체적으로 명시하지 않았다. 그러나 적어도 그들이 먹고 있던 음식이 기장밥이 아니었던 것은 틀림없어 보인다. 당시 남중국의 시인이자 하급 관리였던 육유陸游 (1126~1200)가, 자신은 곡물을 먹을 때 숟가락을 쓴다고 공언했던 것으로 볼 때 그렇다. 그는 자신이 쓴 시에서 기장밥을 숟가락으로 살그머니 떠 담는 과정을 생생하게 묘사한다. 양쯔강 삼각주 도시인 사오싱紹興에서 나고 자란 육유는 기장밥보다 쌀밥을 먹는 데 훨씬 더 익숙해 있음에 틀림없었다. 하지만 그는 기장밥을 먹을 때면 고대부터 전해 내려온 전통 식사 예법에 따라 숟가락으로 밥을 떠먹었다. 이것은 12세기 말에도 중국 사대부는 기장밥을 먹을 때는 숟가락을 썼을 가능성이 크다는 것을 보여준다.[5]

자신들이 쌀밥을 먹기 때문에, 일본 학자들은 당나라가 망한 뒤에 중국인이 쌀밥을 더 많이 먹으면서 젓가락 사용이 더 늘었다는 주장에 전적으로 동의했다. 1950년대로 거슬러 올라가서, 중국학 연구자 아오키 마사루靑木正児(1887~1964)는 북중국 사람들이 식사 때 숟가락을 쓰지 않고 젓가락만 쓰게 된 주된 이유는 쌀밥 섭취가 북중국으로 널리 전파되었기 때문이라고 일찌감치 주장했다. 특히, 아오키는 자신이 넨시쓰마이軟質米(멥쌀이지만 차진 종자의 벼) 라고 불렀던 시니카/자포니카 품종의 벼가 중국 전역에서 재배되고 있었다고 지적했다. 다시 말해서 시니카/자포니카 벼는 차진 품종(명절음식을 만들 때 쓰는 찰벼와 혼동하지 말아야 한다.)이어서 익혔을 때 점착성이 더 높아진다. 잘 뭉쳐지므로 젓가락으로 쉽게 한 덩어리로 떠서 먹을 수 있는 것이다. 아오키가 말한 것을 자신들의 논문에 인용한 무카이와 하시모토는, 15세기경에 위에서 말한 변화가 일어났다는 새로운 증거를 제시하며 아오키의 주장을 뒷받침했다. 또 다른 일본인 학자인 슈 탓세이周達生(1931~2014)도 중국인이 젓가락만으로 식사하기 시작한 것은 14세기 이후 명나라 때부터라고 주장한다.[6]

일본인 학자들의 이런 주장은, 시니카/자포니카종이 일본인이 가장 많이 먹는 쌀이어서 일본에서의 자기네 식생활 역사에 많이 의존한 탓일 가능성이 크다. 또한, 일상적으로 식사할 때 젓가락만으로 밥을 먹는 것은 일본인의 오랜 식습관이었다. 그러나 비록 쌀밥 섭취가 밥 먹을 때 젓가락만 사용하는 것을 부추겼다 하더라도, 쌀 품종이 반드시 시니카/자포니카종이어야 하는 것은 아니다. 베트남인도 일본인처럼 밥을 먹을 때 대개 젓가락만 쓴다. 하지만 동남아시아는 지리와 기후 요소 때문에 인디카종을 주로 재배한다. 태국이 특히 그렇고 베트남도 마찬가지다. 그러나 베트남인은 쌀 품종에 상관없이 젓가락만 써서 밥을 먹을 줄 안다.

당나라 이후에 쌀이 곡물음식으로서 전보다 훨씬 더 중요한 지위를 얻은 것은 두말할 나위도 없다. E. N. 앤더슨은 송나라 때 "쌀이 훨씬 더 중요해져서 마침내 오늘날처럼 중국에서 가장 주된 곡물의 지위를 얻었다."라고 말한다. 실제로 앤더슨이 그것을 한마디로 요약한 것에 따르면, "쌀은 송나라에서 기적의 작물이었다."[7] 벼의 장점은, 날씨만 좋다면 논은 다른 어떤 작물보다 높은 수확을 올릴 수 있다는 것이다. 장더츠張德慈(1927~2006)는《케임브리지 음식 세계사The Cambridge World History of Food》에서 "벼 작물은 밀이나 옥수수보다 1헥타르당 더 많은 식품 에너지와 단백질을 생산한다. 따라서 벼는 동일한 면적의 땅에서 밀이나 옥수수보다 더 많은 사람들을 먹여 살릴 수 있다."라고 썼다.[8] 벼는 또한 품종이 다양하다. 예컨대, 앞서 말한 인디카종은 대개 시니카/자포니카종보다 알곡이 무르익는 기간이 짧다. 6세기 이래로 다양한 종류의 인디카종 벼는 동남아시아에서만 재배되었다. 그중에서 오늘날 베트남 중남부에서 재배되는 참파 벼는 특히 조생종 벼로 널리 알려졌다. 베트남 사람들은 그것을 "신속한 벼"라고 불렀는데, 아열대 기후대에서 이모작, 또는 삼모작으로 한 해에 두세 번 수확할 수 있기 때문이다.[9] 1012년, 송나라 진종眞宗의 명령에 따라 중국 남동부 연안 지역 농민들에게 참파 벼가 보급되었다. 중국에서는 '시안西安 벼'로 알려진 참파 벼(와 관련 품종들)는 옛날부터 다양한 종류의 인디카종 벼가 재배되던 양쯔강과 주강 지역에서 널리 재배되었다. 요컨대, 송나라 때부터 중국에서 쌀을 전보다 더 많이 먹기 시작하면서, 중국인은 아오키 마사루가 말한 시니카/자포니카종 말고도 다양한 벼 품종을 더 많이 재배하기 시작했다.

송나라에서는 쌀밥 섭취량의 증가뿐 아니라 젓가락 사용의 빈도도 덩달아 늘어났다. 중국의 요리가 바야흐로 새로운 발전의 국면에 들어선 것이다. 마이클 프리먼Michael Freeman의 주장에 따르면, 실제로 중국의 조리음식이 새로운 식재료와 새로운 조리법을 써서 만든 하나의 요리로 발전한 것은 송나라 때였다.[10] 맹원로는 카이펑에서의 자기 생활을 설명하면서, 이런 새로운 요리의 발전상을 상세하게 묘사한다. 실제로 맹원로가 기록한 카이펑의 모든 장사 가운데서 절반 이상이 저렴한 국숫집, 떠들썩한 분위기의 찻집, 생기 있는 주막과 이름난 식당, 그리고 도시의 활기 넘치는 야시장을 밝히는 수많은 음식 좌판과 노점상을 포함해 일반 서민이 즐겨 찾는 대중음식점이었다. 그런 곳에서 파는 음식들은 매우 다양한 방식으로 조리되었는데, 전통적 방식이지만 새로운 식재료로 조리한 각종 국이나 찌개에서 새롭고 혁신적인 볶음요리까지, 눈에 띄게 발전된 새로운 조리법의 모습을 보여주었다. 이런 새로운 국수와 만두 같은 음식을 먹으려고 사람들은 당연히 젓가락을 썼으리라고 생각할 수 있다. 그런 것들을 먹기에 젓가락이 경제적이고 편리했기 때문이다. 따라서 음식점들에서는 손님에게 젓가락을 주었을 가능성이 크다.[11]

분명한 것은 그렇게 활기차고 생동감 넘치는 생활이 펼쳐진 곳이 당시 송나라에서 카이펑만이 아니었다는 사실이다. 송나라는 나중에 남쪽으로 쫓겨나면서 수도를 린안臨安, 지금의 항저우杭州로 정했다. 당시의 설명에 따르면, 린안은 곧바로 각양각색의 요리로 손님들을 끌려고 경쟁하는 엄청나게 다양한 음식점의 중심지가 되었다.[12] 다시 말해, 정권의 변동에 상관없이 중국 음식문화의 향상과 다변화는 지속되고 확대되었다. 벼와 같은 남쪽의 작물만이 북중국의 일부에서 재배되기 시작한 것은 아니었다. 밀 같은 북쪽의 작물도 이미 당나라 때부터 남쪽으로 전파되기 시작했는데, 특히 송나라 왕실의 남쪽 이전과 더불어 이주한 북중국 사람들의 밀 수요가 증가하는 것과 맞물려 남쪽에서도 밀 재배가 크게 확대되었다. 또한, 그들의 식습관이 남쪽 거주민들에게도 크게 영향을 끼쳤다. 그때부터 밀가루음식(예컨대, 국수와 만두)은 남쪽 사람들이 날마다 먹는 주식—비록 대개 아침과 간식으로만 먹지만—이 되었다.

몽골족이 중국에 원나라(1271~1368)를 세운 뒤에도 그와 같은 요리 전통의 뒤섞임과 어우러짐은 지속되었다. 예컨대, '솬양러우涮羊肉'(양고기 샤부샤부)가 중국 본토에 소개된 것이 대표적이다. 그 요리는 본디 몽골족의 음식이었지만 중국인도 좋아했다. 특히 북중국 사람들이 즐겨 먹었다(이것은 다음에서 자세히 살펴볼 것이다). 원나라는 1368년에 명나라를 세운 주원장朱元璋(1328~1398)에게 멸망당했다. 주원장은 집권 초기에 전쟁으로 피폐해진 지역의 농업 경제를 다시 복원하기 위해서 남부와 북서부 농민들을 북부 지방으로 이주시켰다. 그는 또한 대개 모든 곡물, 특히 벼의 생장에 도움을 주었던 훌륭한 관개 시설을 복구하고 유지하는 정책들을 발표했다. 이런 각종 조치 덕분에 마침내 남쪽의 음식과 조리법은 북쪽 지방에 널리 퍼지고 깊게 뿌리내렸다. 주원장이 죽고 그의 아들 주체朱棣, 즉 영락제永樂帝는 수도를 베이징으로 옮기고 북부와 남부 지방을 경제, 문화적으로 더욱 강력하게 연결하였다. 명나라 말, 강남江南 지역(양쯔강 남부, 또는 양쯔 계곡) 출신의 정부 관리들이 점점 많아지면서, 그들은 베이징 외곽과 북중국의 여러 지역에서 벼를 재배하고 대운하를 통해 남쪽에서 많은 양의 쌀을 운송해오는 각종 정책을 입안했다.[13] 송응성宋應星(1587~1666)은 저서《천공개물天工開物》에서 "오늘날 사람들이 먹는 주곡의 70퍼센트가 쌀인 반면, 밀과 다양한 종류의 기장은 30퍼센트에 불과하다."라고 추산했다.[14] 송응성과 의견이 같은 E. N. 앤더슨은, 명나라 때 "쌀이 훨씬 더 중요해지면서 오늘날과 마찬가지로 중국에서 아주 중요한 산물이 되었다. 동시에 밀도 남쪽으로 전파되면서 밀가루 또한 중요한 식품이 되기 시작했다."라고 말한다.[15] 명나라 때 남중국에 간 유럽 선교사들은 "모든 중국인의 기본 식품은 쌀이지만 (…) 또한 품질이 매우 좋은 밀도 많이 나서 그것으로 무척 맛있는 빵을 만든다."라고 확인해주었다.[16]

거의 300년 동안 유지된 명대明代는 중국의 번성기였다. 당시에 저술된 많은 소설에도 그 번창한 모습이 그대로 반영되어 나타난다. 이 소설들은 이 장을 시작하면서 조선 사신 윤국형이 밝힌 것처럼, 명나라 때 중국인이 젓가락만 써서 밥을 먹었다는 사실을 명확하게 뒷받침한다. 당시에 많은 작품을 내놓은 풍몽룡馮夢龍(1574~1646)은 여러 가지 유용한 사례를 기록했다. 풍몽룡은 일반 서민, 다시 말해 중국 연안 지역의 도시들에 살던 시민들의 일상생활을 그리는 일에 관심이 많았다. 예컨대, 그의 단편소설집《성세항언醒世恒言》에는 과거시험을 보러 길을 가던 진중秦重이라는 사람이 지방의 한 가족에게 따뜻한 대접을 받는 장면이 나온다. 진중은 쌀밥과 포도주를 대접받았는데, 밥상에 놓인 식사도구는 젓가락 한 쌍과 포도주 잔이 전부였다. 그는 그 소설에서 "흰 눈송이"로 묘사된 쌀밥을 젓가락으로 떠먹고 잔에 포도주를 따라 한 모금 살짝 마셨다. 그 소설에 등장하는 또 다른 인물인 오鄔 도령은 대식가였다. 한번은 그에게 주어진 식사가 쌀밥 두 그릇뿐이었다. 풍몽룡은 "그는 젓가락을 들고 재빠르게 밥을 입으로 퍼 넣으며 두세 번 만에 다 먹어치웠다."라면서 여전히 그의 얼굴에는 불만이 가득했다고 썼다.[17] 쌀이 주곡인 강남 지역의 주요 도시 쑤저우蘇州에서 나고 자란 풍몽룡은 젓가락으로 그릇에 담긴 쌀밥을 떠서 먹는 것이 그곳의 식습관이었음을 보여준다.

명나라 소설들은 북중국에서도 쌀밥을 꽤 많이 먹었음을 알려준다. 16세기 후반 익명으로 발표된 유명한 성애소설《금병매金瓶梅》가 가장 좋은 예다. 소설 속 이야기는 북중국 산둥성에서 일어난 것으로 되어 있다. 따라서 그 소설은 당시에 북중국 사람들의 식성과 식습관이 어떻게 바뀌었는지 잘 보여준다.《금병매》의 주인공들은 서문경西門慶이라는 부자 상인, 그리고 그의 첩과 애인들이다. 이병아李瓶兒는 서문경의 여러 첩 가운데 한 명으로 불시에 죽임을 당했다. 서문경은 이병아가 죽자 그녀의 처소로 갔다. 슬픔에 젖어 흐느껴 울고 있던 이병아의 하녀들은 서문경을 맞아서 식탁에 음식을 몇 가지 가져와 대접했다. 서문경은 하녀들을 위로 하려고 "식탁에 있는 젓가락을 들고는 마치 이병아가 아직 살아 있다는 듯 '밥 좀 드시게.'라고 말했다. 그러나 그의 위로하는 몸짓은 거꾸로 그들을 더욱 통곡하게 만들었다."[18] 여기서 보듯이 서문경 같은 북중국 사람들도 쌀밥을 먹었을 뿐 아니라, 밥을 집어 먹으려고 젓가락을 썼다는 사실을 확실히 알 수 있다.

북중국에서 벼를 재배하고 쌀밥을 먹기 시작하면서, 명나라 기록에 '다미판大米飯'(큰 쌀밥)이라는 새로운 용어가 나타났다. 그 결과, 사람들은 기장 익힌 것을 '샤오미판小米飯'(작은 쌀밥, 즉 좁쌀밥)이라고 불렀다. 둘 다 오늘날 중국 북부 사람들이 즐겨 쓰는 용어다. 왜냐하면 그곳 사람들은 지금도 날마다 그 두 곡물을 먹기 때문이다. 이런 신조어가 생겨난 것은 쌀의 낟알이 기장의 낟알보다 확실히 더 크기 때문이다. 정부에서 지급하는 식량의 경우에도 마찬가지였다. 《금병매》에는 사람들이 쌀밥을 짓는 과정이 자주 나오고, "(누구든) 쌀을 솥에 먼저 넣는 사람이 밥도 먼저 먹는다." 같은 격언들도 등장한다.[19] 그런데 흥미롭게도, 그 소설에 묘사된 밥은 대개 '탕판'이라고 부르는 것으로 '뜨거운 국밥'을 가리킨다. 이 용어는 북중국 사람들이 쌀밥을 지을 때도 기장밥을 먹을 때처럼 여전히 죽이나 미음을 쑤어 먹기를 좋아했음을 보여준다. 《금병매》에 등장하는 사람들은 쌀밥 말고 다른 곡물도 먹었다. 서문경은 사랑을 나눌 연인을 찾으려고 다양한 음식이 차려진 성대한 잔치를 자주 열었다. 거기 차려진 음식 가운데 곡물로 만든 것은 공갈빵, 부침개, 국수와 쌀밥 들이 있었는데, 이것은 그곳 북중국의 산둥성이 강남 지역의 먹거리체계보다 더 다양했음을 보여준다. 그러나 서문경과 그의 친구들은 음식의 종류나 점착성에 상관없이 젓가락만을 사용해 먹었고, 포도주나 차를 마실 때는 숟가락을 쓰지 않고 잔에 따라 마셨다. 실제로 소설에 그려진 식사 장면들은 당시에 이런 식사도구의 조합(젓가락과 차/포도주 잔)이 이전의 숟가락과 젓가락의 조합을 대체했음을 보여준다.[20] 명나라를 방문했던 예수회 선교사 가스파르 다 크루스Gaspar da Cruz(?~1570)도 식사하는 사람들은 "작은 도자기 잔"을 하나씩 받았는데, 거기에 포도주를 따라 마셨으며, 숟가락은 주지 않았다고 기록했다.[21]

명나라 소설들에 반복해 등장하는 것처럼, 젓가락으로 식사하는 사람들은 식탁에 빙 둘러앉아 음식이 담긴 그릇들을 한가운데 놓고 모든 사람이 함께 나눠 먹었다. 조선의 고위 관료 최부도, 자신이 중국을 방방곡곡 누비고 다닐 때 중국인들이 한 상에 음식을 차리고 함께 음식을 먹으면서 젓가락만 사용하는 것을 보았다고 일기에 적었다.[22] 당시에 중국을 방문한 유럽인들도 비슷한 장면을 목격했다.

중국인은 대식가다. 그들은 접시를 많이 사용한다. 그들은 한 상에 생선과 고기를 놓고 먹는다. 기층 민중은 때때로 모두 함께 음식을 조리하기도 한다. 한 상에 앉아서 먹게 되어 있는 요리들은 판자(식탁?) 위에 한꺼번에 차려지는데, 모든 사람이 자기가 먹고 싶은 것을 집어

먹을 수 있다.[23]

　이것은 중국과 그 밖의 젓가락문화권에서 흔히 볼 수 있는 전형
적인 식사 장면이 되었다. 그러나 한나라와 당나라 때 같은 이전 시
기의 식습관과는 매우 다른 모습이었다. 한나라 때의 석각과 벽화
들은 당시의 중국인이 의자나 식탁 없이 마룻바닥에 앉아 음식을
먹고, 음식은 돗자리나 짧은 다리가 달린 쟁반(그 쟁반을 '스안食案'
이라고 불렀는데, 한나라 때 기록에 처음 등장했다.) 위에 올려놓았다
는 것을 보여준다.[24](그림 5) 현대 중국어에서 '연회'는 '옌시宴席'라
고 하는데, 그것은 '돗자리 위에 앉아 식사하는 것'을 의미하며, 고
대의 식습관이 여전히 영향을 끼치고 있음을 보여준다. 이런 식사
전통은 당나라 때까지 어느 정도 이어졌던 것으로 보인다. 반면, 당
나라 때 회화들 가운데 일부는 사람들이 긴 의자에 앉아서 식탁
위에 차려진 음식을 먹기 시작했음을 보여준다. 그러나 그들은 여
전히 개인 그릇과 접시에 음식을 덜어 먹은 것으로 보인다.(그림 11)
　그러나 후당後唐 때, 젓가락이 식사도구로 많이 쓰이기 시작하면
서 새로운 식습관이 중국에서 부상했다. 사람들은 식탁에 둘러앉
아 그 위에 차려진 음식들을 저마다 집어 먹기 시작했다. 중국 음
식사가들은 이런 새로운 식사 방식을 이전의 '펜스즈分食制'(개별 식
사 방식)와 반대되는 것으로 '허스즈合食制'(공동 식사 방식)라고 부
른다.(그림 12) 그렇다면, 공동 식사 방식이 퍼진 탓에 중국인이 숟
가락보다 젓가락을 더 많이 쓰게 되었다는 말인가? 류원은 그렇다

고 생각한다. 그래서 그는 명나라 때부터 젓가락의 길이가 그 이전의 것들보다 약간 더 길어졌다—평균 25센티미터 이상으로—는 점을 그 증거로 제시한다. 류원의 말에 따르면, 젓가락 길이가 늘어난 이유는 식사를 하는 사람들이 식탁 한가운데 놓인 음식들을 젓가락으로 집어서 덜어 가기 쉽게 하기 위해서였다.[25] (전골이 지역 별미인 충칭重慶에서 전골을 파는 음식점들이 손님들에게 음식을 덜어 먹기 쉽도록 긴 젓가락을 주는 것은 주목할 만한 가치가 있다.) 그에 비해, 공동 식사가 흔하지 않은 일본에서는 젓가락의 길이가 짧은데(18~20센티미터), 이 점이 바로 류원의 주장을 뒷받침한다. 일본인은 미리 개인 접시와 그릇에 음식물을 담아 먹는, 이른바 '메이메이 젠銘々膳'(1인용 밥상) 방식으로 먹는 것을 더 좋아한다.

고대 중국인이 그런 것처럼 일본인이 공동으로 먹기보다는 개별적으로 밥상을 받아서 먹는 것은 현실적인 이유가 있어서인데, 바닥에 앉아(예컨대, 일본인은 전통 관습에 따라 다다미에 앉아) 밥을 먹었기 때문이다. 그것은 그들에게 음식이 차려진 모습을 보면 이해가 된다. 식사하는 사람들이 저마다 음식을 덜어 먹으려고 바닥을 기어 다니는 모습은 너무 불편하고 성가실 것이다. 따라서 공동 식사 방식을 개발하면서는 자연스럽게 의자와 식탁, 특히 의자가 필요하다고 생각했을 것이다. 고대 중국에서는 의자가 없었다. 의자를 중국에 처음 소개한 이는 한나라 때 오랑캐라고 불리던 유목민족, 즉 '후렌胡人'이었다. 한영제漢靈帝는 후렌의 물건은 모두 좋아해서 갖고 싶어했는데, 그 가운데 '후추앙胡床', 즉 '오랑캐 의자'도 있었다. 그 의자는 아마 동물 가죽을 씌우고 나무로 다리를 만들었을 것이다. 오늘날 야외용 의자처럼 가벼운 접이식 의자였다. 그것은 유목민이 말을 탈 때 깔고 앉는 안장에서 진화한 것으로 보인다. 4세기 때 기록에 따르면, 후한 때 중국인 사이에서, 특히 부자들이 오랑캐 의자를 쓰기 시작했다고 한다.[26] 그 의자를 쓰는 중국인이 더 많아지자, 사람들은 '후추앙'에서 오랑캐를 뜻하는 '후胡' 자를 빼고 '자오交' 자를 붙여 '자오추앙交床'이라고 불렀다. 의자에 앉을 때 다리를 꼬고 앉는다 해서 붙인 이름이었다. 그러나 '추앙床'이라는 말은 당시의 의자가 오늘날 등받이가 있는 일반 의자보다는 등받이가 없는 긴 의자에 더 가까웠음을 보여준다. 긴 의자는 실제로 당나라 회화들에 많이 나온다.[27]

의자가 높아지고 등받이가 달리자, 그 긴 의자는 이제 비로소 오늘날의 의자와 같은 모습을 갖추었다. 중국어로 의자를 '이즈椅子'라고 하는데, 당나라 때 처음 등장했다.[28] 당나라가 망하고 얼마 지나지 않은 10세기 때 그려진 유명한 그림 〈한희재야연도韓熙載夜宴圖〉(그림 13)는 당나라와 후당 때 사용된 의자가 어떤 모양이었는지 어렴풋이 알 수 있게 해준다. 당시 의자는 앉은 사람이 다리를 아래로 쭉 뻗을 수 있을 만큼 충분히 높았고, 등받이가 있어 몸을 뒤에 기댈 수도 있었다. 즉, 오늘날 우리가 쓰는 의자와 흡사했다. 그림들에 묘사된 것처럼, 당시에 존경받는 학자이자 관리였던 한희재韓熙載(902~970)는 조정에서 일할 것을 거절하고 손님들을 집으로 초대해 연회를 열었다. 그와 손님들이 앉아 있는 의자보다 그다지 높지 않은 직사각형의 탁자들이 그들 앞에 있고, 그 위에는 다양한 음식이 차려져 있다. 지금으로 치면 커피 탁자에 더 가까워 보인다. 젓가락과 포도주 잔들이 탁자 위에 놓여 있는데도, 그림은 한희재와 그의 친구들이 함께 식사를 하고는 있지만, 후대에서처럼 공동 식사를 하는 것은 아니라는 사실을 보여준다.

그러나 시간이 흐르면서 공동 식사는 먼저 가족끼리 식사하는 자리로부터 시작되었다. 허베이성 베이징 근처에서 발견된 송나라 때 무덤 속 벽화(그림 14)는 한 가족의 저녁 식사 모습을 보여주는데, 중년의 부부가 여러 가지 음식, 젓가락, 포도주 잔이 놓인 식탁을 사이에 두고 마주 앉아 있다. 그림 속 사각형 탁자의 높이는 〈한희재야연도〉에 나온 탁자보다 훨씬 높다.[29] 중국의 음식학자들은 중국요리가 눈에 띄게 발전한 12세기 송나라 초기 때부터 공동 식사가 시작되었다고 생각한다. 자오룽광은 "공동 식사는 송나라 때 널리 퍼졌다."라고 말한다. "식탁에 차려진 음식이 많아지고 다양해졌기 때문이다. 사람들은 한 번의 식사에서 이 음식을 모두 조금씩 맛보고 나눠 먹고 싶어했다. 그러려면 한 상에 차려진 음식을 공동으로 먹는 것이 합리적이었다. 개별 식사는 이제 한물간 방식이 되었다."[30] 송나라 사람들이 한자리에서 함께 음식을 나눠 먹는 모습은 《수호전水滸傳》 같은 유명한 소설에도 나온다. 12세기 송나라 왕조에 맞서는 봉기를 조직한 소설 속 주인공 송강宋江이 동지들과 커다란 식탁에 둘러앉아 함께 먹고 마시는 장면이 자주 묘사된다.[31] 그러나 그 소설은 14세기, 즉 명나라 초에 나왔다. 따라서 명나라 때의 식사 방식이 송나라 초의 이야기에 투영된 것으로 보인다.

공동 식사 방식이 중국인 사이에 널리 퍼지기까지는 분명 오랜 시간이 걸렸다. 그러나 명나라 때 그런 식습관이 일반화된 것은 틀림없는 사실이다. 또한, 명나라가 베트남에 지배력을 행사하기 시작하면서 베트남인도 그 시기에 공동 식사 방식을 취하게 되었을 가능성이 크다.[32] 또한, 한 상에 다양한 요리를 함께 차려놓고 덜어 먹기 편하게 하려고 식탁의 크기가 더 커진 것도 명나라 때부터였다. 《금병매》 같은 명나라 때 소설들에 등장하는 식탁은 두 종류였는데, 하나는 '캉쥐炕桌'라고 부르는 '온돌 탁자'이고, 다른 하나는 '빠셴쥐八仙桌', 즉 '여덟 명이 둘러앉을 수 있을 정도로 큰 탁자'다. 두 용어는 명나라 기록들에서 비로소 나타나기 시작했고 그 전에는 없었다. (사각 탁자, 즉 '팡쥐方桌'라는 말은 송나라 때 나타났지만, 식탁을 의미하는 말로는 잘 사용되지 않았다.)[33] 캉쥐(온돌 탁자)는 그 이름 그대로 온돌바닥에 앉아 사용하는 다리가 짧은 탁자다. 벽돌이나 내화점토로 만드는 온돌[炕]—중국어로는 '캉', 만주어로는 '나한'—은 아궁이 불의 열기를 침실로 전달해서 겨울에도 온기를 유지할 수 있게 한다. 대개 방의 3분의 2를 차지하는 온돌바닥(약 2.0×1.8미터)에서 밤에는 잠을 자고, 낮에는 식사 같은 다른 활동을 한다. 다시 말해, 캉쥐—대개 정사각형 모양이지만 직사각형일 때도 있다—는 낮에는 가족이 식사하거나 손님을 접대하기 위해 온돌 한가운데에 놓이지만, 식구들이 잠자는 밤에는 가장자리로 옮겨 벽에 기대놓는다. 온돌과 온돌 탁자는 지금도 북쪽에 사는 중국과 한국, 만주의 사람들이 사용하고 있다. 캉줘에서 여러 사람이 밥을 먹으려면 대다수 사람이 식탁 주위에 둘러앉고, 나머지는 온돌 옆 긴 의자에 앉아야 한다.(그림 15) 이것은 《금병매》에서 서문경과 그의 여인들이 식사하는 모습 그대로다.[34]

그 명나라 소설에서 서문경이 손님들을 접대할 때, 특히 큰 잔치를 열 때 빠셴줘(팔선탁)를 사용하기도 한다.[35] 빠셴줘는 그 이름이 말해주듯이 캉줘보다 더 크다. 크기가 약 1.2×1.2미터로 여덟 명이 편안하게 둘러앉아 함께 식사할 수 있을 정도로 충분히 널찍하다. 그리고 빠셴줘는 북중국보다는 온돌이 없는 남중국에서 훨씬 널리 쓰인 것으로 보인다. 예컨대, 풍몽룡의 소설집《성세항언》에는 캉줘가 전혀 등장하지 않는다. 풍몽룡은 앞서 인용한 것처럼 소설 속 진중이라는 인물이 한 끼 식사를 대접받는 장면을 그리면서, 진중이 편안하게 음미하며 식사할 수 있게 각종 음식과 과일, 과자들을 빠셴줘에 차려놓은 모습을 보여준다. 실제로 소설에서 식사하는 장면이 나올 때마다 빠셴줘가 늘 등장하는 것으로 미루어볼 때, 당시 남중국에서 빠셴줘가 널리 쓰였음을 알 수 있다.[36]

청나라(1644~1911) 때 학자 왕명성王鳴盛(1722~1797)은, 다음에 나오는 것처럼 중국 식탁의 진화 과정, 특히 빠셴줘의 기원을 추적해 밝혀냈다.

오늘날 사용되는 식탁은 '후추앙胡床'(오랑캐 의자)의 기원과 같았다. 고대인은 마룻바닥에 앉다 나중에 돗자리를 깔고 앉았다. 그래서 그들은 의자를 사용하지 않았다. 비록 '지얼几儿'이라고 부르는 식탁을 사용했지만 《서경》과 《시경》에 묘사된 것처럼 크기가 매우 작았다. 이에 비해 오늘날 우리가 사용하는 식탁은 꽤 크다. 그것을 일반적으로 빠셴줘라고 부르는데, 여덟 사람이 함께 앉아서 식사할 수 있기 때문이다. 용도는 비슷하지만, 오늘날의 식탁은 고대의 것과 매우 다르다.[37]

왕명성의 말은 당시에 빠셴줘가 가장 일반적으로 사용하는 식탁이었음을 보여준다. 실제로 빠셴줘는 오늘날에도 많은 지역에서 여전히 쓰이고 있다. 그 식탁이 꾸준히 인기를 끄는 주요한 이유는 상이 널찍해 더욱 다양한 음식을 차려놓고 많은 사람이 둘러앉아 먹을 수 있기 때문으로 보인다. 명나라 때부터 청나라 때까지 중국의 인구는 꾸준히 늘어나 15세기에 1억 명 미만이다 18세기 중엽에는 3억 명이 넘는 수준에 이르렀다. 1712년에 강희제康熙帝(재위 1661~1722)가 인두세를 폐지하면서, 가족 구성원의 수가 크게 늘어난 것은 의심할 여지가 없는 일이었다. 따라서 많은 대가족 가정에서 빠셴줘는 없어서는 안 될 필수품이 되었다. 그러나 이런 인구 증가는 이미 명나라 때부터 시작되었다. 아메리카 대륙의 '신세계 농작물'(옥수수, 고구마, 감자 등)이 중국에 수입되면서 가난한 사람들의 사망률이 낮아진 덕분이었다. 부자와 가난한 사람 사이의 격차는 여전히 남아 있는 가운데 더욱 값싼 노동력을 쓸 수 있게 되면서, 중국의 부자들은 고급요리를 비롯해 '잉여의 물건들'과 같은 사치를 추구했다. 당시의 물건이나 음식을 감정하는 일과 관련한 수많은 문헌이 이런 '사치문화'의 발전 과정을 기록했다. 빠셴쥐의 인기는 당시 중국 사회의 문화수준을 확인해주는 물적 증거였다.[38]

따라서 중국인이 탁자와 의자를 쓰기 시작한 것은 공동 식사 방식이 사회에 널리 퍼진 것과 관련이 있었다. 공동 식사 방식은 사람들이 한자리에 앉아 여러 가지 음식을 맛보고 먹을 수 있게 했기 때문이다. 여러 가지로 활용도가 높고 다루기 쉬운 젓가락은 그 과정을 돋보이게 한다. 특히, 볶거나 끓이는 요리는 식재료들을 잘게 썰어서 조리하기에 젓가락의 활용성이 더욱 높아진다. 게다가 사람들은 여러 종류의 음식물을 하나의 요리로 나눠 먹을 수도 있었다. 앞서 말한 인기 있는 전골요리인 '솬양러우'가 그 전형적인 예다. 솬양러우, 즉 양고기 샤부샤부를 먹으려면 젓가락이 없으면 안 되었다. 식탁 중앙에서 보글보글 끓고 있는 냄비에다 식재료들을 넣고 조리해야 하기 때문이다. 젓가락의 날렵한 움직임으로 얇게 썬 고기 조각과 알맞은 크기로 자른 채소들이 냄비 안으로 사뿐히 들어간다. 고기가 익으면—고기를 끓는 육수에 살짝 담가서 휙 휘두르고나서— 젓가락으로 고기를 꺼내 먼저 소스에 찍은 다음에 입 안으로 집어넣는다. 요컨대, 젓가락은 전골을 먹을 때 꼭 필요하다. 그에 비해, 숟가락은 전골요리를 먹기에 불편하다. 건더기가 숟가락에서 미끄러져서 자꾸 떨어지기 때문이다.

중국인이 전하는 말에 따르면, 양고기 샤부샤부는 칭기즈 칸 Genghis Khan의 손자이자 원나라를 세운 쿠빌라이 칸Kublai Khan이 처음으로 개발했다고 한다. 쿠빌라이가 한번은 중국에서 전투를 벌이고 있는 중에 갑자기 몽골족이 즐겨 먹는 양고기찌개를 먹고 싶어했다고 한다. 그래서 요리사가 그 음식을 만들고 있을 때 그의 군대가 공격을 받았다. 요리사는 시간이 없어서 빨리 조리하려고 양고기를 얇게 썰어서 끓는 물에 고기 조각들을 넣었다. 그러고는 거기에 소금과 각종 양념을 뿌렸다. 쿠빌라이가 그것을 게걸스럽게 먹고나서는 그 맛을 칭찬했다. 양고기전골은 많은 중국인이 즐겨 먹는 대표적 전골요리다. 하지만 전골요리는 또한 수세기 동안 아시아 전역에 걸쳐 공통된 요리였던 찌개와 비슷하다. 예컨대 12세기에 임홍林洪이 쓴 요리책에서, 그는 어느 눈 오는 날 중국 남동부의 우이武夷산에 거처하는 한 은둔자를 만나러 갔던 기억을 떠올린다. 거기서 그는 토끼고기요리를 대접받았는데, 그의 설명에 따르면, 양고기전골을 조리하는 것과 똑같은 방식으로 조리되었다고 한다. 먼저 고기를 얇게 썬 다음 뜨겁게 끓고 있는 국물에 담갔다. 그는 또한 주인이 자신에게 다른 손님들처럼 젓가락을 써서 고기를 국물에 넣으라고 가르쳐주었다고 기록한다. 그들은 고기를 잠시 동안 국물에 담갔다가 젓가락으로 고기를 꺼내 소스에 찍은 다음에 먹었다. 이것 또한 오늘날 양고기전골을 먹는 방식과 같다. 실제로 임홍은 당시 사람들이 토끼고기 말고도 돼지고기와 양고기도 똑같은 방식으로 조리했다고 지적한다. 그들이 이런 방식으로 고기를 조리하게 된 것은 바로 산꼭대기의 차가운 날씨 때문이었다. 그는 또한 몇 년 뒤에 린안(항저우)의 음식점들에서, 비록 무슨 고기를 썼는지 확인하지 못했지만 똑같은 방식으로 전골을 끓이는 것을 보았다고 말한다.[39]

양고기전골, 아니 일반적으로 어떤 전골요리든, 그것이 조리되고 그것의 주요 식재료(양고기)가 준비되는 방식을 보면 그 요리가 왜 유목민에게 더욱 인기가 있을 수밖에 없었는지 알 수 있다. 남쪽에 사는 사람들에 비해 북쪽에 사는 사람들, 특히 유목민은 양고기든 돼지고기든 쇠고기든 육식을 더 많이 했다. 그들은 또한 음식을 뜨겁게 데워 먹기를 좋아했는데, 전골은 거기에 딱 어울리는 요리였다. 전골요리는 음식이 익은 직후에 바로 국물에서 건더기를 꺼내 먹는다. 전골을 만들 때 반드시 거쳐야 할 사전 준비 단계는 고기를 매우 얇게 썰기 위해 얼리는 것이다. 냉동 고기는 냄비에 들어가면 끓는 국물에서 쉬익 소리를 내며 금방 동그랗게 말린다. 냉장고가 발명되기 전에는 온대와 아열대 기후인 남부에서 고기를 얼리기는 어려웠다. 양고기전골을 북중국에서 인기 있는 요리로 만든 것은 청나라를 세운 만주족이었다. 만주족 왕실은 양고기보다 돼지고기를 더 좋아했지만, 가끔 양고기전골을 먹었다. 시간이 흐르면서, 양고기전골은 베이징을 비롯해 이웃 지역의 도시민도 즐겨 먹는 음식이 되었다.

만주족은 양고기전골을 널리 보급한 것 말고도, 자기들이 좋아하는 돼지고기를 얇게 썰어 배추와 함께 끓인 그들 고유의 전골요

리도 중국인에게 보급했다. 한국인도 전골요리를 좋아했는데, 신선로와 찌개요리가 그런 것들이다. 신선로는 식탁 한가운데서 국물에 넣고 끓이는 중국식 전골과 비슷한 반면, 찌개는 걸쭉한 수프에 더 가까우며 대개 미리 끓여서 나오는 경우가 많다. 일본에서도 '나베모노なべ物'(냄비[에서 익힌] 요리)라는 전골요리를 즐겨 먹는다. 이것도 종류가 두 가지 있다. 하나는 '샤부샤부しゃぶしゃぶ'로, 양고기 전골이나 아시아 대륙의 여러 전골요리와 비슷하게 조리된다. 다른 하나는 '스키야키すき焼き'로, 일본식 전골에 더 가깝지만 포르투갈을 비롯한 유럽의 영향을 많이 받은 것으로 보인다. 이 두 가지 특별한 전골요리는 주요 식재료가 모두 쇠고기 같은 육류여서, 일본인이 19세기 이전까지는 거의 육식을 하지 않은 것으로 미루어볼 때 둘 다 근대의 영향을 받아 생겨난 요리라고 할 수 있다. 그러나 식재료(생선, 다시마, 채소, 버섯, 두부 등)를 냄비에 넣고 찌개나 따뜻한 전골(나베모노처럼)을 끓이는 것은 일본에서 아주 오래된 조리법이었다. 음식을 끓여 먹는 것은 일본뿐 아니라 전 세계 어디서나 흔히 볼 수 있는 조리 방식이다.

한 그릇에 담긴 음식, 특히 전골요리를 함께 나눠 먹을 때 젓가락이 숟가락보다 더 유리하다는 것이 판명난 뒤, 식탁 위에서 그 둘의 중요성 또한 바뀌었다. 당나라 때 벽화들에 나타난 것처럼, 중국인은 젓가락을 식탁 위에 가로로 놓았다. 그러나 명나라 때 그림들에서는 젓가락이 식탁 중앙에 있는 음식 접시들을 향해 세로로 놓였다. 마치 음식을 금방 집어 나를 준비가 되어 있다는 듯이 말이다.(그림 18) 이런 젓가락 배치는 오늘날 그 정도는 다르지만 공동 식사 방식을 취하는 중국, 한국, 베트남에서 공통적으로 나타난다. 이에 비해, 개별 식사 방식을 유지하고 있는 일본인은 젓가락을 도시락 통에 넣을 때처럼 식탁 위에도 여전히 가로로 놓는다. 그들은 젓가락으로 자기 앞에 놓인 음식을 집어 먹을 때, 대개 젓가락을 오른쪽에서 왼쪽으로 수평으로 이동한다. 전통적으로 젓가락을 오른손으로 잡고 쓸 것을 요구하기 때문이다. 그러나 흥미롭게도, 샤부샤부나 스키야키를 먹을 때는 식탁 한가운데 있는 식재료들을 향해 젓가락을 세로로 놓았다 들었다 하기도 한다.

명나라 때 중국인이 젓가락을 식탁 위에 세로로 놓기 시작했다면, 그것 또한 황제의 명령 때문이었을 가능성이 크다. 명나라의 역사 기록에 따르면, 주원장은 명나라를 세운 뒤 몇몇 저명한 사대부를 궁중 연회에 초대했다고 한다. 연회가 끝난 뒤, 초대된 사대부들 가운데 한 사람인 당숙唐肅이 양손에 젓가락을 들고 황제에게 감사의 인사를 올렸다. 주원장은 그의 몸짓에 놀라 그것이 어떤 종류의 식탁 예절인지 그에게 물었다. 당숙은 자기 어릴 적에 고향에서 배운 것이라고 대답했다. 그러자 주원장은 그의 공손함을 칭찬하기보다는 "네가 감히 천자인 내게 어찌 그런 촌놈의 무례한 행동을 취할 수 있느냐!"라며 호통을 쳤다. 당숙은 바로 관직에서 쫓겨나 추방되고 말았다.[40] 되돌아보건대, 그것은 당숙의 잘못이 아니었을 수도 있다. 그는 명나라 이전 중국의 식사 전통에 따라 그렇게 행동했을 수 있기 때문이다. (4장에서 우리는 그런 동작이 불교 사찰에서 유래되었을 수 있으며, 일본인은 비록 식사 후가 아니라 식사 전에 그렇게 절을 하지만 오늘날에도 여전히 그런 풍습이 남아 있다고 말했다.) 그러나 명나라 황제 주원장은 그것 때문에 짜증이 났다. 어쩌면 그가 가난한 농부의 자식으로 자랐기에 자신이 옛날 전통도 모른다는 것을 인정하기가 너무도 당혹스러웠는지 모른다.

이 일화는 공동 식사 방식이 중국 사회에 널리 퍼지면서 젓가락 예법과 식탁 예절도 따라서 변했음을 보여준다. 그러나 중국 밖에서는 그런 전통 풍습의 일부가 지금까지도 남아서 잘 보존되고 있다. 오늘날 한국인은 사회 규범으로서 음식을 먹을 때 여전히 숟가락과 젓가락을 한 벌로 함께 사용한다는 사실이 그 좋은 예다. 한국에서 숟가락과 젓가락을 한 가게에서 함께 파는 것은 아주 흔한 일인데, 젓가락문화권에 속한 다른 아시아인이 볼 때는 깜짝 놀랄 일일 수 있다. 즉, 명나라 때 중국을 방문한 최부나 윤국형 같은 조선인이 중국인이 밥을 먹을 때 더 이상 숟가락을 쓰지 않는 것을 보고 충격을 받았듯이, 오늘날 한국을 방문하는 중국인은 숟가락은 빼고 젓가락만 살 수 없다는 사실에 똑같이 놀랄 수 있다! 한국은 젓가락문화권에서도 독특한 경우에 속한다.

일본인이 대개 '메이메이젠'(1인용 밥상) 방식의 식사법을 지금까지 이어온 것도 또 다른 예다. 오늘날 일본 사회에 만연한 도시락 식사, 특히 점심으로 도시락을 먹는 것은 일본인이 옛날의 식습관을 얼마나 잘 계승해왔는지 상징적으로 잘 보여준다. 고대 중국에서는 쟁반에 음식이 얹혀 나오는 것을 '샨膳'(일본어로는 '젠')

이라 불렸는데, 샨이나 젠 모두 음식이 차려진 밥상을 뜻한다. 따라서 메이메이젠은 개인마다 따로 밥상을 차리는 것을 뜻한다. 밥상이 개인마다 나오니 당연히 식사도구도 사람마다 따로 나온다. 일본어로 젓가락 한 쌍을 대개 '이치젠一膳'이라고 부르는데, 그것은 밥상 하나에 젓가락 한 쌍이 놓임을 암시한다. 시간이 흐르면서 밥상은 휴대성을 고려해 찬합이나 '벤토弁当'와 같은 도시락이 되었다. 도시락 제조 과정은 일본요리의 영향력을 보여준다. 예컨대, 도시락에는 다양한 음식을 여러 칸에 나누어 넣기 때문에, 일본의 요리 전통에 따라 음식의 시각적 배치가 사람들의 주의를 끈다. 도시락 식사는 휴대성을 전제로 하므로 도시락 통은 한 손으로 들고 다닐 수 있을 정도로 작다. 이것은 또한 도시락 통 안에 들어가는 젓가락도 짧아야 함을 의미한다. 따라서 일본 젓가락은 젓가락문화권에 속한 다른 지역의 젓가락보다 짧은 것이 특징이다.[41](그림 20) 끝으로, 메이메이젠 전통을 잇고 있는 도시락 식사의 또 다른 중요한 특징은 도시락은 개별적으로 싼다는 점이다. 14세기부터 이러한 식사 방식은 특별히 일본의 두드러진 특징이 되었다. 중국과 베트남, 한국인은 대다수가 한 상에 차린 음식을 여럿이 같이 먹는 방식을 택했기 때문이다. 이에 비해, 많은 일본 가정에서는 아직도 여전히 개인 접시나 그릇에 음식을 담아 먹는다. 일본인은 누군가가 개인 젓가락으로 여럿이 함께 먹는 음식이 담긴 접시에서 음식물을 떠서 먹는 행동을 하면 얼굴을 찌푸린다. 이런 행동을 '지카바시直箸'라고 부르는데, 많은 일본인이 볼

때 이런 식으로 젓가락을 사용하는 것은, 특히 대중음식점에서 손님들과 식사하는 중이라면 더더욱 용납할 수 없는 일이다. 왜냐하면, 일본에서는 여럿이 같이 먹을 요리가 담긴 접시에서 개인 접시나 그릇으로 음식물을 덜어 갈 때, 대개 서빙용 젓가락인 '도리바시取り箸'를 쓰도록 되어 있기 때문이다.

공동 식사 방식은 또한 젓가락의 공동 사용과 연관이 있는 것으로 보인다. 일본 이외에서는 한 식구끼리 식사도구를 함께 쓰는 것을 쉽게 볼 수 있다. 식사할 때, 가족 구성원들은 저마다 수저통이나 주방 서랍에서 젓가락이나 숟가락을 임의로 꺼내 쓴다. 그러나 일본에서는 집에서 밥을 먹을 때보다 음식점에서 외식할 때(음식점 식탁 위에 있는 수저통에 젓가락이 한 묶음 들어 있는 것을 볼 수 있다.) 그러는 경우가 많고, 집에서는 저마다 개인 젓가락과 기타 식사도구(숟가락이나 그릇 등)가 따로 있어서 식사 때마다 그것들을 꺼내 쓴다. 가족 구성원의 젓가락 모양과 품질, 길이는 그들의 가족 내 지위와 성별에 따라 크게 다를 수 있다. 예컨대, 어른들이 쓰는 젓가락은 아이들이 쓰는 젓가락보다 품질이 더 좋은 경우가 많다. 아이들은 젓가락을 조심해서 다루지 않을 가능성이 크기 때문이다. 또한 남녀 성별에 따라 다를 수도 있는데, 여자들이 쓰는 젓가락은 더 짧고 작은 경향이 있다. 여자의 손이 대개 남자의 손보다 작기 때문이다. 그러나 여자들 것은 '메오토바시女夫橋'*라고 부르는 '부부

---

* 본문에는 '미오토바시'라고 씌어 있는데 오자인 듯하다.

젓가락'에서 볼 수 있듯이, 남자들 것보다 더 색깔이 다채롭고 화려하게 장식되어 있을 수 있다.(그림 21) 이런 풍습은 일본 밖에서도 매우 다양한 형태로 존재한다. 중국과 한국, 베트남에서도 많은 경우 한 집안의 가장은 다른 식구들과 구별되는 특별한 젓가락이나 숟가락을 쓴다. 그러나 가족 구성원 모두가 저마다 개인용 식사도구를 가지고 있는 경우는 드물다.

　함께 먹는 음식을 개인 접시에 덜어 가는 데 사용되는 젓가락, 즉 도리바시를 쓰는 것은 비록 일본에서 처음 시작되었지만, 가족과의 식사가 아닌 사교 모임이나 공식적인 만찬 자리의 경우, 오늘날 한국과 중국에서, 최근 들어서는 베트남에서도 점점 인기를 얻어가고 있다. 그러나 물론 일본에서만큼 일상적이지는 않지만, 중국과 베트남에서도 손님을 집으로 초대한 주인이 손님들에게 환대의 표시로 손님의 접시에 음식을 손수 덜어주고 싶을 때 자신의 젓가락을 거꾸로 잡고 자기 입이 닿지 않은 부분으로 그렇게 하는 모습을 자주 목격할 수 있다. 실제로 2장에서 말했듯이, 다른 사람의 식욕을 해치지 않으면서 깔끔하게 음식을 집어 나르는 방법은《예기》에서 자세하게 가르치기도 했는데, 고대 중국에서부터 이미 매우 중요한 예절로 주시를 받아온 관심사였다. 젓가락문화권에서 음식을 집어 나르는 데 젓가락이 점점 중요한 역할을 맡으면서, 어디에 명시된 것은 아니지만 일반적으로 받아들여지는 젓가락 예법을 몇 가지 열거하면 다음과 같다.

① 젓가락으로 소음을 내서 (특히, 입 안에서) 사람들의 주목을 받거나 손가락질을 당하지 말아야 한다. 젓가락으로 장난치는 사람은 무례하고, 심지어 천박한 사람으로 취급받는다.

② 자기가 먹고 싶은 것을 찾겠다고 젓가락으로 접시에 담긴 음식들을 뒤적이거나 파헤치지 말아야 한다.

③ 젓가락으로 그릇이나 접시를 밀거나 끌지 말아야 한다.

④ 젓가락으로 음식을 깨지락거리지 말아야 한다. 특히, 여럿이 같이 먹는 음식을 그렇게 하면 안 된다.

⑤ 아주 특별한 경우를 빼고는 젓가락으로 음식을 찌르지 말아야 한다. 생선이나 채소, 김치처럼 크기가 큰 음식물을 잘게 찢을 때가 그런 예외 상황에 속한다. 방울토마토나 어육완자처럼 작고 집기 어려운 음식을 먹을 때 젓가락으로 찍을 수 있지만, 그럴 경우에도 사람들은 인상을 찌푸릴 수 있다.

⑥ 젓가락을 밥그릇이나 음식 그릇에 수직으로 세워두면 안 된다. 아시아 일부 지역에서는 막대기 같은 것을 수직으로 세우는 것이 가족 가운데 망자를 기리기 위해 향을 꽂는 것과 같다고 생각하기 때문이다. 제사를 지낼 때 젓가락을 밥그릇에 꽂는 것은 망자가 음식을 먹는 것을 상징한다.[42]

이 금기 목록은 젓가락과 관련한 문제를 세 가지로 나눈다. 무엇보다 중요한 첫 번째 문제는, 골치 아프고 불쾌한 식습관을 막는 것이다. 그런 행동은 다른 사람의 식욕과 음식을 망친다. 이에 대한 금기사항들은 비교문화적 요소로, 아시아 지역 밖의 다른 문화권의 식사도구와 관련한 예법들을 서로 비교해볼 수 있다. 두 번째는 젓가락 사용과 관련한 올바른 방향 제시다. 즉, 다른 사람들을 귀찮게 하거나 불쾌하게 하지 않으면서 음식물을 올바르게 집어 나르려면 젓가락을 어떻게 사용하는가 하는 문제다. 이것은 때때로 한 상에서 젓가락이나 숟가락, 또는 둘 다로 다른 사람들과 함께 음식을 나눠 먹을 때 문제가 될 수 있다. 따라서 다음에서 좀 더 자세하게 살펴볼 필요가 있다. 그리고 세 번째는 젓가락 사용에 연루된 문화적, 종교적 문제 및 의미와 관련이 있다. 이것은 다음 장에서 다뤄질 주제다.

젓가락 사용과 관련해, 특히 일본어로 된 일부 용어는 비록 식생활과 전통이 판이하게 다른 아시아 지역 대다수 사람들도 인상을 찌푸릴 몇 가지 공통된 금기를 나타낸다. 예컨대, 먹다 남은 밥알이나 음식물 부스러기가 붙은 젓가락을 들고 그냥 사용하거나, 음식물을 젓가락으로 집어 나르다 식탁에 떨어뜨리거나 흘리는 것은 무례한 행위다. 일본어로 후자를 '젓가락으로 잡은 음식을 흘리는 것'을 뜻하는 '나미다하시淚箸'라고 부른다. 그 밖에도 '젓가락으로 뒤적거리는 것'을 뜻하는 '사구리바시探り箸', '젓가락을 들고 갈팡질팡하는 것'을 뜻하는 '마요이바시迷い箸', '먹던 젓가락으로 여러 음식을 계속 집어 먹는 것'을 뜻하는 '우쓰리바시移り箸'라는 용어도 있다. 사구리바시는 젓가락으로 자기가 먹을 것만 단번에 곧바로 집어 들지 않고 이리저리 음식을 뒤적거리는 행동을 말한다. 마요이바시는 무엇을 먹을지 정하지 못해 젓가락으로 이 요리 저 요리를 오락가락하는 행동을 말하는 반면, 우쓰리바시는 젓가락으로 음식물을 집어 먼저 자기 그릇이나 접시에 담은 다음에 먹지 않고 바로 이것저것을 연달아 집어 먹는 행동을 말한다. 일본인은 또한 젓가락을 오랫동안 입에 물고 빠는 사람을 보면 눈살을 찌푸린다. 그런 행동을 '네부리바시舐り箸'—'젓가락을 빠는 것'—라고 부른다. 이런 특징을 묘사하는 용어는 약간 차이가 나기는 해도 중국어에도 있다.[43]

젓가락을 사용하면서 이런 무례한 행동을 하지 않으려면 먼저 젓가락을 올바르게 잡는 법을 배워야 한다. 지난 수백 년 동안, 젓가락을 쓰는 사람들은 실제로 젓가락문화권에서 대다수가 용인하고 실천하는 효과적인 젓가락 사용법을 찾아냈다. 서문에서 이미 그 방법을 간략하게 설명했다. 오늘날 아이들이 자라면서 가정에서 올바른 젓가락 사용법을 배우지 못하는 경우가 많아 한국에는 아이들에게 젓가락으로 음식을 집어 나르는 법을 반복해서 가르치는 초등학교도 있다. 일본에서는 아이들의 젓가락 사용을 장려하기 위해서 1980년부터 해마다(8월 4일) 젓가락 축제를 열기 시작했다. 처음에는 한 지자체에서 시작했는데, 지금은 전국의 많은 지역으로 널리 퍼졌다.[44] 또한, 일본인은 아이들이 젓가락질을 연습하게 하는 젓가락을 디자인하고 제작했다. 젓가락 두 짝의 윗부분을 서로 연결해 아래쪽에 적절하게 공간을 만들어 음식물을 효과적으로 집을 수 있게 하는 연습이다. 연습용 젓가락에서 젓가락 위쪽에는 검지와 중지가 들어가는 고리를 달아 젓가락을 올바르게

잡음으로써 효과적으로 젓가락질을 하게 만든다.(그림 23)*

이렇게 전통적인 젓가락 사용법을 계승하려고 애쓰는 까닭은, 젓가락 두 짝 사이에 적절한 공간을 확보하고 위쪽만 움직여 콕 집는 것이 음식물을 가장 단단히 잡는 방법임을 그동안 직접 체험하고 확인했기 때문이다. 일본의 연습용 젓가락이 보여주듯이, 젓가락 위쪽에는 검지와 중지를 넣을 수 있는 고리가 달려 움직이는 반면에 아래쪽에는 그런 고리 없이 손에 완전히 의지하는 이유가 바로 이것이다. 이러면 음식물을 빠르고 능숙하게 집어 나를 수 있으면서 동시에 다른 음식물을 가능한 한 건드리지 않고, 식탁에 음식물을 떨어뜨리거나 흘리지 않을 수 있다. 인기 있는 대중서《에티켓Etiquette》(1922)의 저자 에밀리 포스트Emily Post는 "식탁 예법의 모든 규칙은 추함을 피하려고 만들어진 것이다. 당신의 입 안에 있는 음식물을 누군가가 볼 수 있게 하는 것은 혐오스러운 일이다. 먹을 때 소리를 내는 것은 동물이나 하는 짓이다. 음식을 지저분하게 먹는 모습은 역겹다."라고 썼다.[45] 다시 말해, 식탁 예절은 기본적으로 깔끔하고 쾌적한 식사 환경을 조성하고 유지하기 위해 개발되었다. 이것은 세계 어디서나 마찬가지인 것 같다.

예컨대, '젓가락으로 집은 음식을 흘리는 행위'를 살펴보자. 젓가락질이 엉성하거나 잘할 줄 몰라 발생하는 이런 행동은 젓가락문화권 사람들에게 혐오스러운 일이며 심지어 무례하기까지 하다. 그

---

* 공교롭게도 〈그림 23〉의 젓가락은 한국 기업이 제작해 수출한 것이다.

것은 식사 환경을 지저분하고 더럽고 불쾌하게 만들어 음식을 먹고 싶은 마음을 잃게 하기 때문이다. 하지만 그런 행위를 막는 방법은 지역마다 달랐다. 중국과 베트남에서는 사람들이 음식을 먹기 전에 먼저 젓가락으로 함께 먹을 음식이 담긴 접시에서 자기가 먹을 만큼 덜어서 자기 접시나 그릇에 옮길 것을 장려하거나 요구한다. 그렇게 할 때, 그들은 때로는 자기 그릇을 들어서 음식을 덜어낼 접시에 가까이 대고 음식을 담아올 때도 있다. 이동 거리를 짧게 해서 음식물을 젓가락으로 나르는 동안 식탁에 음식물을 떨어뜨리거나 흘릴 확률을 낮출 수 있기 때문이다. 이에 비해, 한국에서는 식탁에서 밥그릇을 드는 것이 무례한 행동이다. 대신 한국인은 젓가락으로 음식을 나르다 흘리는 것을 피하려고 숟가락을 사용한다. 그들은 똑같은 이유 때문에 숟가락으로 쌀밥을 떠먹는 법을 배운다. 만일 밥그릇을 들고 식사하지 않으면 식탁에서 젓가락으로 밥을 떠서 바로 먹을 때 잘못하면 밥알을 도중에 흘릴 수도 있기 때문이다. 따라서 한국인 가운데 일부는 먼저 밥그릇에서 밥을 떠서 국그릇에 말고 국그릇을 입 가까이 갖다 대고 숟가락으로 국에 만 밥을 떠먹기도 한다. 격식에 얽매이지 않는 이런 식습관은 한국인이 밥을 국에 말아 먹는 데 익숙해 있으며, 그들이 밥을 먹을 때 숟가락으로 떠먹는 경향이 있음을 보여준다.

한국인은 밥상에서 밥그릇을 들어 올리지 않되 손으로 고정한다. 거지들이 밥을 달라고 조를 때 밥그릇을 들어 올리는 행동을 하는 것으로 볼 때, 그 행동은 구걸과 관련이 있다. 밥을 떠 나르는 과정에서 밥알을 흘리지 않으려고 한국인은 식사할 때 머리를 낮춘다. 그것은 밥그릇이나 음식 접시와 입 사이의 거리를 줄이려는 방법이다. 그러나 중국의 전통은 밥 먹을 때 머리를 낮추는 것을 싫어한다. 이 행동이 돼지가 밥 먹는 모습을 떠올리기 때문이다. 그래서 중국인은 등을 꼿꼿이 세우고 밥그릇을 손으로 들어 올려 젓가락으로 밥을 입으로 밀어 넣듯이 먹는다. 베트남인과 일본인도 그렇게 한다. 하지만 그들의 의도는 다 똑같다. 음식물을 젓가락으로 집어 나르는 거리를 줄여서 음식물을 도중에 떨어뜨리거나 흘리지 않게 하려는 것이다. 일본인, 베트남인, 중국인은 일상생활에서 곡물음식을 먹든 곡물이 아닌 음식을 먹든 늘 젓가락만 쓰기 때문에, 음식물을 흘리지 않고 깔끔하게 식사를 마치기 위해서 밥그릇을 들어 입에 대고 먹는 것은 실용적이다. 국물에 만 국수(예컨대, 라멘/라몐) 같은 음식을 먹을 때 숟가락을 쓰기도 하는데, 그때 숟가락과 젓가락을 동시에 쓰는 사람도 있다. 그러나 한국에서는 늘 숟가락과 젓가락이 한 벌로 있지만, 숟가락을 쓰든지 젓가락을 쓰든지 한 번에 한 가지 식사도구만 사용한다. 한국의 풍습에 따르면, 한 손(대개 전통적으로 오른손)으로 젓가락이든 숟가락이든 하나만 잡는다. 곡물음식과 비곡물음식을 동시에 먹으려고 한 손에 젓가락, 다른 한 손에 숟가락을 드는 것은 허용되지 않는다.

"인간은 그가 무엇을 먹는가가 결정한다."라는 격언이 있다. 그러나 어쩌면 인간은 또한 어떻게 먹는가가 결정할 수도 있다. 식탁 예절은 함께 식사하기 위해 모인 모든 사람이 서로 이상하거나 무례한 행동으로 남들에게 해를 끼치거나 혐오감을 주지 않으면서 즐겁게 음식을 먹으려고 만들어졌다. 한 개인이 누구나 인정하는 식습관을 준수하는 것은 대개 체면을 지키는 것, 공손함을 보임으로써 존중받고 남에게 멸시당하지 않는 것을 의미한다. 중국어로 '먹다'를 뜻하는 말로 '치吃'가 있는데 '입[口]'을 뜻하는 어근에 '구걸하다[乞]'라는 글자가 합쳐진 것이다. 그러나 분명히 말하지만, 중국인 가운데 음식을 구걸하거나 거지처럼 먹고 싶은 사람은 거의 없다. 밥그릇을 들어서 입에 갖다 대는 경우에 손바닥을 펴서 네 손가락으로 밥그릇을 받치고 엄지손가락은 그릇의 테두리에 놓아야 한다. 엄지손가락을 밥그릇의 윗부분에 놓는 것은 그릇을 안정되게 잡을 뿐 아니라, 거지가 구걸할 때 밥그릇을 잡는 방식과 구별하기 위해서도 필요하다. 거지는 밥그릇 테두리는 잡지 않고 다섯 손가락 전부로 밥그릇을 받치는데, 음식을 구걸해서 받는 동안 몸을 낮추려고 그러는 것으로 보인다. 그릇을 두드리는 것도 금기 사항 중 하나인데, 이 행동은 거지가 사람들의 주의를 끌려고 하는 짓이기 때문이다.

우리는 식사할 때 무례한 행동을 하지 않기 위해 최선을 다해야 한다. 세련되고 교양 있는 사람이 되고 싶은 사람은 또한 더욱 품위 있는 식사법을 따라 하고 배우려는 노력이 필요하다. 한국인이 숟가락과 젓가락을 다 사용하고 금속으로 만든 식사도구를 선호하는 것은 바로 이런 노력의 좋은 예다. 한국인에게 이 두 가지 식습관의 기원을 물으면, 그들은 조선 시대 양반 계급의 식습관에서 유래하였다고 대답할 것이다. 그 시기에 유교가 국가의 지배 이념으로 자리 잡으면서, 한국의 상류계급은 고대 유교의 전통 의례에 따라 곡물음식을 먹을 때는 젓가락을 사용하지 않고 접시에 담긴 음식물을 집을 때만 젓가락을 사용했다. 양반이 젓가락으로 밥을 떠먹는 것은 위엄이 서지 않고 품위 없는, 용납할 수 없는 행동이었다. 윤국형이 명나라에 가서 중국인이 그렇게 하는 것을 보고 말문이 막힌 것은 당연한 일이었다. 조선의 사대부는 명나라를 조선보다 문화적으로 우월한, 본받아야 할 국가로 생각했기 때문이다. 조선의 양반 계급은 또한 대개 금속으로 만든 식사도구를 썼는데, 그것들—특히 은으로 만든 것—은 조선 사회에서 신분을 상징하는 것으로 오늘날까지 한국 사회에 지속적으로 영향을 끼치고 있다.

그러나 예절의 기준을 정하는 것이 언제나 상류층만의 책임은 아니다. 식탁 예절과 식습관은 상이한 사회 계급들이 서로 영향을 끼치고 교류하면서 발전해왔다. 공동 식사 방식의 수용이나 밥 먹을 때 젓가락만 쓰는 것 같은 식습관이 그 좋은 예일 수 있다. 적어도 중국에서 이 둘은 아래에서부터 위로 올라가는 발전 과정을 겪었다. 오늘날에도 고급음식점에서 정찬을 먹을 때는 대개 식탁에 숟가락과 젓가락이 함께 놓인다. 그러나 음식은 한 접시에 차려지고 종업원이 시중 들 가능성이 크다. 식사할 때는 여럿이 함께 먹을 음식이 담긴 접시에서 음식을 덜 때 개인용 식사도구를 쓰지 않도록 특히 주의해야 한다. 이 장을 시작하면서 언급했듯이, 12세기경 대중음식점에서 식사도구를 젓가락으로 전면 교체했을 때 학자이자 관리였던 육유는 이전의 당나라 때 사람들이 그랬던 것처럼 자신이 아직까지도 기장밥을 먹을 때 숟가락으로 떠먹는다고 선언했다. 서문에서도 지적했듯이, 오늘날까지 한국에서는 숟가락과 젓가락을 함께 쓰는 것이 사회 규범이지만, 많은 한국인은 특히 가족과 식사할 때 젓가락으로 밥을 떠먹고는 한다. 공동 식사 방식은 일본에서 흔한 일이 아니다. 따라서 앞서 말했듯이, '지카바시'는 용납되지 않는다. 그러나 이 용어가 일본에 존재한다는 사실은 그 행동이 자주 일어난다는 것을 보여준다. 그 행동을 용인하고 가족과 밥을 먹을 때는 그렇게 격식을 차리지 않고 행동하는 일본 사람도 있기 때문이다.[46]

말할 것도 없이, 음식을 나눠 먹는 것은 인간관계를 향상하는 좋은 방법이다. 어떤 사람이 다른 사람과 친해지거나 우정을 더욱 돈독히 하고 싶을 때, 보통은 함께 식사하자고 제안한다. 두 사람의 우정이 어느 수준에 이르거나 서로 사랑하는 사이가 되면, 애정의 표시로 함께 먹고 마시는 기회가 많아지게 마련이다. 다시 말해, 친밀감은 건강과 같은 그 어떤 관심사보다 중요하다. 오늘날 전 세계 많은 곳에서 엄마가 아기에게 밥을 먹일 때 숟가락으로 떠먹이거나 심지어 입으로 씹어 넣어주는 모습을 여전히 볼 수 있다. 그것은 비위생적이기는 하지만 흔치 않은 일도 아니다. 음식을 함께 나눠 먹는 식사 방식이 가족과 함께 밥을 먹는 것과 같은 비공식적인 자리에서 먼저 시작되어 나중에 점차 공식적인 환경으로 확대되었다는 사실은 놀라운 일이 아니다. 중국과 베트남의 많은 가정이 가족 식사에 손님을 초대할 때, 손님과 함께 음식을 나눠 먹는 것은 이상한 일이 아니다. 그것은 손님에 대한 환대를 표시하는 것이며 그들 사이의 우의를 더욱 돈독히 하는 것이기 때문이다. 마찬가지로, 개별적으로 식사하는 것을 더 편하게 생각하는 일본인도 (한 냄비에서 끓여 함께 나눠 먹는) 샤부샤부나 스키야키를 좋아하며, 그렇게 음식을 나눠 먹는 것이 우의를 높이는 데 유용하다는 것을 인정한다.

그럼에도, 함께 음식을 나눠 먹는 식사 방식에는 나름 불리한 점이 있다. 많은 사람이 남이 건드린 음식, 특히 모르는 사람의 손길이 닿은 음식을 먹는 것을 불편하게 생각한다. 앞서 예시한 젓가락 사용 예절에 관한 몇 가지 규칙은 그런 우려를 잘 드러낸다. 여럿이 나눠 먹으려고 하나의 접시에 담긴 음식을 개인 젓가락으로 이리저리 뒤적이는 행동을 말하는 '사구리바시'가 그 하나의 예이고, '젓가락을 빠는 행동'이 또 다른 예다. 두 가지 예는 그 자리에 있는 사람들의 입맛을 떨어뜨린다. 모두가 함께 먹을 음식에 누군가의 침이나 병균이 (지나치게 많이) 묻었을지 모른다고 걱정할 수 있기 때문이다. 세균 때문에 질병이 생긴다는 설과 식품 위생 개념은 불과 최근 수백 년 사이에 발전한 것들이다. 낸시 톰스Nancy Tomes에 따르면, 19세기 말 대다수 미국인은 '물과 식품의 오염'에 아무 관심이 없었다. "그들은 머리를 빗는 각종 빗과 심지어 칫솔까지도 바꿔 쓰고, 아기에게 자기 입 안의 음식을 먹이거나 자기 숟가락으로 떠먹이면서 위험하다는 생각은 전혀 하지 않았다." 그러나 음식이 질병을 퍼뜨리는 매개체가 될 수 있다는 사실을 잘 몰랐던 이전 사회에서도, 어떤 특정한 종류의 음식을 먹거나 병에 걸린 사람과 접촉한 음식을 먹으면 병에 걸릴 수 있다는 사실을 전혀 몰랐던 것은 아니다. 또한, 그들이 식품의 청결성에 대해 무관심했던 것도 아니다. 따라서 세균과 위생 관련 개념들이 일반 대중에게 널리 알려지기 전에도, 일부 사회에서는 비록 공손함과 정중함을 보여주는 것에 불과하지만 이미 식탁 예절과 식사 예법을 꾸준히 개발해왔다. 그런 예절은 특정한 유형의 식사 행동들을 금지했는데, 그런 행동이 지저분하기 때문만이 아니라 다른 사람들이 그 지저분한 행동을 보고 음식이 불결하거나 맛없다고 생각할 수 있기 때문이었다.[47]

흥미롭게도, 음식을 여럿이 나눠 먹을 때 숟가락 대신 젓가락을 사용하는 것은 다른 사람들과 친해지고 싶은 바람과 식품 오염에 대한 걱정을 적절히 고려해 취한 조치다. 젓가락은 올바른 방향으로 적절히 주의해 사용하면 사람의 침 때문에 음식이 오염되는 것을 최소화할 수 있기 때문이다. 젓가락은 숟가락에 비해 크기가 작다. 또한 음식을 집는 쪽 끝이 뾰족해서 음식물을 정확하게 집을 뿐 아니라, 한 접시에 담긴 다른 음식물을 건드리지 않고 젓가락질을 할 수 있다. 한국인의 식사 관습이 바로 그 좋은 예다. 한국인은 밥 먹을 때 숟가락과 젓가락을 모두 쓰지만, (김치 같은) 반찬을 먹을 때는 숟가락이 아니라 젓가락으로 먹는 경우가 많다. 그 이유의 하나는 쌀밥이나 곡물음식을 먹을 때 쓴 숟가락에는 밥알이나 곡물 부스러기가 붙어 있게 마련이므로 지저분해 보이기 때문이다. 그리고 한국인은 지저분한 숟가락을 탐탁잖게 생각한다.[48] 음식을 여럿이 함께 나눠 먹는 식사가 처음 시작된 중국에서, 대다수 중국인은 전통적으로 음식을 나눠 먹을 때 숟가락은 거의 안 쓰고 젓가락만 썼다. 실제로 모든 사람이 함께 나눠 먹기 위해 식탁에 차려진 커다란 국그릇에 누군가가 먹던 숟가락을 넣는 행동은 전혀 용납할 수 없는 짓으로 여겨졌다. 그런 경우에는 대개 먼저 각자가 자기 그릇에 국을 떠 담을 수 있는 서빙용 숟가락이나 국자가 필요했다.

대체로, 음식을 여럿이 나눠 먹는 식사가 사람들 사이에 널리 퍼지면서 젓가락은 더욱 그 진가를 발휘했다. 하나의 식사도구로서 젓가락은, 대다수 사람들에게 여전히 곡물이 아닌 음식뿐 아니라 주식인 곡물음식을 집어 먹는 데도 사용되었다. 그렇게 젓가락은 주된 식사도구가 된 반면, 숟가락은 2차 식사도구로 전락했다. 그리고 젓가락은 숟가락과 비교해 용도가 더욱 다양하고 융통성이 많다. 사람들은 젓가락으로 자기가 바라는 것이 무엇이든 그것을 바라는 만큼 덜어낼 수 있다. 중국의 고고학자들에 따르면, 명나라 때 젓가락의 역할이 더욱 중요해지면서, 숟가락과 젓가락이 무덤에 함께 묻히는 일은 더 이상 발생하지 않았다. 대신, 명나라 때 고분에서는 숟가락보다 젓가락이 더 많이 발굴되었다. 이것은 숟가락과 젓가락 사용이 분리되기 시작했음을 뜻한다. 이런 추세는 청나라 때까지 이어졌다. 명나라와 청나라 때 젓가락은 그 이전 시대의 젓가락과 비교할 때 더욱 세련되었다. 그 시대에 사용된 젓가락은 나무젓가락이든 대젓가락이든 금속 젓가락이든 화려한 장식과 조각 문양이 있었는데, 그것은 젓가락이 식사도구로서 그만큼 중요해졌다는 뜻이다.[49]

물론 숟가락과 젓가락의 위상이 이렇게 뒤바뀌었다고 해서 아시아 지역에서 숟가락이 사라지지는 않았다. 다만 숟가락은 곡물이 아닌 음식, 특히 국을 먹을 때 보조 도구로서 새로운 역할을 부여받았다(한국인은 앞서 말했듯이, 비록 국에 밥을 말아 먹는 사람들도 있지만, 곡물음식인 밥을 먹을 때도 예외적으로 숟가락으로 먹는다). 냄비에 끓인 뜨거운 음식을 먹는 것이 좋은 예라 할 수 있다. 젓가락은 국이나 탕에 들어 있는 건더기를 꺼내 먹을 때뿐 아니라 거기에 식재료를 넣을 때도 꼭 필요한 도구다. 그러나 결국 사람들은 모든 식재료의 맛이 녹아들어간 국물을 마시고 싶어한다. 그러려면 국자나 숟가락이 필요하다. (아직 식지 않은) 냄비에 입을 대고 국물을 마시는 것은 현실적이지 않기 때문이다. 이와 같은 숟가락의 역할 변화는 그것의 디자인에서도 볼 수 있다. 앞서 말한 단검 모양의 숟가락인 '비'를 사용하지 않은 지는 이미 오래되었다. 18세기에 '국숟가락'(탕치湯匙)이라고 부르는, 달걀 모양의 새로운 도자기 숟가락이 중국에서 널리 쓰이기 시작했다. 그것은 오늘날 숟가락처럼 둥글고 깊게 팬 모양인데 쉽게 국물을 담을 수 있게 설계되었다. 이 숟가락은 나중에 일본으로도 전파되어 '떨어진 연잎'이라는 뜻의

'지리렌게散り蓮華'라는 이름을 얻었다. 이 새로운 국숟가락의 인기는 중국을 비롯한 젓가락문화권의 식사도구로서 숟가락과 젓가락의 역할 변화를 완결했다.

숟가락의 디자인이 발전하는 동안, 젓가락은 이름이 바뀌었다. 고대 중국에서 젓가락은 '쭈'라고 발음하고 대나무나 나무를 나타내는 어근을 가진 글자[箸]를 썼다. 그러나 명나라 때 중국 동남부 양쯔강 하류 사람들은 젓가락을 '콰이즈筷子'(몸놀림이 빠른 작은 사내아이라는 뜻)라고 부르기 시작했다. 육용陸容(1436~1494)은 자신이 쓴 《숙원잡기菽園雜記》에서 대운하를 항해하는 뱃사람들이 미신 때문에 젓가락에 새로운 이름을 붙였다고 설명한다. 중국어로 '돕다'는 말을 '쭈助'라고 하는데, '멈추다'라는 말도 '쭈住'라고 발음한다. 그런데 항해할 때 '멈추다'라는 말은 금기어다. 그래서 뱃사람들은 젓가락 명칭을 '빠르다'는 뜻의 '콰이快'라는 말에 접미사 '즈子' 또는 '얼儿'을 붙여서 '콰이즈快子' 또는 '콰이얼快儿'이라고 바꿔불렀다. 나중에는 대나무[竹]를 의미하는 어근을 '콰이' 자의 상단에 붙여[筷] 일반적인 젓가락의 재질을 표시했다.

밥 먹을 때 숟가락 대신 젓가락으로 먹기 시작할 때 그랬듯이, 이와 같은 젓가락의 명칭 변경도 아래로부터 시작되어 매우 서서히 상류층으로 전파되면서 명나라 때 학자인 이예형李豫亨도 자신의 저서 《추봉오어推篷寤語》에서 젓가락을 '콰이즈'라고 썼다.[50] 따라서 사람들은 오랫동안 '쭈'와 '콰이즈'를 서로 혼용해 썼다. 18세기 말에 나온 유명한 소설 《홍루몽紅樓夢》에서 저자(들)는 젓가락

을 '쭈'와 '콰이즈'로 번갈아 썼다. 19세기까지 '콰이즈'는 방언 취급을 받았다. 학자들이 여전히 '쭈'를 더 즐겨 썼기 때문이다.[51] 그러나 시간이 흐르면서 현대 중국어에서 '콰이즈'를 점점 더 많이 수용한 반면, '쭈'는 역사적 용어가 되었다. 하지만 중국 이외의 다른 젓가락문화권에서는 젓가락을 가리키는 명칭이 바뀌지 않았다. 한국에서는 '젓가락(저)', 일본에서는 '하시はし', 베트남에서는 '두어đũa'라고 부르는데, 모두 중국어의 '쭈'에서 파생된 것으로 추정된다.

6장

떨어질 수 없는 한 쌍:
선물, 은유와 상징으로서 젓가락

젓가락은 고대 중국에서부터 날마다 쓰는 식사도구가 된 이래

문인과 시인, 사상가들의 사랑을 받는 대상이 되었다.

학자들은 안정된 통치를 위한 정치적 지혜를 제공하기 위해

젓가락의 여러 특성을 철학적으로 이해하지만,

문인들은 인간의 슬픔, 고뇌, 놀람을 효과적으로 표현하기 위해

젓가락을 은유의 수단으로 이용한다.

먹는 즐거움은 중국에서 매우 중요한 의미가 있다. 그리고 지난 수십 년 동안 요리는 결핍의 시기뿐 아니라 풍요의 시기에도 지나친 기대와 주목을 받아왔다. 그것은 이제 평범한 요리이기를 끝내고 하나의 예술로 성장하고 발전했다. 음식은 지금까지 여러 예술 매체를 통해, 특히 시와 문학, 민속을 통해 그려졌다. 이런 이야기와 음식에 관한 생각들은 점점 더 사람들의 마음을 사로잡으며 후세에게 계승되었다.

– 도린 옌 헝 펑Doreen Yen Hung Feng,《중국요리의 즐거움The Joy of Chinese Cooking》

젊어서는 푸르고, 늙어지면 누렇게 되지만,

사람들의 마음만은 한결 같지요.

쓰든 달든,

언제나 모든 맛을 보지요.[1]

한나라 때 살았던 탁문군卓文君이라는 여인이 자신의 연인이었던 사마상여司馬相如(기원전 179~127)에게 이 시를 써서 바치면서 젓가락 한 쌍을 그에게 주었다고 한다. 사마천은 자신의 걸작《사기》에서 두 사람의 사랑 이야기를 꽤 상세하게 기록하여 중국 역사에 길이 남을 이야기로 만들었다. 사마상여는 당시 널리 유행한 문학 장르였던 부賦*의 대가로 널리 알려진 저명한 문인이었다. (예컨대, 3장에서 언급했듯이, 3세기에 속석은 밀가루반죽음식에 관한 부〈병부餅賦〉를 지었다.) 사마상여의 명성이 날로 높아지면서, 주변에서 청혼이 밀려들었다. 하루는 그 지역의 거부인 탁왕손卓王孫이 그를 연회에 초대했다. 사마상여는 마지못해 초대에 응했다. 그는 연회에서 부를 읊어 많은 칭송을 받았다. 남편을 여의고 미망인이 된 지 얼마 되지 않은 탁왕손의 딸 문군은 사마상여의 재능에 흠뻑 취해 그와 사랑에 빠지고 말았다. 그러나 그녀의 아버지는 사마상여가 가난했기에 그들의 사랑을 인정하지 않았다. 하지만 두 사람은 쓰촨성 청두로 몰래 도망을 쳤다. 결국에는 그녀의 아버지도 그들의 결혼을 허락할 수밖에 없었다.

탁문군의 시는, 그녀가 비록 사마상여와 함께하기로 마음을 먹기는 했지만 두 사람의 사랑이 지속될 수 있을지 아직 조금은 불확실하다는 마음을 무심코 드러낸다. 그래서 그녀는 사마상여에게 자신의 바람과 소망을 담아 젓가락과 시를 함께 선사했다. 지금의 이 아름다운 시는 젓가락을 선물한 이야기와 마찬가지로 후세 사람들이 만들어낸 것일 가능성이 크다(이에 관한 내용은 사마천의《사기》에 나오지 않는다). 그러나 젓가락은 늘 한 쌍으로 사용되어 서로 떨어질 수 없는 사이임을 상징하기 때문에, 젓가락문화권에서

---

* 산문과 운문이 혼합된 형식의 중국 고대 문체.

는 아주 오래전부터 신혼부부를 위한, 그리고 부부와 연인이 사랑의 징표로서 주고받는 가장 좋아하는 선물이 되었다. 일본인은 행운과 축복을 빌러 신사神社에 갈 때, 여러 종류의 젓가락을 사기도 한다. 일본인에게 가장 인기 있는 젓가락이 두 가지 있다. 그중 하나가 '연인 젓가락'이라고 하는 '엔무스비바시縁結び箸'이고, 다른 하나가 '부부 젓가락'이라고 하는 '메오토바시'다. 이 젓가락들도 일본 가정에서 사용되는 보통 젓가락과 마찬가지로 길이가 다르다. 대개 남성용 젓가락은 여성용 젓가락보다 조금 길다(남성용은 20~21센티미터, 여성용은 18~20센티미터).[2] 이 젓가락은 신사 말고 일반 가게에서도 살 수 있고 연인과 부부는 선물로 받기도 한다.(그림 21)

마찬가지로 중국 전역에 걸쳐 중국인과 소수민족들 사이에서 젓가락은 인기 있는 결혼 선물일 뿐 아니라 결혼 예식에서 많이 쓰이는 물건이다. 란샹은 자신의 책에서 다양한 결혼 풍습을 묘사했는데, 그 가운데 많은 것이 젓가락을 이용하는 방법이다. 예컨대, 중국 북서부 산시山西성*에서는 대개 신부 아버지가 곡물이 조금 담긴 병 두 개를 마련해두고 신랑과 그의 들러리가 신부를 데리러 오기를 기다린다. 신랑이 신부 집에 도착하면 신부 아버지는 빨강 끈으로 이 병들과 젓가락 한 쌍을 묶는다. 그러고나서 이것을 신랑

---

* 산시(山西), 산둥(山東), 허난(河南), 산시(陝西) 네 개 성을 하나의 구역으로 보고, 이 구역을 북방이라 한다. 그중 산시(山西)성은 (중국 전체로 보면 동쪽에 있지만) 서쪽에 있다고 보아 북서부라 한 것이다. 이런 지역 구분은 현대 중국이 아니라 한족의 통일 왕조인 진·한나라에서 당·송나라 시기에 굳어진 것이다.

과 신부 두 사람에게 주는데, 젓가락처럼 두 사람이 결혼한 뒤에도 떨어지지 말고 사랑을 지속하라는 바람을 담은 것이다. 산시성의 또 다른 곳에서는 신부 집안에서 신혼부부에게 건넨 젓가락은 신부 아버지가 신랑 집안에 신부 지참금을 전달한 뒤, 결혼 축하연에서 대개 신랑의 남동생이나 남자조카가 가장 먼저 사용한다. 부부의 떨어질 수 없는 인연을 강조해야 하니 젓가락은 되도록 동일하고 표면이 매끄러워야 한다. 부부의 완벽한 '어울림'과 앞으로의 '순탄한' 삶을 기원하는 마음을 나타내기 위해서다.[3] 다시 말해, 이곳의 결혼용 젓가락은 일본의 '부부 젓가락'처럼 색깔, 디자인, 길이가 서로 다르면 안 된다.

젓가락은 그 '불가분성' 때문에 청혼이나 새로운 관계의 선언에 유용한 도구가 되었는데, 일본의 '엔무스비바시'가 후자의 예다. 중국 구이저우貴州성에 사는 거라오仡佬족 사람들은 젊은 남자가 사랑하는 사람을 발견하면, 그의 어머니가 청혼하기 위해 여자 집에 붉은 종이로 감싼 젓가락 한 쌍을 들고 간다. 보통 이럴 때 그녀는 말 한마디 보낼 필요가 없다. 그녀가 가져간 젓가락이 이미 자신의 의중을 명백히 대변하기 때문이다.[4] 이런 풍습이 언제 시작되었는지는 아무도 모른다. 그러나 청혼에 젓가락을 이용한 사례는 중국에서 오래전부터 발견되었다. 13세기 한 기록에 따르면, 어떤 남자가 어떤 여자와 결혼하고 싶다면 그는 여자의 부모를 찾아가 청혼하고 그녀 집안의 허락을 얻어야 한다. 그런 경우에 그는 예비 장인, 장모에게 많은 선물을 가져갈 것이다. 그의 청혼이 받아들여지면, 예비 신부의 부모는 비단 두루마리와 보석 같은 물품을 포도주가 아닌 물이 담긴 술잔 2개와 함께 남자 집에 보낸다. 예비 신부 집에서 보내는 물품 가운데 무엇보다 중요한 것은 젓가락 한 쌍과 청파green scallion 두 개, 금붕어 네 마리인데, 두 사람의 결혼을 승낙한다는 표시이기 때문이다. 그때 보내는 젓가락 한 쌍을 '훼이위쭈回魚箸'(돌려주는 물고기와 젓가락이라는 뜻)라고 부른다. 아쉽게도 그 기록에는 이것들이 각각 무엇을 의미하는지 명시되어 있지 않다. 그러나 그런 물품을 보내는 것은 약혼식을 치르는 데 꼭 필요한 과정 같아 보인다. 이 기록에 따르면, 일부 부유한 집안은 자신의 재력을 과시하고 청혼에 대한 굳은 약속을 보여주려고 금붕어와 젓가락, 청파를 실물이 아닌 금이나 은, 비단으로 만들어 보내기도 했다.[5]

신부 집에서 젓가락을 선물로 보내는 것은 이해할 만하다. 젓가락은 생활필수품이었기 때문이다. 다시 말해, 젓가락은 삶 자체를 상징하는 은유, 일종의 환유다. 결혼은 인생의 새로운 출발을 의미하기에, 중국의 많은 결혼 풍습에는 그런 상황을 표시하기 위해 젓가락을 이용한다. 이런 예는 무수히 많다. 중국 북서부의 일부 지역에서는 신부가 결혼해 살 집으로 가려고 부모의 집을 떠날 때, 부모와 함께했던 삶에 작별을 고하는 의식으로 젓가락 한 쌍을 바닥에 던진다. 또 다른 곳에서는 신부 집의 남자들—그녀의 남자 형제나 아버지—이 신부가 집을 떠나는 순간에 젓가락 한 쌍을 바닥에 던진다. 신부는 새집에 도착하면, 새로운 삶을 받아들이는 것을 상징하는 몸짓으로 또 다른 한 쌍의 젓가락을 집어 든다. 새로운 젓가락 한 쌍을 집어 드는 것은 그녀가 아내로서 새 가정을 행복하게 만드는 책임을 짊어지는 데 한몫한다는 것을 암시한다. 신혼부부의 집에서 신랑 집 사람들이 젓가락을 숨기고는 신부에게 그것을 찾게 하는 전통도 있다. 이것은 신부의 능력을 상징적으로 시험하는 것이다. 그녀가 감춰진 젓가락을 찾는 과정에서 직면하는 여러 어려움은 그녀가 새로운 삶을 살면서 닥치게 될 문제들에 대한 우호적인 경고 구실을 한다.[6]

중국의 일부 소수민족 사람들은 젓가락을 결혼식에서 훨씬 더 중요하게 생각하는 경향이 있다.(그림 29) 중국 남동부 산악지대에 살고 있는 시畬족에게는 결혼해서 집을 떠나는 딸이 형제자매들과 마지막 식사를 할 때 그들에게 젓가락과 밥그릇을 건네는 전통이 있다. 작별의 인사이면서 자신을 대신해 부모를 잘 보살펴달라는 부탁이다. 후난성의 야오瑤족 사람들에게는 결혼 축하연에서 연회 진행자가 먼저 양손에 젓가락을 들고 신혼부부에게 동시에 밥을 먹이는 풍습이 있다. 반면, 만주의 다우르達斡爾족 사람들은 신혼부부가 젓가락 한 쌍으로 찰밥 한 그릇을 함께 비우게 한다. 풍습은 서로 다르지만, 이들에게 젓가락은 신혼부부가 함께 삶을 살아가면서 서로 협력하는 것이 얼마나 중요한지 일깨워주는 유용한 도구다. 마지막 예에서 젓가락이 '떨어질 수 없는 사이'를 상징한다면 찰밥은 부부 간의 다정다감한—부드러우면서도 끈끈한— 관계를 소망하는 마음을 의미한다고 볼 수 있다.[7]

5장에서 살펴본 대로, 명나라 때의 명칭 변화 덕분에 젓가락은 쭈 대신 콰이즈로 알려지게 되었다. 흥미롭게도, 뱃사람들이 빠른 항해를 바라는 마음으로 젓가락을 콰이즈라고 불렀을 때, 그들은 아마 '콰이'라는 말이 '르乐'와 합쳐져서 '행복'을 의미하는 '콰이르 快乐'가 되리라고는 생각지 못했을 것이다. 그처럼 젓가락은 축하용 으로 점점 수요가 많아졌다. 단순히 많은 음식을 먹기 위해서만은 아니었다. '즈子'는 '콰이즈'에서 단순한 접미사지만, '아들'이나 '자 식'이라는 의미를 가질 수도 있었다. 따라서 상상력을 더욱 발휘하 면, 콰이즈는 '자식 또는 아들을 빨리 낳는 것'으로 이해될 수도 있 었다. 이 새로운 의미는 젓가락이 명나라 때부터 지금까지 결혼 선 물로 각광받는 이유를 알 수 있게 한다. 실제로 젓가락의 명칭 변 경과 관련이 있는 이 상서로운 의미는, 결혼 선물이나 신혼부부의 순조로운 출발뿐 아니라 금방 자식을 얻기를 바라는 부적으로서 신혼부부에게 반드시 필요한 물품으로 여기게 만들었다.

결혼식에서 젓가락을 던지는 행위 또한 점점 더 기세를 넓혔다. 저장성에서는 신혼부부가 침실에 들었을 때, 하객들이 창을 통해 젓가락 한 다발을 방 안에 집어던져—당시에 창문은 창호지를 발 라 가렸다— 방바닥에 떨어뜨리는 옛 풍습이 있었다. 부부가 빨 리 아기를 만들기를 바라는 마음의 표시였다. 또 피로연에서 여 러 쌍의 젓가락을 바닥에 집어던지면서 축가를 부르거나 건배하 기도 했다. 젓가락은 행운을 부르는 부적이어서, 많은 하객이 바닥 에 떨어진 젓가락을 집어서 집에 가져가고 싶어했다. 장쑤성의 일부 지역에는 신랑이 하객들에게 선물로 젓가락을 나눠주는 풍습이 있다. 반면, 허난성에서는 신랑신부의 일가친척들이 신혼부부의 행운에 함께 묻어가기 위해 결혼식에서 젓가락을 몰래 '훔치기'도 한다. 서양의 결혼식에서 여자 하객들이 신부가 던지는 꽃다발을 받고 싶어하는 것처럼, 중국의 하객들은 그런 경우에 젓가락을 받고 싶어한다.[8]

다른 아시아 나라에서는 중국처럼 젓가락의 이름을 바꾸지는 않았지만, 사랑과 결혼에 관한 설화들에 젓가락이 자주 등장한다. 베트남에 전해지는 설화 가운데 '마디가 100개인 대나무' 이야기가 있다. 옛날에 한 마을에 예쁜 딸을 둔 사람이 살았는데, 그 집에는 부지런하고 말 잘 듣는 젊은 하인이 한 명 있었다. 그런데 그 하인이 그 집 딸과 사랑에 빠졌다. 주인이 "열심히 일하는 사람에게 딸을 시집보낼 것이다."라고 약속했기에 그 하인은 주인 딸과 결혼하고자 했다. 그러나 주인은 나중에 마음을 바꾸어 마을 최고 부자에게 딸을 시집보내려고 했다. 그러자 그 젊은 하인은 주인에게 결혼식을 치르려면 대젓가락이 많이 필요할 텐데, 누구든 대나무 마디가 정확하게 100개인 대나무를 발견하는 사람이 딸과 결혼할 수 있게 해달라고 제안했다. 주인은 그 제안을 받아들였다. 젊은 하인은 어떤 마법의 힘 덕분에 마디가 100개인 대나무를 찾아(또는 만들어) 집으로 가져왔다. 그 결과, 그는 마침내 주인의 딸과 결혼하는 꿈을 이루었다.[9]

일본인은 젓가락을 인간이 태어나서 죽을 때까지 그의 생명

을 지탱해주는 '생명의 지팡이', 즉 '세이메이노쓰에生命の杖'라고 부른다. 이처럼 젓가락은 인생에서 중요한 날을 축하해주는 표식으로 사용되었다. 예컨대, 아기가 태어난 지 100일째 되는 날—하지만 빠르면 7일째, 늦으면 120일째 되는 날로 할 수도 있다—에 어른이 아이에게 채색하지 않은 버드나무 젓가락으로 쌀밥 한 그릇을 먹이는 의식을 치른다. 그 의식에 사용된 젓가락을 '오쿠이조메바시お食初め箸'라고 하며, 그 의식은 '오하시조메시키お箸初め式'*라고 부른다.[10] 물론 그렇게 어린 아기가 젓가락을 쓸 줄 모르는 것은 당연하다. 그 의식의 목적은 아이에게 젓가락을 선보이는 것이다. 그것이 '생명의 지팡이'이기 때문이다. 거기에는 아이들이 굶주리지 않고 편안하게 살기를 바라는 마음이 담겨 있다. 또한, 일본인은 노인에게 인생의 중요한 이정표가 되는 중요한 생일에 특별한 젓가락을 선물하며 장수를 기원하고 축하하기도 한다. 생명을 연장하는 젓가락이라는 '엔메바시延命箸', 수명을 연장하는 젓가락이라는 '엔주바시延寿箸', 오래 사는 젓가락이라는 '조주바시長寿箸', 복을 누리며 사는 젓가락이라는 '후쿠주바시福寿箸'가 그것이다. 이 젓가락들은 대개 노인이 예순한 살, 일흔 살, 일흔일곱 살, 여든여덟 살이나 아흔아홉 살 되는 생일 때 선물로 받는다.[11]

일본인은 모두 새해를 경축한다. 일본의 설날인 '쇼가쓰正月'**는

---

* 초반례(初飯禮)라고도 부르는데 우리나라의 백일에 해당하는 의식이다.
** 우리말로는 정월초하루다.

가장 중요한 명절이다. 1868년 메이지유신 전까지 일본인은 음력을 사용했기 때문에 쇼가쓰가 1월 말과 2월 초 사이였다. 지금은 일본도 양력을 채택했기 때문에, 서양 세계와 같은 날 신년을 맞이한다. 하지만 설날 풍습은 옛것을 그대로 유지하고 있다. 예컨대, 설날음식은 전통적으로 버드나무를 깎아서 만든 색칠하지 않은 새 젓가락으로 먹어야 한다. '오이와이바시お祝い箸'라고 부르는 이 젓가락은 가운데가 두툼하고 둥글고 양쪽 끝으로 갈수록 가늘고 뾰족해지는 '료쿠치바시兩口箸'의 형태다.(그림 22) 한쪽 끝은 사람들이 음식을 먹을 때 쓰고, 다른 한쪽 끝은 '가미かみ'라고 부르는 신이 음식을 먹을 때 쓰기 때문에 양쪽 끝을 다 쓰는 젓가락이 필요하다.[12] 이 '신진쿄쇼쿠神人共食'(신과 인간이 함께 음식을 나눠 먹는 것)는 신도 신앙을 더욱 돈독히 한다. 일본인이 서빙용 젓가락인 도리바시를 사용해 음식을 덜어 가는 것은 바로 이 신도 의식에서 유래하였다. '가미'에게 음식을 바친 뒤, 제주는 도리바시로 의식에 참여한 사람들에게 제사음식을 골고루 나눠준다.[13]

오이와이바시는 신도 신앙과 불교의 영향으로 대개 채색하지 않은 백목으로 만든다. 신도 신앙이 인간계와 자연계의 직접 소통을 중요하게 생각한다면, 불교의 교리는 인생의 단순함을 강조한다. 또한 오이와이바시는 대개 버드나무로 만드는데, 음력을 쉴 경우 새해는 초봄에 시작되게 마련이기 때문이다. 그때쯤 버드나무는 이미 싹이 터서 대개 다른 나무보다 일찍 봉오리를 맺는다. 따라서 버드나무를 쓰는 것은 생명의 활력을 찬양하는 것이다.[14]

료쿠치바시의 몸통 가운데가 둥근 것은 신년 소망을 나타내는 특별한 의미가 담겨 있다. 새해는 멋지고 비옥하고 풍성한 해가 되리라는 징후와 기대를 표시한 것이다.[15] 축하용 젓가락을 뜻하는 오이와이바시는 또한 성년의 날이나 어린이날 같은 다른 경축일에도 사용된다. 이와 같은 축하용 젓가락은 '평소에 쓰는 젓가락'을 일컫는 '게노하시藝の箸'에 대응하는 말로 '경사스러운 공식 행사 자리에서 쓰는 젓가락'이라는 의미로 '하레노하시晴の箸'라고도 부른다. 아무런 장식이나 채색 없이 나무로만 제작되는 축하용 또는 공식 행사용 젓가락은 대개 그 행사를 위해 새로 구입하는데, 행사가 끝나면 버리는 것이 일반적이다. 신도 신앙에 따르면, 채색하지 않은 이런 나무젓가락은 입에 한 번 들어갔다 나오면 사람의 영혼이 붙어 씻어낼 수도 없기 때문에, 쓰고나면 버려야 한다. 그렇게 젓가락을 버리는 행위는 인간과 신이 서로 소통 관계를 맺는 것을 의미한다.[16] 반면, 일상용 젓가락은 한쪽 끝만 뾰족한 형태이며 오랫동안 쓰기 위해 옻칠을 하는데, 신과 음식을 나누는 데는 쓰지 않는다. 오늘날 평소에 가장 많이 쓰는 젓가락은 대개 신도 신앙에서 말하는 신성성과 전혀 무관한 플라스틱으로 만든다.[17]

일본말로 '하시'라고 말하는 젓가락은 다리를 뜻하는 '橋'와 발음이 같다. 일본인에게 젓가락은 인생의 중요한 갈림길에서 실제로 사람과 사람, 인간의 영역과 신의 영역, 그리고 산 자와 죽은 자, 현세와 내세 사이의 영적 소통을 이어주는 역할을 한다. 예컨대, 군인이 전쟁터에 나간 것처럼 누군가가 집을 멀리 떠나 있을 경우, 나머지 가족 구성원은 집에서 밥을 먹을 때 밥상에 그의 젓가락도 놓고 음식도 차려놓고는 한다. 이렇게 차려진 밥상을 '가게젠陰膳'이라고 부르는데, 객지에 나간 사람의 안전과 안녕을 비는 마음을 표현한 것이다. 위에서 설명하였듯이, 일본인은 어떤 사람이 쓰던 젓가락에 그의 영혼이 깃들어 있다고 믿기 때문에, 그의 안전을 기원하는 가족의 소망이 그 '다리'를 통해 전달될 수 있다고 생각한다. 사람이 한 번 쓴 젓가락에 그의 영혼이 깃든다는 이런 믿음은 일본인이 일회용 젓가락을 즐겨 사용하는 이유도 되었다. 다음 장에서 이 문제를 자세히 살펴볼 것이다.

일본인은 현세와 내세를 서로 소통시키는 행위를 '하시와타시橋渡し'(다리를 놓음. 중개 행위)라고 부른다. 따라서 젓가락은 고인을 저세상으로 보내는 마지막 임무를 완수하기 위한 장례식 때 반드시 있어야 하는 필수품이다. 갓 태어난 아기를 어른이 젓가락으로 먹이는 의식과 마찬가지로, 임종한 사람에게도 그가 가장 좋아하는 밥그릇에 젓가락 한 쌍을 꽂아서 밥을 준다. 밥그릇은 베갯맡에 두기에 그것을 '마쿠라메시枕飯'(우리말로는 '사잣밥')라고 부르고, 밥그릇에 꽂은 젓가락은 세워서 꽂는다고 해서 '다테바시縦箸'라고 부른다. 고인에게 마지막 식사를 바친 뒤, 젓가락은 일본 전통 장례식에서 한 가지 역할을 더 수행한다. 그것은 바로 위에서 언급한 하시와타시 행위다. 불교의 영향을 고려할 때, 일본인이 시신을 화장하는 것은 오랫동안 확립되어온 풍습이었다. 시신을 화장한 뒤, 상가의 가족들은 젓가락을 한 쌍씩 들고 타고 남은 잿더미에서 유골

들을 집어서 옆 사람에게 줄지어 전달한다. 이 행위는 그들과 죽은 자, 현세와 내세 사이를 영적으로 서로 연결하려는 것이다. 실제로 일본인은 "인생은 젓가락[의 사용]에서 시작해 젓가락으로 끝난다."라는 격언을 즐겨 말한다.[18]

위의 경우들처럼 젓가락이 사용되는 방식은 또한 일본의 젓가락 예법에도 영향을 끼쳤다. 하시와타시 행위를 할 때, 사람들은 젓가락으로 대상물을 집어서 다른 사람의 젓가락으로 넘긴다. 그러나 그런 행위를 식탁에서 한다면 무례하기 그지없는 짓이 될 것이다. 앞 장에서 언급했듯이, 이런 행동은 일본인이 젓가락을 사용할 때 금기시하는 것 가운데 하나로 우쓰리바시라고 한다. 일본에서는 식사할 때 젓가락으로 음식물을 집어서 반드시 접시에 덜어 먹거나 바로 입에 넣어야 한다. 음식물을 젓가락에서 젓가락으로 옮기면 안 된다. 또한 앞 장에서 말했듯이, 젓가락을 세워서 밥그릇에 꽂아두는 것은 젓가락문화권에 속한 지역 어디에서도 해서는 안 되는 행동이다. 일본에서는 임종을 앞둔 사람이나 죽은 사람에게 곡물을 바칠 때만 그렇게 한다. 중국의 여러 지역사회도 젓가락을 밥그릇에 수직으로 꽂아두는 것을 싫어한다. 불교에서 죽은 사람을 애도할 때 향을 피우는 의식과 비슷하기 때문이다.

한반도에서는 그들의 식습관을 반영해 젓가락보다 숟가락이 민속 전통에 더 많이 등장한다. 예컨대, '신비한 뱀'이라는 설화에는 한 부자(상인)의 예쁜 딸이 숟가락으로 뱀에게 음식을 먹이는 장면이 나온다. 그 뱀은 나중에 죽임을 당하지만, 그녀가 사악한 동물로 인식되는 뱀에게 베푼 친절과 행동 표시는 충분한 보상을 받았다—그녀는 나중에 양반과 결혼해 행복하게 살았다고 한다.[19] 그러나 흥미로운 것은 한국인도 결정적인 순간이 오면, 밥을 먹을 때 숟가락보다는 젓가락이 더 필수적이라고 생각한다는 사실이다. 백제 때의 설화인 '세 가지 식사도구'가 좋은 예다. 이 이야기는 이렇다. 옛날에 어떤 형제가 있었는데, 아버지가 돌아가신 뒤 형이 유산을 모두 가로채자 동생은 집을 떠날 수밖에 없었다. 동생은 산길을 가다 어떤 중에게서 밥 먹을 때 기본적으로 필요한 세 가지 도구, 즉 돗자리, 쭈그렁 박 하나, 그리고 젓가락 한 쌍을 받았다. 산을 내려오자 날이 어두워졌다. 하지만 동생은 쉴 곳도 찾지 못했고 먹을 것도 없었다. 그래서 그는 돗자리를 폈다. 그러자 갑자기 호화스러운 방들이 가득한 궁전이 나타났다. 그다음에는 바가지 속을 파냈다. 그러자 온갖 맛있는 음식이 쏟아져 나왔다. 그리고 끝으로 젓가락을 가볍게 두드리자 아리따운 여자들이 그 앞에 나타났다. 요컨대, 이 세 가지 물품—돗자리, 바가지 그릇, 젓가락—은 백제 때 한국인의 생활필수품이었다.[20](그림 30)

삼국 시대 백제의 한국인보다 더 일찍부터 밥 먹을 때 젓가락을 썼던 베트남의 민속 전통도 젓가락이 그들의 삶에서 얼마나 중요한 위치를 차지하는지 잘 묘사한다. '친아들과 양아들'이라는 제목의 민담이 그중 하나인데, 유산 상속을 둘러싼 가족 간 분쟁에 관한 이야기다. '잉어'를 뜻하는 체프라는 이름의 사내가 살았는데, 그에게는 아들이 둘 있었다. 한 명은 친자이고 또 한 명은 양자였다. 그가 죽자 아내는 큰아들인 양자가 유산을 다 물려받고 자신이 낳은 작은아들은 아무것도 물려받지 못했다고 이의를 제기했다. 이들의 가정 송사를 맡은 재판관은 먼저 그 형제가 어떻게 밥을 먹는지 확인했다. 그들에게 젓가락을 주고 밥을 먹으라고 하자, 친자는 젓가락을 적절하게 써서 밥을 먹은 반면, 양자는 젓가락을 쓰지 않고 손으로 밥을 먹었다. 재판관은 저녁 식사 때 그 두 사람에게 쌀밥과 잉어요리를 차려주었다. 양자는 생선과 밥을 다 먹었지만, 친자는 생선에 손도 대지 않았다. 재판관이 친자에게 이유를 묻자, 그는 이렇게 대답했다. "아버님 이름이 잉어를 뜻하기 때문에, [아버님을 존경하는 마음에서] 잉어는 먹고 싶지 않습니다." 재판관은 그 형제가 취한 다른 행동, 특히 서로 다른 식사 예절을 보고 동생인 친자가 형인 양자에 비해 부당한 대우를 받았다고 결론을 내렸다.[21] 한마디로, 음식을 먹을 때 젓가락을 쓰는 것은 베트남인이 가정교육을 잘 받았는지 아닌지 판단하는 기준이 되었다.

젓가락 사용이 인생에서 그렇게 중요한 의미를 지니고 있기에, 젓가락은 삶의 여러 상황에서 수많은 의미와 결부되었다. 예컨대, 중국의 좡壯족은 일본인처럼 아이의 첫돌 같은 특별한 날에 젓가락으로 축하한다. 돌을 맞은 아이의 부모가 아이에게 면이 긴 국수 한 그릇을 먹이는데, 이때 사용하는 젓가락은 평소에 쓰는 것보다 길다. 긴 국수와 긴 젓가락은 아이가 앞으로 살아갈 삶에서 장수하기를 바라는 마음을 담은 것이다.[22] 이처럼 생일음식을 집어 먹으려고 긴 젓가락을 사용하는 것은 조금 특별한 경우다. 그러나 생일에 국수를 먹는 풍습은 중국을 비롯한 여러 곳에서 아주 일반적인 일이다. 그것 또한 역사가 매우 오래된 풍습으로, 당나라 때 이미 널리 행해지고 있었다.[23] 장수는 행운을 뜻한다. 따라서 옛날 중국에서는 일부 점쟁이가 점을 칠 때 젓가락을 사용했다. 이런 일은 10세기 초부터 민간에서 꾸준히 인기를 끌면서 젓가락에 마법의 신비한 힘이 있다는 믿음을 심어주었는데, 19세기 말에는 일부 중국인에게 일종의 종교적 의식까지 되었다. 그들은 정기적으로 젓가락 정령이나 젓가락 신, '콰이즈션筷子神'에게 제사를 드리고 행운을 빌었다.[24]

일본에서도 점을 칠 때 젓가락을 사용했는지는 알 수 없다. 그러나 축하용 젓가락이 가운데는 굵고 둥근 모양이면서 양쪽 끝으로 갈수록 가늘어지는 료쿠치바시 형태를 취하는 이유를 알려주는 유명한 전설이 하나 있다. 그것은 짧은 인생을 살다간 아시카가 요시카쓰足利義勝(1434~1443)라는 쇼군과 관련이 있다. 아시카가 요시카쓰는 아버지 아시카가 요시노리足利義教(1394~1441)가 자신의 참모들 가운데 한 명에게 살해당한 뒤, 1441년 어린 나이로 얼떨결에 쇼군이 되었다. 그로부터 몇 달 뒤, 음력 1월인가 5월인가에 이 어린 쇼군은 연회를 열어 장수들을 초대했다. 그가 부침개를 먹고 있을 때, 갑자기 그의 젓가락이 반쪽으로 부러졌다. 그러고나서 가을에 그는 말을 타고 여행하다가 뜻밖의 일로 말에서 떨어져 열흘 뒤에 죽었다. 그래서 아시카가 요시카쓰의 뒤를 승계한 그의 동생 아시카가 요시마사足利義政(1435~1490)는 그런 불행이 다른 사람들에

게 닥치지 않도록 하려고 젓가락의 가운데 부분을 두툼하고 단단하게 만들어 쉽게 부러지지 않게 했다.[25]

중국의 역사에서는 부러진 젓가락이 불시의 죽음을 암시하는 유사한 사례를 전혀 찾아볼 수 없다. 그러나 자신의 단호한 결의를 보여주기 위해서 젓가락을 꺾는 경우는 있다. 당나라 역사에 따르면, 현종(재위 847~859)은 어느 날 자신의 딸 영복永福공주에게 시집을 가라고 명령했다. 그러나 그녀는 그 명령을 절대로 받아들일 수 없었다. 그래서 아버지와 식사를 하는 도중에 항의의 표시로 자기 젓가락과 숟가락을 부러뜨렸다. 만일 강제로 결혼시킨다면 자살할 것임을 암시하는 그녀의 행동은 마침내 아버지의 마음을 돌렸다. 당현종은 나중에 영복공주를 대신해 다른 공주를 시집보냈다.[26] 상징적으로나 정신적으로나 젓가락이 인생을 표현하는 정도는 확실히 사람마다 다르다. 그러나 대체로 아시아 지역에서는 자기가 쓰는 젓가락에 무슨 일이 일어나면 그것을 불길하게 생각한다. 실제로 그곳에서는 심지어 젓가락을 잘못 잡거나 부주의해서 바닥에 떨어뜨리면, 그것을 상서롭지 못한 일로 여기기도 한다. 어떤 이에게 이것은 그 사람의 미래에 나쁜 일이 일어날 징조로 보일 수도 있다. 특히 인생의 중요한 갈림길에서 그런 일이 발생하면 더욱 그렇게 생각한다. 중국 왕조 시대에는 예컨대 과거 시험을 보러 가던 사람이 밥을 먹다 우연히 젓가락을 떨어뜨리면 불운한 것으로 보고 시험에서 낙방하리라고 예측했다.[27]

젓가락을 떨어뜨리는 것이 시험 낙방을 예견하는 불길한 징조라면, 젓가락을 들어 올리는 것은 그 반대를 뜻했다. 당나라에서 시를 쓰는 것은 당시의 지식인 집단인 사대부 사이에서 큰 인기를 누렸다. 당나라 때 유명한 시인 유우석劉禹錫(772~842)은 어릴 때부터 알고 지냈던 옛 친구가 과거 시험을 보러 가는 것을 배웅하면서 시를 한 편 썼는데, 거기서 이렇게 노래했다.

자네가 태어나자 맨 먼저 활이 걸렸고,
그날을 축하하는 자리에서 나는 가장 귀한 손님이었네.
나는 젓가락을 들어 뜨거운 국수를 먹었고,
하늘의 기린과 같으라고 축시를 읊었네.*28

여기서 유우석은 자신의 젓가락을 들어 올림으로써 그 젊은 친구가 과거에 합격하여 천상의 기린처럼 성공을 향해 높이 날아오르는 것을 도울 수 있기를 바랐다. 시에서 유우석이 축원했던 행운을 잡은 사람은 많지 않았다. 그러나 밥 먹는 자리에서 젓가락을 들어 올리는 것은 젓가락을 사용하는 사람들 사이에서 선의의 몸짓으로 생각되고는 했다. 그런 몸짓은 대개 주인이 손님에게 밥을 먹으라고 청할 때 나온다. 일본에서는 누구든 음식을 먹기 전에 먼저 같이 먹는 사람들이 식구든, 친구든, 손님이든 상관없이 그들에

---

* 원문: 爾生始懸弧, 我作座上賓. 引箸擧湯餠, 祝詞天麒麟.(출처: 〈송장관부거시[送張盥赴擧詩]〉 앞부분)

게 "이타다키마스戴きます"라고 말하는 것이 예의 바른 태도다. 그 말은 '이제 받아들입니다.' 또는 '이제 잘 먹겠습니다.'라는 뜻이다. 그리고 대개는 그렇게 말하면서 젓가락을 눕혀서 두 손으로 잡고 수직으로 들어 올리며 살짝 고개를 숙인다. 그 몸짓은 처음에 불교 사찰에서 시작(4장에서 말했듯이)되었는지는 몰라도, 그러면서 하는 말은 신도 신앙의 영향이 더 큰 것으로 보인다(일본에서 불교와 신도 신앙은 각종 관행이 서로 뒤섞이고 합쳐졌다). 전통 신도 신앙에서 '가미'는 어디에든 존재하기 때문에, 그 말은 식사하는 사람이 '가미'로부터 음식을 받거나 받아들이는 것을 뜻한다. 다시 말해, 이것은 사람들이 음식을 먹으려면 신의 허락을 받아야 함을 의미한다고 볼 수 있다.

조상과 혼령에게 음식을 바치는 것은 중국인에게 평범한 일이지만, 그들은 전통적으로 초자연적인 존재와 인간이 음식을 나눠 먹는 풍습이 없을뿐더러 그럴 수 있다는 생각도 하지 못한다. 그러나 혼령에게 음식을 바칠 때 젓가락도 꼭 함께 놓는데, 혼령도 음식을 먹을 때 젓가락이 필요할 것이라고 생각하기 때문이다. 이런 생각은 옛날이나 지금이나 중국의 다양한 민족 사이에서 흔한 것이다. 예컨대, 만주족은 혼령과 조상들에게 음식을 바칠 때, 늘 젓가락과 숟가락을 밥그릇 위나 옆에 놓는다. 그리고 이런 풍습은 17세기 중엽 만주족이 중국 본토에 들어오기 전, 그러니까 그들이 중국 한 나라 풍습에 충분히 물들기 전에 이미 시작되었다.[29] 제례의식이 끝나면 사람들은 밥을 먹기 시작했는데 중국의 어떤 민족에게도 신에게 식사 허락을 받은 다음에 먹는 그런 풍습은 없다.

그러나 중국인은 젓가락을 드는 행동, 즉 '주쭈擧箸'에 특별한 의미를 부여했다. 밥을 먹을 때, 먼저 식탁에서 젓가락을 들고 음식이 담긴 접시로 옮겨 음식물을 집는 행동은 아주 자연스러운 몸짓처럼 보일지 모른다. 하지만 그것이 의도된 결과든 아니든 때로는 중요한 몸짓이 될 때도 있었다. 이것에 대한 예는 과거와 현재의 역사 기록들과 문학적 비유들에서 풍부하게 나타난다. 유우석은 시에서 친구의 행운을 기원하는 마음에서 젓가락을 든다는 표현을 썼는데, 그런 문구를 그가 처음으로 쓴 것은 아니었다. 그런 표현은 당나라 때 역사가인 이연수가 쓴 역사책 가운데 하나에서 먼저 나왔다. 이연수는 남양(502~557)의 역사를 기술하면서, 모범적이고 겸손한 관리였던 여승진呂僧珍의 이야기*를 한다. 그의 겸손함을 보여주는 여러 예 가운데 하나로, 그가 황제와의 만찬에서 식탁에 놓인 젓가락을 결코 들지 않았고 음식도 먹지 않았다는 이야기가 나온다.[30] 그 이야기에서 여승진의 행동은 극히 이례적인 것으로 그려진다. 음식, 특히 황실에서 하사한 음식을 거부할 수 있는 사람은 거의 없었기 때문이다.

시간이 흘러, 여승진이 한 행동은 올바른 식탁 예절과 훌륭한 품성의 표본이 되었다. 고출高出(1574~1655)은 가난한 사람들에게 애절한 연민을 표시한 것으로 유명한 명나라 때 학자이자 관리

---

* 《남사(南史)》의 열전 제46편에 나온다.

였다. 그는 기근이 발생하여 길거리에 널린 시신들을 보면서 이렇게 썼다. "젓가락을 들〔어 음식을 먹을〕 수 있는 사람이 하늘에 울부짖으며 매달릴 리 없을 테고, 게다가 하늘은 너무 높아 〔그 울부짖음이〕 거의 들리지 않았다."[31] 고출은 슬픔에 겨웠기에 젓가락을 들어 음식을 먹을 수가 없었다. 그것은 그의 연민과 인간성을 강조하는 비유적 묘사였다. 그러나 실제 삶에서는 음식 앞에서 젓가락을 들어야 하는지 마는지, 그리고 든다면 어떻게 들어야 하는지가 중요한 문제일 수 있었다. 예컨대, 중국인의 예법에 따르면, 주인이 식사를 하라고 할 때 예의 바른 손님은 먼저 젓가락을 집어 들고 음식을 먹지 않는다. 주인이나 연장자가 먼저 젓가락을 들 때까지 기다리는 것이 예의에 맞는 행동이다. 거꾸로 손님에 대한 환대를 보여주기 위해서 주인은 먼저 젓가락을 들어 다른 사람들에게 때로는 반복적으로 음식을 먹으라고 몸짓하며 재촉할 필요가 있다. 이런 전통은 또한 다른 문화에서도 볼 수 있다. 예컨대, 집에서 밥을 먹을 때, 연장자가 먼저 젓가락을 들고 밥을 먹기 시작해야 비로소 나머지 식구들도 밥을 먹는다. 명나라 기록에 따르면, 주인이 식사하라고 하지 않았는데 손님이 먼저 젓가락을 드는 행위는 당시에 사회적으로 버르장머리 없는 행동이었다. 또한 다른 사람들은 아직 밥을 다 먹지 않았는데, 혼자 허겁지겁 먹고나서 젓가락을 식탁에 내려놓고 일어서는 것은 훨씬 더 돼먹지 않은 행동으로 간주되었다.[32]

신하가 음식을 앞에 두고 젓가락을 건드리지 않음으로써 자신의 겸손을 보일 수 있다면, 황제 또한 신하를 위해 자신이 먼저 젓가락을 잡음으로써 자신의 너그러움을 보이거나 친절을 베풀 수 있었다. 그런 경우가 5세기, 한나라 이후 북중국을 침략하여 통일한 선비족鮮卑族이 세운 북위 왕조(386~557) 때 실제로 일어났다. 북위를 세우는 데 큰 공을 세운 뛰어난 전략가 최호崔浩(381?~450)가 북위의 3대 황제인 태무제太武帝(재위 424~452)로부터 그런 대우를 받았다. 역사 기록에 따르면, 그 둘은 사이가 매우 친밀해서 황제는 자주 궁중으로 최호를 불렀다. 식사 때 부르는 경우도 종종 있었다. 황제는 최호가 밥 먹는 것을 중단시키지 않으면서 젓가락을 집어 그에게 줌으로써 그가 충분히 잘 먹고 식사를 끝마치도록 배려했다. 중국의 황제들 가운데 신하를 그렇게 배려한 황제는 없었다. 따라서 태무제의 그런 특이한 행동은 그가 최호를 얼마나 신뢰하고 아끼는지 잘 보여주었다. 그러나 최호는 황제의 이례적인 배려에 취해 여승진의 신중한 태도와는 정반대로 자만심을 드러냈다. 결국 그는 그만큼 커다란 대가를 치루고 말았다. 최호는 나중에 무고한 음모에 연루되어 황제에게 버림을 받고 죽었다.[33]

중국인은 음식을 먹으려고 젓가락을 들어 올리는 행위를 뜻하는 '주쭈'에 관한 이야기 말고도, 젓가락을 떨어뜨리거나 던지는 행위를 말하는 '터우쭈投箸'에 관한 이야기들도 쓰면서, 그런 풍습이 오랜 역사를 지니고 있다고 주장했다. 2장에서 말했듯이, 젓가락은 숟가락과 함께 진수의 《삼국지》에 일찌감치 등장했다. 유비는 조조의 말에 화들짝 놀라 들고 있던 숟가락과 젓가락을 떨어뜨렸다.

그 이후로 '터우쭈'는 누군가가 공포에 질리거나 충격을 받거나 놀란 상황을 묘사할 때 쓰는 상투적 문구가 되었다. 10세기 당나라가 멸망할 즈음, 여러 장수가 중국 본토를 지배하기 위해 서로 경쟁했다. 밑바닥에서 시작해 최고 권력에 오른 야심만만한 장군 고계흥高季興(858~929)이 그들 가운데 한 명이었다. 그는 후당後唐 왕조(923~937)와 손을 잡고 쓰촨성을 치려고 계획을 세웠지만 그것이 올바른 결정인지 확신할 수 없었다. 그가 주저하는 동안, 다른 군대가 쓰촨성을 차지했다. 고계흥이 막 식사하려 할 때 그 소식이 도착했다. 한 역사 기록에 따르면, 고계흥은 그 소식을 듣고 자신의 우유부단을 후회하며 "들고 있던 숟가락과 젓가락을 떨어뜨렸다."라고 한다. 결국 그는 영원히 쓰촨성을 장악하지 못하고 자그마한 왕국을 세우는 것에 만족해야 했다.[34]

큰 충격을 받거나 공포에 질리면 들고 있던 숟가락이나 젓가락을 떨어뜨릴 수도 있다. 하지만 또한, 어떤 특별한 감정—행복하거나 불행한 느낌, 또는 두 감정이 교차하는 느낌—을 표현하려고 일부러 젓가락을 가볍게 던지거나 바닥에 내려놓을 수도 있다. 결혼식에서 젓가락을 던지는 풍습이 그런 경우 가운데 하나다. 결혼식 날 신부가 자기가 쓰던 젓가락을 던지는 행위는 부모를 남겨두고 떠나야 하는 슬픔과 새로운 삶을 시작하는 기쁨을 동시에 표현하는 것이다. 자기가 쓰던 젓가락을 잃어버리는 것이 문학에서 대체로 불길한 징조로 비유되듯이, '터우쭈'는 대개 걱정과 좌절, 불안과 관련된 비정상적이고 부자연스러운 행동으로 묘사된다. 다시 말해, '터우쭈'는 어떤 사람이 주체하기 힘든 감정을 표현하려고 젓가락을 고의로 힘껏 내려놓는 것을 암시한다. 역사가이자 문인인 심약沈約(441~513)이 쓴 《송서宋書》에 그런 예가 나온다. 송나라를 다스린 황제들 가운데 폭군이 많았다. 따라서 내란이 끊이지 않았다. 476년에 그런 반란이 일어났는데, 황제의 사촌인 건평왕 유경소劉景素가 변덕스러운 성격에 폭정을 일삼는 10대의 어린 황제에 반기를 들었다. 그러나 그 반란은 사전에 발각되어 실패하고, 유경소는 전투 중에 죽고 말았다. 유경소가 죽은 뒤 새로운 황제의 통치가 시작되자, 그의 친척 가운데 한 명이 유경소의 정치적 충성을 변호하는 탄원서를 올렸다. 그 탄원서를 올린 진정인은 유경소가 어머니에 대해 얼마나 효심이 지극했는지 보여주는 사례를 하나 들었다. 유경소는 어머니가 밥을 먹지 않는 것을 볼 때마다 "자기도 곧바로 젓가락을 내려놓고 밥을 먹지 않았다." 그러고나서 그 진정인은 "그런 효자가 어떻게 나라에 불충할 수 있겠습니까?"라고 반문했다. 다시 말해, 질서와 가정 내에서 가족 구성원 간의 위계를 지키는 사람은 감히 나라에 반기를 드는 어떤 반역 행위도 하지 않으리라는 주장이었다.[35] 젓가락을 내려놓는다는 표현은 이런 주장을 강조하기 사용되었다.

나중에 '터우쭈'는 집안 어른에 대한 애정을 나타내기 위해서뿐 아니라 타인에 대한 연민을 표현하기 위해서도 사용되었다. 심약의 《송사》보다 한 세기 후에 등장한 진晉나라의 정사 《진서晉書》의 〈오은지 열전〉은 당시에 높이 존경받는 관리였던 오은지吳隱之(?~414)

의 어린 시절을 다음과 같이 기술하고 있다.

　　오은지는 어려서 부모를 여의었다. 어머니와 매우 친밀했던 오은지
는 어머니를 생각할 때마다 흐느껴 울었다. 이웃에 살던 친절한 한씨
부인은 그가 흐느껴 우는 소리를 들으면 젓가락을 내려놓고 식사를
멈추고 눈물을 훔쳤다. 그녀는 당시 황실의 의전 책임자로 있던 아들
한강백韓康伯에게 "때가 되면 오은지 같은 이를 나라에서 뽑아 써야
한다."라고 말하고는 했다. 몇 년 뒤, 한강백은 나라의 인재를 뽑는 책
임자 자리에 올랐다. 그러자 그는 어머니의 충고에 따라 오은지를 정
부 관리로 뽑았다.[36]

　이 기록에서 한씨 부인이 그냥 식사를 멈췄다고 표현하지 않고
'터우쭈' 행위—"젓가락을 내려놓고"—를 앞에 넣은 것은 그녀가
오은지의 상심한 마음에 얼마나 강한 연민을 느꼈는지 강조하기
위한 것이었다.

　중국에서 가장 칭송받는 시인 이백李白(701~762) 또한 자신의 슬
픔 마음을 전달하고 강조하려고 '터우쭈'라는 표현을 사용했다. 이
백은 유명한 시 〈행로난行路難〉에서 잠시 머물렀던 당나라의 수도
창안을 떠나면서 친구에게 작별을 고할 때 자신이 얼마나 슬펐는
지 노래한다. 그 시는 친구가 자신을 위해 베풀어준 거창한 송별
식에 대한 묘사—옥쟁반에 담긴 맛있는 음식과 금잔에 끝없이 부
어지는 포도주—로 시작된다. 이백은 당시의 심정을 이렇게 표현

한다. "잔을 멈추고 젓가락을 던져놓은 채 먹지를 못하고, 칼 빼들고 사방을 둘러보니 마음만 허전하네."* 여기서 또다시 나온 구절 "젓가락을 던져놓고"는 이백이 친구와 헤어지는 슬픈 마음을 강조하려고 사용된다.37

그러나 젓가락과 관련한 행동이 반드시 괴로움이나 불안과 관련되어야만 하는 것은 아니다. 오히려 행복한 상황을 축하하기 위해 젓가락을 사용할 수도 있다. 그것을 가리키려고 '지쭈擊箸'라는 신조어가 만들어졌는데, 쟁반이나 탁자 같은 것을 '젓가락으로 두드리다.'라는 뜻이다. '지쭈'의 목적은 어떤 소리를 내는 것으로, 재능이 있는 사람이라면 그 소리로 음악 연주도 할 수 있다. 하지만 그렇게 하는 것은 흔하지 않은 일이다. 젓가락으로 소리를 내는 것은 예의를 벗어나는 행동이기 때문이다. 따라서 '지쭈'는 감정을 주체하지 못하거나 황홀경에 빠졌을 때만 행해진다. 당나라 시인인 백거이는 자신의 시에서 이런 경우를 노래한다. 백거이는 826년에 유우석을 만났을 때의 상황을 다음과 같이 묘사했다. "내게 술잔을 가져와 술을 따라주어 마시니, 나는 그대와 더불어 젓가락으로 쟁반을 두드리며 노래를 부르네."** 이 장면은 정말 즐거워 보인다. 두 남자가 서로 재회를 반가워하며 반쯤 취해 노래 부르고 또 술 마시며 떠들고 노는 모습이다. 그들의 만남이 뜻밖이어서 더욱 즐거

---

* 원문: 停杯投筯不能食, 拔劍四顧心茫然.
** 원문: 爲我引杯添酒飮, 與君把箸擊盤歌.(출처: 백거이 〈취증유이십팔사군[醉贈치二十八使君]〉의 첫 소절)

웠던 모양이다. 두 사람은 시인으로서 성공했음에도 좌천되어 당나라 수도에서 강제로 밀려났는데, 그 뒤 길거리에서 우연히 만났다![38]

백거이는 자연스럽게 젓가락으로 쟁반을 두드렸다. 이런 행동은 다른 당나라 시에도 나타나는데, 그것이 보통 알고 있는 것보다 더 흔한 일이었을지도 모른다는 느낌을 준다. 사람들이 잔치에서 노래 부르며 놀 때 젓가락을 두드리며 장단을 맞추는 것이 당시 풍습은 아니었을까? 당나라 시들에서, 대체로 노래 부를 때 젓가락을 두드리는 장면이 나오는 것으로 볼 때 이 주장에 힘이 실린다.[39] 실제로 많은 기록에서 그보다 이전 시대부터 이런 행동이 나타난 것을 확인할 수 있다. 한나라 학자였던 왕충王充(27~97?)은 당시에 어떤 사람이 젓가락으로 청동 종을 쳐서 음악을 연주했는데, 나무망치로 치는 것이 더 좋을 텐데 굳이 젓가락을 쓰는 것이 이상해 보였다고 썼다.[40] 그러나 후한 때 사다리꼴 덜시머dulcimer*가 중앙아시아로부터 중국에 들어온 뒤, 중국의 음악가들은 그것을 가는 대나무 막대나 젓가락으로 연주했다. 남양의 음악가이자 시인이었던 유운柳惲(465~517)은 젓가락이나 붓으로 치터zither**를 연주할 줄 알아서 청중을 즐겁게 했다고 한다. 그 이전에는 사다리꼴의 덜시머와 매우 비슷한 중국식 치터인 '친琴'(거문고 같은 현악기)을 손가락으로

---

* 두 개의 나무망치로 철선을 두드려 연주하는 악기.
** 평평한 공명상자에 30~45개의 줄이 달린 고대 현악기.

뜯는 것이 전통적인 연주 방식이었다.[41]

당나라 사람들은 당시에 대부분의 식사도구가 한나라 때와 그 이전 시기처럼 청동으로 만든 것이 아니라 도기나 자기로 만든 것이어서, 젓가락으로 쟁반이나 그릇을 두드려 음악을 연주하였다. 따라서 수隋나라 궁중에 예속된 음악가였던 만보상万宝常(?~595)이 궁중 만찬에서 이런 방식으로 연주했다는 전설이 있다. 한번은 만보상이 막 밥을 먹으려고 할 때 어떤 사람이 음악에 관해 물었다. 만보상은 설명을 위해 적당한 악기를 찾다가 들고 있던 젓가락으로 다양한 크기의 그릇을 두드려 모든 음을 표현했다. 그의 음악성은 황제를 포함해 많은 사람을 감동시켰다. 만보상은 황제의 요청으로 궁중 음악을 작곡했지만 그의 신분은 죽을 때까지 바뀌지 않았다. 그 뒤 9세기에 곽도원郭道源이라는 궁중 음악가는 서로 다른 양의 물을 채운 다양한 크기의 자기 물병을 젓가락으로 두드려 아름다운 음악을 연주함으로써 자신의 음악적 기교를 과시했다. 그는 다양한 크기와 재질의 물병과 그 안에 채워 넣은 서로 다른 물의 양으로 연주에 필요한 모든 음을 표현할 수 있었다. 그는 또한 젓가락으로 그 물병들을 두드려 자신이 원하는 음색을 만들어낼 줄 아는 기술에 통달했다.[42]

역사가, 시인, 학자들은 젓가락이 다양한 상황에서 어떻게 쓰였는지 설명하는 것 말고도 여러 가지 젓가락에 대한 논평과 함께, 그것들에 색다른 가치와 의미를 부여했다. 그것의 가장 오래되고, 어쩌면 가장 잘 알려진 예는 물론 주왕이 상아 젓가락 쓰는 것에 대한 한비자의 비판이다. 그 사례가 세상에 널리 알려지면서, 상아 젓가락은 거의 모든 문헌에서 방탕하고 퇴폐적인 생활상을 상징하게 되었다. 그러나 실생활에서는 오히려 그와 같은 연상 작용 때문에 부자와 좋은 가문 사람들은 젓가락을 비롯해 상아로 만든 다양한 공예품을 자신의 신분과 성공, 부를 과시하는 수단으로 갖고 싶어했다. 상아 젓가락은 다른 종류의 젓가락과 비교할 때 더 깨지기 쉽고, 잘 관리하지 않으면 금방 금이 가거나 더러워지기 쉽다. 또 날마다 사용하지 않는다면 변색되기도 한다. 이런 이유들 때문에 예로부터 아시아에서 상아 젓가락이 처음 등장했을 때 일반인에게 널리 받아들여지지 않았는지도 모른다.

금 젓가락 또한 여러모로 까다롭다. 실제로 순금 젓가락은 만들기도 힘들고 만들었다 해도 상아 젓가락만큼이나 비실용적이고 쓸모가 없어서 극히 드물다. 그러나 금 젓가락은 다음의 이야기에서 알 수 있듯이, 상아 젓가락에 비해 훨씬 좋은 이미지가 있는 것 같다. 역사 기록에 따르면, 당현종(재위 712~756)이 어느 날 연회 석상에서 당시 재상이었던 송경宋璟(663~737)에게 금 젓가락을 주었다. 청렴결백하기로 소문난 송경은 처음에 황제의 의도가 무엇인지 몰라 그 값비싼 선물을 받기를 매우 주저했다. 황제는 그가 주저하는 모습을 보고 이렇게 설명했다. "내가 이 젓가락을 당신에게 주는 것은 그것이 금으로 만들어졌기 때문이 아니라, 그것이 당신[이 내게 조언할 때]처럼 곧은 모양이기 때문이오." 그제야 비로소 송경은 황제에게 감사하며 젓가락을 받았다. 역사에 기록된 금 젓가락에 대한 최초 사례들 가운데 하나로서, 송경이 금 젓가락을 얻은 이야기는 시간이 흘러 다른 기록에서도 다시 인용되었다.[43] 이처럼, 금 젓가락은 상아 젓가락과 달리 송경의 강직하고 곧은 성격을 연상시키며 윤리적으로 긍정적인 의미를 함축했다.[44] 후세 왕조들의 황실에서는 당나라 때의 선례를 따라 금 젓가락을 모아 때로는 충성심 많고 부유한 신하에게 상을 내리고 그들을 지휘하기 위해서 금 젓가락을 선물로 주기도 했다. 예컨대, 명나라의 권신 엄숭嚴嵩(1480~1567)의 소장품에서 수많은 금 쟁반과 은 젓가락이 발견되었는데, 그 가운데 금 젓가락이 두 쌍 있었다. 황제의 신망이 높은 관리였던 엄숭은 황실로부터 금 젓가락을 두 쌍이나 받았다. 명나라의 또 다른 권세가였던 장거정長居正(1525~1582)도 헌신적인 공무 수행을 인정받아 황태후로부터 금 젓가락을 하사받았다.[45]

상아와 금 말고도, 여러 종류의 값비싼 재료가 젓가락을 만드는 데 쓰였다. 실제로 상아만큼이나 구하기 어렵고 귀한 무소뿔이나 사슴뿔, 흑단 같은 것도 있고, 베트남이나 태국 등 동남아시아 일부 지역에서 나는 것으로, 동아시아에서는 보기 힘든 마호가니나 나라(말레이 파다우크) 같은 특별한 목재처럼 대개 외국에서 수입해야 해서 값비싼 것도 있다. 그런데 흥미롭게도 이런 귀한 재료로 만든 젓가락은 상아 젓가락처럼 부도덕함을 연상시키지 않았던 것처럼 보인다. 이렇게 여러 가지 귀한 젓가락 가운데 은 젓가락은 상대적으로 구하기 쉬운데, 은이 다른 금속에 비해 더 흔하고 주조하기 편하기 때문이다. 실제로 역사 기록에서 언급된 일부 금 젓가락은 금과 은을 합금해 만들어졌을 가능성이 크다. 은 젓가락은 비록 변색의 우려가 있기는 해도, 단단하고 내구성이 좋아 값비싼 소장용 젓가락으로도 실용적인 일반 젓가락으로도 모두 인기가 있다. 앞서 지적하였듯이, 중국과 한국의 고고학 발굴 유적지에서 은 젓가락이 많이 발견된 것으로 미루어볼 때, 은 젓가락은 여러 시대에 걸쳐 꾸준히 인기가 있었음을 알 수 있다. 놀랍게도, 어쩌면 은 젓가락이 상대적으로 흔하기 때문에 중국 기록에 그것에 대한 언급이 금이나 상아 젓가락만큼 자주 나오지 않는지도 모른다. 은 젓가락이 나오는 가장 오래된 사례 가운데 하나가 13세기 것으로 추정되는 작자 미상의 기록 《서호번승록西湖繁勝錄》이다. 그 기록에 따르면, 남송(1127~1279)의 수도였던 린안의 고급음식점들은 은으로 된 도구들을 써서 음식을 조리했다. 어쩌면 그것이 조금 특이한 모습이었기 때문에 기록에 언급된 것인지도 모른다.[46] 그러나 당시 사람들은 은 젓가락을 식사도구로 이미 사용하고 있었다. 명나라 때 유명한 극작가였던 탕현조湯顯祖(1550~1616)는 자작시에서 자신이 참석한 호화로운 식후 행사를 묘사하며 "은 젓가락과 금 숟가락으로 〔음식을〕 먹고 마시니 어느 누군들 취하지 않으리오."라고 한탄했다.[47] 여기서 은 젓가락은 금 숟가락과 짝을 이루어 안락하고 심지어 호화로운 삶을 상징한다. 하지만 그것을 대놓고 윤리적으로 비난하지는 않는다.

위에서 말한 값비싼 젓가락 재료들 말고도, 여러 시대에 걸쳐 젓가락을 만드는 데 쓰인 또 하나의 귀중한 재료가 있는데, 바로 옥이다. 아주 오랜 옛날부터 중국인은 옥에 깊이 매료되었다. 한국인도 어느 정도는 그렇다. 중국의 고고학 유물에서 보이듯이, 구석기 시대부터 (연)옥은 이미 일상생활과 제례용으로 다양한 물품을 만드는 데 쓰였다. 시간이 흐르면서 옥으로 만든 공예품(물병, 장신구 등)은 국가 차원의 제례 행사에서 없어서는 안 될 필수품이 되었다. 중국에서는 또한 전통적으로 남자와 여자 모두 옥을 개인의 장신구로 착용했다. 한편, 장인들은 옥으로 부자가 소장하고 싶어 하는 예술품을 만들었다. 중국에서 아주 고급 옥은 금이나 은보다 더 비쌀 때가 있다. 따라서 중국인은 옥으로 젓가락도 만들었다. 그러나 옥으로 가느다란 젓가락을 만들면 당연히 부러지기 쉬워서, 유적지에서 옥 젓가락을 발견하는 경우는 거의 없다.

하지만 옥 젓가락은 여러 기록에 자주 등장한다. 소자현蕭子顯(487~537)이 지은 《남제서南齊書》에 초기 옥 젓가락의 예가 나온다. 소자현은 다음과 같이 '부' 형식으로 옥 젓가락에 관해 썼다.

내가 아는 한, 예로부터 황제와 제후들은 소박하고 겸손한 삶을 살면 번성하되, 방탕하고 사치스러운 삶을 살면 쇠퇴했네. 황제 폐하시여, 부디 나무로 지은 방에 기거하시고 백목 침대에서 주무시길. 식사하실 때는 도기로 만든 식사도구와 표주박 그릇을 쓰시길. 옥으로 만든 비녀와 젓가락도 깨지면 흙먼지에 불과하고, 모피와 비단옷도 불이 붙으면 풀처럼 타버리고말 것을.[48]

여기서 옥 젓가락의 깨지기 쉬운 특성은 황제가 윤리적인 삶의 귀감을 보이는 것을 칭송하면서 동시에 그렇게 살라고 간언하기 위한 은유로 표현되었다.

옥 젓가락은 상아 젓가락처럼 실생활에서 다루기가 까다로워 유용성이나 편리성이 떨어진다. 그러나 문인들은 자기 작품에서 옥 젓가락을 풍자의 도구로 쓰기를 좋아했다. 소자현이 《남제서》에서 '위쭈玉箸', 즉 옥 젓가락을 언급했던 즈음에, 그 용어는 문학 기록들, 특히 당나라 때 작품들에서 반복해서 나타났다. 실제로 옥 젓가락은 금이나 은 젓가락보다 훨씬 더 큰 매력이 있는 것처럼 보인다.[49] 작가와 시인들이 옥 젓가락을 작품에서 자주 언급하는 이유가 두 가지 있다. 하나는 출세와 관련지어 행복한 삶을 상징하기 위해 옥 젓가락을 비유로 사용한다. 두보의 시가 한 예다. "금 쟁반과 옥 젓가락을 어디서도 찾을 수 없네, 이제 버찌나 먹으며 새로운 삶을 살리라." 두보는 당나라의 수도 창안에서 청두로 거처를 옮긴 뒤, 새로 이사한 집의 이웃에게서 붉은 버찌를 받았다. 두보는 이웃의 친절한 행동 때문에 창안에서의 삶이 떠올랐다. 그곳에 있을 때 황실에서 버찌를 하사받은 적이 있었기 때문이다. 따라서 '금 쟁반과 옥 젓가락'은 두보가 한때 정부 관리로서 누렸던 성공한 삶을 상징한다.[50]

옥 젓가락이 문학 작품에 자주 등장하는 또 다른 이유는 옥의 색깔이 엷고 투명해, 젓가락처럼 가늘게 만들면 마치 뺨에 흐르는 눈물처럼 보이기 때문이다. 따라서 '위쭈'는 울고 있는 사람의 이미지를 연상시킨다. 중국의 문인과 시인은 대개 눈물을 훔치는 여인들—죽은 남편을 그리워하는 과부나 궁궐의 내실에서 황제가 오기를 손꼽아 기다리고 있는 불행한 후궁들—을 묘사하기 위해 그 문구를 썼다. 서릉徐陵(507~583)이 편찬한 것으로 보이는 중요한 시 문집인《옥대신영玉臺新詠》에 수록된 시들 가운데 하나는 자신의 젊은 시절을 내실에서 왕을 기다리며 무상하게 흘려보낸 불행한 궁중 여인을 묘사한다. "옥 젓가락처럼 눈물이 가슴을 따라 흘러내리듯이, 금비녀도 흐트러진 머리에 헐거이 매달려 있구나." 또 다른 시에서는 전쟁터에 나가는 남편과 이별하며 흐느끼는 아내의 모습을 그리고 있다. "하늘에 샛별이 반짝이니, 눈꺼풀 또한 자꾸 흔들리네. 설움이 복받쳐, 눈물이 옥 젓가락처럼 흐른다."[51] 당나라 시인 이백 또한 슬프고 외로운 여인을 묘사할 때 그런 은유를 사용했다. 그는 그 여인이 사랑하는 사람과 재회하기 간절히 바라는 마음을 표현하는 편지를 쓰고 있는 장면을 보여준다. 그러고나서 그 여인은 거울을 보면서 "옥 젓가락 같은 두 줄기 눈물이, 뺨을 타고 거울 위로 뚝뚝 떨어진다."라고 노래한다.[52] 이백은 그 여인이 운다고 직접 표현하기보다는 거울 위로 눈물이 떨어질 때까지 자기가 눈물을 흘리고 있는 줄도 몰랐다고 말한다. 그녀의 눈물은 이미 옥 젓가락처럼 두 줄기로 흘러내리고 있었다.

젓가락의 색깔과 모양을 문학에서 은유적으로 사용하듯이, 젓가락의 크기와 길이를 어떤 것의 치수를 나타내는 데 비유하기도 한다. 예컨대, 두보는 한 친구가 준 쪽파를 그런 말로 칭송한다. "이

신선한 한 다발의 쪽파는 옥 젓가락처럼 둥글고 키가 크다."[53] 가사협 또한 《제민요술》에서 지난 200년에 걸친 국수 길이의 변화를 젓가락의 길이와 비교했다. 그는 식물과 채소의 길이와 모양을 묘사할 때에도, 아마 독자나 농부들이 자신의 글을 잘 이해할 수 있도록 하기 위해서인지는 몰라도, 젓가락의 길이와 모양에 대비해 표현했다.[54] 시간이 흐르고 젓가락이 점점 더 일상용품이 되면서, 그런 비교 또한 더욱더 많이 사용되고 창조적이고 익살스럽게 바뀌어갔다. 한 가지 흥미롭고, 어쩌면 특이하기도 한 비유가 명나라 때 소설 《수호전》에 나온다. 눈물을 옥 젓가락에 비유하는 것이 이미 고리타분한 어법이 된 지 오래인지라, 저자는 그런 표현을 쓰지 않았다. 대신에, 어떤 사람의 독특한 얼굴 생김새를 과장해 표현하려고 그의 두 귀가 "옥 젓가락"을 닮고 두 눈이 "금종"처럼 불룩 튀어나왔다고 썼다.[55]

요컨대, 젓가락은 고대 중국에서부터 날마다 쓰는 식사도구가 된 이래 문인과 시인, 사상가들의 사랑을 받는 대상이 되었다. 학자들은 안정된 통치를 위한 정치적 지혜를 제공하기 위해 젓가락의 여러 특성을 철학적으로 이해하지만, 문인들은 인간의 슬픔, 고뇌, 놀람을 효과적으로 표현하기 위해 젓가락을 은유의 수단으로 이용한다. 젓가락은 또한 과학과 기술 관련 기록에도 등장한다. 어떤 것의 길이와 크기, 모양의 근사치를 나타내기 위한 손쉬운 비교 대상으로 쓰기도 하기 때문이다. 특히, 젓가락을 문학의 소재로 가장 즐겨 쓴 사람은 시인들이었다. 고대부터 오늘날까지 중국의 시인들은 젓가락의 효용성과 특성을 말하는 가운데 거기에 담긴 문화적 의미를 현실 속에서, 또는 상상 속에서 탐색하면서 젓가락을 소재로 한 시를 끊임없이 썼다. 그와 관련해 몇 편의 시를 함께 읽으며 이 장을 마무리하고자 한다.

단언컨대, 젓가락에 관한 시를 지은 최초의 인물은 그리 잘 알려지지 않은 시인 정량규程良規라고 말할 수 있다. 그가 쓴 시다.

> 대젓가락이 바삐 움직이네,
> 쓰든 달든 늘 먼저 맛을 보네.
> 비록 자기는 아무것도 먹지 않지만,
> 분주히 오가며 시중드는 것을 좋아하네.[*56]

여기서 젓가락은 부지런하고 자기를 돌보지 않는 일꾼으로 의인화되어 있다. 보통 시에서 젓가락을 의인화하여 비유할 때 반복해서 가장 즐겨 쓰는 인물이다. 청나라 때 유명한 문인이자 예술품 감정가였던 원매袁枚(1716~1797)는 연민과 약간의 익살을 가미해 앞의 시와 비슷한 이미지로 젓가락을 노래한 시를 썼다.

> 바쁘네,
> 남의 입을 위해 주거니 받거니 하느라.

---

* 원문: 殷勤问竹箸, 甘苦而先尝. 滋味他人好, 乐空去来忙.(출처: 죽저[竹箸])

시고 짠 모든 맛을 보니,

너 자신은 도대체 무슨 맛을 낼 수 있을꼬?[57]

젓가락과 관련해 또 다른 인기 있는 주제는 대개 개인의 윤리성과 비교되며 칭송받는 젓가락의 강직성이다. 당나라 초기에 벌써 한 문인은 쇠부지깽이, '훠쭈火箸'의 '곧고 변함없는' 품성을 칭송하며 정부 관리들도 그렇게 행동하기를 간절히 바랐다.[58] 그로부터 200년 뒤, 원나라의 관리였던 주치(?~1213)는 자신의 시에서 이런 품성을 자세히 설명한다.

키 작은 화살처럼 생긴,

너는 온통 빨갛게 채색되어 있구나.

머리를 일렬로 맞춰서 함께 일하니,

서로 떨어질 수 없네.

쉴 때는 쟁반 옆에 있고,

일할 때는 손바닥과 손가락에 잡혀 있다.

삶은 돼지고기에서 뼈를 발라내고,

기름 두른 파에서 국수를 건져내네.

누가 헐뜯어도,

흔들리지 않고, 하던 일을 꿋꿋이 한다.

난 사람들이 너처럼 행동하길 바라지,

저 넓은 강보다 더 깊은 슬픔에도 불구하고.[59]

여기서 시인은 젓가락의 근면하고 이타적인 노고에 공감을 나타내면서 정부 관리로서 자신이 겪었던 일들과 비교한다. 아마도 강직한 관리였을 시인은 현직에 있을 때 직언을 많이 해서 주변으로부터 "헐뜯는" 소리를 많이 들었을 것이다. 그러나 그는 인생에서 젓가락이 보여주는 귀감에 고무되고 용기를 얻어, 자신의 맡은 바 직무를 게을리하거나 윤리 기준을 낮추지 않으면서 젓가락처럼 "곧은 자세를 유지"하기를 바란다.

사랑 이야기로 이 장을 시작했으니 마무리도 사랑의 시로 하는 것이 알맞을 듯하다. 젓가락은 '서로 떨어질 수 없는 불가분성'의 특징 덕분에 예나 지금이나 사랑의 시를 쓰는 사람들이 무척 애호하는 소재가 되었다. 연인이 서로의 사랑을 기억하기 위해서뿐 아니라 행복을 함께 나누기를 바라는 마음에서 부부 젓가락에 그런 사랑의 시를 새겨 넣기도 한다.[60] 아래에 나오는 시는 오늘날의 한 중국 시인이 쓴 것으로, 온라인 블로그에만 수록된 것이다. 잘 다듬어지지는 않았지만, 감동적이고 아름다운 시다. 시인은 우리가 젓가락 사용과 관련해 생각할 수 있는 거의 모든 특성—동일한 길이, 동시 작업, 음식을 맛보고 집어 나르는 역할, 그리고 심지어 대상으로서의 '과묵함'—을 말하고, 연인의 사랑을 묘사하는 데 젓가락을 효과적으로 이용한다.

두 길이가 같네,
우리의 마음이 같은 것처럼.

쓰든 달든,

우리는 삶을 함께한다네.

모든 맛을 보면서,

우리는 늘 나란히 앞을 보며 함께 사네.

우리는 서로를 알지.

우리는 늘 가까이 붙어 있어,

한마디 말도 헤집고 들어갈 틈이 없네.[61]

7장

전 세계 음식문화를
이어주는 '가교'

중국을 비롯한 아시아 이민자가 전 세계로 이주하면서

아시아음식 또한 전 세계에서 즐겨 먹는 음식이 되었고,

그것을 먹기 위해 젓가락을 사용하는 인구도 늘고 있다.

이에 맞춰 젓가락을 위생적으로 사용하는 방법이 다각도로 고안되었고,

이로써 늘어난 일회용 나무젓가락과 관계된 환경 문제도 제기되고 있다.

진정한 중국음식은 우아하고 희귀하다. 먹는다기보다는 맛본다고 말하는 것이 맞다고 할 수 있는데, 식탁에 줄줄이 나오는 음식의 종류가 방대하기 때문이다. 당신은 마치 정말 토박이인 것처럼, 여럿이 함께 먹을 음식이 담긴 접시에서 자기가 먹을 만큼 젓가락으로 덜어낸다. 위생적이고 우아한 식사 방식이다. 제비집 수프와 피단을 너무 좋아하지만 않는다면, 가격은 합리적이다. 제비집 수프는 맛있다. 하지만 오랫동안 삭힌 새알은 제발 누가 가져가기를.

— 해리 카Harry Carr, 《로스앤젤레스 : 꿈의 도시Los Angeles: City of Dreams》
(뉴욕, 1935)

용기를 내서, 의심스러운 중국 식사를 충분히 먹을 수 있도록 여러 번 젓가락질을 해보지 않고는, 말하자면 진짜 중국음식에 적극적으로 도전해보지 않고는, 중국의 참맛을 이해하고 만끽했다고 말할 수 없다.

— 조지 맥도널드George McDonald, 《중국China》
(토머스쿡 가이드북Thomas Cook guide book)(피터버러, 2002)

앞서 말했듯이, 일본어로 젓가락은 '다리'와 발음이 같다.* 아시아가 근대 세계에 통합된 뒤인 19세기 중엽 이후로, 식사도구는 실제로 아시아 대륙의 음식문화와 전 세계의 음식문화를 이어주는 한 부분으로서 역할을 수행했다. 중국음식이 "중국에서 차이나타운으로"—최근에 발간된 J. A. G. 로버츠Roberts의 책 이름— 퍼져나가면서, 젓가락 또한 젓가락문화권 바깥 지역으로 함께 널리 알려졌다. 비아시아권 사람들이 중국음식점이나 아시아음식점에서

---

* 둘 다 'はし'[하시]다.

젓가락으로 음식을 집어 먹는 것은 그곳에서 겪는 경험의 정점이
자 결정체라고 할 수 있다. 그래서 많은 중국음식점 주인은 그런
흥미를 유발하고 충족하려고, 중국이 아닌 다른 나라에서 음식점
을 할 때 가게 이름에 '젓가락'을 넣는다. 예컨대, '금 젓가락Golden
Chopsticks'과 '대젓가락Bamboo Chopsticks'이라는 이름을 많이 쓴다.¹
물론, 젓가락이 중국음식점에만 있는 것은 아니다. 일본음식점, 한
국음식점, 베트남음식점, 때로는 태국음식점에 가도 다 젓가락이
나온다. 이렇듯 젓가락 사용은 아시아음식에 대한 세계인의 호감
을 높이는 데 기여한다. 젓가락이 '다리' 역할을 한다면, 그것은 아
시아인과 비아시아인 사이의 음식문화에 그치지 않고 아시아인 사
이의 음식문화도 서로 연결한다.

　오늘날 젓가락은 글로벌한 이미지를 갖는다. 아시아의 젓가락문
화권을 여행하는 사람이라면 누구라도 젓가락을 이미 알기 때문
이다. 유럽인은 아시아를 여행하기 시작한 16세기부터, 젓가락 사
용이 중국을 비롯해 그 이웃 나라 사람들의 독특한 식사 방식임
을 발견하고 자신들의 일기와 여행기에 그런 식습관을 기록했다.
그들이 젓가락을 처음으로 언급한 내용 가운데 하나는, 1539년부
터 1547년까지 인도를 경유해 남중국에 간 포르투갈 용병 갈레오
테 페레이라Galeote Pereira가 쓴 일기에 나온다. 페레이라의 설명은
13세기 마르코 폴로의 전설적인 책 이후로 중국에 대한 유럽인의
인식을 새롭게 바꾸었다. (마르코 폴로는 우연히도 중국인의 젓가락 사
용에 관해서는 한마디도 하지 않았는데, 그들이 차를 마시는 것도 빼먹

었다.) 페레이라는 젓가락을 사용하는 중국인의 식습관이 위생적이고 문명화된 식사 방식임을 발견하고 이렇게 쓴다.

모든 중국인은 우리처럼 높은 식탁에서 의자에 앉아 고기를 먹지만 매우 깨끗하게 먹는다. 식탁보도 냅킨도 쓰지 않는데 말이다. 상에 차려지는 고기가 무엇이든, 그것은 식탁에 올라가기 전에 먼저 잘게 썰린다. 그들은 두 개의 가느다란 막대기로 고기를 먹는데, 손으로 고기를 만지는 것을 금한다. 그래서 우리가 포크를 사용할 때도 그들은 식탁보도 쓰지 않는다.[2]

유럽인은, 젓가락 사용자는 손으로 음식을 만지지 않기 때문에 아시아인이 식사 전에 손을 씻을 필요도 없음을 알았다. 포르투갈 예수회 선교사인 로이스 프로이스Louis Frόis(1532~1597)와 때마침 일본을 함께 여행하게 된 로렌소 메시아Lourenço Mexia는 자신들이 관찰한, 아시아인과 유럽인의 서로 다른 점들을 기록했다. 그들이 만난 아시아 사람인 일본인은 빵을 안 먹고 쌀밥을 먹을 뿐 아니라 식습관도 판이했다. "우리는 식사 전과 후에 손을 씻는다. 밥 먹을 때 음식에 손을 대지 않는 일본인은 손을 씻을 필요를 못 느낀다."[3] 16세기 후반에 일본을 방문한 이탈리아 상인 프란체스코 카를레티Francesco Carletti(1573~1636)가 관찰한 바에 따르면, "일본인은 이 두 개의 가느다란 막대기(젓가락)로 놀랄 만큼 빠르고 민첩하게 밥을 먹을 수 있다. 그들은 어떤 음식 조각도, 아무리 작아도,

손을 전혀 더럽히지 않고 집을 수 있다."⁴

이러니, 젓가락을 처음 보았을 때 이 유럽인들은 매우 흥미롭게 여기며 호기심을 가졌다.(그림 17) 그들은 젓가락으로 하는 식사가 매우 깔끔하고 깨끗한 것을 보았다. 음식물이 손에 묻지 않았기 때문이다. 이것은 어쩌면, 당시 유럽인이 이미 포크와 나이프를 사용하고 있던 것으로 보이지만 손으로 음식을 집어 먹는 경우도 여전히 많아 냅킨과 식탁보가 필요했다는 사실을 보여주는 것인지도 모른다. 중국에 예수회 교단을 세운 인물인 마테오 리치Matteo Ricci(1552~1610)는 유럽인에게 젓가락 사용에 대한 가장 긍정적인 인상을 준 초기 방문자였다. 리치는 당시 다른 이들의 설명에 비해 명나라의 식습관을 아주 세밀하게 묘사하여 유럽인에게 소개했다. 다른 사람들은 젓가락을 단순히 "두 개의 가느다란 막대기"라고 부른 반면, 그는 그 식사도구가 어떻게 제작되는지도 설명한다. "이 가느다란 막대기들은 흑단이나 상아처럼 쉽게 더러워지지 않는 내구성 있는 재료로 만들어진다. 음식이 닿는 끝부분은 대개 금이나 은으로 씌워 반짝반짝 광이 난다." 리치는 또한 중국에서는 연회가 "자주 열리고, 유난히 격식을 따지는데" 중국인이 연회를 "가장 높은 우애의 표시"라고 생각했기 때문이라고 설명한다. 그리고 리치가 중국인의 연회를 관찰한 바에 따르면,

그들(중국인)은 식사할 때 포크나 숟가락, 나이프를 쓰지 않고, 어떤 종류의 음식도 손을 대지 않고 들어 올려 먹기에 매우 적합한 한 뼘

반 정도 길이의 윤이 나는 가느다란 막대기들을 쓴다. 음식은 익힌 달걀이나 생선처럼 무른 것이 아니라면, 상에 올리기 전에 미리 잘게 썰려서 나온다. 가느다란 막대기들로 쉽게 나눌 수 있기 때문이다.[5]

마테오 리치는 비록 젓가락의 유용성에 깊은 감명을 받았지만, 자신이 젓가락으로 식사하려고 했는지, 했다면 중국인이 하는 것처럼 적절하게 사용했는지 여부는 밝히지 않았다. 실제로, 16세기부터 19세기까지 유럽인 선교사를 비롯한 여러 여행자가 남긴 다양한 설명 가운데 그들이 과감하게 모험심을 발휘한 흔적이 보이는 것들이 꽤 있지만, 젓가락을 직접 사용해보고 싶을 정도로 큰 호기심과 흥미를 느꼈는지 기록한 것은 거의 없다. 젓가락을 쥐고 사용하는 젓가락질이 배우기 어려워, 감히 젓가락을 쓸 엄두를 내지 못했을 수도 있다.

일부 유럽인은 젓가락질이 매우 이색적이라고 생각하기는 했지만, 그런 식사 방식에는 여전히 매력을 느끼지 못했다. 때로는 세련되지 않아 보였기 때문일 것이다. 멕시코에서 아시아까지 가면서 처음에 필리핀을 들렀다가 나중에 중국에 도착한 스페인의 아우구스티노회 선교사 마르틴 데 라다Martin de Rada(1533~1578)도, 중국인이 식탁보와 냅킨 없이 젓가락으로 식사하는 것을 보았다. 그러나 갈레오테 페레이라나 마테오 리치와 달리, 그는 그런 식습관에 별다른 감명을 받지 못했다. "그들은 식사할 때 처음에 빵 없이 고기를 먹는다." 그는 이어서 "그리고 그 뒤에도 빵을 먹지 않고 젓

가락으로 쌀밥을 서너 접시나 먹어 치운다. 마치 돼지같이 게걸스
럽게 먹는다."⁶라고 썼다. 중국인이 밥알을 흘리지 않으려고 밥그릇
을 입에 갖다 대고 젓가락으로 밥을 밀어 넣듯이 먹는 모습이 그의
눈에는 돼지처럼 먹는 것으로 보였던 것이다.

17세기에 인도에서 남중국으로 온 영국 여행가 피터 먼디Peter
Mundy(1600~1667)도 자신이 만난 중국인이 젓가락을 능숙하게 다
루는 모습을 보고 똑같이 깊은 인상을 받았다. 그러나 그런 식사
방식에 대한 그의 설명에서 못마땅한 기색이 보인다. 먼디는 유럽
대륙과 함께 아시아의 여러 지역을 여행한 내용을 상세히 기록한
여러 권의 책에서 중국인이 식사할 때 젓가락을 어떻게 사용하는
지 보여주는 그림을 제공한다. 거기서 한 남자는 밥그릇을 들어 입
에 가까이 대고 허겁지겁 음식을 입 안으로 밀어 넣었다. 먼디는
그 장면을 이렇게 묘사했다.

그[대운하에서 노를 젓는 뱃사공]는 손가락 사이에 [약 1피트 길이의]
가느다란 막대기들을 끼우고 소금에 절인 돼지고기를 잘게 썬 것이나
생선 같은 육류를 먹는다. 그와 함께 그들은 [주식인] 쌀밥을 매우 좋
아한다. 내가 먼저 고기 한 점을 먹으라고 하자, 그는 이내 밥이 담긴
작은 도자기[그릇]를 입에 가져간다. 그리고 허겁지겁 젓가락으로 밥
을 입 안 가득 밀어 넣으며 더 이상 먹지 못할 때까지 배불리 먹는다.
(…) 신분이 높은 사람들도 똑같은 방식으로 먹지만, 우리처럼 식탁에
앉아서 먹는다.

먼디는 또한 "그들은 우리에게 잘게 썬 닭고기와 돼지고기 몇 점을 가져다주고 젓가락을 주면서 먹으라고 했지만, 젓가락질을 할 줄 몰라서 그냥 손으로 집어 먹었다."라고 말한다.[7] 먼디는 비록 중국인이 젓가락을 능숙하게 사용하는 것을 보고 놀랐지만, 대체로 그들의 식사 방식은 탐탁지 않게 생각했다. 그는 또한 중국의 상류층도 똑같은 방식으로 밥을 먹는다는 사실을 알고 약간 놀랐다.

피터 먼디는 비록 중국인의 젓가락 사용에 별다른 감명을 받지는 못했지만, 그들이 사용하는 식사도구의 이름을 '젓가락chopsticks'으로 표기한 최초의 영국인일 것이다. (그보다 먼저 마르틴 데 라다가 쓴 글에도 '젓가락'이 등장하지만, 그것은 번역자가 그렇게 표기한 것이다. 데 라다는 단순히 오늘날 스페인에서 젓가락을 지칭하는 'palillos[팔리요스]', 즉 '가느다란 막대기'로 표기했다.) 그렇다면 먼디는 자신이 영어로 젓가락chopsticks이라는 신조어를 만들었다고 주장할 수 있을까? 그럴 수 있다. 하지만 그보다 앞서 다른 사람이 먼저 젓가락이라는 말을 썼을 수도 있다. 그 말의 어원을 따져보면, 영어로 젓가락을 말하는 'chopsticks[춉스틱스]'는 영어 'sticks[스틱스]'에 (광둥어로 '빠르다'는 뜻의) 접두사 'chop[춉]'이 합해져 만들어진 피진 영어pidgin English*다. 따라서 그 말은 한 영국인과 광둥어를 쓰는 한 중국인이 공동으로 만든 결과물일 수도 있다. 먼디가 젓가락 사용을 묘사했을 때, 마치 당시에 이미 그 용어가 존재했던 것처럼

---

* 의사소통을 위해 토박이 언어와 영어가 합해져 만들어진 영어.

들렸다.

그로부터 30년 뒤, 세계를 세 차례나 일주한 또 다른 영국인 여행가 윌리엄 댐피어William Dampier(1651~1715)는 저서 《세계일주 항해기Voyages and Descriptions》(1699)에서 젓가락을 다음과 같이 언급한다. "그것(식사도구)을 영국인 선원들은 젓가락이라고 부른다." 따라서 '젓가락'이라는 신조어가 영국에서 식사도구를 지칭하게 된 것은 17세기부터였다. 이에 비해, '가느다란 막대기'를 뜻하는 sticks는 유럽의 다른 언어들에서 이미 널리 통용되고 있었다. 예컨대, 젓가락은 프랑스어로는 'baguettes[바게트]'라고 하고, 스페인어로는 (데 라다의 설명한 것처럼) 'palillos[팔리요스]'라고 하는데, 둘 다 '가느다란 막대기'를 뜻한다. 독일어로 젓가락은 '식사용 막대기'를 뜻하는 'Eßstäbchen[에스스텝셴]'이고, 이탈리아어로는 'bacchette per il cibo[바케테 페르 일 치보]', 러시아어로는 'palochki dlia edy[팔로치키 드리아 에디]'인데, 둘 다 '음식용 막대기'를 뜻한다. 그런데 흥미롭게도 한 가지 예외가 있다. 포르투갈어로는 젓가락을 'hashi[하시]'라고 하는데, 이것은 일본어의 젓가락과 발음이 똑같다. 16세기에 아시아를 방문하고 돌아온 예수회 선교사 로이스 프로이스의 영향을 받은 것으로 보인다.

18세기부터 자본주의 성장과 더불어, 아시아 대륙이 유럽의 공산품을 수출할 잠재 시장으로 인식되면서, 아시아에 대한 유럽인의 관심이 전반적으로 크게 증가했다. 그러나 아시아 문명과 문화, 특히 젓가락을 사용하는 식습관에 대한 그들의 관심은 오히려 더 낮아졌다. 쇄국 정책을 펴는 청나라의 빗장을 열어젖힐 기회를 엿보려고 공식 사절단을 이끌고 중국에 온 영국 외교관 조지 매카트니 경Lord George Macartney(1737~1806)은 중국인이 조만간 젓가락을 버리고 대신에 포크와 나이프 쓰는 법을 배울 것이라는 자신의 기대감을 표현했다. 매카트니가 중국에 있는 동안 중국 관리, "고관대작" 두 사람이 그의 의전을 담당했는데, 매카트니는 그들을 "자신의 생각을 솔직하고 편안하게 표현하고 대화가 잘되는 지적인 사람들"이라고 묘사했다. 그는 자신이 그들을 초대했을 때, "그들은 만찬을 같이 하려고 자리에 앉았다. 처음에는 나이프와 포크 때문에 조금 당황한 듯했지만, 곧바로 불편함을 극복하고 그것들을 매우 능숙하게 다루며 자기들이 준비해온 진미를 맛있게 먹었다."라고 썼다.[8]

매카트니가 그 중국의 고관대작들을 칭찬하기는 했지만, 아마도 그 칭찬은 영국의 식습관이 중국보다 우월하고 더욱 문명화되었다는 우쭐한 생각에서 나온 것이라고 볼 수 있다. 이처럼, 그는 중국인이 자신들의 식습관을 금방 따라 하리라고 기대했다. 한 세기도 넘게 더 오래 전 중국을 방문했던 같은 나라 사람 피터 먼디와 비교할 때, 매카트니는 중국인, 그리고 만주족(그는 그들을 타타르족이라고 불렀다)이 젓가락으로 음식을 집어 나를 줄 안다는 사실에 관심도 없었고 별다른 감흥도 느끼지 못했다. 매카트니는 이전 선교사들의 설명과 반대로, 청나라의 식습관을 다음과 같이 평했다.

그들은 식사할 때 수건이나 냅킨, 식탁보, 납작한 접시, 유리잔, 나이프와 포크도 쓰지 않고 손을 쓰거나 대개 나무나 상아로 만든, 길이가 6인치 정도 되는 둥글고 매끄러운 젓가락을 쓰는데, 전혀 청결하지 않다.

요컨대, 중국인의 식습관은 유럽인처럼 날붙이 식사도구 세트나 각종 식사 부대용품을 쓰지 않기 때문에 덜 문명화되었다는 말이다. 비록 그들이 젓가락을 썼지만, 젓가락은 그다지 위생적이지 않았다. 매카트니는 기대와 자부심을 가지고 이렇게 썼다. "우리가 쓰는 나이프와 포크, 숟가락, 그리고 수많은 편의용품은 모든 사람이 받아들일 수밖에 없는 것들이다. 따라서 금방 엄청난 수요가 생길 것이다 (…)"[9]

매카트니 경은 유럽과 교역하도록 중국의 문호를 여는 데 실패했다. 청나라의 건륭제乾隆帝(재위 1735~1796)는 그의 요청을 정면으로 거부했다. 중국이 전 세계 모든 문명의 중심이라는 전통적인 '중화' 사상이 황제를 지배하고 있었기 때문이다. 그러나 매카트니 경의 방문이 실패로 끝난 지 약 반세기 만에, 영국인은 강제로 청나라 왕조가 자국과 교역을 하는 협정을 체결하게 하는 데 성공했다. 청나라는 아편전쟁(1839~1842)에서 영국에 패한 여파로 난징협정을 체결하고, 처음으로 영국인과 미국인이 중국 내에 거주하고 교역할 수 있게 허용할 수밖에 없었다. 아편전쟁은 역사에 신기원을 여는 하나의 분수령이었다. 그것을 계기로 유럽과 아시아의 문화가 훨씬 더 빈번하게 서로 접촉하게 된 것이다.

그러나 중국인, 더 넓게는 동아시아인이 유럽인처럼 포크와 나이프를 사용하게 되리라는 매카트니의 기대는 결국 실현되지 못했다. 실제로는, 19세기 전반에 걸쳐 점점 더 많은 유럽인이 중국에 가면서, 아마 그들 대다수가 중국인의 환대와 집요한 전통 고수 때문에 마음이 흔들렸을 수도 있겠지만, 그들은 아시아의 음식과 식사 방식에 점점 더 매력을 느끼며 거기에 흠뻑 빠져들기 시작했다. 실제로 피터 먼디가 중국인에게서 젓가락질을 배우라고 요청받았듯이, 19세기에 중국으로 온 서양 상인들도 대개 그 비슷한 일을 겪었다. 외국 상인들은 아편전쟁이 일어나기 전부터 자신이 가져온 물품을 중국 상인들에게 팔아야 했다. 따라서 그들은 중국 상인 및 관리들과 어울려 함께 일했다. 미국 사업가 W. C. 헌터Hunter는 자신과 동료 상인들이 중국 상인의 초대로 "젓가락 만찬"에 가서 대접받은 적이 많았다고 회상했다. 명칭에서도 알 수 있듯이, 이것은 중국식 만찬이었다. 헌터의 말에 따르면, "거기서 이질적인 요소는 전혀 발견할 수 없었다." 그의 말대로 "그 식사 자리는 매우 유쾌했기" 때문에, 그를 비롯한 다른 서양인들도 젓가락으로 음식을 먹으려고 애썼으리라고 충분히 상상할 수 있다.[10]

난징협정 체결 뒤, 중국은 유럽과 미국에서 여행 온 서양인과 접촉할 기회가 점점 더 많아졌다. 모험을 즐기는 일부 여행자는 젓가락을 써보라는 중국인의 요청을 받고 과감하게 그 식사도구를 써보기 시작했다. 19세기 중반 중국에 파견된 영국 전권대사 엘긴

Elgin 백작의 개인 비서로 일한 적이 있는 영국 작가이자 여행가, 외교관인 로런스 올리펀트Laurence Oliphant(1829~1888)가 바로 그런 사람들 가운데 한 명이었다. 올리펀트는 자신의 경험을 이렇게 서술했다.

우리는 피곤한 하루의 여행을 끝내고 한 중국음식점에서 기분전환을 했다. 거기서 나는 중국요리를 처음 맛보았는데, 난생처음 보는 식사도구였지만 젓가락을 써서 진흙에 묻어 1년 동안 삭힌 오리알, 껍질을 벗긴 무와 상어 지느러미를 진한 육수에 넣고 끓인 샥스핀, 해삼요리, 성게와 죽순, 그리고 마늘을 넣어 버무리고 간장과 각종 피클, 양념을 뿌려 톡 쏘는 맛이 나는 새우요리를 먹을 수 있었다. 접시와 그릇들은 모두 아주 작았고, 냅킨처럼 쓰는 사각의 작은 갈색 종이들이 준비되어 있었다.[11]

이 글에서 볼 수 있듯이, 올리펀트는 그 음식점에서 처음 보는 중국요리를 정말 맛있게 먹었던 것 같다. 게다가 그는 젓가락으로 그 음식들을 집어 먹는 것을 매우 즐거워했던 것처럼 보인다. 올리펀트는 중국의 한 지방 관리가 초대한 식사 자리에서 또 한 번 중국요리를 먹는 경험을 했을 때도 그렇게 즐기며, 중국의 식습관은 "매우 우아하다."라면서, 젓가락은 "고상한" 도구인 반면 포크와 나이프는 "품위가 없다."라고 말했다. 그는 이렇게 말한다.

나는 상하이에서 따오타이[道台, 감독관]와 친분을 새롭게 다질 수 있는 기회를 갖게 되어 기뻤다. 그는 매우 아는 게 많고 깨어 있는 사람이었다. 어느 날 나는 그와 함께 식사했는데, 그런 경우에 대개 먹는 간단한 식사가 아니라 매우 격식 있는 정찬을 먹었다. 처음에 제비집이 나오고 이어서 샥스핀, 해삼 그리고 각종 주요리 등 이루 설명할 수 없는 산해진미들이 나온 뒤에, 가장 중요한 것으로서 세련된 방식으로 저며놓은 양고기와 칠면조요리가 보조탁자에 얹혀 나왔는데, 그것을 한입에 먹기 좋게 잘게 썰어 나누어주었다. 그런 음식을 먹기에는 서양의 품위 없는 포크와 나이프보다 고상한 젓가락이 제격이었다. 이런 점에서 우리는 중국의 매우 우아한 식습관에 확실히 더 후한 점수를 줄 수 있다. 그리고 이제 접시에 큰 고깃덩어리를 놓고 베어 먹지는 않지만, 거기서 한 걸음 나아가 더 이상 접시에서 고기를 잘게 썰어 먹는 것도 안 했으면 좋으련만.[12]

로런스 올리펀트는 매카트니 경과 달리, 중국인의 젓가락 사용을 더욱 문명화된 식사 방식이라고 생각한 최초의 유럽인 가운데 한 명이었다. 그 역시 중국인이 젓가락으로 음식을 집어 먹기 쉽게 하려고 미리 식재료를 잘게 잘라 조리한다는 사실을 알고 깊은 감명을 받았다.

하지만 올리펀트가 당시에 중국에서 젓가락으로 식사를 감행한 유일한 서양인이었다고 말하기는 어렵다. 1935년, 코린 램Corrinne Lamb이라는 미국 여성이 영어로 쓴 최초의 중국요리책 가운데 하나인《중국인의 잔칫상The Chinese Festive Board》이라는 책을 냈다. 램은 중국을 여행하며 폭넓은 경험을 쌓은 것이 틀림없어 보이는데, 그 책을 통해 50가지 중국요리 조리법을 선보이는 동시에, 그들의 식습관과 식사 예절, 그리고 중국의 음식과 음식문화에 관련한 수많은 속담을 적절하고 솔직하게 소개한다. 램은 처음부터 독자들이 아마 오해하고 있을지도 모를 중국음식에 대한 널리 알려진 오류들, 예컨대 쌀밥이 중국인의 유일한 주식이며 날마다 쥐를 잡아먹는다는 것과 같은 그릇된 사실들을 바로잡음으로써 자신이 중국음식의 전문가임을 입증한다. 그녀는 중국인의 5분의 2만이 쌀을 먹고 나머지 사람들에게는 밀, 보리, 기장이 주곡이라는 사실을 지적한다. 쥐에 관해서는 남중국 사람들이 뱀을 잡아먹기는 하지만, 쥐는 아니라고 말한다.

램은, 올리펀트 같은 사람들이 말한 것처럼 중국인은 모든 음식을 미리 "적절하게 썰고 저미고 갈고 불필요한 부분을 제거하니 더 자르고 나눌 필요가 없다."라고 지적한다. 그 결과, 그런 음식물을 집어 먹기에는 젓가락만큼 적절하고 효과적인 도구가 없다는 것이다. 램은 이렇게 말한다.

먼저, 중국의 음식 차림에서는 외국의 식탁 예절에서 나타나는 문제점들이 전혀 보이지 않는다. 우리가 촙스틱스라고 알고 있는 것을 중국에서 실제로는 '콰이즈'라고 부르는데, '몸놀림이 빠른 작은 사내아이'라는 뜻으로 자연스럽게 번역할 수 있다. 이 용어는, 그것을 놀렸다 하면 그 움직임이 날렵하고 재빠르기 때문에 나온 것으로, 그보다 더 적절한 이름은 없다. 수프 같은 묽은 유동식을 먹으려고 작은 도자기 숟가락이 필요한 경우가 아니라면, 콰이즈 한 쌍으로 충분히 서양식 날붙이 식사도구 세트를 모두 대체하고도 남는다. 한 사람당 밥그릇 하나로 식탁 서비스가 끝난다. 피곤에 지친 미국의 많은 주부는 설거지에 대한 걱정이 그렇게 최소한도로 줄어들기를 진정 바랄 것이다. 또 중국에는 식탁보나 냅킨 같은 것도 쓰지 않아서, 또 다른 불필요한 허드렛일을 할 필요가 없다.[13]

젓가락에 대한 램의 열띤 찬사로 미루어볼 때, 그녀가 책에서 중국요리의 조리법을 능숙하게 보여주었듯이 젓가락질에도 매우 능숙했음을 쉽게 알 수 있다. 실제로 과거 미국에 있는 중국음식점에 가면 손님들에게 중국음식을 먹을 때 젓가락 사용을 적극 권한다. 왜냐하면, 1935년에 로스엔젤레스를 홍보하는 한 소책자에 실린 내용처럼 "그것은 위생적이면서 우아한 식사 방식"이기 때문이다.[14]

그런데 흥미로운 것은 코린 램이 젓가락 사용을 열성적으로 지지할 때, 정작 중국인 자신은 자기네 식습관을 비판적으로 되돌아보기 시작했다는 사실이다. 20세기 내내, 중국인은 사회를 근대화하기 위해 끊임없이 노력했다. 일부 중국인은 당시에 자기 나라가 "동양의 병자"라는 모멸적인 이름으로 지칭되는 것을 진지하게 받아들이고 국민 건강을 증진하기 위해 애썼다. 일본에서도 19세기 말에 비슷한 시도가 있었다. 예컨대, 영어로 위생이라는 뜻의

'hygiene[하이진]'이라는 개념이 일본에 처음 소개되었을 때, 일본인은 그것을 '에이세이衛生'라고 불렀다. 고대 중국 기록에 나오는 기존 용어를 차용한 이 한자 복합어는 '생명을 지키다.'라는 의미를 담고 있다. 그것은 사람들에게 위생의 중요성을 강조한다. 중국인도 'hygiene'을 말할 때, 약간의 차이는 있지만 똑같은 한자를 쓰고 '웨이성'이라고 발음한다.[15] 그런데 그들이 일본식 번역어를 채택한 데는 몇 가지 특별한 이유가 있는 것으로 보인다. 1930년대에 결핵이 중국 전역에서 만연하면서 '생명을 지키는 것'이 무엇보다 절박한 과제가 되었기 때문이다. 중국과 서양의 의사들은 중국에서 결핵이 확산된 까닭이 중국인의 비위생적인 생활 습관 때문이라는 데 모두 동의했다. 그런 비위생적 습관 가운데 하나는 놀랍게도 "여럿이 함께 먹는 음식을 하나의 그릇에 담아서 각자 젓가락으로 덜어 먹는다."라는 것이었다.[16]

실제로, 20세기 초의 중국인은 결핵뿐 아니라 각종 위장병과도 싸워야 했다.[17] 이와 같은 전염성 질병의 확산을 막기 위해, 중국의 의사들은 자국민이 생활 습관을 바꿔야 한다고 주장했다. 하지만 문화 전통과 사회 관습은 하룻밤 사이에 바뀔 수 있는 그런 문제가 아니었다. 그것들이 발전하고 대중에게 수용되기까지 오랜 세월이 걸린 만큼, 바꾸는 것도 마찬가지로 오래 걸리기 때문이다. 그렇다. 중국인을 비롯해 대부분의 아시아인은 전통적으로 자신들이 먹는 음식에 성심을 다했다. 이것은 많은 서양인이 아시아 대륙을 여행하면서 받은 일반적인 인상이었다. 중국 전통에서 음식은 인체에 병을 주기도 하고, 거꾸로 고치기도 해서 매우 조심스럽게 정성을 다할 필요가 있었다. 이런 생각은 또한 한국인, 일본인, 베트남인을 포함해서 여러 아시아인에게 공통적인 것이었다. 그러나 동시에 일부 서양 선교사가 관찰한 바에 따르면, 중국인은 아무리 자신들의 생활양식이 대체로 건강에 좋았다고 해도, 기본적으로 '공중위생학'에 대한 이해가 없었다. 실제로, 중국인은 어떤 질병의 전염과 확산을 막으려고 다양한 조치가 취해졌음을 알았다고 해도, 음식을 함께 나눠 먹는 것이 전염의 원인이 될 수 있다는 점을 별로 걱정하지 않았다.[18]

중국인이 젓가락으로 음식을 집어 먹는 것에 대해 코린 램이 찬사를 보내고 몇 년이 지난 뒤, 두 명의 영국인 작가 위스턴 휴 오든 Wystan Hugh Auden(1907~1973)과 크리스토퍼 이셔우드Christopher Isherwood(1904~1986)는 1938년에 일본과 전쟁 중이던 중국에 갔다. 거기서 그들은 중국인에게 젓가락이 얼마나 중요한지에 관해 매우 다채로운 글을 썼다.

중국인 식탁에 차려진 음식들을 처음 본 사람은, 그것을 보고 먹을 생각을 거의 하지 못한다. 마치 수채화 그리기 경연 대회에 나와 앉아 있는 것 같은 느낌이 들기 때문이다. 나란히 놓인 젓가락은 그림 붓을 닮았다. 작은 소스 접시들은 빨간색, 녹색, 갈색 그림물감 같다. 뚜껑이 덮인 찻잔들은 그림 그릴 때 쓰는 물이 담긴 연적 같다. 심지어 젓가락을 닦을 수 있는 그림용 작은 헝겊 조각 같은 것도 있다.

이처럼 생생한 표현은 오든과 이셔우드가 젓가락 사용에 매우 깊은 인상을 받았음을 보여준다. 그들은 또한 중국에 있는 동안 접대하는 측에서 제공한 포크와 나이프를 쓰지 않고 젓가락으로 음식을 집어 먹으려고 애썼다. 이 두 영국인 작가는 또한 모두에게 식사 전에 손과 얼굴을 닦으라고 뜨거운 물수건을 주는 중국의 식습관을 좋아했다. 서양에도 그런 식습관이 소개된 것은 모두 그들이 그것을 매력적으로 묘사한 덕분이다.[19]

중국의 식습관에 대한 그들의 아름다운 묘사는 처음 본 것을 한 번쯤 추켜세우는 그런 말이 아니다. 한 가지는 분명하다. 여럿이 함께 먹는 음식이 담긴 공동의 접시에 자기가 먹을 것을 덜기 위해 서로 경쟁하듯이 젓가락들을 갖다 대면, 그것을 통해 병균이 이동할 수 있다는 사실을 중국인이 별로 걱정하지 않았다는 사실이다. 코린 램 또한 자신의 요리책에서, 중국에서는 음식이 식탁에 차려지면 그 음식은 "모두에게 주어진 먹이"라고 말한다. "이어서 다양한 요리 사이로 모두의 젓가락이 동시에 빠르게 움직이기 시작하고, 갖가지 음식에 대한 자유로운 시식이 끝난 뒤에는 저마다 자기가 좋아하는 음식을 집중적으로 먹는다."[20]

의사들의 교육과 정부의 개입 덕분에, 오늘날 중국에서는 개인과 공중위생의 중요성에 대한 인식이 높아졌다. 이런 인식 변화는 오랫동안 이어져온 공동 식사 방식의 문제점을 되돌아보는 계기를 마련했다. 중국의 저명한 언어학자 왕리王力(1900~1986)는 중국인이 음식을 하나의 접시에 담아 여럿이 함께 나누어 먹는 공동 식사 방식을 좋아하는 것을 설명하기 위해 '진예 지아오리우津液交流'(침 교환)라는 신조어를 만들었다. 그는 빈정대는 어조로 이렇게 말한다.

중국인은 [식사할 때] 침을 서로 교환하는 덕분에 서로 잘 어울린다. 따로 밥 먹는 것을 좋아하는 사람이 있는 반면, 가능하면 여럿이 함께 나눠 먹는 것을 좋아하는 사람도 늘 있다. 예컨대, 수프[탕]가 식탁에 나오면, 주인은 대개 먼저 자기 숟가락으로 국물을 휘저어 한 모금 홀짝 마신다. 그는 접시에 담긴 요리도 젓가락으로 똑같이 먹는다. 주인은 손님들에게 식사할 것을 권하면서, 자기 침이 식탁에 앉은 다른 모든 사람의 침과 섞이는 것은 별로 신경 쓰지 않는 것 같다. (…) 어떤 날은 밥을 먹기 전에 주인의 입 안에 침이 잔뜩 고여 있는 것을 볼 때가 있다. 그가 무슨 말을 하거나 음식을 먹으려고 입을 열 때, 그의 이 사이에 침이 엉켜 있는 모습을 볼 수 있었다. 그는 침이 엉킨 입 안을 여러 차례 들락날락했던 바로 그 젓가락으로 음식물을 집어 아주 공손하게 내 그릇에 덜어주었다. 나는 내 혀를 믿을 수가 없었다. 내 젓가락으로 먹었을 때는 그렇게 맛있던 닭튀김이 주인이 젓가락으로 덜어줬을 때는 왜 그렇게 역겨운 느낌이 들었을까? 주인의 호의를 달갑게 생각하지 않은 것이 틀림없다.[21]

신랄한 풍자로 가득한 글이다. 왕리가 묘사한 내용이 당시 중국의 현실과 완전히 괴리된 것은 아니었으리라. 실제로 그가 위에 쓴 글은 자신의 여러 경험에서 나온 것일 가능성이 크다. 20세기 말이 되어 중국에 서빙용 젓가락과 숟가락을 사용하는 식습관이 도입되기 전까지만 해도, 중국인은 동류의식, 환대, 아량을 보여주기 위해 공동의 접시에서 음식을 덜어서 다른 사람—가족 중 아랫사람이든 초대한 손님이든 불문하고—에게 주는 것이 보통이었다. 그러나 이런 공동 식사 관습은 이미 20세기 초반부터 많은 비판을 받기 시작했다. 중국인이 어떻게 침 교환을 "즐겼는지"에 대한 왕리의 냉소적 비판은 그 가운데 한 가지 예에 불과하다. 중국인의 오랜 관습이지만 지금은 비위생적인 식습관으로 취급되는 식사 방식을 비판하는 글을 쓴 사람들이 많다. 어떤 사람은 '공동 식사 방식'(꽁시共食)을 가장 비위생적인 식습관이라고 여긴 반면, 또 어떤 사람은 서빙용 젓가락(중국어로 '공용 젓가락'을 뜻하는 '꽁콰이共筷') 사용을 촉구하면서 그 식습관을 바꾸기 위한 방법들을 모색했다.[22]

그러나 그런 오랜 습관을 버리는 일은 결코 쉽지 않았다. 5장에서 살펴보았듯이, 뜨거운 탕을 먹을 때처럼, 하나의 그릇이나 냄비에 담긴 음식을 각자 젓가락을 들고 함께 먹는 것은 중국과 이웃 국가들에서 오랜 식습관으로 확고하게 자리 잡고 있었다. 오늘날에도 중국과 베트남, 한국에서는 여전히 그런 식습관을 유지하고 있다. 예컨대, 베트남의 가정에 식사 초대를 받아 가면, 모두가 함께 먹을 다양한 음식을 접시들에 담아 차려놓고 저마다 개인 젓가락으로 그것들을 덜어 먹는다. 베트남에서 서빙용 젓가락을 쓰는 경우는 극히 드물다. 그러나 쌀밥을 풀 때는 집의 여주인이 서빙용 숟가락(밥주걱)으로 개인 밥그릇에 밥을 퍼서 준다.[23] 한 중국인 여행자는 한국에 와서, 여럿이 함께 식사하는 공식적인 자리에서 공동의 접시에 담긴 음식을 덜어 갈 때 사람들이 숟가락과 젓가락을 모두 사용하는 모습을 보고 깜짝 놀랐다. 그는, 중국인은 그런 경우에 음식을 덜어 갈 때 대개 젓가락만 사용하며, 흘리지 않게 매우 조심스럽게 젓가락질을 한다고 말한다.[24]

그래서 어떻게든 타협이 이루어져야 했다. 중국의 일반 대중이 공동 식사에 따른 보건상의 위험에 대해 교육받기 전인 20세기 초에 일부 의료 전문가는 그런 타협을 시도했다. 1910년대 말, 케임브리지대학교 출신의 의사 우렌더伍連德(1879~1960)는 자신이 발명한 것이라고 주장하는 '위생 식탁'——중국인은 '게으른 수전lazy Susan'*이라고 부르는——을 중국에 소개했다. 가장 위생적으로 식사하는 방법은 저마다 따로 밥을 먹는 것——모든 사람이 자기 밥그릇이나 접시에 담아준 (혹은 서빙용 젓가락으로 각자 덜어 온) 음식만 먹는 것——이라는 점을 그도 인정했다. 그러나 이것은 중국인이 식사를 즐기는 최선의 방법이 아니라고 그는 주장했다. 그래서 다른 방법을 고안해냈는데, 모든 사람이 공동의 접시에 담긴 음식을 덜어 먹되, 먼저 서빙용 젓가락으로 자기 그릇에 음식을 가져간 다음에 개인 젓가락으로 먹는 방식이었다. 하지만 그렇게 하는 것은 번거롭고 혼

---

* 중앙에 요리 접시들을 올려놓고 돌려가며 음식을 덜어 먹을 수 있게 만든 회전쟁반.

동을 일으켜서(개인 젓가락과 서빙용 젓가락의 교체를 깜박하고 잊어버리는 사람들이 있을 수 있다), 먹는 기쁨을 빼앗는 문제가 발생할 수 있었다. 우렌더는 게으른 수전을 이용하는 것이 더 바람직한 해법임을 보여주었다. 그것은 식사 때 다양한 요리를 맛보고자 하는 중국인의 전통적인 요구사항과 새롭게 대두된 위생적인 식사 문제 사이에 균형을 맞출 수 있기 때문이었다. 좀 더 상세히 말하자면, 우렌더의 주장에 따르면, 회전쟁반 위에 올린 모든 요리 접시 옆에 서빙용 숟가락이나 젓가락을 두어, 식탁에 앉은 사람들이 회전쟁반을 차례로 돌리면서 자기가 먹을 것을 덜어갈 때 반드시 서빙용 숟가락이나 젓가락을 써야 한다는 것을 떠올리도록 했다. 요컨대, '게으른 수전'을 이용하면, 사람들이 다양한 요리를 함께 나누고 맛볼 수 있을 뿐 아니라 여럿이 함께 먹는 음식에 자신의 침을 묻히지 않아도 된다.[25]

1972년, 미국의 닉슨 대통령이 중국에 역사적 방문을 했다. 이것은 신기원을 여는 획기적인 사건이었기 때문에, 서방의 언론들은 그 사건을 대대적으로 보도했다. 1949년 중국이 공산국가가 된 이후 중국인이 중국 대륙에서 어떻게 살고 있는지 외부 세계가 엿볼 수 있는 좋은 기회였기 때문이다. 흥미롭게도, 그 보도 내용 가운데는 닉슨 대통령이 여행 준비를 어떻게 했는지, 예컨대 젓가락질을 어떻게 연습했는지 같은 세부 사항도 포함되어 있었다.[26] 그가 젓가락질을 연습하는 데 쓴 시간은 중국인들이 그의 방문을 위해 주최한 공식 연회에 대한 마거릿 맥밀런Margaret Macmillan의 묘사에서 볼 수 있듯이, 나름 성과가 있었던 것으로 보인다.

악단이 중국 국가와 미국 국가를 차례로 연주하고 공식 만찬이 시작되었다. 닉슨을 비롯한 미국의 최고위급 인사들이 저우언라이周恩來 (중국 총리)와 20인용 연회석에 함께 앉았다. 그 밖의 다른 인사들은 10인용 연회석에 앉았다. 각 좌석마다 영어와 중국어로 황금색 글자가 양각으로 새겨진 상아로 만든 좌석표와 참석자의 이름을 새겨 넣은 젓가락들이 식탁 위에 놓여 있었다.

미국인들은 중국식 만찬에서 어떻게 처신해야 하는지 사전에 브리핑을 받았다. 만찬에 참석하는 모든 미국인은 젓가락을 받고 미리 연습할 것을 권유받았다. 닉슨은 꽤 능숙하게 젓가락질을 했지만, 국가안보보좌관인 헨리 키신저는 어설프기 그지없었다. CBS 뉴스 앵커인 월터 크롱카이트는 올리브를 공중으로 발사했다. (…)

식탁 중앙의 '게으른 수전'들이 돌기 시작했다. 그 위에 놓인 접시들에는 파인애플과 함께 얇게 썬 오리고기 조각들, 삼색의 새알들, 잉어, 닭고기, 새우, 상어 지느러미, 만두, 달콤한 떡, 볶음밥, 그리고 서양인의 입맛을 고려한 버터 바른 빵들이 담겨 있었다.[27]

이른바 '위생 식탁' 혹은 '게으른 수전'을 중국에 소개하려는 우렌더의 노력은 헛되지 않았다. 시간이 흐르면서 실제로 중국인은 위생적인 식사 방식을 택하는 것이 왜 중요한지 깨닫기 시작했다. 일부 부잣집을 빼면 '게으른 수전'이 달린 식탁을 보유한 집이 거의 없지만, 오늘날 중국을 비롯한 아시아 전역의 음식점에서 이렇게 돌아가는 회전쟁반을 발견하는 것은 아주 흔한 일이다. 위에 기술되었듯이, 미국의 닉슨 대통령과 그의 수행원들이 대접받은 공식적인 정부 만찬에서, '게으른 수전'은 이제 중국인이 손님들에게 맛보고 먹을 수 있게 차려놓은 다양한 음식을 보여주는 데 꼭 필요한 것이 되었다. 중국에서 연회는 마테오 리치가 16세기 말에 발견했듯이, 지금도 여전히 "매우 격식을 중시"한다.

그렇게 상세한 설명에도 불구하고, 서방 언론은 닉슨과 미국 관료들이 '게으른 수전' 위에 얹힌 음식들을 먹는 동안 서빙용 숟가락이나 젓가락을 사용해 먼저 자기 접시에 음식을 덜어서 가져왔는지는 특별히 명시하지 않았다. 아마 그들은 그렇게 하지 않았을 것이다. 그 만찬은 매우 품위 있는 자리였으니, 웨이터들이 음식을 손님들의 접시에 날라주었을 가능성이 크기 때문이다. 하지만 오늘날 대다수 중국인은 공식적인 식사 자리에서 우렌더의 충고에 따라, 음식을 먹기 전에 먼저 서빙용 숟가락이나 젓가락, 즉 '꽁콰이'를 사용해 자기 그릇에 음식을 덜어서 담는다. 실제로 그들은 외식할 때뿐 아니라, 집에 손님을 초대해 식사 대접을 할 때도 '꽁콰이'를 쓴다. 젓가락 사용자들은 이제 위생적인 식사 습관이 필요함을 잘 알고 있다. 비록 그것 때문에 젓가락에 부여된 두 가지 기능 (서빙용 젓가락의 공적인 역할과 개인 젓가락의 사적인 역할)을 구분해야 하는 번거로움이 있기는 하지만 말이다.

위생에 대한 인식 고조는 공동 식사 전통을 수정했을 뿐 아니라,

음식점에서 제공하는 젓가락에 대한 사람들의 태도도 바꾸었다. 앞에서 여러 장에 걸쳐 언급하였듯이, 다양한 종류의 대중음식점 (주막, 산장, 찻집, 레스토랑 등)이 한나라 초부터 수백 년 동안 중국에 존재했다—오다 마사코는 중국에서 외식 전통이 전국 시대(기원전 475~221) 때 시작되었고, 그 때문에 중국인들의 젓가락 사용이 크게 늘었다고 생각한다.[28] 그렇다면, 우리는 젓가락이 값싸고 만들기도 쉽기에, 그런 식당에서 손님의 편의를 위해 젓가락을 제공하는 데 시간이 오래 걸리지 않았으리라고 생각할 수 있다. 그러나 전통 사회에서는 대체로 위생 개념이 없었기 때문에, 공중이 사용하는 식사도구의 위생 상태는 상황에 따라 엄청나게 차이가 났다. 영국 작가이자 세계 여행가인 이사벨라 버드Isabella Bird(1831~1904)가 19세기 후반에 아시아에 갔을 때, 일기에다 중국의 비위생적 환경에 대한 부정적 인상을 남겼다. 그녀는 길거리 좌판에서 식사하고 있는 가난한 노동자들(그녀는 그들을 "쿨리coolies"*라고 불렀다)을 목격하고 이렇게 쓴다. "식탁마다 악취가 풍기는 젓가락들이 한 뭉치씩 대나무 용기에 꽂혀 있었다. 물이 담긴 질그릇과 더러운 수건이 여행자들을 위해 밖에 놓여 있고, 그들은 자주 뜨거운 물로 입을 헹구곤 한다."[29] 거기에 있는 젓가락들은 정기적으로 세척하지 않기 때문에 지저분해 보이는 것이 당연했다.

식품 위생에 대한 사람들의 관심이 높아지면서, 대중음식점에

---

* 막노동꾼을 뜻한다.

서 위생적인 젓가락 사용에 대한 요구 또한 높아졌다. 음식점들은 그런 요구에 부응하려고 두 가지 방법 중 하나를 쓴다. 첫 번째 방법은 대나무 용기에 꽂혀 있는 젓가락들을 정기적으로 살균 처리하는 것이고, 두 번째 방법은 값싼 목재로 만든 일회용 젓가락을 손님에게 제공하는 것이다. 후자의 경우, 손님은 식사하러 올 때마다 늘 새로운 젓가락을 쓸 수 있고 식사가 끝난 후 그것을 버리면 된다. 오늘날 모든 식당에서 이 두 가지 방법을 유용하게 이용하고 있는데, 일회용 젓가락은 손님에게 다른 사람이 쓰지 않은 새 젓가락으로 보여서 식당들이 더 선호하는 것으로 보인다. 일회용 젓가락은 대개 두 짝이 서로 붙은 상태로 종이나 비닐로 포장된다. 젓가락을 쓸 때는 봉투에 담긴 젓가락을 꺼내 반으로 쪼개 써야 한다. 이런 방식은 많은 사람에게 젓가락이 새것이고 위생적이라 안심하고 써도 된다는 생각을 심어준다. 중국어로 일회용 젓가락을 '이쓰싱 콰이즈—次性 筷子'라고 부르지만, 일반 대중에게 그 젓가락이 위생적이라는 인식을 심어주려고 '웨이성 콰이즈衛生 筷子', 즉 '위생 젓가락'이라고도 부른다. 하지만 100여 년 전에 이사벨라 버드가 보았던 "악취가 풍기는" 젓가락은 아닐지라도, 오늘날 음식점에서 쓰는 젓가락들이 겉으로 보기에 깨끗해 보인다 해도, 그것의 위생 상태에 의심의 눈초리를 보내는 사람은 지금도 여전히 있게 마련이다.

일회용 젓가락을 맨 처음 쓴 나라는 일본이다. 4장에서 설명한 대로, 일본에서 발견된 최초의 젓가락은 나무로 만든 것인데, 고

대의 어떤 건축 현장에서 인부들이 식사를 위해 쓰고난 뒤 버린 것으로 일부 학자는 추정하고 있다. 이시키 하치로에 따르면, 일회용 젓가락, 일본어로 '와리바시割り箸'는 도쿠가와 막부 시대 중반, 즉 8세기에 일부 횟집에서 처음 쓰였다. '와리바시'(반으로 쪼개 쓰는 젓가락이라는 뜻)라는 명칭은 젓가락 두 짝의 한쪽 끝이 서로 붙어 있어서 그것을 사용할 때 먼저 반으로 쪼개야 한다는 것을 의미한다. 대개는 나무로 만들고 대나무로 만든 것도 있는데, 일반적으로 옻칠을 한 나무젓가락이나 최근 들어 많이 쓰는 플라스틱 젓가락처럼 재사용하는 젓가락보다 길이가 더 짧다. 일본에서 일회용 젓가락은 재사용하는 다양한 젓가락보다 훨씬 더 대중적이다. 일회용 젓가락은 고급 레스토랑이든, 길거리 음식 노점이든 거의 모든 종류의 식당에 비치되어 있다. 나무젓가락을 다 쓰고나서 던져버리는 것은, 6장에서 살펴본 대로 신도 신앙의 영향을 크게 받은 때문이지만, 최근의 높아진 위생 관념은 이런 관습을 더욱 강화해 오늘날 일본 사회에서 강력하고 일반적인 추세가 되었다.

시간이 흐르면서 대중음식점에서 일회용 젓가락을 쓰는 경향은 일본의 이웃 나라들로도 전파되었다. 먼저 남한과 타이완으로 흘러 들어갔고, 1980년대 말부터 중국으로 전파되었으며, 베트남으로는 좀 더 늦게 유입되었다. 그러나 일회용 젓가락의 보급 정도는 나라마다 크게 다르다. 일본에서는 거의 모든 수준의 음식점에서 고루 일회용 젓가락을 쓰는 반면, 그 밖의 다른 나라에서는 패스트푸드점이나 테이크아웃 전문점 같은 소형 카페나 레스토랑에서 일회용 젓가락을 발견할 수 있다. 지금까지도 베트남에서는 플라스틱이나 대나무로 만든 다양한 종류의 재사용 젓가락을 더 많이 쓰는 것으로 미루어볼 때, 아직 일회용 젓가락에 대해 그다지 효용성을 느끼지 않는 것으로 보인다. 한국인도 금속으로 만든 젓가락을 쓰는 전통 덕분에 일본이나 중국보다 일회용 젓가락을 덜 쓰는 편이다.[30]

그러나 중국에 가면 어디서든 일회용 젓가락을 볼 수 있다. 중국은 또한 전 세계에서 일회용 젓가락을 가장 많이 수출하는 나라다. 이것은 그리 놀랄 만한 일이 아니다. 중국이 외부 세계에 문호를 재개방한 1970년대 말부터 아주 빠른 속도로, 우리가 생각할 수 있는 모든 제품을 만들어 전 세계 국가에 수출하는 '세계의 공장'이 되었기 때문이다. 또한, 1970년대 말부터 중국의 음식점들에서 일회용 젓가락을 사용하는 추세도 급속하게 빨라졌다. 그리고 회사와 학교의 구내매점이나 식당, 카페테리아 같은 곳에서도 대나무나 플라스틱으로 만든 재사용 젓가락보다 일회용 젓가락을 더 흔하게 볼 수 있게 되었다. 말할 것도 없이, 재사용 젓가락에서 일회용 젓가락으로의 이 같은 교체는 젓가락 사용자들 사이에서 위생적인 식사에 대한 관심이 높아졌음을 반영한다. 중국 정부는 질병의 확산을 막기 위해서도 즉시 일회용 젓가락을 사용하라고 적극 장려했다. 따라서 불과 몇 십 년 전까지만 해도 다양한 재사용 젓가락을 가장 흔하게 볼 수 있었던 나라에서 일회용 젓가락의 구매가 하늘을 치솟을 정도로 크게 증가했다. 한 관찰자는 이렇게 말한다. "한 번 쓰고 버리는 일회용 젓가락은 이제 중국 전역에서 가장 가난한 사람들이 가는 허름한 식당이나 가장 부자들이 가는 최고급음식점을 빼고는 거의 모든 곳에서 사용된다. 가장 허름한 식당에서는 대충 날림으로 씻은 대나무 젓가락을 다시 사용한다. 반면, 최고급음식점에서는 살균 처리된 옻칠한 나무젓가락을 더 선호한다. 그 밖의 나머지 음식점에서는 모두 일회용 나무젓가락을 쓴다."[31]

따라서 일회용 젓가락에 대한 수요는 매우 크며, 점점 더 늘어나고 있다. 어떤 예측에 따르면 "중국에서는 해마다 약 570억 쌍의 일회용 젓가락을 제조하기 위해서 약 380만 그루의 나무가 벌목되고 있다." 570억 쌍의 일회용 젓가락 가운데 절반이 중국에서 소비된다. 나머지 절반 가운데 77퍼센트가 일본에서, 그리고 21퍼센트가 한국에서, 그리고 나머지 2퍼센트가 미국에서 쓰인다. 또 다른 추정치는 그것보다 더 높다. 중국에서만 해마다 450억 쌍의 일회용 젓가락이 한 번 쓰고 버려진다.[32] 가장 최근인 2013년 3월에 나온 추정치에 따르면, 중국에서 한 해에 쓰고 버리는 일회용 젓가락은 무려 800억 쌍에 이른다고 한다![33]

일회용 젓가락은 또한 아시아음식, 특히 중국음식을 아시아 밖에서 널리 알리는 데 큰 역할을 한다. 중국음식과 아시아음식의 전 세계로의 전파는 아시아인이 이웃 지역으로 이주하면서 시작되었다. 처음에는 동남아시아 지역으로, 나중에는 1800년대부터 오스트레일리아나 유럽, 남북 아메리카 같은 멀리 떨어진 대륙으로 이주하는 아시아인이 늘어났다. 처음에 대개 당시 떠오르고 있던 항구 도시들(예컨대, 미국에서 가장 오래된 차이나타운이 있는 샌프란 시스코 같은 도시)에서만 맛볼 수 있었던 아시아음식에 대한 서양인 의 반응은 무관심과 불신의 눈초리였다. 그러나 시간이 흐르면서, 특히 제2차 세계대전이 끝난 뒤, 아시아음식과 중국음식은 아시아 이민자 사회에서뿐 아니라 아시아 이외 지역의 사람들에게도 더욱 친숙해졌다. J. A. G. 로버츠에 따르면, 1960년대부터 중국음식이 세계화의 물결을 타기 시작했다. 중국음식이 유럽과 미국 소비자 사이에서 유례없는 인기를 얻은 것이다.[34]

그때부터 그 추세는 줄곧 이어졌을 뿐 아니라 점점 꾸준히 상승 했다. 미국에서는 주요 도시에서 공식적으로 인증된 중국음식점들 이 크게 늘어난 반면, 중국음식을 포장해 파는 소규모 테이크아웃 가게 또한 뉴욕과 뉴멕시코, 코네티컷, 콜로라도를 비롯해 지역을 가리지 않고 전국의 소도시들에서 여기저기 계속 생겨났다. 그리 고 손님이 주문한 음식을 받아갈 때, 가게 주인은 대개 종이로 포 장된 일회용 젓가락 한두 쌍씩을 음식을 담아가는 봉지에 찔러 넣 어주었다. 실제로 전 세계의 아시아음식점들도 아시아에서와 마찬 가지로 손님들에게 일회용 젓가락을 제공하는 경우가 점점 증가하 는 추세였다. 중국음식의 인기는 또한 영화와 텔레비전 연속극에 서도 나타났다. 〈사인펠트Seinfeld〉, 〈프렌즈Friends〉, 〈이알ER〉, 〈그레 이 아나토미Grey's Anatomy〉 같은 인기 드라마들에서 시청자는 등장

인물들이 테이크아웃 봉지에서 중국음식을 꺼내 일회용 젓가락으로 먹는 장면을 자주 본다. 젓가락이 아시아와 세계를 이어주는 문화적 '가교'라고 한다면, 그것에 가장 큰 기여를 한 것은 바로 일회용 젓가락일 것이다.

그러나 전 세계에서 일회용 젓가락의 수요가 급증하는 것은 또 다른 문제를 야기했다. 버리는 나무 조각들을 유용하게 활용하는 방법으로 시작된 일회용 젓가락이 이제는 아시아뿐 아니라 전 세계의 삼림 파괴를 야기하는 환경 위기의 주범으로 인식되고 있기 때문이다. 2008년 국제연합UN에서 나온 한 보고서에 따르면, 아시아의 숲이 해마다 10,800제곱마일씩 사라지고 있다고 한다. 따라서 젓가락 제조업체들은 필요한 나무 자원을 찾아 다른 곳으로 눈을 돌렸다. 2006년 초, 일본 미쓰비시 그룹의 한 자회사는 날마다 800만 쌍의 일회용 젓가락을 만들기 위해 캐나다 서부에서 수백 년 된 사시나무들이 자라는 숲을 벌목했다고 한다. 또, 미국 조지아주의 한 회사는 그 지역에서 자생하는 고무나무를 벌목해 엄청난 양의 나무젓가락을 만들어 아시아로 수출하고 있다.[35]

일회용 젓가락의 가장 큰 매력은 그것이 여러 재사용 젓가락들보다 위생적으로 보인다는 것이다. 캐나다 젓가락 제조회사의 대표를 역임한 유키 코마이마Yuki Komayima가 간명하게 말했듯이, 대다수 일본인은 그저 "누군가가 한 번 사용한 젓가락을 원하지 않을 뿐"이다. 이것은 단순히 위생의 문제가 아니라 영혼의 문제다. 일본의 전통적인 신도 신앙에 따르면, 젓가락에는 개인의 영혼이 따라다니는데 그것은 무엇으로도 깨끗하게 씻어낼 수 없기 때문이다.[36] 이것은 독특한 일본의 전통문화다. 하지만 일본인뿐 아니라 어느 누구도 비위생적인 젓가락을 쓰려는 사람은 없다. 최근 몇 년 사이에 식품 안전에 대한 관심이 높아진 중국인 가운데 음식점 젓가락이 완전히 위생적으로 처리되었으리라 믿는 사람은 많지 않다. 그들은 오히려 일회용 젓가락을 찾고 그것이 더 위생적이라고 생각한다.[37]

그러나 일회용 젓가락이 우리가 생각하는 것만큼 항상 깨끗한 것은 아니다. 공장에서 일회용 젓가락을 만들 때, 최종적으로 개별 포장을 하기 전에 살균 처리를 하는 것은 물론이다. 그러나 역설적이게도, 문제는 바로 그 살균 처리 과정에서 발생한다. 제작된 젓가락을 세척하고 소독하는 과정에서 등유나 과산화수소, 방충제 같은 다양한 화학물질이 사용된다. 그리고 젓가락이 누렇게 또는 검게 변색하거나 곰팡이가 피는 것을 막고 늘 신상품인 것처럼 보이게 하려고, 일부 제조업체는 젓가락에 윤을 내는 이산화황을 사용한다. 이 모든 화학물질은 말할 것도 없이 인체에 해롭다. 특히 적절한 감독 없이 사용할 경우는 더욱 그렇다. 따라서 오늘날 중국 정부는 일회용 젓가락을 만들 때 그와 같은 화학물질의 사용을 금지하거나 줄이는 별도의 생산 기준을 제정했다. 그러나 일회용 젓가락은 값싼 목재로 제작되기 때문에, 모양을 보기 좋게 만들려면 표백과 광택 처리가 필요하다. 이럴 경우, 화학물질을 사용하는 것이 가장 경제적인 방법이다. 또한 오늘날 일회용 젓가락이 대량 생산된다고 하더라도, 그것이 곧 정부의 규제를 잘 따르는 제품 관리가 엄격한 대규모 공장들에서 젓가락이 생산된다는 것을 뜻하지는 않는다. 뉴스 보도에 따르면, 오히려 일회용 젓가락을 생산하는 업체는 대개 노동 환경이 열악한 소규모 작업장인 경우가 많다.[38]

따라서 일회용 젓가락은 아시아음식을 전 세계에 널리 알리는 데 큰 기여를 한 반면, 누구도 부인할 수 없는 문제점들도 안고 있다. 그중 하나는 젓가락의 청결 문제이고 다른 하나는 일회용 젓가락의 인기와 대량 생산에 따른 환경 문제, 즉 삼림 파괴의 문제다. 젓가락의 살균 처리를 확실하게 하는 방법에 관해서는 별다른 논란이 없다. 제조업체들을 긴밀하게 감시하고 처리 과정에 안전한 방법을 적용했는지 확인하는 것이 가장 좋은 방법이다. 그러나 일회용 젓가락이 삼림 파괴를 악화시켰는지에 관해서는 서로 의견이 갈린다. 중국은 세계에서 가장 큰 일회용 젓가락 생산국이 되었다. 일회용 젓가락 산업은 중국 경제 중흥에 큰 기여를 했다. 중국 북동부 지역에는 일회용 젓가락 산업에 종사하는 사람이 10만 명이 넘는다. 헤이룽장黑龍江성에 있는 나무젓가락동업조합의 설립자이자 대표인 리안광Lian Guang은 "삼림 지역에 사는 가난한 사람들의 일자리 창출에 크게 기여하고 있다."라고 말한다. 그는 이 산업이 경제적 이득을 창출하는 것 말고도, 자신들이 식사 때 한 번 쓰고 30분 만에 버려지는 일회용 젓가락을 만들기 위해 귀한 종류의 나무들을 함부로 베지는 않는다고 주장한다. 일회용 젓가락은 대개 자작나무나 포플러나무, 대나무처럼 빨리 자라는 나무들로 만드는데, 그런 나무는 어디서든 쉽게 구할 수 있을 정도로 풍족하다. 다시 말해, 고대 일본의 선조들이 했던 것처럼, 오늘날 일회용 젓가락도 다른 산업에서는 쓸모없는, 버려진 목재들을 활용해 만든다는 말이다.[39]

그 말이 사실이라고 해도, 전 세계의 높은 젓가락 수요를 감안할 때, 환경 비용은 여전히 우려할 만한 문제로 남는다. 환경운동가들은 중국이 한 해에 450억 쌍의 일회용 젓가락을 소비한다면, 그 수요를 충족하기 위해서는 해마다 2,500만 그루의 나무—자작나무와 포플러나무뿐 아니라 가문비나무와 사시나무까지도—를 베어 넘어뜨려야 한다고 추산한다. 2006년까지 세계 최대의 생산국으로서 중국이 최대 수요국인 일본을 비롯한 여러 나라에 수출한 일회용 젓가락의 양은 18만 톤에 이른다. 전 국토의 69퍼센트가 삼림으로 세계 최고 수준임을 자랑하는 일본과 비교할 때, 중국은 나무가 적은 편이다. 중국의 삼림 비율은 14퍼센트도 안 된다. 물론 중국의 삼림 파괴 속도가 급속하게 빨라진 것은 중국의 전반적인 현대화와 관련이 있다. 중국의 삼림 파괴가 순전히 일회용 젓가락 제조 때문이라고 말할 수도 없거니와 그래서도 안 된다. 그러나 중국 어디를 가든 일회용 젓가락을 볼 수 있다는 사실은 몇몇 팝스타를 포함해 일부 시민이 재사용 젓가락으로의 복귀를 호소하는 행동에 돌입하도록 자극했다. 또 다른 환경운동가들은 BYOC(네 젓가락을 가지고 다녀라Bring Your Own Chopsticks) 운동을 시작했는데, 외식할 때 개인 젓가락을 들고 가서 쓰라고 촉구하는 운동이다. 일본에서도 이와 비슷한 운동—'자기 젓가락을 들고 다니자'—이 동시에 벌어지고 있다. 중국 정부는 2007년에 나무젓가락에 세금을 부과했다.[40]

2011년 말, 동아시아 그린피스 소속 회원인 중국 대학생 200명은 일회용 젓가락 제조로 인한 목재 낭비에 관한 대중의 경각심을 일깨우기 위해, 일회용 젓가락 8만 2,000쌍을 모아 높이 16피트(약 4.9미터)짜리 거대한 나무 모형 4개로 구성된 '일회용 숲'을 만들었다. 학생들은 젓가락으로 만든 이 숲을 사람들이 붐비는 한 쇼핑몰에 설치하고, 그것에 관심을 보이는 사람들에게 전국적으로 일회용 젓가락 사용을 금지하는 청원서에 서명해줄 것을 요청했다. 상하이와 베이징 같은 주요 대도시는 이미 음식점들에게 일회용 젓가락 대신 재사용 젓가락을 비치할 것을 요구했다. 오늘날 일본에는 손님들에게 무조건 일회용 젓가락을 제공하지 않는 음식점이 많아졌다. 그리고 집으로 손님을 초대해 식사를 대접할 때도, 손님에게 식탁 위 수저통에 꽂아둔 다양한 재사용 젓가락을 쓰게 한다. 일본 회사의 구내식당들도 점차 일회용 젓가락을 치우고 재사용 젓가락으로 대체하고 있다.[41]

동시에 아시아인 사이에서 일회용 젓가락을 재활용하는 움직임이 진지하게 진행되고 있다. 일회용 젓가락은 나무로 만들어져 있어서, 사용한 뒤 버리지 않고 모으면 다른 유용한 물품으로 바뀔 수 있다. 몇몇 일본 기업이 바로 그런 일을 하고 있는데, 버려진 일회용 젓가락을 모아 종이와 화장용 휴지, 합판 같은 것을 만들고 있다.[42] 어떤 과학자들은 쓰고 버린 일회용 나무젓가락 또는 대 젓가락을 기체화해 합성가스와 수소에너지를 만들어내는 실험을 했다. 또 다른 과학자들은 일회용 젓가락에서 포도당을 추출해 에 탄올을 생산하거나 섬유질을 재활용해 폴리락트산PLA, 즉 산업체 와 의료계에서 널리 유용하게 사용되는 폴리에스테르를 만들어내 는 작업을 시도했다. 현재 이런 아이디어는 아직 실험 단계를 넘어 서지 못했다.[43] 그러나 그것들은 확실히 주목할 만한 가치가 있으 며, 매우 큰 잠재성을 지니고 있다. 15억 명이 날마다 젓가락으로 음식을 먹고 있고, 그 젓가락의 대부분이 (지금도 여전히) 일회용이 기에, 아시아를 비롯해 전 세계 사람들에게 이익을 주는 그런 실 험을 산업화하는 데 필요한 젓가락의 양은 전혀 걱정하지 않아도 된다. 그런 실험이 성공해서 버려진 젓가락을 재활용하는 방법들 이 효과적으로 널리 채택된다면, 우리의 젓가락 이야기는 다시 원 점으로 돌아올 것이다. 젓가락은 그 편리성과 경제성 덕분에 인류 역사에서 사람들이 늘 즐겨 쓰는 식사도구가 되었다. 젓가락은 앞 으로도 사람들에게 더 좋은 서비스를 제공하기 위해 이 두 가지 기본적 특성을 계속 유지하고 확장해나갈 것이다.

결론

이 책을 마무리하면서 내 개인 이야기를 독자들과 함께 나누고자 한다. 네다섯 살 때쯤, 평생을 직장 여성으로 바쁘게 살았던 우리 어머니는 어느 날 오후 나를 앉혀놓고 젓가락을 올바르게 사용하는 법을 연습하게 했다. 물론 어릴 적에 중국에서 자란 나는 그 전부터 밥 먹을 때 숟가락과 함께 젓가락을 쓸 줄 알았다. 그러나 어머니는 이제 내가 젓가락질을 올바르게 할 나이가 되었다고 생각한 것이다. 그녀는 내게 젓가락질을 올바르게 하는 법을 가르쳐주고는, 식탁 위에 펼쳐놓은 장난감 나무토막들을 젓가락을 집어서 옮겨보라고 했다. 얼마나 길고도 힘든 오후였던지! 처음에는 그녀가 가르쳐준 대로 젓가락을 잡고 움직이는 것이 자연스럽지 않았다. 그러다 마침내 그 방법을 터득했다. 그리고 지금까지도 그 방식대로 젓가락질을 하고 있다.

내가 겪은 일이 우리 세대 사이에서는 흔한 것이었다. 자라면서, 많은 사람이 똑같은 방식으로 젓가락질하는 것을 보았다. 물론 자기 방식대로 젓가락질을 개발해 그렇게 하는 사람도 있었다. 솔직히, 그때 우리 어머니에게서 배운 젓가락질이 다른 어떤 방식보다 더 우아하고 효과적이라고 말하지 않을 수 없다. 최근 수십 년 동안 나는 교수 직분으로 아시아 지역을 폭넓게 여행했다. 내가 만난 대다수 일본인, 베트남인, 한국인도 나와 같은 방식으로 젓가락을 잡았다. 어떻게 그럴 수 있을까? 그들도 어렸을 때 나와 비슷한 경험을 했던 걸까? 그렇다면 그 지역, 즉 젓가락문화권의 많은 사람은 왜 음식을 집어 나르는 그 도구의 사용법을 배우려고 그렇게 애를 쓰는 걸까?

이 책을 쓰려고 자료를 조사하는 과정에서 나온 이런 질문과, 독자들도 가졌을 법한 이와 관련된 여러 문제에 대한 대답을 나는 아직도 발견하지 못했다. 예컨대, 사람들에게 올바른 젓가락질을 가르치는 옛날 책—교본이나 지침서—을 한 권도 찾지 못했다. 어머니가 내게 가르쳐준 젓가락질은 그녀가 어렸을 때 자신의 부모에게 배운 방법이었을 것이다. 보편적인 것처럼 보이는 이런 젓가락 사용법이, 얼마나 일찍 개발되어 젓가락문화권 내의 사람들이 그것을 채택하게 되었는지는 나도 모른다. 내가 지금까지 발견한 것은 이렇다. 중국인을 비롯해 여러 아시아인이 숟가락이나 포크, 나이프를 쓰는 것보다 더 많은 연습이 필요한 젓가락으로 음식을 집어 먹는 법을 배운 이유는 여러 가지가 있었다. 어쩌면 가장 중요한 것일지도 모를 첫 번째 이유는, 익힌 음식을 먹기 위해서였다. 1964년, 전설적인 프랑스 인류학자 클로드 레비스트로스Claude Lévi-Strauss(1908~2009)가 《날것과 익힌 것The Raw and The Cooked》이라는 중요한 역작을 발표했는데, 거기서 그는 인간계와 자연계, 또는 문화와 자연을 연결하는 데 조리가 담당한 역할을 세밀하게 분석했다. 그가 볼 때, 조리 행위는 전 세계 문명 발달의 보편적 단계였다. 레비스트로스는 그 책에서 서로 다른 문화들에서 나타나는 여러 사례를 인용하면서 조리 행위가, 심지어 상징적인 조리 행위조차도 한 개인을 변화시키는 방법이 되었다고 결론지었다. 조리 행위를 통해 개인은 "날것"에서 "익힌 것"으로 새로운 심리적 발전 단계로 도약했다. 레비스트로스의 주장에 따르면, "사회집단의 구성원이 자연과 결합하려면 불을 지펴 조리하는 행위를 통해 둘이 서로 합쳐져야 한다. 불이 하는 역할은 자연의 산물인 날것과 그것을 먹는 인간을 합병하는 것이다. 따라서 불을 움직이면 자연의 피조물이 동시에 **조리되고 사회화되는** 확실한 효과가 있다." 흥미롭게도, 이 프랑스 학자는 식사도구 또한 자연과 문화 사이의 "중재역할"을 수행한다고 지적했다.[1]

"날것"(성生)과 "익힌 것"(수熟)은 고대 중국에서 그들이 알고 있는 세계의 문명 발달에 대한 서로 다른 차원을 표시하기 위해 사용된 두 개의 개념, 일종의 기표記標였다. 다시 말해, 중국인이 믿었던 것처럼 자신과 같은 문명사회는 대개 그들 문화권의 변방에 있었던 야만 또는 '날것'인 사회들과 비교할 때 '익힌 것'이었다. 중국어로 중국을 '중궈中國'라고 하는데, 영어로 말하면 '미들 킹덤Middle Kingdom'으로 세계의 중심이 되는 나라라는 뜻이다. 게다가 그 용어는 중국 문명의 발상지가 전통적으로 아시아 대륙의 거의 한가운데에 있는 북중국으로 여겨지는 것처럼, 지리적으로 중앙과 변방을 나눈다는 의미도 있다. 중국인은 중앙에 있는 자기 사회와 거기서 멀리 떨어져 사는 사람들의 사회 간 차이를 설명할 때, '날것'과 '익힌 것', 또는 '성生'과 '수熟'라는 대비되는 두 용어를 갖다 썼다. 말 그대로 익힌 음식을 먹느냐, 아니면 날 음식을 먹느냐로 문화 차이를 구분하는 잣대로 생각한 것이다. 따라서 '루마오인쉐茹毛饮血'(털도 뽑지 않은 고기, 즉 날고기를 먹고 생피를 마신다는 뜻)라는 구절은 고대 중국인이 다른 집단—그들이 몽골 스텝지대의 유목민이든, 양쯔강 남쪽의 산사람들이든 상관없이—의 야만성을 강조하기 위해 사용하는 일반적인 표현이 되었다. 프랑크 디쾨터Frank Dikötter가 말한 것처럼, 실제로 중국인에게 "날음식을 먹는 것은 야만족의 심성에 영향을 끼치는 야만성의 확실한 증거로 간주되었다."[2]

익힌 음식에 대한 중국인의 선호는 또한 물을 마시는 데까지 확대되었다. 그들 대다수가 찬물보다 끓인 물이나 따뜻한 물을 더 좋아한다. 당나라 때 차는 대륙 전역에서 즐겨 마시는 음료가 되었다. 이후 몇 세기에 걸쳐, 차는 동아시아를 넘어 이웃 지역들까지 널리 퍼졌다. 중국인은, 익힌 음식을 먹는 것이 이웃 나라 사람들의 문화와 자기네 문화를 구분하는 중요한 차이로 생각했듯이, 끓이지 않은—날것의— 물 대신 찻잎을 끓여서 우려낸 따뜻한 물을 마시는 것도 그와 마찬가지 의미라고 생각했다. 서문(1장)에서 말했듯이, 차를 마시는 것은 젓가락이 아시아에서 식사도구로서 널리 보급되는 데 한몫했다.

클로드 레비스트로스의 연구 논문에 따르면, 익힌 음식과 끓인 물은 인간을 자연적 존재에서 문화적 존재로 바꾸었다. 이 과정에서 식사도구 사용도 일정 부분 역할을 했다. 이것은 내가 이 책에서 두 번째로 살펴본 내용이었다. 레비스트로스가 보여준 예는 굽는 것과 끓이는 것 사이의 대조였다. 물론 둘 다 사람들이 즐겨 사용하는 조리 방식이다. 그러나 레비스트로스가 보기에 그 둘은 차이가 있었다. "구운 음식은 자연의 편에 놓일 수 있고, 끓인 음식은 문화의 편에 놓일 수 있다." 음식을 끓이는 것은 문화의 산물인 그릇의 사용을 수반하기 때문이다. 다시 말해, 굽는 것과 끓이는 것은 모두 불을 사용하지만, 전자는 음식을 불에 직접 노출하는 반면, 후자는 문화적 중개를 통해 작용한다.[3] 중국인도 마찬가지로 음식을 집어 먹을 때 식사도구를 사용하는 것을 문화적 표시, 또는 교양인의 자세라고 생각했다. 당나라 때 중국인과 외부 세계 사람들의 접촉은 매우 빈번했다. 저 멀리 중앙아시아에서 온 사람들과도 접촉이 있었다. 늦어도 2세기쯤 동아시아에 유입된 불교는 그런 문화 교류를 촉진하는 역할을 했다. 중국의 불교 신자들이 인도를 포함해 남아시아와 동남아시아의 여러 불교 왕국으로 순례를 떠났을 뿐 아니라, 한국과 일본의 불교 신자와 여행자들이 당나라를 찾아오기도 했다. 그들 가운데 일부는 그곳에서 오랫동안 머물 렀다. 중국인 여행자들이 기록한 바에 따르면, 여전히 손으로 음식을 집어 먹는 원주민에 관한 내용이 나온다.[4] 그러나 이 모든 것은 당나라 문화의 영향 덕분에 바뀌고 있었다. 이 책에서 상세하게 기술하였듯이, 7세기부터 마침내 젓가락문화권이 모습을 갖추기 시작했고, 그 지역에서는 식사도구를 사용해 음식을 먹는 식습관이 점점 더 일반화되었다.

동아시아인이 음식을 집어 먹을 때 식사도구를 쓰는 것이 문화인의 행동이라고 믿는다면, 젓가락을 쓰는 것은 특히 그 지역에서 음식 생산과 조리, 섭취 방식이 바뀌었기 때문이다. 동아시아 지역의 주곡 가운데 하나인 쌀로 지은 밥을 젓가락으로 한 덩이씩 떠서(밥알의 점착성 덕분에) 먹을 수 있다는 것 때문에, 젓가락은 곡물음식과 곡물이 아닌 음식을 모두 집어 나르는 도구로 널리 사용되었다. 이것은 오늘날 동아시아와 동남아시아에서 흔히 볼 수 있는 식습관이지만, 이미 적어도 11세기부터 일찌감치 나타난 현상이었다. 그러나 실제로 젓가락 사용이 대대적으로 확산된 것은 사람들이 밀가루음식을 점점 더 즐겨 먹기 시작하면서부터라고 생각한다. 밀가루음식은 1세기에 중국에서 처음 생겨서 이후 아시아 대륙의 다른 지역으로 퍼져나갔다. 특히, 국수와 만두를 먹으면서 그 대륙 전역에서 그동안 가장 중요한 식사도구였던 숟가락의 효용성이 점점 떨어졌다. 다시 말해, 음식 생산과 조리 방식의 변화는 사람들의 식사도구 선택에도 큰 영향을 끼쳤다. 젓가락은 그 지역에서 재배하고 먹는 주곡 때문에 어디든 반드시 있어야 하는 식사도구가 되었다.

젓가락은 다른 식사도구에 비해 명백한 장점이 있다. 매우 흔한 재료로 제작되기에 경제적이고 만들기도 쉽다. 따라서 젓가락 사용은 대체로 밑에서부터 위로 올라가는 경로를 밟았다. 젓가락은 상층계급보다는 하층계급 사람들의 유일한 식사도구로 더 먼저 채택되었다. 상층계급이 많이 쓰는 식사도구는 따로 있었다. 그러나 동시에 젓가락은 식탁 예절의 발달, 식품 청결과 위생에 관한 기본적인 관심의 증가 때문에 다른 식사도구가 힘을 잃으면서 점점 널리 쓰이기 시작했다. 비록 역사적으로 젓가락 사용법을 기록한 교본 같은 것은 발견하지 못했지만, 일찌감치 공자 시대, 즉 기원전 5세기 때부터 비롯된 식사 예법과 식습관, 풍습에 관한 엄청난 양의 문헌이 있다. 이런 전서들이 보여주는 식사법은 대개 격식을 차리고 다른 사람들에게 예의 바름을 유지하기 위한 것이었다. 그것은 또한 간접적으로 음식의 청결과 위생을 유지하는 것에 대한 사람들의 관심을 반영했다. 부자든 가난한 사람이든, 이런 식사법은 음식 먹기와 관련해 마땅히 관심을 가질 만한 것이었다. 젓가락은 그 민첩한 움직임과 날렵한 모양새로 사람이 원하는 음식을 무엇이든지 그릇과 접시에서 집어 올릴 수 있었다. 그러려면 젓가락질을 능숙하게 해야 함은 물론이고 전통적인 젓가락 예절도 반드시 준수해야 한다. 지금까지 살펴보았듯이, 젓가락문화권 안에서 이런 예절은 비슷한 점이 많다. 한 가지 매우 명백한 것은, 젓가락문화권 밖의 많은 사람이 처음 보고 오해하듯이, 젓가락이 여럿이 함께 음식을 나눠 먹는 식습관을 조장하는 것은 아니라는 점이다. 오히려 그 반대로, 적절한 방식으로 젓가락질을 하면 음식을 여럿이 함께 나눠 먹으면서도 위생 문제에 대한 우려—어쩌면 근대 이전에 경제적으로 가장 큰 문제였을 수도 있는—를 해소할 수 있다는 것이 내가 하고 싶은 말이다. 근대 이후로 일회용 나무젓가락은 삼림 파괴에 대한 우려에도 불구하고 사람들이 위생적으로 음식을 먹는 편리한 수단이 되었다. 일회용 플라스틱 젓가락(나무보다 부러뜨리기 어려운)을 그 대체재로 쓰면 환경적으로 더욱 큰 재앙일 수 있기 때문이다.

끝으로, 젓가락 사용법에 대한 지침서가 수백 년 동안 글로 쓰이지 않은 이유는 젓가락이 그것을 쓰는 사람들의 일상생활에 아주 자연스럽고 매끄럽게 직조되어 있기 때문이라고 나는 생각한다. 음식을 집어 나르려고 젓가락을 쓰는 것은 젓가락문화권에서 자라는 사람이라면 누구나 반드시 겪는 일이다. 젓가락이 얼마나 없어서는 안 될 물건인지 생각할 때, 그것은 이제 단순한 식사도구를 넘어 훨씬 더 많은 역할을 수행하는 도구가 되었다. 일본인이 젓가락을 "생명의 지팡이"라고 부르는 것은 바로 그런 의미에서 딱 맞는 표현이다. 일본인뿐 아니라 다른 아시아인에게도 젓가락은 생명의 상징이기 때문이다. 젓가락과 젓가락질에 대한 그 지역의 수많은 설화와 민담, 옛이야기, 신화와 전설들이 바로 그것을 보여준다. 아이들은 자라는 동안 젓가락을 손가락으로 올바르게 잡는 법을 배울 뿐 아니라, 아버지와 어머니, 그리고 할아버지와 할머니에게서 이런 이야기를 듣고, 가슴에 담아두었다가 나중에 어른이 되어 자기 자식들에게 다시 들려줄 것이다. 요컨대, 젓가락과 젓가락질은 수천 년 동안 동아시아와 동남아시아 지역 사람들과 함께하면서 마침내 하나의 살아 있는 전통이 되었다. 이 전통은 그 자체로 생명을 유지하며 계속 살아갈 것이다.

1장

1 Isshiki Hachirō, *Hashi no Bunkashi: Sekai no Hashi Nihon no Hashi* (Tokyo: Ochanéomizu Shobō, 1990), 36-40; Mukai Yukiko & Hashimoto Keiko, *Hashi* (Tokyo: Hōsei daigaku shuppankyoku, 2001), 135-142.

2 캘리포니아 대학 LA 캠퍼스의 역사학과 교수 린 화이트는 1983년 7월 17일 필라델피아에서 열린 미국철학학회 모임에서 '손가락, 젓가락 그리고 포크: 먹는 방식에 대한 성찰(Fingers, Chopsticks and Forks: Reflections on the Technology of Eating)'이라는 제목으로 연설했는데, 거기서 그는 이런 서로 다른 식습관에 대해 토론했다. *New York Times* (Late Edition - East Coast), July 17, 1983, A-22.

3 Kimiko Barber, *The Chopsticks Diet: Japanese-Inspired Recipes for Easy Weight-Loss* (Lanham: Kyle Books, 2009), 7.

4 Isshiki, *Hashi no Bunkashi: Sekai no Hashi Nihon no Hashi*, 201-220. 무카이와 하시모토 또한 젓가락에 관한 연구를 통해 젓가락질을 배우는 것이 어떻게 어린이의 소근육 운동 향상에 도움을 주는지 설명한다. *Hashi*, 181-186.

5 Sohee Shin, Shinichi Demura & Hiroki Aoki, "Effects of Prior Use of Chopsticks on Two Different Types of Dexterity Tests: Moving Beans

---

* 여기에 소개되는 책의 번역제는 참고문헌에 병기했다.

Test and Purdue Pegboard"(두 종류의 손 민첩성 시험에서 젓가락 우선 사용의 효과: 콩 옮기기와 퍼듀 페그보드 시험), *Perceptual & Motor Skills*(인식과 운동 기능), 108: 2 (April 2009), 392-398; Cheng-Pin Ho & Swei-Pi Wu, "Mode of Grasp, Materials, and Grooved Chopsticks Tip on Gripping Performance and Evaluation"(젓가락질의 성능과 평가와 관련된 젓가락 쥐는 방식과 젓가락 원료, 그리고 홈이 팬 젓가락 끝부분), *Perceptual & Motor Skills*, 102: 1 (February 2006), 93-103; Sheila Wong, Kingsley Chan, Virginia Wong & Wilfred Wong, "Use of Chopsticks in Chinese Children"(중국 어린이의 젓가락 사용), *Child: Care, Health & Development*(어린이: 보호, 건강과 개발), 28: 2 (March 2002), 157-161; David J. Hunter, Yuqing Zhang, Michael C. Nevitt, Ling Xu, Jingbo Niu, Li-Yung Lui, Wei Yu, Piran Aliabadi & David T. Felson, "Chopsticks Arthropathy: The Beijing Osteoarthritis Study"(젓가락 관절증: 베이징 골관절염 연구), *Arthritis & Rheumatism*(관절염과 류머티즘), 50: 5 (May 2004), 1495-1500.

6   Ōta Masako, *Hashi no genryūo saguru: Chūkoku kodai ni okeru hashi shiyō shūzoku seiritsu* (Tokyo: Kyūko Shoin, 2001), 1-23; Liu Yun et al., *Zhongguo zhu wenhuashi* (Beijing: Zhonghua shuju, 2006), 70ff.

7   Giovanni Rebora, *Culture of the Fork*, trans. Albert Sonnenfeld (New York: Columbia University Press, 2001), 14-17; James Cross Giblin, *From Hand to Mouth, Or How We Invented Knives, Forks, Spoons, and Chopsticks and the Table Manners to Go with Them* (New York: Thomas Y. Crowell, 1987), 45-46; See Peter B. Golden, "Chopsticks and Pasta in Medieval Turkic Cuisine", *Rocznik orientalisticzny*, 49 (1994-1995), 71-80.

8   Penny Van Esterik, *Food Culture in Southeast Asia* (Westport: Greenwood Press, 2008), xxiv; 54-55.

9   Roland Barthes, *Empire of Signs*, trans. Richard Howard (New York: Hill and Wang, 1982), 15-16.

10 Ibid., 17-18.

11 Raymond S. Dawson, ed. *The Legacy of China* (Oxford: Oxford University Press, 1971), 342.

12 Mencius, *The Works of Mencius*, trans. James Legge (New York: Dover

Publications, Inc., 1970), 141.

13 공자는 "밥은 곱게 찧어 지은 쌀밥을 싫어하지 않았고, 날고기는 가늘게 썬 것을 싫어하지 않았다(食不厭精, 膾不厭細,《논어》향당(鄉黨)편 10-8A에 나 오는 구절임 – 옮긴이)"고 한다. *Confucian Analects, The Great Learning and The Doctrine of the Mean*, trans. James Legge (New York: Dover Publications, Inc., 1971), 232.

14 Frederick Mote, "Yuan and Ming", *Food in Chinese Culture: Anthropological and Historical Perspectives*, ed. K. C. Chang (New Haven: Yale University Press, 1977), 201.

15 16세기 말 일본을 방문한 이탈리아 상인 프란체스코 카를레티Francesco Carletti 는 이렇게 말했다. "일본인은 이 막대기 두 짝으로 놀랄 정도로 빠르고 민첩하 게 밥을 먹을 수 있다. 그들은 종류에 상관없이 아무리 작은 음식물이라도 손 을 더럽히지 않고 집을 수 있다." Giblin, *From Hand to Mouth, Or How We Invented Knives, Forks, Spoons, and Chopsticks and the Table Manners to Go with Them*, 44쪽에서 인용.

16 리정다오李政道는 한 일본 기자와 가진 인터뷰에서 젓가락 사용에 대한 자신의 생각을 이렇게 표현한 것으로 보인다. www.chinadaily.com.cn/ food/2012-08/02/content_15640036.htm 참조.

2장

1 Longqiuzhuang yizhi kaogudui, *Longqiuzhuang: Jianghuai dongbu xinshiqi shidai yizhi fajue baogao* (Beijing: Kexue chubanshe, 1999), 346-347.

2 Liu, *Zhongguo zhu wenhuashi*, 52-55.

3 Chen Mengjia, "Yindai tongqi", *Kaogu xuebao*, 7 (1954); Liu, *Zhongguo zhu wenhuashi*, 92-93.

4 E. N. Anderson, *The Food of China* (New Haven: Yale University Press, 1988), 150.

5 Liu, *Zhongguo zhu wenhuashi*, 92-96, 94쪽에서 인용.

6 이것은 그다지 놀라운 일이 아니다. 고대 로마에서도 포크는 주방 기구였기

때문이다. 유럽에서 포크가 식탁에 올라간 것은 14세기부터였다. 최초의 식사용 포크는 로마 주방에서 쓰였던 것처럼 갈래가 두 개인 것으로, 오늘날 보는 것과 같은 세 갈래, 네 갈래짜리 포크가 아니었다. Shū Tassei, *Chūgoku no Shokubunka* (Tokyo: Sōgensha, 1989), 125-131; Giblin, *From Hand to Mouth, Or How We Invented Knives, Forks, Spoons, and Chopsticks and the Table Manners to Go with Them*, 45-56.

7   Wang Renxiang, "Shaozi, chazi, kuaizi: Zhongguo jinshi fangshi de kaoguxue yanjiu"(Spoon, fork, and chopsticks: an archaeological study of the eating method in ancient China), *Xun'gen*(Root searching), 10 (1997), 12-19.

8   Felipe Fernandez-Armesto, *Food: A History* (London: Macmillan, 2001), 1-24.

9   Harald Brüssow, *The Quest for Food: A Natural History of Eating* (New York: Springer, 2007), 608.

10 전 세계의 서로 다른 식사법들을 관찰한 역사가 린 화이트Lynn White는 사람들이 도구를 쓰는 이유가 뜨거운 음식을 다루기 위해서라고 생각했다. "Fingers, Chopsticks and Forks: Reflections on the Technology of Eating", *New York Times*, July 17, 1983, A-22.

11 Zhao Rongguang, "Zhu yu Zhonghua minzu yinshi wenhua", *Nongye kaogu*, 2 (1997), 225-235. 이 말은 중국인이 손님에게 식사를 대접할 때 흔히 쓰는 표현이 되었다. 1972년 헨리 키신저가 리처드 닉슨을 수행해서 중국을 방문했을 때, 당시 중국 공산당 총리였던 저우언라이가 그들을 국빈 만찬에 초대하여 키신저에게 북경오리 요리는 식기 전에 먹어야 한다고 권했다는 유명한 사례가 있다. J. A. G. Roberts, *China to Chinatown: Chinese Food in the West* (London: Reaktion Books, 2002), 117.

12 Zhao, "Zhu yu Zhonghua minzu yinshi wenhua". 고세기 에리노는 중국음식의 중국 이외 지역으로의 전파에 대한 연구에서 필리핀 사람들이 대개 음식을 미지근하게 해서 먹기를 좋아한다는 사실에 주목한다. Kosegi Erino, "'Osoroshii aji': taishū ryori ni okeru Chuka no jyuyou sarekata: Filipin to Nihon no rei wo chūshinni", *Di 6 jie Zhongguo yinshi wenhua xueshu yantaohui lunwenji*(Proceedings of the 6th academic symposium on Chinese food and drink culture) (Taipei: Zhongguo yinshi wenhua jijinhui, 1999), 229-

230. 비 윌슨은 아랍 사람들과 중동의 다른 지역 사람들도 사정은 마찬가지라고 주장한다. Bee Wilson, *Consider the Fork*, 203.

13 Han Feizi, *Han Feizi*, "Yulao"(유로(喩老)편)(노자의 가르침을 비유로 설명한 부분)을 의역. See www2.iath.virginia.edu/saxon/servlet/SaxonServlet?source=xwomen/texts/hanfei.xml&style=xwomen/xsl/dynaxml.xsl&chunk.id=d2.21&toc.depth=1&toc.id=0&doc.lang=bilingual.

14 한국고전종합DB(http://db.itkc.or.kr/itkcdb/mainIndexIframe.jsp)를 검색하면 《조선왕조실록》을 비롯한 여러 역사책에서 상아 젓가락을 언급한 것이 14번 나온다.

15 Mukai & Hashimoto, *Hashi*, 3-4. 집게 모양의 젓가락이 비록 나중이기는 하지만 고대 일본에서도 발견되었다는 사실은 주목할 만한 가치가 있다.

16 Zhou Xinhua, *Tiaodingji*(Collection of food essays) (Hangzhou: Hangzhou chubanshe, 2005), 75쪽 참조.

17 Xun Zi(순자), *Hsün Tzu: Basic Writings*(荀子순자), trans. Burton Watson (New York: Columbia University Press, 1963), 134.

18 Wu Yong(吳永우·용), *Gengzi xishou congtan*(庚子西狩叢談경자서수총담)(The flight of the Qing court청나라 황실의 패주) (Beijing: Zhonghua shuju, 2009).

19 Ōta Masako, *Hashi no genryūo saguru: Chūkoku kodai ni okeru hashi shiyō shūzoku seiritsu*, 1-19.

20 *Liji*(예기) – "Quli I"(곡례 상), CTP, 47-48.

21 그러나 최근 몇 년 동안 이런 해석에 문제를 제기하는 학자들이 나왔다. Wang Renxiang, *Wanggu de ziwei: Zhongguo yinshi de lishi yu wenhua*(Tastes of yore: history and culture of Chinese foods and drinks) (Ji'nan: Shandong huabao chubanshe, 2006), 47-51.

22 Mencius, *The Works of Mencius*, 251.

23 He Julian, *Tianshan jiayan: Xiyu yinshi wenhua zonghengtan*(Dining on Mt. Tianshan: discussions of food cultures in the Western regions) (Lanzhou: Lanzhou daxue chubanshe, 2011), 58, 고대의 투르판 지역, 오늘날 신장에서 대마 씨를 어떻게 먹었는지 연구함.

24 N. A., *Xianqin pengren shiliao xuanzhu*(Annotated pre-Qin historical

25 Xu Hairong, *Zhongguo yinshishi*(A history of Chinese food and drink culture) (Beijing: Huaxia chubanshe, 1999), vol. 2, 15. 오늘날 중국에서는 참깨를 '지마芝麻'라고 부른다. 일본인 중국음식사가인 시노다 오사무는 중국 기록에서 '오곡"이 가장 많이 등장하는 이유가 도교의 '(음양)오행五行'이라는 개념 때문이라고 지적한다. 따라서 '육곡'이나 '구곡'보다 '오곡'이 사람들 사이에 더 인기가 있었다고 말한다. 다시 말해서, '오곡'은 명확하게 분류하기 어려운 상징적 용어였다. Shinoda Osamu, *Zhongguo shiwushi yanjiu*(Studies of Chinese food), trans. Gao Guilin, Sue Laiyun & Gao Yin (Beijing: Zhongguo shangye chubanshe, 1987), 6-7.

26 Francesca Bray, *Science and Civilization in China: Biology and Biological Technology*. Part 2, Agriculture (Cambridge: Cambridge University Press, 1986), vol. 6, pt. 2, 434-449; 459-489.

27 Longqiuzhuang yizhi kaogudui, *Longqiuzhuang: Jianghuai dongbu xinshiqi shidai yizhi fajue baogao*, 440-463.

28 Bray, *Science and Civilization in China: Biology and Biological Technology*, vol. 6, pt. 2, 435.

29 Han Feizi, *Han Feizi*("waichushuo zuoxia"). Roel Sterckx, *Food, Sacrifice, and Sagehood in Early China*(고대 중국의 음식, 제물, 그리고 현인이 되는 조건) (New York: Cambridge University Press, 2011), 12쪽에서 인용.

30 Ping-ti Ho, "The Loess and the Origin of Chinese Agriculture", *American Historical Review*, 75: 1 (October 1969), 1-36.

31 Chang, "Ancient China", *Food in Chinese Culture: Anthropological and Historical Perspectives*, 26.

32 Bray, *Science and Civilization in China: Biology and Biological Technology*, vol. 6, pt. 2, 441.

33 Ibid., 440. '양粱'은 낟알이 큰 종자로 알려졌다. 유럽에서 나는 조German millet 와 같아 보인다.

34 ZJGK에서 주나라에서 당나라 때까지의 기록들에서 키워드 검색을 하면, '黍饭[기장]'이 92회 나오고 '粟饭[조]'가 73회 나온다. 반면에 '麦饭[밀]'이 107회 나온다. 따라서 기장이 주식이었음을 알 수 있다.

35 주나라 말 전국 시대 때 것으로 추정되는 주서周書, 또는 일주서逸周書에서 인용했다. 송나라 학자 고승高承이 편찬한 《사물기원事物紀原(Shiwu jiyuan)》, 9권, ZJGK, 208쪽 인용. 그러나 한나라 사상가 왕충王充도 자신이 저술한 《논형論衡(Lunheng)》에서 "낟알을 쪄서 밥을 짓고"라는 문구를 썼다. *Lunheng* - "Jiyan"(吉言), *juan* 2, ZJGK, 10.

36 Xu, *Zhongguo yinshishi*, 51-55. '쩡'이 전통적으로 기장과 밀 같은 곡물을 찌기 위해 사용되었다는 것은 많은 기록에 나온다. Wang, *Lunheng* - "Liangzhi"(良知). "수확한 그 곡물을 '속'(조)라고 부른다. 그것을 절구로 찧고 나서 '쩡'(시루)에 넣고 불을 때서 쪄 먹는다." *juan* 12, ZJGK, 121. 《송사》에 "'쩡' 안에 찐 밀이 있었다"라는 문구가 나온다. Tuo Tuo(脫脫토크토), *Songzhi* - "Hu Jiaoshiu"(Hu Jiaoxiu 일대기), HDWZK, 11677.

37 이 이야기는 《예기》, 《의례》와 같은 시기에 나온 역사 기록과 《좌전左傳》에 등장한다. 그 기록에 따르면, 노魯나라 선공宣公 4년(기원전 605)에 초楚나라(양쯔강 중류 남중국에 있는) 사람이 정鄭나라의 영공靈公에게 자라 한 마리를 선물로 보냈다. 때마침 대부 송공(子公이라고도 부름 – 옮긴이)과 그의 친구 자가子家가 영공을 방문했다. 자라를 본 송공의 집게손가락이 저절로 움직이자, 그는 우스갯소리로 이렇게 말했다. "다음에 볼 때 제 손가락이 또 움직이면, 그때는 뭔가 특별한 음식을 맛볼 거라는 뜻입니다." 그러나 정영공은 자랏국을 끓였을 때 다른 사람들은 모두 초대하고, 송공은 부르지 않았다. 모욕을 당한 송공은 바로 달려가서 자기 집게손가락을 솥에 넣어 국물 맛을 보고는 후다닥 뛰어나갔다. 정영공은 화가 나서 송공을 죽이기로 마음먹었다. 그러나 1년 뒤, 송공과 자가는 음모를 꾸며 정영공을 먼저 살해했다. 이야기가 매우 흥미진진하고 극적인 만큼 이것은 나중에 격언으로 발전했다. 송공이 솥에 손가락을 살짝 담그고 음식 맛을 본 것을 사자성어로 '란치유딩染指于鼎[염지우정]', 또는 간단하게 '란지染指'라고 하는데, 이것은 초대받지 않은 사람이 일에 끼어드는 것을 의미한다. Zuo Qiuming(左丘明좌구명), *Chunqiu zuozhuan*(春秋左傳춘추좌전)(Spring and Autumn Annals and Zuo commentary) - "Xuan'gong sinian"(宣公四年선공사년), CTP, 2.

38 Guanzi(管仲관중), *Guanzi*(管子관자) - "Dizi zhi"(弟子職제자직): "국을 손으로 먹지 마라" CTP, 4.

39 공영달의 설명에 따르면, 기장을 먹을 때 젓가락을 쓰지 말라고 했기 때문에

사람들은 숟가락을 쓸 수밖에 없었다. 오늘날의 학자인 왕런샹은 공영달이 고대 중국인이 손으로 밥을 먹었다고 하고는 여기서는 숟가락으로 먹어야 했다고 말함으로써 앞뒤가 맞지 않는 주장을 했다고 생각한다. Wang Renxiang, *Wanggu de ziwei: Zhongguo yinshi de lishi yu wenhua*, 50쪽 참조. 그러나 나는 기장을 쪄서 지은 밥은 손으로 집어 먹을 수 있는 반면에 기장을 끓여서 쑨 죽은 물기가 많아서 숟가락으로 떠먹어야 했기 때문에 공영달의 말이 모순되지 않다고 생각한다.

40 오늘날 베이징에서 인기 있는 미안차面茶[Miancha]는 참깨와 참기름, 소금을 뿌려서 먹는 기장가루 죽인데, 그것을 먹을 때 죽의 온기와 맛을 유지하기 위해 위에 엉겨 붙은 막을 그대로 놔둔 채 그릇을 들어 직접 홀짝홀짝 마시는 것이 관습이며 권장하는 식사법이다. 식사도구를 사용하면 죽 위에 형성된 막이 찢어지기 때문이다. Cui Daiyuan, *Jingweier*(Beijing taste) (Beijing: Sanlian shudian, 2009), 71.

41 Hu Zhixiang, "XianQin zhushi pengshi fangfa", *Nongye kaogu*, 2 (1994), 214-218.

42 *Liji* - "Tangong I"(檀弓 上단궁 상), CTP, 14. 마찬가지로, 맹자 또한 당시 사람들이 죽을 즐겨 먹었음을 확인해준다. "제후의 예는 내가 아직 배우지 못했지만 일찍이 들은 바가 있으니, 3년상에 옷의 밑단을 꿰맨 삼베로 짠 상복을 입고 미음과 죽을 먹음은 천자로부터 서민에 이르기까지 3대가 공통이었다(諸侯之禮, 吾未之學也 ; 雖然, 吾嘗聞之矣 : 三年之喪, 齊疏之服, 飦粥之食, 自天子達於庶人, 三代共之)." *The Works of Mencius*, 236.

43 *Liji* - "Quli I" CTP, 53.

44 공영달은 국에 채소가 없다면 국을 직접 들이켜 마셨을 수 있다고 설명했다. Wang Renxiang, *Wanggu de ziwei: Zhongguo yinshi de lishi yu wenhua*, 50쪽에서 인용·검토.

45 Wang Renxiang, *Yinshi yu Zhongguo wenhua*(Beijing: Renmin chubanshe, 1994), 16-17.

46 Zhao, "Zhu yu Zhonghua minzu yinshi wenhua".

47 왕런샹은 "젓가락의 기원을 찾고 싶은 사람이라면, 반드시 [중국의 대중음식인] 국의 발전 과정을 연구해야 한다."고 말한다. Wang, *Yinshi yu Zhongguo wenhua*, 270; Zhao, "Zhu yu Zhonghua minzu yinshi wenhua";와 Hu,

"XianQin zhushí pengshi fangfa tanxi."

48 Chang, "Ancient China", *Food in Chinese Culture: Anthropological and Historical Perspectives*, 32-33.

49 Bray, *Science and Civilization in China: Biology and Biological Technology*, vol. 6, pt. 2, 557.

50 Ibid., 485.

51 Margaret Visser, *Much Depends on Dinner: The Extraordinary History and Mythology, Allure and Obsessions, Perils and Taboos, of an Ordinary Meal* (New York: Grove Press, 1986), 155-156.

52 Fernandez-Armesto, *Food: A History*, 105-106.

53 Longqiuzhuang yizhi kaogudui, *Longqiuzhuang: Jianghuai dongbu xinshiqi shidai yizhi fajue baogao*. 룽치우장 문화에 대해서 더 알고 싶다면, Zhang Jiangkai & Wei Jun, *Xinshiqi shidai kaogu*(Neolithic archaeology) (Beijing: Wenwu chubanshe, 2004), 173-176쪽에 나온 논의 참조. 선타오Shen Tao는 젓가락이 남부 지방에서 더 많이 발굴된 것으로 볼 때, 그 젓가락의 원산지가 중국 남서부의 윈난성이라는 가설을 세웠다. Ōta Masako, *Hashi no genryūo saguru: Chūkoku kodai ni okeru hashi shiyō shūzoku seiritsu*, 248-249; Mukai & Hashimoto, *Hashi*, 4-6쪽에서 그 가설을 인용.

54 Te-Tzu Chang, "Rice", *Cambridge World History of Food*, eds. Kenneth F. Kiple & Kriemhild C. Ornelas (Cambridge: Cambridge University Press, 2000), vol. 1, 149-152. 중국의 사료들에서는 시니카/자포니카종과 인디카종 쌀을 각각 '껑梗'(줄기 경)과 '시안籼'(메벼 선)이라고 부른다.

55 Leedom Lefferts, "Sticky Rice, Fermented Fish, and the Course of a Kingdom: The Politics of Food in Northeast Thailand", *Asian Studies Review*, 29 (September 2005), 247-258쪽 참조; Van Esterik, *Food Culture in Southeast*, 21.

56 "아이가 스스로 밥을 먹을 줄 알게 되면, 오른손으로 먹는 법을 가르쳐야 한다(子能食食, 教以右手)." *Liji* - "Neize"(內則), CTP, 76쪽 참조. 고대 중국의 조리법에 관해서는 Chang, "Ancient China", *Food in Chinese Culture: Anthropological and Historical Perspectives*, 31.

3장

1 Sima(司馬遷), *Shiji*(史記) – "Liuhou shijia"(留侯世家유후세가), HDWZK, 2040.

2 Sima, *Shiji* – "Jianghou Zhou Bo shijia"(絳侯周勃世家강후주발세가), HDWZK, 2078.

3 Hunan Sheng Bowuguan, *Changsha Mawangdui yihao Hanmu*(長沙馬王堆一號漢墓) (Beijing: Wenwu chubanshe, 1973).

4 Mukai & Hashimoto, *Hashi*, 9-10.

5 Liu, *Zhongguo zhu wenhuashi*, 125-135.

6 H. T. Huang은 한나라 사람들은 "쌀밥을 먹을 때는 손가락으로 먹고, 그 밖의 다른 음식을 먹을 때는 젓가락으로 먹고, 국을 떠먹을 때는 숟가락으로 먹었다."라고 말한다. "Han Gastronomy—Chinese Cuisine in statu nascendi", *Interdisciplinary Science Reviews*, 15: 2 (1990), 149. 그가 한 말은 대체로 맞지만 당시와 심지어 그 이전에도 기장처럼 낟알이 푸석푸석한 곡식을 먹을 때 숟가락을 쓰기도 했다는 사실을 간과하고 있다.

7 Chen Shou(陳壽), *San'guozhi*(三國志), "Dong Zhuo, Li Cui, Guo Fan"(董卓, 李催, 郭氾동탁, 이최, 곽범), HDWZK, 176.

8 Chen Shou, *San'guozhi*, "Liu Bei"(劉備유비), HDWZK, 875.

9 ZJGK의 기록들에 '비쭈匕箸'는 1,232번, '츠쭈匙箸'는 492번 나온다.

10 *Liji* "Quli I"(곡례 상), CTP 48.

11 Confucius, *Confucian Analects*, 232.

12 Xu, *Zhongguo yinshishi*, 29-36.

13 Ying-shih Yu, "Han", *Food in Chineses Culture*, 57-58.

14 Chang, "Ancient China", *Food in Chinese Culture: Anthropological and Historical Perspectives*, 31쪽에서 인용.

15 Sima, *Shiji* – "Xiang Yu benji"(項羽本紀항우본기), HDWZK, 312-313.

16 Fan Ye(范曄범엽), *HouHanshu*(後漢書후한서) – "Ling Xu"(陵續능속), HDWZK, 2683.

17 Yu, "Han", *Food in Chineses Culture*, 81ff; Zhang Guangzhi(Chang Kuang-chih), "Zhongguo yinshishi shangde jici tupo"(Several breakthroughs in the Chinese food and drink history), *Di 4 jie Zhongguo yinshi wenhua xueshu*

yantaohui lunwenji(Proceedings of the 4th academic symposium on Chinese food and drink culture) (Taipei: Zhongguo yinshi wenhua jijinhui, 1996), 3.

18 Ishige Naomichi, "Filamentous Noodles, 'Miantiao': Their Origin and Diffusion", *Di 3 jie Zhongguo yinshi wenhua xueshu yantaohui lunwenji*(Proceedings of the 3rd academic symposium on Chinese food and drink culture) (Taipei: Zhongguo yinshi wenhua jijinhui, 1994), 118.

19 Xu, *Zhongguo yinshishi*, 475-476.

20 Xu Pingfang, "Zhongguo yinshi wenhua de diyuxing jiqi ronghe"(Regions and cross-regional development in Chinese food and drinking culture), *Di 4 jie Zhongguo yinshi wenhua xueshu yantaohi lunwenji*(Proceedings of the 4th academic symposium on Chinese food and drinking culture) (Taipei: Zhongguo yinshi wenhua jijinhui, 1996), 96-97.

21 Huan Tan(桓譚환담), *Xinlun*(新論신론) (Shanghai: Shanghai renmin chubanshe, 1967), 44.

22 Mozi(墨子), *Mozi* - "Gengzhu"(耕柱경주), CTP, 18. 어근 '시食'와 동사 '빙幷'이 합쳐져서 만들어진 글자 '빙餠'은 밀가루에 물을 부어 밀가루반죽을 한다는 것을 보여준다. 음식을 의미하는 어근이 빠진 '幷'은 '섞는다'는 뜻인 반면, 어근이 붙은 동음이의어인 '餠'은 밀가루에 물을 부어 만든 음식을 뜻한다.

23 Fen, *HouHanshu* - "Li Du Liezhuan"(李杜列傳이두열전), HDWZK, 2085.

24 Fan Shengzhi(氾勝之범승지), *Fan Shengzhi shu*(氾勝之書범승지서), annotated Shi Shenghan(石聲漢석성한) (Beijing: Kexue chubanshe, 1956), 8-20; Cui Shi(崔寔최식), *Simin yueling jiaozhu*(四民月令사민월령), annotated Shi Shenghan (Beijing: Zhonghua shuju, 1965), 13, 60-64.

25 David R. Knechtges, "Gradually Entering the Realm of Delight: Food and Drink in Early Medieval China", *Journal of the American Oriental Society*, 117: 2 (April-June 1997), 231.

26 Sima, *Shiji* - "Dawan liezhuan"(大宛列傳대원열전), HDWZK, 3166-3168; Ban Gu(班固반고), *Hanshu*(漢書한서) - "Dawan guo"(大宛國대원국), HDWZK, 3895.

27 Fen, *HouHanshu* - "Fuyao"(服妖복요), HDWZK, 3272.

28 Liu Xi(劉熙유희), *Shiming*(釋名석명) (Taipei: Shangwu yinshuguan, 1965), *juan*

4, 62.

29 CF. Zhu Guozhao, "Zhongguo de yinshi wenhua yu sichou zhilu"(中國的飲食文化與絲綢之路중국적음식문화여사조지로)(중국의 음식문화와 실크로드), *Zhongguo yinshi wenhua*(中國飲食文化중국음식문화)(Chinese food and drink culture), ed. Nakayama Tokiko, trans. Xu Jianxin (Beijing: Zhongguo shehui kexue chubanshe, 1990), 228-231. 고대 중국의 '후빙'으로서 '난' 빵에 대한 더 폭넓은 검토는 He Julian, *Tianshan jiayan*(天山稼研천산가연), 75-84쪽 참조.

30 Liu, *Zhongguo zhu wenhuashi*, 180-181쪽 참조. David Knechtges는 "Gradually Entering the Realm of Delight: Food and Drink in Early Medieval China", *Journal of the American Oriental Society*, 117: 2 (April-June 1997), 236쪽에서 유희의《석명》에 나온 내용 가운데 일부를 번역해서 소개한다.

31 Liu, *Zhongguo zhu wenhuashi*, 181.

32 Duan Gonglu(段公路단공로), *Beihulu*(北里志북리지), *juan* 2, ZJGK, 20. 당시의 많은 요리책, 특히 당나라 때 나온 책들을 보면 중국에서 만두가 얼마나 인기가 있었는지 잘 기록되어 있다. 어떤 만두는 만두소의 종류가 24가지나 되었다. Nakayama, *Zhongguo yinshi wenhua*, 165.

33 *Ennin's Diary: The Record of a Pilgrimage to China in Search of Law*, trans. Edwin Reischauer (New York: Ronald Press, 1955), 107, 141, 209, 295-296.

34 Wang Renxiang, "Cong kaogu faxian kan Zhongguo gudaide yinshi wenhua chuantong"(Traditions of food and drink culture in ancient China shown in archaeological finds), *Hubei jingji xueyuan xuebao*(Journal of Hubei economics college), 2 (2004), 111. 그러나 왕런샹은 오늘날 만두에 더 가까운 형태로 잘 만들어진 만두가 7세기에 신장에서 발견되었다고 지적한다. Cf. Xinjiang Weiwuer zizhiqu bowuguan (Uyghur autonomous district in Xinjiang), "Xinjiang Tulufan Asitana beiqu muzang fajue jianbao"(Brief report on the excavation in the tombs of northern Astana, Turpan, Xinjiang), *Wenwu*(Cultural relics), 6 (1960), 20-21. Also, He, *Tianshan jiayan*, 85-86.

35 Jia Sixie(賈思勰가사협), *Qimin yaoshu*(齊民要術제민요술), http://zh.wikisource.org/zh/齊民要術, *juan* 9, "Bingfa"(餅法병법) 참조.

36 Ishige, "Filamentous Noodles, 'Miantiao': Their Origins and Diffusion", 122.

37 Peter B. Golden, "Chopsticks and Pasta in Medieval Turkic Cuisine", *Rocznik orientalisticzny*, 49 (1994-1995), 71-80.

38 Liu, *Zhongguo zhu wenhuashi*, 215.

39 Zhongguo shehui kexueyuan kaogu yanjiusuo(The Institute of Archaeology, Chinese Academy of the Social Sciences), *Tang Chang'an chengjiao Suimu*(The Sui tombs near the Tang capital Chang'an) (Beijing: Wenwu chubanshe, 1980).

40 Liu, *Zhongguo zhu wenhuashi*, 215-219.

41 Ibid., 222-225.

42 Wang Lihua, *Zhonggu huabei yinshi wenhuade bianqian*(Changes in food and drink culture of North China during the middle imperial period) (Beijing: Zhongguo shehui kexue chubanshe, 2001), 278.

43 Yao Weijun, "Fojiao yu Zhongguo yinshi wenhua", *Minzhu*(Democracy monthly), 9 (1997), 32-33.

44 Yao Silian(姚思廉요사렴), *Liangshu*(梁書양서) - "Wudi benji"(五帝本记오제본기), HDWZK, 63-94.

45 E. N. Anderson, "Northwest Chinese Cuisine and the Central Asian Connection", *Di 6 jie Zhongguo yinshi wenhua xueshu yantaohui lunwenji*(Proceedings of the 6th academic symposium on Chinese food and drink culture) (Taipei: Zhongguo yinshi wenhua jijinhui, 1999), 173.

46 Wang, *Zhonggu huabei yinshi wenhuade bianqian*, 112-116.

47 Roberts, *China to Chinatown: Chinese Food in the West*, 21-22.

48 Jia, *Qimin yaoshu*, http://zh.wikisource.org/zh/齊民要術, *juan* 6, "Yangji"(养鸡양계).

49 Liu, *Zhongguo zhu wenhuashi*, 205. 자오룽광은 기름에 볶는 조리법이 한나라 이후에 시작되어, 당나라 때 크게 발전하고, 당나라 이후에 마침내 완성된 조리법으로 널리 채택되었다고 주장한다. *Zhongguo yinshi wenhua gailun*, 173-174. K. C. Chang은 기름에 볶는 조리법이 중국 음식사의 일대 혁명이라고 생각했다. "Zhongguo yinshishi shangde jici tupo", *Di 4 jie*

Zhongguo yinshi wenhua xueshu yantaohui lunwenji (Taipei: Zhongguo yinshi wenhua jijinhui, 1996), 1-109.

50 Bray, *Science and Civilization in China: Biology and Biological Technology*, vol. 6, pt. 2, 420쪽 참조.

51 Wang, *Zhonggu huabei yinshi wenhuade bianqian*, 69.

52 Wang Saishi, *Tangdai yinshi*(Food and drink culture in the Tang) (Ji'nan: Qilu shushe, 2003), 1-17, 2쪽에서 인용.

53 Ibid., 18-24. ZJGK에 있는 당나라 기록들을 검색해보면, '마이판麥飯[맥반]'(밀밥을 말함 – 옮긴이)이 모두 50회 나오는 데 비해, '슈우판黍飯[서반]'(기장밥을 말함 – 옮긴이)'은 80회, '수판粟飯[속반]'(조밥을 말함 – 옮긴이)은 55회 나온다.

54 설영지의 시는 Wang Dingbao(王定保왕정보), *Tang zhiyan*(唐撫言당척언), *juan* 15, ZJGK, 90쪽에서 인용.

55 Han Yu(韓愈한유), "Zeng Liu Shifu"(贈劉師服증유사복), *Changli xiansheng wenji*(昌黎先生文集창려선생문집), *juan* 5, ZJGK, 38.

56 '수이판水飯'은 Ge Hong(葛洪갈홍), *Zhouhou beijifang*(肘後備急方주후비급방), ZJGK, 74쪽에 처음 언급되었고, '시판稀飯'은 Feng Menglong(馮夢龍풍몽룡), *Jin'gu qiguan*(今古奇观금고기관), 32권, 410쪽에 처음 나온다. ZJGK를 검색하면 '시판'은 명나라 때까지 사용되지 않은 반면에 '조우'는 고대 이래로 사용되었다. 일부 지역에서는 날곡물에 물을 붓고 끓인 죽을 '조우'라고 하고, 이미 익힌 곡물이나 '판'에 물을 붓고 끓인 죽을 '시판'이라고 한다.

57 Bai Juyi(白居易백거이), *Baishi changqing ji*(白氏長慶集백씨장경집), ZJGK, 604.

58 그것은 문학 작품에서 시인과 문인들이 '리우치流匙' 숟가락으로 손쉽게 밥을 먹는 모습을 묘사하기 위해서 쓰는 상투적인 문구였음을 지적하지 않을 수 없다. 다시 말해서, 그들은 오늘날 우리가 생각하는 것처럼 곡물음식을 나르기 위해 굳이 숟가락을 쓰지 않아도 된 뒤에도 '리우치'를 쓸 때마다 '화滑[활]'라는 동사를 함께 썼다. ZJGK를 검색하면 당나라부터 명나라까지의 기록들에 그런 문구가 모두 143회('화리우치滑流匙'가 95회, '리우치화流匙滑'가 48회) 나온 것을 알 수 있다.

59 Liu Pubing, *TangSongyinshi wenhwa bijiao yanjiu*(A comparative study of food and drinking cultures in the Tang and Song periods) (Beijing: Zhongguo shehui kexue chubanshe, 2010), 119-121.

60 Liu, *Zhongguo zhu wenhuashi*, 219-221.

61 H. T. Huang은 한나라의 음식문화를 연구하면서 단검 모양의 숟가락에서 옻
칠한 나무 숟가락으로 바뀐 것에 주목했다. 그는 주나라 말에 옻칠한 나무젓
가락이 처음 등장해서 "한나라 때 크게 인기를 끌었다."라고 지적했다. Huang,
"Han Gastronomy", 148.

62 *Ennin's Diary: The Record of a Pilgrimage to China in Search of Law*, 31,
56, 66, 73-74, 157, 172. 엔닌은 '조우'라는 문자를 썼는데, 그것은 대개 쌀죽
을 의미했으며, 중국에서 대개 아침 식사로 먹은 것이었지만, 190쪽에서 그가
말한 '조우'는 기장이나 다른 곡물로 쑨 죽일 수도 있다는 것을 지적하지 않을
수 없다.

63 Wang, *Zhonggu huabei yinshi wenhuade bianqian*, 74-80; Liu,
TangSong yinshi wenhwa bijiao yanjiu, 57-58.

64 *Ennin's Diary: The Record of a Pilgrimage to China in Search of Law*, 190.

65 정부 관리를 뽑기 위해 시험을 보는 제도는 6세기 수나라에서 처음 시도되
었다. 그러나 과거제가 제도적으로 완성된 것은 당나라 때였다. 당나라 기록
들은 당나라 초부터 말까지 남쪽에서 북쪽으로 수송되는 쌀의 양이 급격하
게 증가(20만 섬에서 300만 섬 이상으로)했음을 보여준다. Li Hu, ed., *HanTang
yinshi wenhuashi*(A cultural history of the food culture in Han and Tang
China) (Beijing: Beijing shifan daxue chubanshe, 1998), 13쪽 참조.

66 Yang Lun(杨伦양륜), *Dushi jingquan*(杜诗镜铨두시경전), *juan 2*, ZJGK, 39.

67 Wang, *Zhonggu huabei yinshi wenhuade bianqian*, 75.

68 Edward H. Shafer, "T'ang", *Food in Chinese Culture*, 89.

4장

1 Isshiki, *Hashi no Bunkashi: Sekai no Hashi Nihon no Hashi*, 36-39.

2 Nguyen Van Huyen, *The Ancient Civilization of Vietnam* (Hanoi: The Gioi
Publishers, 1995), 212.

3 Bray, *The Rice Economies: Technology and Development in Asian
Societies* (Berkeley: University of California Press, 1994), 9-10.

4 Nir Avieli, "Eating Lunch and Recreating the Universe: Food and

Cosmology in Hoi An, Vietnam", *Everyday Life in Southeast Asia*, eds. Kathleen M. Adams & Kathleen A. Gillogly (Bloomington: Indiana University Press, 2011), 222; Nguyen Xuan Hien, "Rice in the Life of the Vietnamese Thay and Their Folk Literature", trans. Tran Thi Giang Lien & Hoang Luong, *Anthropos*, Bd. 99 H. 1 (2004), 111-141쪽에서 인용.

5   Nir Avieli, "Vietnamese New Year Rice Cakes: Iconic Festive Dishes and Contested National Identity", *Ethnology*, 44: 2 (Spring 2005), 167-188.

6   위키피디아에 수록된 '퍼'와 '차오궈탸오'에 관한 내용 참조. 거기에는 '퍼'라는 말이 프랑스어로 쇠고기스튜를 의미하는 '포토퍼pot-au-feu'에서 유래한다고 말한다.

7   잭 구디는 이주가 근대 세계에서 어떻게 음식의 전파를 야기했는지에 주목한다. 내 생각으로는 그것은 고대에도 마찬가지였던 것 같다. Jack Goody, *Food and Love: A Cultural History of East and West* (London: Verso, 1998), 161-171.

8   Keith Weller Taylor, *The Birth of Vietnam* (Berkeley: University of California Press, 1983), 42.

9   Ibid., 27-30.

10 Van Esterik, *Food Culture in Southeast Asia*, 5.

11 Mukai & Hashimoto, *Hashi*, 136-139.

12 Isshiki, *Hashi no Bunkashi: Sekai no Hashi Nihon no Hashi*, 40.

13 Emiko Ohnuki-Tierney, *Rice as Self: Japanese Identities through Time* (Princeton: Princeton University Press, 1993); Penelope Francks, "Consuming Rice: Food, 'Traditional' Products and the History of Consumption in Japan", *Japan Forum*, 19: 2 (2007), 151-155.

14 Chen, *San'guozhi* — "Wei Shu"(魏書위서), HDWZK, 855; Wei Zheng(魏徵위징), *Suishu*(隋書수서), "(Dongyi - woguo"東夷-倭寇동이-왜구), HDWZK, 1827.

15 Mukai & Hashimoto, *Hashi*, 44-45; Isshiki, *Hashi no Bunkashi: Sekai no Hashi Nihon no Hashi*, 54.

16 Mukai & Hashimoto, *Hashi*, 21-22.

17 Ibid., 22-24.

18 Liu, *Zhongguo zhu wenhuashi*, 222-223.

19 Ibid., 221-222.

20 Mukai & Hashimoto, *Hashi*, 26.

21 Ibid., 31, 49.

22 Isshiki, *Hashi no Bunkashi: Sekai no Hashi Nihon no Hashi*, 54-55.

23 Mukai & Hashimoto, *Hashi*, 47.

24 Ibid., 49.

25 Cf. Itō Seiji, *Kaguya-hime no tanjō: Kodai setsuwa no kigen*(The birth of the bamboo girl: origins of ancient legends) (Tokyo: Kōdansha, 1973).

26 Isshiki, *Hashi no Bunkashi: Sekai no Hashi Nihon no Hashi*, 8-9.

27 Mukai & Hashimoto, *Hashi*, 45-46.

28 Isshiki, *Hashi no Bunkashi: Sekai no Hashi Nihon no Hashi*, 11-15.

29 Lan Xiang, *Kuaizi, buzhishi kuaizi*(Chopsticks, not only chopsticks) (Taipei: Maitian, 2011), 271-274. 란샹은 또한 중국의 불교 사찰에서도 승려들이 젓가락을 식탁 위에 가로로 놓고 밥 먹을 때 두 손으로 들어 올렸다고 지적한다. 159.

30 Xu Jingbo, *Riben yinshi wenhua: lishi yu xianshi*(Food culture in Japan: past and present) (Shanghai: Shanghai renmin chubanshe, 2009), 87, 127; Isshiki, *Hashi no Bunkashi: Sekai no Hashi Nihon no Hashi*, 130-131.

31 Mukai & Hashimoto, *Hashi*, 14-20.

32 Li Yanshou(李延壽이연수), *Beishi*(北史북사), "Gaogeli"(高句麗고구려), HDWZK, 3116; Wei, *Suishu*, "Dongyi-Gaoli", HDWZK, 1814.

33 Li, *Beishi*, "Xinluo"(新羅신라), HDWZK, 3123; Wei, *Suishu*, "Dongyi-Xinluo"(동이-신라), HDWZK, 1821.

34 Kim Pu-sik(金富軾김부식), *Samguk sagi*(삼국사기), annotated by Sun Wenfan (Changchun: Jilin wenshi chubanshe, 2003). 밀이 악천후로 어떻게 피해를 입었는지에 대해서는 41, 133, 212, 282, 289, 312쪽 참조.

35 Xu Jing, "Xuanhe fengshi Gaoli tujing", *Shi Chaoxian lu*, eds. Yin Mengxia & Yu Hao (Beijing: Beijing tushuguan chubanshe, 2003), vol. 1, 180, 186, 262.

36 Ibid., 191, 275.

37 Yi Sông-u, "Chōsen hantō no shoku no bunka"(Food culture on the Korean Peninsula), in *Higashi Ajia no shoku no bunka*, eds. Ishige Naomichi et

al. (Tokyo: Heibonsha, 1981), 129-153; Kim Ch'on-ho(Jin Tianhao), "Han, Meng zhijian de roushi wenhua bijiao", trans. Zhao Rongguang & Jiang Chenghua, *Shangye jingji yu guanli*, 4 (2000), 39-44.

38 Xu, "Xuanhe fengshi Gaoli tujing", 176, 188.

39 Dong Yue(董越동월), *Chaoxian zalu*(朝鮮杂录조선잡록), in *Shi Chaoxian lu*, vol. 3, 807-808.

40 중앙아시아와 남아시아 사람들이 음식을 손으로 집어 먹는다는 말은 중국 승려 현장玄奘이 《대당서역기大唐西域記(DaTang xiyuji)》 2권(ZJGK, 19)에서 처음 했다. 또한, 《구당서舊唐書(JiuTangshu)》, "서융열전西戎列传(Xirong liezhuan)" (ZJGK, 2657); 《신당서新唐書(XinTangshu)》, "서역西域(Xiyu)"(ZJGK, 2057)과 "남만南蛮(Nanman)"(ZJGK, 2101)에 나온다. 지금의 인도네시아인 자바爪哇 (Zhuawa)에서도 비슷한 식습관이 발견되었다. Fang Hui(方回방회)(1227-1307), *Tongjiang xuji*(通江续集통강속집), *juan* 26, ZJGK, 301.

41 He, *Tianshan jiayan*, 145-146.

42 Xu Meng Xin(徐夢莘서몽신), *Sanchao beimeng huibian*(三朝北盟會編삼조북맹회편), *juan* 3, ZJGK, 15.

43 Xiang Chunsong, "Liaoning Zhaowuda diqu faxian de Liaomu huihua ziliao", *Wenwu*, 6 (1979), 22-32.

44 Xiang Chunsong, "Neimenggu jiefangyingzi Liao mu fajue jianbao", *Kaogu*, 4 (1979), 330-334.

45 Liu, *Zhongguo zhu wenhuashi*, 280-285.

46 Xiang Chunsong & Wang Jianguo, "Neimeng Zhaomeng Chifeng Sanyanjing Yuandai bihuamu", *Wenwu*, 1 (1982), 54-58.

47 Liu Bing, "Neimenggu Chifeng Shazishan Yuandai bihuamu", *Wenwu*, 2 (1992), 24-27.

48 Song Lian(宋濂송렴), *Yuanshi*(元史원사), "Guosu jiuli"(国俗旧例국속구례), HDWZK, 1925.

49 몽골족, 만주족, 그리고 몽골 스텝지대에 사는 그들의 이웃(유목민)들이 어떻게 나이프와 젓가락을 함께 사용하는지에 대한 더 많은 예는 Lan, *Kuaizi, buzhishi kuaizi*, 129-135.

5장

1 Yun Kuk-Hyong(尹國馨윤국형), *Capchin Mallok*(甲辰漫錄갑진만록), http://db.itkc.or.kr/itkcdb/mainIndexIframe.jsp에서 볼 수 있다.

2 Ch'oe Pu(崔溥최부), *Ch'oe Pu's Diary: A Record of Drifting across the Sea*(漂海錄표해록), trans. John Meskill (Tucson: University of Arizona Press, 1965), 93, 135-136, 144, 147, 157. 유럽인의 관찰 기록은 갈레오테 페레이라, 가스파르 다 크루스, 마르틴 데 라다의 글 참조. ed. C. R. Boxer, *South China in the Sixteenth Century* (London: Hakluyt Society, 1953), 14, 141, 287.

3 Meng Yuanlao et al., *Dongjing menghualu*(東京夢華錄동경몽화록), *Ducheng jisheng*(都城紀勝도성기승), *Xihu laoren fanshengluv*(西湖老人繁勝錄서호로인번승록), *Mengliang lu*(夢粱錄몽량록), *Wulin jiushi*(武林舊事무림구사) (Beijing: Zhongguo shangye chubanshe, 1982), 29.

4 Liu Xu(劉昫유후), *JiuTangshu*(舊唐書구당서), "Gao Chongwen zi Chengjian"(高崇文子承簡고숭문자승간), HDWZK, 4052.

5 Lu You(陸游육유), *Jiannan shigao*(劍南詩稿검남시고), *juan* 60, ZJGK, 756. 또 다른 가능성을 생각할 때, 육유는 시인이었기 때문에 중국 시인들의 일반적 특징인 옛날 어법들을 그저 선호했을 뿐일 수도 있다. 결국 기장은 실제 생활에서 그가 날마다 먹는 주곡이 아니었을지도 모른다.

6 Mukai & Hashimoto, *Hashi*, 41-44; Shū, *Chūgoku no Shokubunka*, 125.

7 Liu, *TangSongyinshi wenhua bijiao yanjiu*, 58; Anderson, *The Food of China*, 65.

8 Chang, "Rice", *Cambridge World History of Food*, vol. 1, 132.

9 Nguyen, *The Ancient Civilization of Vietnam*, 224.

10 Michael Freeman, "Sung", *Food in Chinese Culture*(중국 문화와 음식), 143-151.

11 Meng, *Dongjing menghualu*.

12 Ibid., 특히 *Menglianglu*, *Xihu laoren fanshenglu*.

13 Yin Yongwen, *MingQing yinshi yanjiu*(Studies of food and drink in the Ming and Qing dynasties) (Taipei: Hongye wenhua shiye youxian gongsi, 1997), 5-6.

14 Song Yingxing(Sung Ying-hsing), *T'ien-kung k'ai-wu: Chinese Technology in the Seventeenth Century*, trans. E-tu Zen Sun and Shiou-chuan Sun (University Park: Pennsylvania State University Press, 1966), 4.

15 Anderson, *The Food of China*, 80.

16 Martin de Rada and Gaspar da Cruz in Boxer, *South China in the Sixteenth Century*, 287, 131.

17 Feng Menglong(馮夢龍풍몽룡), *Xingshi hengyan*(醒世恒言성세항언), *juan* 3, 28, ZJGK, 35, 414.

18 Xiaoxiaosheng(笑笑生소소생), *Jinpingmei*(金瓶梅금병매), *juan* 13, ZJGK, 515.

19 "선하미, 선흘반先下米, 先吃飯[Xian xiami, xian chifa]"이라는 구절이《금병매》4, 15, 18권(ZJGK, 135, 664, 725, 729쪽)에 네 차례 나온다.

20 *Jinpingmei, juan* 12, ZJGK, 443. 숟가락 없이 포도주 잔과 젓가락만으로 식사하는 경우가 소설 전반에 걸쳐서 더 많이 나온다.

21 Boxer, *South China in the Sixteenth Century*, 142.

22 *Ch'oe Pu's Diary: A Record of Drifting across the Sea*, 157.

23 da Cruz, Boxer, *South China in the Sixteenth Century*, 141.

24 Huan Kuan(桓寬환관), *Yantie lun*(鹽鐵論염철론), *juan* 5, ZJGK, 31.

25 Liu, *Zhongguo zhu wenhuashi*, 327.

26 Gan Bao(干寶간보), *Soushenji*(搜神記수신기), *juan* 7, ZJGK, 30.

27 Wu Jing(吳兢오긍), *Zhen'guan zhengyao*(貞觀政要정관정요), *juan* 16, ZJGK, 156.

28 의자를 사용했다는 당나라 기록을 인용한 www.baike.com/wiki/椅子 참조. 의자가 또다시 나오는 기록은 10세기에 저술된 Yuchi Wo(尉遲偓위지악), *Zhongchao gushi*(中朝故事중조고사), ZJGK, 6.

29 조씨와 그의 아내가 딸과 하인들의 시중을 받으며 식탁에서 식사하고 있는 모습이 그려진 무덤 벽화. 1099년경, 허난河南성 우현禹縣의 제1호 무덤.

30 Zhao Rongguang, *Zhongguo yinshi wenhua gailun*, 219.

31 류푸빙은 공동 식사 방식이 송나라 때 시작되었다고 주장하며《수호전》313~322쪽을 인용하지만, 그 소설은 명나라 때 쓰였다. Liu Pubing, *TangSong yinshi wenhua bijiao yanjiu*.

32 4장에 인용된 것처럼, 뉴엔 반 후엔은 자기 나라의 식습관을 다음과 같이 설

명한다. "모두가 함께 먹을 음식이 접시들에 담겨 있다. 작은 조각으로 썰려 조리된 음식물을 각자 자기 젓가락으로 집어 먹는다." *The Ancient Civilization of Vietnam*, 212.

33 Chen Kui(陳騤진규), *NanSong guangelu*(南宋館閣錄남송관각록), ZJGK, 27.

34 '캉줘'는《금병매》4권 135쪽, 5권 181쪽, 6권 223쪽, 15권 604쪽, 18권 717쪽, 751쪽에 나온다. 모두 ZJGK에 있다.

35 '빠셴줘'는《금병매》에 6회 나온다.

36 Feng, *Xingshi hengyan, juan* 3, ZJGK, 35.

37 Wang Mingsheng, *Shiqishi shangque* (Shanghai: Shanghai shudian chubanshe, 2005), *juan* 24, 171-172.

38 명나라의 '사치문화'는 잭 구디의 "The Origin of Chinese Food Culture", *Di 6 jie Zhongguo yinshi wenhua xueshu yantaohui lunwenji* (Taipei: Zhongguo yinshi wenhua jijinhui, 2003), 2-4쪽에서 확인된다. Craig Clunas, *Superfluous Things: Material Culture and Social Status in Early Modern China* (Urbana: University of Illinois Press, 1991); Timothy Brook, *The Confusions of Pleasure: Commerce and Culture in Ming China* (Berkeley: University of California Press, 1998).

39 Lin Hong, *Shanjia qinggong* (Beijing: Zhongguo shangye chubanshe, 1985), 48.

40 Lan, *Kuaizi, buzhishi kuaizi*, 82쪽에서 인용.

41 Mukai & Hashimoto, *Hashi*, 205-208; Harada Nobuo, *Riben liaoli de shehuishi: heshi yu Riben wenhua*, trans. Liu Yang (Hong Kong: Sanlian shudian, 2011), 63-68; Xu, *Riben yinshi wenhua: lishi yu xianshi*, 85-88. 여러 중국인 학자도 일본인이 개별 식사 방식 때문에 다른 나라에 비해 길이가 짧은 젓가락을 사용한다는 점을 지적했다. Lü Lin, "ZhongRi kuaizhu lishi yu wenhua zhi tantao"(中日快子历史与文化之探讨중일젓가락역사여문화탐토) (Explorations of the chopsticks' history and culture in China and Japan중국과 일본의 젓가락 역사와 문화 연구), *Keji xinxi*(科技信息과기신식)(Science and technology information), 10 (2008), 115-117; Li Qingxiang, "Riben de zhu yu wenhua: jianyu Zhongguo kuaizi wenhua bijiao", *Jiefangjun waiguoyu xueyuan xuebao*, 32: 5 (Spring 2009), 94-97.

42 이런 지침은 2012년 8월 15일 현재 위키피디아(영어판) 참조. 이 지침을 인용한 이유는 오늘날 전 세계 사람들이 가장 많이 접속해서 보았기 때문이다.

43 Li, "Riben de zhu yu wenhua: jianyu Zhongguo kuaizi wenhua bijiao".

44 출처 불명, "Hanguo kaishe kuaizike"(韩国开设筷子课한국개설쾌자과)(Koreans teaching chopsticks in schools), *Hebei shenji*(河北監查하북감사)(Hebei audit), 12 (1995). 일본의 젓가락 축제에 대해서는 www.subject-knowledge.us/Wikipedia-960158-Japanese-chopsticks-Festival.html 참조.

45 Giblin, *From Hand to Mouth, Or How We Invented Knives, Forks, Spoons, and Chopsticks and the Table Manners to Go with Them*, 64쪽에서 인용.

46 '지카바시'와 오늘날 일본 사회에서 그것이 어떻게 받아들여지는지에 대한 흥미로운 논의들이 있다. http://komachi.yomiuri.co.jp/t/2008/0110/163598.htm 참조. 많은 사람이 그것을 그다지 불쾌하게 여기지 않는 것으로 보인다.

47 Nancy Tomes, *The Gospel of Germs: Men, Women, and the Microbe in American Life* (Cambridge: Harvard University Press, 1998), 3쪽 참조.

48 Pan Lili & Jiang Kun, "Guanyu ZhongHan chuantong yongcan lijie de yanjiu"(關於中韓傳統用餐禮節的研究관어중한전통용찬예절적연구)(Studies of the traditional eating etiquette in China and Korea한중 전통 식사 예절 연구), *Xiandai qiye jiaoyu*(現代企業教育현대기업교육) (Modern Enterprise Education), 10 (2008), 158-159.

49 Liu, *Zhongguo zhu wenhuashi*, 304-328.

50 Liu Yun, ed., *Zhongguo zhuwenhua daguan* (Beijing: Kexue chubanshe, 1996), 52-53.

51 Lu Rong, *Shuyuan zaji* (Beijing: Zhonghua shuju, 1985), 8. '콰이즈'는 나관중과 풍몽룡의 《평요전平妖傳(Pingyao zhuan)》과 서주생西周生의 《성세인연醒世姻緣(Xingshi yinyuan)》에 나오는 반면에, '쭈'는 청나라 역사가들이 편찬한《명사明史》와 기효람紀曉嵐의 《열미초당필기閱微草堂筆記(Yuewei caotang biji)》에 나온다. 이 문헌은 모두 17세기와 18세기, 즉 명나라 말과 청나라 초에 나온 것들이다.

6장

1 Fu Yun, "Qutan kuaizi wenhua"(趣谈筷子文化취담쾌자문화)(An informal talk on the chopsticks culture젓가락문화에 관한 비공식 대화), *Luoyang ribao*(洛陽日报뤄양일보), November 13, 2008.

2 Isshiki, *Hashi no Bunkashi: Sekai no Hashi Nihon no Hashi*, 59.

3 Lan, *Kuaizi, buzhishi kuaizi*, 87-88.

4 Ibid., 120.

5 Wu Zimu(吳自牧오자목) & Zhou Mi(周密주밀), *Mengliang lu, Wulin jiushi* (Ji'nan: Shandong youyi chubanshe, 2001), 281. 맹원로 또한 그의 《동경몽화록》에서 젓가락을 언급하면서 그런 풍습이 북중국, 남중국에 모두 있었다고 주장한다. Meng Yuanlao, *Dongjing menghualu*, 32-33.

6 Lan, *Kuaizi, buzhishi kuaizi*, 88-89, 96-97.

7 Ibid., 105, 109, 121.

8 Ibid., 87-99.

9 Mukai & Hashimoto, *Hashi*, 249-250. 이 이야기는 베트남 젓가락도 중국처럼 대나무로 만든 것이 일반적이었다는 사실을 어느 정도 확인해준다.

10 Isshiki, *Hashi no Bunkashi: Sekai no Hashi Nihon no Hashi*, 58-59.

11 Ibid., 60.

12 Ibid., 57-61.

13 Ibid., 134-135.

14 Mukai & Hashimoto, *Hashi*, 193.

15 Isshiki, *Hashi no Bunkashi: Sekai no Hashi Nihon no Hashi*, 60-61.

16 Wilson, *Consider the Fork: A History of How We Cook and Eat*, 200. 옛날에 일본인은 집 밖에서 식사할 때 젓가락을 쓰기 시작하면서, 밥을 다 먹고나면 젓가락을 버리기 전에 부러뜨렸다. 그들의 영혼이 젓가락에 붙어 있지 않게 하기 위해서였다. Isshiki, *Hashi no Bunkashi: Sekai no Hashi Nihon no Hashi*, 11-15쪽 참조.

17 Isshiki, *Hashi no Bunkashi: Sekai no Hashi Nihon no Hashi*, 67-68.

18 Ibid., 61-65.

19 Mukai & Hashimoto, *Hashi*, 247. 유교 사회의 질서에 따르면, 상인은 사농공

상, 즉 사대부(조선의 경우 양반), 농민, 수공업자, 다음으로 가장 낮은 사회계층
이었다. 따라서 당시에 부자 상인의 딸이 양반과 결혼하는 것은 큰 행운으로
여겨졌다.

20 Ibid., 246.

21 Ibid., 248-249.

22 Liu, *Zhongguo zhu wenhuashi*, 289.

23 Wang, *Tangdai yinshi*, 6.

24 Liu, *Zhongguo zhu wenhuashi*, 230.

25 Mukai & Hashimoto, *Hashi*, 193; Isshiki, *Hashi no Bunkashi: Sekai no Hashi Nihon no Hashi*, 18.

26 Ouyang Xiu(歐陽脩구양수), *Xin Tangshu*(新唐書신당서), "Yu Zhining, Xiu Lie, Ao Zong, Pang Yan"(Biographies of Yu Zhining, Xiu Lie, Ao Zong and Bang Yan), HDWZK, 4010.

27 그런 사건(젓가락을 바닥에 떨어뜨리는 것)을 불길한 징조로 보는 한 가지 이유
는 "땅바닥에 떨어뜨리다"라는 뜻의 '낙지落地'와 "시험에 떨어지다"라는 뜻의
'낙제落第'가 중국어로 발음이 같기 때문이다.

28 trans. David R. Knechtges, "A Literary Feast: Food in Early Chinese Literature", *Journal of the American Oriental Society*, 106: 1, 61.

29 Zhen Jun(震鈞진균), *Tianzhi ouwen*(天咫偶聞천지우문)(Legends of the heavenly realm) (Beijing: Beijing guji chubanshe, 1982), 22-25. 만주족 지식인이었던 진
균(1837~1920)은 이 책을 19세기 말에 썼지만, 수백 년 동안 전해 내려온 자기
민족의 수많은 전통 풍습을 기록했다.

30 《남사南史(Nanshi)》에 따르면, 여승진은 황제가 준 후식만 젓가락으로 먹었을
뿐 아무것도 먹지 않고 술만 마셔 약간 취해 있었고, 그의 특이한 행동을 본
황제는 크게 웃었다고 한다. Li Yanshou, "Biography of Lü Sengzhen"(列伝第
四十六 - 張弘策·庾域·鄭紹叔·呂僧珍·楽藹열전제사십육-장홍책, 유역, 정소숙, 여승진, 악애),
Nanshi, "Biography of Lü Sengzhen", HDWZK, 1396쪽 참조. ZJGK를 검색
하면 당나라 때부터 청나라 때까지의 다양한 기록에서 '쥐쭈擧箸'라는 단어가
561회 나온다.

31 Gao Chu(高出고출), *Jingshan'an ji*(鏡山庵集경산암집), ZJGK, 282.

32 이것을 '시취쥬失去就'[실례]라고 불렀다. Lu Ji(陸楫육집), *Gujin shuohai*(古今說

海고금설해), ZJGK, 490-491쪽 참조.

33 Sima Guang(司馬光사마광), *Zizhi tongjian*(資治通鑑자치통감) - "Cui Hao"(崔浩최호), HDWZK, 1330.

34 고계흥이 쓰촨성 소식을 듣고 들고 있던 숟가락과 젓가락을 떨어뜨린 사례는 오임신吳任臣이 쓴 역사책, 《십국춘추十國春秋》 1권(ZJGK, 741쪽)에 기록되어 있다. "젓가락과 숟가락을 떨어뜨리는 것"은 어떤 것에 놀란 것과 같은 고조된 감정을 나타내는 상투적 표현처럼 보인다. 그런 용례는 장정옥張廷玉의 《명사明史》 "온체인溫體仁 열전"(HDWZK, 7936쪽)에도 나온다. 내각대학사였던 온체인이 황제의 신망을 잃고 직위에서 쫓겨난 뒤, "밥을 먹으려고 하다 숟가락과 젓가락을 떨어뜨렸다."라고 기술되어 있다.

35 Shen Yue(沈約심약), *Songshu*(宋書송서) - "Jianping Xuanjianwang Hong, zi Jingsu"(건평왕 유굉劉宏과 그의 아들 유경소劉景素 열전", HDWZK, 1864. '터우쭤'는 ZJGK의 여러 기록에게 모두 409회 나온다.

36 Fang Xuanling(房玄齡방현령), *Jinshu*(晉書진서) - "오은지吳隱之 열전", HDWZK, 2341.

37 Li Bai(李白이백), *Xinglu nan*(行路難행로난), ZJGK, 17.

38 Liu, *Zhongguo zhu wenhuashi*, 243.

39 '지쭤擊箸'는 당나라 기록에 처음 등장했다. ZJGK의 기록들에서 모두 37회 검색되었다.

40 Wang, *Lunheng* - "Ganxu"(感虛감허), *juan* 5, ZJGK, 48.

41 Li, *Nanshi* - "Liu Yun zhuan"(柳惲傳유운전), HDWZK, 988.

42 Li Yanshou, *Beishi* - "Yishu xia"(艺术 下예술 하), HDWZK, 2982. 곽도원의 예는 Liu, *Zhongguo zhu wenhuashi*, 197쪽에 나온다.

43 Wang Renyu(王仁裕왕인유), *Kaiyuan tianbao yishi*(開元天寶遺事개원천보유사) (An unofficial history of Emperor Xuanzong's reign), ZJGK. 그 이후로 JIGK의 다양한 기록에 '진쭤金箸'가 129회 나타났다. 대부분은 송경의 이야기를 재인용한 것이다.

44 중국의 많은 문인과 시인은 ZJGK의 기록들에서 보는 것처럼, 금 젓가락을 강직한 도덕성과 연결시켰다. 한국의 학자들도 글을 쓸 때 똑같은 태도를 취했다. http://db.itkc.or.kr/itkcdb/mainIndexIframe.jsp 참조.

45 중국에서 발견된 금 젓가락은 없다. 그러나 베이징 고궁박물원은 명나라와 청

나라 황실에서 구입한 금과 은 젓가락 여러 쌍을 수집했다. Liu, *Zhongguo zhu wenhuashi*, 428-429쪽 참조. 엄숭의 소장품은 류즈친刘志琴(Liu Zhiqin), *WanMing shilun*(晚明史論만명사론)(Essays on Late Ming history)(Nanchang: Jiangxi gaoxiao chubanshe, 2004), 270쪽에 기술되어 있다. 장거정의 금 젓가락에 대한 이야기는 부유린傅維鱗,《명서明書(Mingshu)》, ZJGK, 1751쪽에 나온다.

46 Meng Yuanlao et al., *Xihu fansheng lu* (Beijing: Zhongguo shangye chubanshe, 1982), 17쪽 참조. 마이클 프리먼도 송나라의 고급음식점들이 손님에게 은 젓가락을 내놓았다고 말했다. Freeman, "Sung", *Food in Chinese Culture*, 153쪽 참조.

47 Tang Xianzu(湯顯祖당현조), "Yebo jinchi"(A night at Jinchi진치의 밤), *Yumingtang quanji*(玉茗堂文集옥명당문집)(Complete works of the Yuming Hall), ZJGK, 267.

48 Xiao Zixian(蕭子顯소자현), *NanQishu*(南齊書남제서), "Cui Zusi, Liu Shanming, Su Kan, Huan Rongzu"(列傳第九 - 崔祖思·劉善明·蘇侃·垣榮祖열전제구-최조사, 유선명, 소간, 원영조), ZJGK, 216.

49 ZJGK에 수록된 기록들에서, '위쭈玉箸'(옥 젓가락)는 2,284회 나오는 반면에, '진쭈金箸'(금 젓가락)는 129회, '인쭈銀箸'(은 젓가락)는 54회밖에 나오지 않는다.

50 Du Fu(杜甫두보), *Du Gongbu ji*(杜工部集두공부집), ZJGK, 195.

51 Xu Ling(徐陵), ed., *Yutai xinyong*(玉臺新詠), ZJGK, 46, 52.

52 Li Bai, *Li Taibai ji*(李太白集이태백집), ZJGK, 143.

53 Du Fu, *Du Gongbu ji*, ZJGK, 107.

54 Jia, *Qimin yaoshu*, http://zh.wikisource.org/zh/齊民要術, *juan* 9. 예컨대, 그가 국수의 길이를 젓가락과 비교할 때. 책 전반에 걸쳐 여러 가지를 비교한 내용들이 나온다.

55 Shi Nan'an(施耐庵시내암), *Shuihu zhuan*(水滸傳수호전), ZJGK, 113.

56 http://bbs.culture.163.com/bbs/gufeng/170441342.html에서 인용.

57 Yuan Mei(袁枚원매), *Suiyuan shihua*(隨園詩話수원시화), ZJGK, 45.

58 Yang Qia(楊治양흡), "Tie huozhu fu"(鐵火箸賦철화저부)(Rhapsody on iron [chop]sticks), Liu, *Zhongguo zhu wenhuashi*, 226쪽 참조.

59 Liu, *Zhongguo zhu wenhuashi*, 294.

60 일부 시는 Lan, *Kuaizi, buzhishi kuaizi*, 193-246쪽에서 볼 수 있다.

61 http://bbs.culture.163.com/bbs/gufeng/170441342.html.

7장

1 구글에서 키워드 검색을 하면 금방 알 수 있다.

2 Boxer, *South China in the Sixteenth Century*, 14.

3 Donald F. Lach, *Japan in the Eyes of Europe: The Sixteenth Century* (Chicago: University of Chicago Press, 1968), 688쪽에서 인용.

4 Giblin, *From Hand to Mouth*, 44쪽에서 인용.

5 Matteo Ricci, *China in the Sixteenth Century: The Journals of Matthew Ricci: 1583-1610*, trans. Louis J. Gallagher (New York: Random House, 1953), 66, 64.

6 Boxer, *South China in the Sixteenth Century*, 287.

7 Richard Carnac Temple, ed., *The Travels of Peter Mundy, in Europe and Asia, 1608-1667* (Liechtenstein: Kraus Reprint, 1967), vol. 3, 194-195. 삽화 그림은 165쪽에 나온다.

8 George Macartney, *An Embassy to China: Being the Journal Kept by Lord Macartney during His Embassy to the Emperor Ch'ien-lung, 1793-1794*, ed. J. L. Cranmer-Byng(London: Longmans, republished, 1972), 71.

9 Ibid., 225-226.

10 W. C. Hunter, *The "Fan Kwae" at Canton: Before Treaty Days, 1825-1844* (London: Kegan Paul, Trench, & Co., 1882 reprinted in Taipei, 1965), 40-41.

11 Laurence Oliphant, *Elgin's Mission to China and Japan*, with an introduction by J. J. Gerson (Oxford: Oxford University Press, 1970), vol. 1, 67-68.

12 Ibid., 215.

13 Corrinne Lamb, *The Chinese Festive Board* (Hong Kong: Oxford University Press, 1985; originally published in 1935), 14-15.

14 Roberts, *China to Chinatown: Chinese Food in the West*, 151쪽에서 인용.

15 Ruth Rogaski, *Hygienic Modernity: Meanings of Health and Disease in Treaty-Port China* (Berkeley: University of California Press, 2004), 104-164; Sean Hsiang-lin Lei, "Moral Community of Weisheng: Contesting Hygiene in Republican China", *East Asian Science, Technology and*

Society: An International Journal, 3: 4 (2009), 475-504.

16 Sean Hsiang-lin Lei, "Habituating Individuality: The Framing of Tuberculosis and Its Material Solutions in Republican China", *Bulletin of the History of Medicine*, 84: 2 (Summer 2010), 262쪽에서 인용.

17 Ka-che Yip, *Health and National Reconstruction in Nationalist China* (Ann Arbor: Association for Asian Studies, Inc., 1995), 10.

18 Rogaski, *Hygienic Modernity*, 103; Angela Ki Che Leung, "The Evolution of the Idea of Chuanran Contagion in Imperial China", *Health and Hygiene in Chinese East Asia*, eds. Leung & Furth, 25-50.

19 W. H. Auden & Christopher Isherwood, *Journal to a War* (New York: Random House, 1939), 40. 오늘날 중국에 있는 음식점에서는 손님들에게 여전히 뜨거운 물수건을 준다.

20 Lamb, *The Chinese Festive Board*, 15.

21 Wang Li, "Quancai"(勸菜권채)(Feeding), www.hanfu.hk/forum/archiver/?tid-1695.html.

22 Zhang Yichang, "Guoren buweisheng de exi", *Xinyi yu shehui jikan*, 2 (1934), 156. 근대교육가인 타오항즈陶行知(1891-1946)는 자신이 세운 학교들에서 학생들에게 서빙용 젓가락 사용 습관을 익히라고 가르쳤다. Lan, *Kuaizi, buzhishi kuaizi*, 173.

23 Nir Avieli, "Eating Lunch and Recreating the Universe: Food and Cosmology in Hoi An, Vietnam", *Everyday Life in Southeast Asia*, eds. Kathleen M. Adams & Kathleen A. Gillogly (Bloomington: Indiana University Press, 2011), 218.

24 Tang Libiao, "Han'guo de shili"(韓國的食禮한국적식례)(Eating etiquette in Korea한국의 식사 예절), *Dongfang shiliao yu baojian*(東方食療與保健동방식료여보건)(Food medicine and health care in the East아시아의 식품 의료와 보건), 9 (2006), 8-9.

25 Lei, "Habituating Individuality", 262-265.

26 Ann M. Morrison, "When Nixon Met Mao", Book Riview, *Times*, December 3, 2006.

27 Margaret MacMillan, "Don't Drink the Mao-tai: Close Calls with Alcohol,

Chopsticks, Panda Diplomacy and Other Moments from a Colorful Turning Point in History", *Washingtonian*, February 1, 2007. 맥밀런은 여기서 닉슨의 능숙한 젓가락질을 칭찬하고자 애썼지만, 그것은 다른 사람들에 비해 상대적으로 능숙하다는 뜻으로 보인다. 하지만, 그 상황을 목격한 미국인 사진사 더크 할스테드Dirck Halstead는 자신의 회고록에서 "우리는 닉슨 대통령이 북경오리고기 요리를 먹을 때 젓가락질을 하면서 매우 힘들어하는 모습을 지켜보았다."라고 회상한다. "With Nixon in China: A Memoir"(중국에서 닉슨과 함께: 회고), *The Digital Journalist*, January 2005.

28 Ōta Masako, *Hashi no genryūo saguru: Chūkoku kodai ni okeru hashi shiyō shūzoku seiritsu*, 229-246.

29 Isabella Bird, *The Yangtze Valley and Beyond* (Boston: Beacon Press, 1985), 193-194.

30 다음은《뉴욕타임스》기자인 레이철 뉴어Rachel Nuwer가 직접 경험한 것을 쓴 것으로 보인다. "지금 베트남음식을 먹고 있다면, 아마도 당신은 플라스틱 젓가락을 쓰고 있을 것이다. 하지만 한국음식점이라면, 금속 젓가락을 쓸 가능성이 크다." "Disposable Chopsticks Strip Asian Forest", *New York Times*, October 24, 2011.

31 Yang Zheng, "Chopsticks Controversy", *New Internationalist*, 311 (April 1999), 4.

32 Nuwer, "Disposable Chopsticks Strip Asian Forest"; Dabin Yang, "Choptax", *Earth Island Journal*, 21: 2 (Summer 2006), 6.

33 Malcolm Moore, "Chinese 'Must Swap Chopsticks for Knife and Fork'", *The Telegraph*, March 13, 2013. 이 추정치는 중국의 전국인민대표대회에서 일회용 젓가락 사용 금지를 제안한 한 인민대표의 연설에서 나온 것이다.

34 1960년 미국에는 6,000개가 넘는 중국음식점이 있었는데, 중국 이민자의 전통적인 직업인 세탁소에서 일하는 사람보다 더 많은 사람이 그곳에서 일했다. 1980년경에는 미국과 캐나다에 있는 중국음식점의 수가 7,796개로 늘어나서, 전체 유색인종의 음식점 수의 30퍼센트를 차지했다. Roberts, *China to Chinatown: Chinese Food in the West*, 164-165. 지금 현재 미국 내 중국음식점의 수는 약 40,000개로 추정된다.

35 Nuwer, "Disposable Chopsticks Strip Asian Forest"; "Life-Cycle Studies:

Chopsticks"(젓가락의 수명주기 연구), *World Watch*, 19: 1 (January/February 2006), 2.

36 Nuwer, "Disposable Chopsticks Strip Asian Forest"; "Life-Cycle Studies: Chopsticks". 윌슨은 한 일본 학자의 연구를 인용해 일본인이 재사용 젓가락은 아무리 깨끗하게 처리한 것이라 해도 매우 불쾌하게 여긴다고 말한다. Wilson, *Consider the Fork*, 200.

37 Jane Spencer, "Banned in Beijing: Chinese See Green over Chopsticks", *The Wall Street Journal*, February 8, 2008.

38 Nuwer, "Disposable Chopsticks Strip Asian Forest"; "Life-Cycle Studies: Chopsticks"; Yuan Yuan, "Yicixing kuaizi tiaozhan Zhongguo guoqing", *Liaowang zhoukan*, 33 (August 13, 2007).

39 Spencer, "Banned in Beijing: Chinese See Green over Chopsticks".

40 Moore, "Chinese 'Must Swap Chopsticks for Knife and Fork'"; Nuwer, "Disposable Chopsticks Strip Asian Forest"; "Life-Cycle Studies: Chopsticks".

41 Spencer, "Banned in Beijing: Chinese See Green over Chopsticks"; "Chopped Chopsticks"(급변하는 젓가락), *The Economist*, 316: 7665 (August 4, 1990); Nuwer, "Disposable Chopsticks Strip Asian Forest".

42 Nuwer, "Disposable Chopsticks Strip Asian Forest".

43 Kung-Yuh Chiang, Kuang-Li Chien & Cheng-Han Lu, "Hydrogen Energy Production from Disposable Chopsticks by a Low Temperature Catalytic Gasification"(저온촉매기체화를 통한 일회용 젓가락에서 수소에너지 생산), *International Journal of Hydrogen Energy*(수소에너지 국제저널), 37: 20 (October 2012), 15672-15680; Kung-Yuh Chiang, Ya-Sing Chen, Wei-Sin Tsai, Cheng-Han Lu&Kuang-Li Chien, "Effect of Calcium Based Catalyst on Production of Synthesis Gas in Gasification of Waste Bamboo Chopsticks"(폐기된 대젓가락의 기체화를 통한 합성가스 생산에 끼치는 칼슘 기반 촉매의 영향), *International Journal of Hydrogen Energy*, 37: 18 (September 2012), 13737-13745; Cheanyeh Cheng, Kuo-Chung Chiang & Dorota G. Pijanowska, "On-line Flow Injection Analysis Using Gold Particle Modified Carbon Electrode Amperometric Detection for Real-

time Determination of Glucose in Immobilized Enzyme Hydrolysate of Waste Bamboo Chopsticks"(폐기된 대젓가락의 고정화 효소 가수 분해물에서 포도당의 실시간 확인을 위해 탄소 전극 전류 검출을 수정해 금 조각을 이용한 온라인 유동 주입 분석), *Journal of Electroanalytical Chemistry*(전기분석화학 저널), 666 (February 2012), 32-41; Chikako Asada, Azusa Kita, Chizuru Sasaki & Yoshitoshi Nakamura, "Ethanol Production from Disposable Aspen Chopsticks Using Delignification Pretreatments"(탈리그닌 사전처리를 이용한 일회용 사시나무 젓가락에서의 에탄올 생산), *Carbohydrate Polymers*(탄수화물 고분자), 85: 1 (April 2011), 196-200; Yeng-Fong Shih, Chien-Chung Huang & Po-Wei Chen, "Biodegradable Green Composites Reinforced by the Fiber Recycling from Disposable Chopsticks"(일회용 젓가락의 섬유소 재활용에 의해 강화된 자연분해 친환경 합성물), *Materials Science & Engineering: A*(재료 과학과 공학), 527: 6 (March 2010), 1516-1521.

결론

1   Claude Lévi-Strauss, *The Raw and the Cooked: Introduction to a Science of Mythology: I*, trans. John & Doreen Weightman (New York: Harper & Row, Publishers, 1969), 334-336.

2   Frank Dikötter, *The Discourse of Race in Modern China* (Hong Kong: Hong Kong University Press, 1992), 9.

3   Claude Lévi-Strauss, *The Origin of Table Manners: Introduction to a Science of Mythology*, trans. John & Doreen Weightman (New York: Harper & Row, Publishers, 1978), 479-480.

4   내가 검토한 내용은 중국 왕조 시대의 기록들을 가장 많이 모아놓은 데이터베이스 '사고전서四庫全書'에서 '비쭈匕箸'를 키워드 검색해서 나온 것이다. 거기 보면, 중국인은 대개 자기네 문화권 밖의 아시아인이 밥 먹을 때 식사도구를 쓰지 않는다고 특별히 언급하고 있음을 알 수 있다.

| 그림 출처 |

그림 1   중국 충칭시 싼샤박물관의 Ai Zhike 제공.

그림 2   중국 양저우박물관 제공.

그림 3   중국 양저우박물관 제공.

그림 4   중국 벽돌부조 전집[中國画像砖全集], Yu Weichao 편집, 청두: 쓰촨미술
        출판사, 2006, 59쪽.

그림 5   《중국 역대 예술: 회화 편[中國歷代藝術 : 繪畵 編]》, 베이징: 인민미술출
        판사, 1994, 1부, 72쪽.

그림 6   《위진 시대 자위관, 주취안 고분 벽화》, Zhang Baoxun 편집, 란저우: 깐수
        인민출판사, 2001, 261쪽.

그림 7   《창사 마왕퇴한묘 1호[長沙 馬王堆漢墓 1號]》, 베이징: 문물출판사, 1973,
        ii. 151쪽.

그림 8   일본 에도도쿄박물관 제공.

그림 9   상해 개인 젓가락 수집가 란샹 제공.

그림 10 《둔황석굴전집[敦煌石窟全集]》, 둔황연구원 편집, 상하이: 상하이인민출
        판사, 2001, 25권, 45쪽.

그림 11 《대당 벽화 [大唐 壁畵]》, Tang Changdong & Li Guozhen 편집, 시안 :
        산시려유출판사, 1996, 127쪽.

그림 12 대만국립고궁박물관 제공.

그림 13 중국 베이징고궁박물관 제공.

그림 14 《중국 묘실 벽화 전집: 송, 요, 금, 원[中國墓室壁畵全集: 宋, 遼, 金, 元]》,
        스자아왕: 허베이교육출판사, 2011, 86쪽.

그림 15 《중국 묘실 벽화 전집: 송, 요, 금, 원[中國墓室壁畵全集 : 宋, 遼, 金, 元]》, 스지아왕: 허베이교육출판사, 2011, 114쪽.

그림 16 공유저작물.

그림 17 《18세기 중국 사진: 복장, 역사, 풍습[Views of Eighteenth Century China: Costumes, History, Customs]》, William Alexander&George Henry Mason, © London, Studio editions, 1988, 25쪽.

그림 18 19세기 중국 학교, 개인 소장 / Bridgeman Images.

그림 19 개인 소장 / The Stapleton Collection / Bridgeman Images.

그림 20 저자 소장 사진.

그림 21 저자 소장 사진.

그림 22 저자 소장 사진.

그림 23 저자 소장 사진.

그림 24 © TOHRU MINOWA/a.collectionRF/ amana images inc. / Alamy

그림 25 © Keller & Keller Photography / Bon Appetit / Alamy

그림 26 © Steve Vidler/ SuperStock / Alamy

그림 27 저자 소장 사진.

그림 28 © Kablonk RM/ Golden Pixels LLC / Alamy

그림 29 © Corbis

그림 30 국립공주박물관 소장.

그림 31 국립중앙박물관 소장.

•인용 원문이 수록된 데이터베이스

CTP(Chinese Text Project 중국 텍스트 프로젝트) http://ctext.org.

고대 중국 기록들, 특히 중국 철학과 관련된 고전들을 원문과 함께 일부 영역해서 웹에 구축하여, 검색을 통해 상호 참조할 수 있게 만든 중국 고전 데이터베이스로 제임스 레그James Legge(1815~1897)가 번역 작업을 했다.

한국고전종합DB http://db.itkc.or.kr/itkcdb/mainIndexIframe.jsp.

이 데이터베이스에는 '고전번역서', '한국문집총간', '고전원문', 《조선왕조실록》, 《승정원일기》, 《일성록》이 수록되어 있다.

HDWZK(Hanji Dianzi Wenxian Ziliaoku/漢籍電子文獻資料庫한적전자문헌자료고) (Scripta Sinica) http://hanchi.ihp.sinica.edu.tw/ihp/hanji.htm.

1984년에 시작된 이 데이터베이스는 670개가 넘는 표제와 4억 4,480만 개 문자로 구성되어 있으며 특히 중국 역사와 관련된 중요한 중국 고전을 모두 수록하고 있다.

사고전서(Siku quanshu/四庫全書)

18세기 말 청나라 건륭제의 명령으로 편찬된 이 전서는 20세기 이전까지 중국의 모든 문헌을 집대성한 최대의 총서였다. 수록된 문헌은 모두 3,503권으로, 경經(고전), 사史(역사), 자子(철학), 집集(문학) 4부로 구성되어 있다. 이 전서는 문연각文淵閣이라는 장서각에 수장되었다.

ZJGK(Zhongguo jiben gujiku/中国基本古籍库중국기본고적고)

현존하는 중국 최대의 중국 문헌 데이터베이스로 청나라 때 편찬된 《사고전서》의 3배 규모이다. 21세기 초에 Beijing Airusheng Digitization Research Center가 구축하고 Huangshan Shushe (Hefei, Anhui)가 제작했다. 10,000권 이 넘는 책과 16억 개 문자로 구성되어 있고, 기원전 11세기부터 서기 20세기 초까지를 포괄한다.

• 일반 서적

Anderson, E. N. "Northwest Chinese Cuisine and the Central Asian Connection"(중국 북서 지방 요리와 중앙아시아와의 관계), *Di 6 jie Zhongguo yinshi wenhua xueshu yantaohui lunwenji*(Proceedings of the 6th academic symposium on Chinese food and drink culture제6회 중국 음식문화 학술토론회 회의록) (Taipei: Zhongguo yinshi wenhua jijinhui, 1999), 171–194.

Anderson, E. N. *The Food of China*(중국의 음식) (New Haven: Yale University Press, 1988).

Auden, W. H. & Isherwood, Christopher. *Journal to a War*(전쟁 일지) (New York: Random House, 1939).

Avieli, Nir. "Eating Lunch and Recreating the Universe: Food and Cosmology in Hoi An, Vietnam"(점심 식사와 우주의 재탄생: 베트남 호이안의 음식과 우주관), *Everyday Life in Southeast Asia*(동남아시아의 일상생활), eds. Kathleen M. Adams & Kathleen A. Gillogly (Bloomington: Indiana University Press, 2011), 218–229.

Avieli, Nir. "Vietnamese New Year Rice Cakes: Iconic Festive Dishes and Contested National Identity"(베트남의 새해 쌀떡: 상징적 명절 음식과 치열한 민족 정체성), *Ethnology*(민족학), 44: 2 (Spring 2005), 167–187.

Barber, Kimiko. *The Chopsticks Diet: Japanese-Inspired Recipes for Easy Weight-Loss*(젓가락 다이어트: 쉽게 살을 빼기 위한 일본식 요리법) (Lanham: Kyle Books, 2009).

Barthes, Roland. *Empire of Signs*(기호의 제국), trans. Richard Howard (New York: Hill and Wang, 1982).

Bird, Isabella. *The Yangtze Valley and Beyond*(양쯔 계곡과 그 너머) (Boston: Beacon Press, 1985).

Boxer, C. R., ed. *South China in the Sixteenth Century*(16세기 남중국) (London: Hakluyt Society, 1953).

Bray, Francesca. *Science and Civilization in China: Biology and Biological Technology. Part 2, Agriculture*(중국의 과학과 문명: 생물학과 생물학적 기술 2부 농업) (Cambridge: Cambridge University Press, 1986).

Bray, Francesca. *The Rice Economies: Technology and Development in Asian Societies*(쌀 경제: 아시아 사회의 기술과 발전) (Berkeley: University of California Press, 1994).

Brook, Timothy. *The Confusions of Pleasure: Commerce and Culture in Ming China*(쾌락의 혼란: 명나라 때의 상업과 문화) (Berkeley: University of California Press, 1998).

Brüssow, Harald. *The Quest for Food: A Natural History of Eating*(음식 탐구: 식사의 자연사) (New York: Springer, 2007).

Ch'oe Pu(崔溥최부), *Ch'oe Pu's Diary: A Record of Drifting across the Sea*(漂海錄표해록), trans. John Meskill (Tucson: The University of Arizona Press, 1965).

Chang, K. C., ed. *Food in Chinese Culture: Anthropological and Historical Perspectives*(중국 문화와 음식: 인류학과 역사학적 관점) (New Haven: Yale University Press, 1977).

Chang, Te-Tzu. "Rice"(쌀), *Cambridge World History of Food*(케임브리지 음식세계사), eds. Kenneth F. Kiple & Kriemhild C. Ornelas (Cambridge: Cambridge University Press, 2000), vol. 1, 149–152.

Chen Mengjia(陳夢家천명가). "Yindai tongqi"(殷代銅器은대동기)(Bronze vessels in the Shang dynasty상나라 청동기), *Kaogu xuebao*(Journal of archaeology고고학보), 7 (1954).

Clunas, Craig. *Superfluous Things: Material Culture and Social Status in Early Modern China*(잉여의 물건들: 근세 중국의 물질문화와 사회적 신분) (Urbana: University of Illinois Press, 1991).

Confucius(공자). *Confucian Analects, The Great Learning and The Doctrine of the Mean*(논어, 대학, 중용), trans. James Legge (New York: Dover Publications, Inc., 1971).

Cui Daiyuan(崔岱远추이다이위안), *Jingweier*(京味儿)(Beijing taste베이징의 맛) (Beijing:

Sanlian shudian, 2009).

Dawson, Raymond S., ed. *The Legacy of China*(중국의 유산) (Oxford: Oxford University Press, 1971).

Dikötter, Frank. *The Discourse of Race in Modern China*(근대 중국의 종족 담론) (Hong Kong: Hong Kong University Press, 1992).

Dong Yue(董越동월). *Chaoxian zalu*(朝鮮雜錄조선잡록), in *Shi Chaoxian lu*(使朝 鮮錄사조선록)(Records of Chinese embassies to Korea), eds. Yin Mengxia & Yu Hao (Beijing: Beijing tushuguan chubanshe, 2003), vol. 3.

Ennin. *Ennin's Diary: The Record of a Pilgrimage to China in Search of Law*(엔닌의 일기: 법을 찾아 떠난 중국순례기), trans. Edwin Reischauer (New York: Ronald Press, 1955).

Fernandez-Armesto, Felipe. *Food: A History*(음식의 역사) (London: Macmillan, 2001).

Francks, Penelope. "Consuming Rice: Food, 'Traditional' Products and the History of Consumption in Japan(쌀밥 섭취: 일본의 음식, '전통' 산물, 그리고 섭 취의 역사)", *Japan Forum*(일본 포럼), 19: 2 (2007), 147-168.

Giblin, James Cross. *From Hand to Mouth, Or How We Invented Knives, Forks, Spoons, and Chopsticks and the Table Manners to Go with Them*(손에서 입으로, 또는 우리는 어떻게 나이프와 포크, 숟가락과 젓가락, 그리고 그에 걸맞은 식탁 예절을 만들어냈는가) (New York: Thomas Y. Crowell, 1987).

Golden, Peter B. "Chopsticks and Pasta in Medieval Turkic Cuisine(중세 투 르크요리에서 젓가락과 파스타)", *Rocznik orientalisticzny*(동양학 연감), 49 (1994-1995), 73-82.

Goody, Jack. *Cooking, Cuisine, and Class: A Study in Comparative Sociology*(조리, 요리 그리고 계급: 비교사회학 연구) (Cambridge: Cambridge University Press, 1982).

Goody, Jack. *Food and Love: A Cultural History of East and West*(음식과 사랑: 동서양의 문화사) (London: Verso, 1998). (김지혜 옮김, 《잭 구디의 역사인류학 강의: 요리, 사랑, 문자로 풀어낸 동서양 문명의 발달사》, 산책자, 2010)

Goody, Jack. "The Origin of Chinese Food Culture"(중국 음식문화의 기원), *Di 6 jie Zhongguo yinshi wenhua xueshu yantaohui lunwenji*(Proceedings of the 6thth symposium of Chinese food and drink culture) (Taipei: Zhongguo yinshi wenhua jijinhui, 2003), 1–9.

Han Kyung-koo. "Noodle Odyssey: East Asia and Beyond"(국수 오디세이: 동아시아 그리고 그 너머), *Korea Journal*, 66–84.

Harada Nobuo(原田信男하라다 노부오). *Riben liaoli de shehuishi: heshi yu Riben wenhua*(日本料理的社会史: 和食与日本文化)(A social history of Japanese cuisine: on Japanese food and Japanese culture일본 요리 사회사: 화식과 일본 문화), trans. Liu Yang (Hong Kong: Sanlian shudian, 2011).

He Julian(贺菊莲허쥐롄). *Tianshan jiayan: Xiyu yinshi wenhua zonghengtan*(天山家宴: 西域饮食文化纵横谈)(Dining on Mt. Tianshan: discussions of food cultures in the Western regions천산의 식사: 서역의 음식문화론) (Lanzhou: Lanzhou daxue chubanshe, 2011).

Ho, Ping-ti. "The Loess and the Origin of Chinese Agriculture"(황토와 중국 농업의 기원), *American Historical Review*, 75: 1 (October 1969), 1–36.

Hu Zhixiang(胡志祥후즈샹). "XianQin zhushi pengshi fangfa tanxi"(先秦主食烹食方法探析선진주식팽식방법탐석)(Study of the ways staple [grain] food were cooked in the pre-Qin period진나라 이전 주식 조리법 연구), *Nongye kaogu*(Agricultural archaeology농업고고학), 2 (1994), 214–218.

Huang, H. T. "Han Gastronomy – Chinese Cuisine in *statu nascendi*"(한나라의 미식—중국요리의 발생), *Interdisciplinary Science Reviews*, 15: 2 (1990), 139–152.

Hunan Sheng Bowuguan(湖南省博物馆후난성박물관). *Changsha Mawangdui yihao Hanmu*(长沙马王堆一号汉墓(The first tomb of Mawangdui, Changsha창사 마왕퇴묘 제1기묘) (Beijing: Wenwu chubanshe, 1973).

Hunter, W. C. *The "Fan Kwae" at Canton: Before Treaty Days, 1825–1844*(광둥의 "서양인": 난징협정 이전, 1825-1844) (London: Kegan Paul, Trench, & Co., 1882 reprinted in Taipei, 1965).

Iryōn(一然일연). *Samguk yusa*(三國遺事삼국유사)(Memorabilia of the Three Kingdoms), annotated by Sun Wenfan (Changchu: Jilin wenshi chubanshe, 2003).

Ishige Naomichi(石毛直道이시게 나오미치). "Filamentous Noodles, '*Miantiao*':

Their Origin and Diffusion"(가는 국수, '미엔탸오麪条': 그 기원과 확산), *Di 3 jie Zhongguo yinshi wenhua xueshu yantaohui lunwenji* (Proceedings of the 3rd academic symposium on Chinese food and drink culture) (Taipei: Zhongguo yinshi wenhua jijinhui, 1994), 113-129.

Isshiki Hachirō(一色八郎이시키 하치로). *Hashi no Bunkashi: Sekai no Hashi Nihon no Hashi*(箸の文化史: 世界の箸·日本の箸)(A cultural history of chopsticks: world chopsticks and Japanese chopsticks젓가락의 문화사: 세계의 젓가락과 일본의 젓가락) (Tokyo: Ochanomizu Shobō , 1990).

Itō Seiji(伊藤清司이토 세이지). *Kaguya-hime no tanjō: Kodai setsuwa no kigen*(かぐや姫の誕生: 古代說話の起源)(The birth of the bamboo girl: origins of ancient legends대나무 소녀의 탄생: 고대설화의 기원) (Tokyo: Kōdansha, 1973).

Jeong Inji(鄭麟趾정인지) et al. *Goryeosa*(高麗史고려사)(History of the Goryeo dynasty) (Taipei: Wenshizhe chubanshe, 1972).

Kim Ch'on-ho(Jin Tianhao). "Han, Meng zhijian de roushi wenhua bijiao" (A comparative study of meat consumption cultures between the Koreans and the Mongols한국과 몽골의 육식문화 비교연구), trans. Zhao Rongguang & Jiang Chenghua, *Shangye jingji yu guanli*(Commercial economy and management 상업경제와 경영), 4 (2000), 39-44.

Kim Pu-sik(金富軾김부식). *Samguk sagi*(三國史記삼국사기), annotated by SunWenfan (Changchun: Jilin wenshi chubanshe, 2003).

Knechtges, David R. "A Literary Feast: Food in Early Chinese Literature"(문자의 향연: 고대 중국 문학에서의 음식), *Journal of the American Oriental Society*(미국동양학회지), 106: 1 (January-March, 1986), 49-63.

Knechtges, David R. "Gradually Entering the Realm of Delight: Food and Drink in Early Medieval China"(즐거움의 영역으로의 점진적 진입: 중세 초 중국의 음식), *Journal of the American Oriental Society*(미국동양학회지), 117: 2 (April- June 1997), 229-239.

Kosegi Erino(小瀬木えりの고세기 에리노). "'Osoroshii aji': taishū ryori ni okeru Chuka no jyuyou sarekata: Filipin to Nihon no rei wo chūshinni"'恐ろしい味': 大衆料理における中華の受容のされ方-フィリピンと日本の例を中心に("Terrible Taste": the acceptance of Chinese food as a daily food in the

Philippines and Japan'(끔찍한 맛: 필리핀과 일본에서 일상음식으로서 중국음식의 수용), *Di 6 jie Zhongguo yinshi wenhua xueshu yantaohui lunwenji* (Proceedings of the 6th academic symposium of Chinese food and drink culture) (Taipei: Zhongguo yinshi wenhua jijinhui, 1999), 225−236.

Lach, Donald F. *Japan in the Eyes of Europe: The Sixteenth Century*(유럽의 눈에 비친 일본: 16세기) (Chicago: University of Chicago Press, 1968).

Lamb, Corrinne. *The Chinese Festive Board*(중국인의 잔칫상) (Hong Kong: Oxford University Press, 1985; originally published in 1935).

Lan Xiang(藍翔란샹). *Kuaizi, buzhishi kuaizi*(筷子, 不只是筷子쾌자, 부지시쾌자) (Chopsticks, not only chopsticks단순한 젓가락이 아닌 그 이상의 젓가락) (Taipei: Maitian, 2011).

Lan Xiang(藍翔). *Kuaizi gujin tan*(筷子古今谈쾌자고금담)(Chopsticks: past and present젓가락: 과거와 현재) (Beijing: Zhongguo shangye chubanshe, 1993).

Lefferts, Leedom. "Sticky Rice, Fermented Fish, and the Course of a Kingdom: The Politics of Food in Northeast Thailand"(찰벼, 젓갈, 그리고 왕국의 요리: 태국 북동부 지방의 음식의 정치학), *Asian Studies Review*(아시아연구 리뷰), 29 (September 2005), 247−258.

Lei, Sean Hsiang-lin. "Habituating Individuality: The Framing of Tuberculosis and Its Material Solutions in Republican China"(개성 길들이기: 결핵의 원인과 중화민국의 주목할 만한 해법), *Bulletin of the History of Medicine*(의학사회보), 84: 2 (Summer 2010), 248−279.

Lei, Sean Hsiang-lin. "Moral Community of Weisheng: Contesting Hygiene in Republican China"(위생의 윤리 공동체: 중화민국에서 위생의 문제), *East Asian Science, Technology and Society: An International Journal*(동아시아 과학과 기술, 사회: 국제 저널), 3: 4 (2009), 475−504.

Leung, Angela Ki Che. "The Evolution of the Idea of Chuanran Contagion in Imperial China"(중국 왕조 시대의 전염이라는 개념의 진화), *Health and Hygiene in Chinese East Asia*(중국 동아시아의 보건과 위생), eds. Leung & Furth, 25−50.

Leung, Angela Ki Che & Furth, Charlotte, eds. *Health and Hygiene in Chinese East Asia: Policies and Publics in the Long Twentieth Century*(극

동 중국의 보건과 위생: 긴 20세기의 정책과 공중) (Durham: Duke University Press, 2010).

Lévi-Strauss, Claude. *The Origin of Table Manners: Introduction to a Science of Mythology*(식탁 예절의 기원: 신화학 입문서), trans. John & Doreen Weightman (New York: Harper & Row, Publishers, 1978).

Lévi-Strauss, Claude. *The Raw and the Cooked: Introduction to a Science of Mythology: I*(날것과 익힌 것: 신화학 입문서 1), trans. John & Doreen Weightman (New York: Harper & Row, Publishers, 1969).

Li Hu(黎虎리후), ed. *HanTang yinshi wenhuashi*(汉唐饮食文化史한당음식문화사)(A history of food and drink culture during the Han and Tang dynasties) (Beijing: Beijing shifan daxue chubanshe, 1998).

Li Qingxiang, "Riben de zhu yu wenhua: jianyu Zhongguo kuaizi wenhua bijiao"(日本的箸与文化鉴于中国筷子文化比较일본적저여문화: 감구구중국쾌자문화비교)(Chopsticks and chopsticks culture in Japan: a comparison with Chinese chopsticks culture일본의 젓가락과 젓가락문화: 중국 젓가락문화의 비교), *Jiefangjun waiguoyu xueyuan xuebao*(解放军外国语学院学报해방군외국어학원학보)(Journal of PLA University of Foreign Languages), 32: 5 (Spring 2009)

Li Ziran(李自然리쯔란). *Shengtai wenhua yu ren: Manzu chuantong yinshi wenhua yanjiu*(生态文化与人：满族传统饮食文化研究생태문화여인: 만족전통음식문화연구)(Ecological culture and humans: study of Manchu traditional food and drink culture생태적 문화와 인간: 만주족 전통 음식과 술 문화) (Beijing: Minzuchubanshe, 2002).

Lin Hong(林洪임홍). *Shanjia qinggong*(山家清供산가청공)(Simple foods at mountains) (Beijing: Zhongguo shangye chubanshe, 1985).

Liu Bing(刘兵류빙). "Neimenggu Chifeng Shazishan Yuandai bihuamu"(Wall paintings in the Yuan tomb in Shazishan, Chifeng, Inner Mongolia네이멍구 츠펑 사쯔산 원나라 무덤 벽화), *Wenwu*(문물), 2 (1992), 24-27.

Liu Pubing(刘朴兵류푸빙). *TangSong yinshi wenhua bijiao yanjiu*(唐宋饮食文化比较研究당송음식문화비교연구)(A comparative study of food and drinking cultures in the Tang and Song periods) (Beijing: Zhongguo shehui kexue chubanshe, 2010).

Liu Yun(刘云류윈). ed., *Zhongguo zhuwenhua daguan*(中国箸文化大观중국저문화 대관)(A grand view of chopstick-culture in China중국의 젓가락문화 개관) (Beijing: Kexue chubanshe, 1996).

Liu Yun(刘云) et al., eds. *Zhongguo zhu wenhuashi*(中国箸文化史중국저문화사) (A history of chopsticks culture in China중국의 젓가락문화사) (Beijing: Zhonghua shuju, 2006).

Liu Zhiqin(刘志琴류즈친). *WanMing shilun*(晚明史论만명사론)(Essays on Late Ming history명대 후기 역사론) (Nanchang: Jiangxi gaoxiao chubanshe, 2004).

Longqiuzhuang yizhi kaogudui(龙虬庄考古队룽치우장 유적지 발굴단)(Archaeological team of the Longqiuzhuang ruins). *Longqiuzhuang: Jianghuai dongbu xinshiqi shidai yizhi fajue baogao*(龙虬庄: 江淮东部新石器时代遗址发掘报 告룽규장: 강회동부신석기시대유지발굴보고)(Longqiuzhuang: Excavation report on the Neolithic ruins in the east of Jiangsu and Huai River룽치우장 : 장쑤성 동부와 화이허강 의 신석기 유적지 발굴보고서) (Beijing: Kexue chubanshe, 1999).

Lu Rong(陸容육용). *Shuyuan zaji*(菽園雜記숙원잡기)(Notes in the legume garden) (Beijing: Zhonghua shuju, 1985).

Macartney, George. *An Embassy to China: Being the Journal Kept by Lord Macartney during His Embassy to the Emperor Ch'ien-lung, 1793– 1794*(중국 사절단 : 건륭제 때 중국 사절 매카트니 경의 일기, 1793-1794), ed. J. L. Cranmer-Byng (London: Longmans, republished, 1972).

MacMillan, Margaret. "Don't Drink the Mao-tai: Close Calls with Alcohol, Chopsticks, Panda Diplomacy and Other Moments from a Colorful Turning Point in History"(마오타이 술을 마시지 마라: 다채로운 역사의 전 환점에서 술, 젓가락, 판다 외교, 그리고 여러 계기들과의 아슬아슬한 상황들), *Washingtonian*, February 1, 2007.

Mencius(孟子맹자). *The Works of Mencius*(맹자), trans. James Legge (New York: Dover Publications, Inc., 1970).

Meng Yuanlao(孟元老맹원로) et al. *Dongjing menghualu, Ducheng jisheng, Xihu laoren fanshenglu, Mengliang lu, Wulin jiushi*(東京夢華錄동경몽화 록, 都城紀勝도성기승, 西湖老人繁勝錄서호로인번승록, 夢梁錄몽량록, 武林舊事무림구사) (Beijing: Zhongguo shangye chubanshe, 1982).

Moore, Malcolm. "Chinese 'Must Swap Chopsticks for Knife and Fork'"(중국인은 '젓가락을 나이프와 포크로 바꿔야 한다), *The Telegraph*, March 13, 2013.

Morrison, Ann M. "When Nixon Met Mao"(닉슨이 마오를 만났을 때), Book Review, *Time*, December 3, 2006.

Mote, Frederick. "Yuan and Ming"(원나라와 명나라), *Food in Chinese Culture: Anthropological and Historical Perspectives*(중국 문화와 음식: 인류학과 역사학적 관점), ed. K. C. Chang (New Haven: Yale University Press, 1977).

Mukai Yukiko(向井由紀子무카이 유키코) & Hashimoto Keiko(橋本慶子하시모토 게이코). *Hashi*(箸)(Chopsticks젓가락) (Tokyo: Hōsei daigaku shuppankyoku, 2001).

Mundy, Peter. *The Travels of Peter Mundy, in Europe and Asia, 1608–1667*(피터 먼디의 유럽과 아시아 여행기, 1608-1667), ed. Richard Carnac Temple (Liechtenstein: Kraus Reprint, 1967), vol. 3.

N. A. *XianQin pengren shiliao xuanzhu*(先秦烹饪史料选注선진팽임사료선주) (Annotated pre-Qin historical sources of culinary practices춘추전국 시대 요리 풍습 사료 주해) (Beijing: Zhongguo shangye chubanshe, 1986), 58.

Nakayama Tokiko(中山時子나카야마 도키코), ed. *Zhongguo yinshi wenhua*(中国饮食文化중국음식문화)(Chinese food and drink culture), trans. Xu Jianxin (Beijing: Zhongguo shehui kexue chubanshe, 1990).

Nguyen, Van Huyen. *The Ancient Civilization of Vietnam*(베트남의 고대 문명) (Hanoi: The Gioi Publishers, 1995).

Nguyen, Xuan Hien. "Rice in the Life of the Vietnamese Thay and Their Folk Literature"(베트남인의 삶에서 쌀과 그들의 민속 문학), trans. Tran Thi Giang Lien, Hoang Luong, *Anthropos*(인간), Bd. 99 H. 1 (2004), 111-141.

Nuwer, Rachel, "Disposable Chopsticks Strip Asian Forest"(일회용 젓가락이 아시아의 숲을 벌거벗기고 있다), *New York Times*, October 24, 2011.

Ohnuki-Tierney, Emiko. *Rice as Self: Japanese Identities through Time*(자아로서 쌀: 일본의 역사적 정체성) (Princeton: Princeton University Press, 1993).

Oliphant, Laurence. *Elgin's Mission to China and Japan*(중국과 일본에서의 엘긴의 임무), with an introduction by J. J. Gerson (Oxford: Oxford University Press, 1970).

Ōta Masako(大田昌子오다 마사코). *Hashi no genryū o saguru: Chūkoku kodai ni* okeru hashi shiyō shūzoku seiritsu(箸の源流を探る: 中国古代における箸使用 習俗の成立)(Investigation into the origin of chopsticks: the establishment of the habit of chopsticks use in ancient China젓가락의 기원 연구 : 고대 중국의 젓가락 사용 습 관의 확립) (Tokyo: Kyūko Shoin, 2001).

Rebora, Giovanni. *Culture of the Fork*(포크의 문화), trans. Albert Sonnenfeld (New York: Columbia University Press, 2001).

Ricci, Matteo. *China in the Sixteenth Century: The Journals of Matthew Ricci: 1583–1610*(16세기 중국: 마테오 리치의 일기, 1583-1610), trans. Louis J. Gallagher (New York: Random House, 1953).

Roberts, J. A. G. *China to Chinatown: Chinese Food in the West*(중국과 차이나 타운: 서양의 중국음식) (London: Reaktion Books, 2002).

Rogaski, Ruth. *Hygienic Modernity: Meanings of Health and Disease in Treaty-Port China*(근대적 위생: 조약으로 개항한 중국에서의 건강과 질병의 의미) (Berkeley: University of California Press, 2004).

Shafer, Edward. "T'ang"(당나라), *Food in Chinese Culture*(중국 문화와 음식), 85-140.

Shinoda Osamu(篠田統시노다 오사무). *Zhongguo shiwushi yanjiu*(中国食物史研 究중국식물사연구)(Studies of Chinese food중국음식 연구), trans. Gao Guilin, Sue Laiyun & Gao Yin (Beijing: Zhongguo shangye chubanshe, 1987).

Shū Tassei(周達生슈 탓세이). *Chūgoku no Shokubunka*(中国の食文化)(Food culture in China중국의 음식문화) (Tokyo: Sōgensha, 1989).

Song Yingxing(Sung Ying-hsing)(宋應星송잉싱). *T'ien-kung k'ai-wu: Chinese Technology in the Seventeenth Century*(천공개물天工開物: 17세기 중국 기술), trans. E-tu Zen Sun and Shiou-chuan Sun (University Park: Pennsylvania State University Press, 1966).

Spencer, Jane. "Banned in Beijing: Chinese See Green over Chopsticks"(베이징 의 규제: 중국인, 젓가락에서 환경을 보다), *The Wall Street Journal*, February 8, 2008.

Sterckx, Roel. *Food, Sacrifice, and Sagehood in Early China*(고대 중국의 음식, 제물, 그리고 현인이 되는 조건) (New York: Cambridge University Press, 2011).

Taylor, Keith Weller. *The Birth of Vietnam*(베트남의 탄생) (Berkeley: University of California Press, 1983).

Tomes, Nancy. *The Gospel of Germs: Men, Women, and the Microbe in American Life*(세균 복음: 미국인의 삶에서 남성, 여성, 그리고 미생물) (Cambridge: Harvard University Press, 1998).

Van Esterik, Penny. *Food Culture in Southeast Asia*(동남아시아의 음식문화) (Westport: Greenwood Press, 2008).

Visser, Margaret. *Much Depends on Dinner: The Extraordinary History and Mythology, Allure and Obsessions, Perils and Taboos, of an Ordinary Meal*(식사에 따라 많은 것이 달라진다: 평범한 식사에 담긴 평범하지 않은 역사와 신화, 매력과 집착, 위험과 금기) (New York: Grove Press, 1986).

Wang Chong(王充왕충). *Lunheng*(論衡논형)(Discussive weighing) (Shanghai: Shanghai renmin chubanshe, 1974).

Wang Lihua(王利华왕리화). *Zhonggu huabei yinshi wenhuade bianqian*(中古华北饮食文化的变迁중고화북음식문화적변천)(Changes in food and drink culture of North China during the middle imperial period중고 시대 화북 음식문화의 변천) (Beijing: Zhongguo shehui kexue chubanshe, 2001).

Wang Mingsheng(王鳴盛왕밍성). *Shiqishi shangque*(十七史商榷십칠사상각)(Critiques of seventeen histories17세기 역사비평) (Shanghai: Shanghai shudian chubanshe, 2005).

Wang Renxiang(王仁湘왕런샹). "Cong kaogu faxian kan Zhongguo gudaide yinshi wenhua chuantong"(从考古发现看中国古代的饮食文化传统종고고발현간중국고대적음식문화전통)(Traditions of food and drink culture in ancient China shown in archaeological finds고고학 유물에 나타난 고대 중국의 음식문화 전통), *Hubei jingji xueyuan xuebao*(Journal of Hubei economics college후베이경제대학보), 2 (2004), 108-112.

Wang Renxiang. "Shaozi, chazi, kuazi: Zhongguo jinshi fangshi de kaoguxue yanjiu"(勺子, 叉子, 筷子: 中国进食方式的考古学研究작자, 차자, 쾌자: 중국진식방식적 고고학연구)(Spoon, fork, and chopsticks: an archaeological study of the eating method in ancient China숟가락, 포크, 젓가락: 고대 중국의 식사도구에 대한 고고학 연구), *Xun'gen*(Root exploration뿌리 탐구), 10 (1997).

Wang Renxiang. *Wanggu de ziwei: Zhongguo yinshi de lishi yu wenhua*(往古

的滋味: 中国饮食的历史与文化왕고적자미: 중국음식적력사여문화)(Tastes of yore: history and culture of Chinese foods and drinks변치 않는 맛: 중국 음식의 역사와 문화) (Ji'nan: Shandong huabao chubanshe, 2006).

Wang Renxiang. *Yinshi yu Zhongguo wenhua*(饮食与中国文化음식여중국문화)(Foods and drinks in Chinese culture중국 문화에서 음식) (Beijing: Renmin chubanshe, 1994).

Wang Saishi(王赛时왕사이시). *Tangdai yinshi*(唐代饮食당대음식)(Food and drink culture in the Tang당나라의 음식문화) (Ji'nan: Qilu shushe, 2003).

White, Lynn. "Fingers, Chopsticks and Forks: Reflections on the Technology of Eating"(손가락, 젓가락, 포크: 식사법에 대한 몇 가지 생각), *New York Times* (Late Edition – East Coast), July 17, 1983, A-22.

Wilson, Bee. *Consider the Fork: A History of How We Cook and Eat*(포크를 생각하다: 조리와 식사법에 대한 역사) (New York: Basic Books, 2012).

Wu Zimu(吳自牧오자목) & Zhou Mi(周密주밀). *Mengliang lu, Wulin jiushi*(夢梁錄몽량록, 武林舊事무림구사)(Dreaming of Kaifeng in Hangzhou; History of Lin'an) (Ji'nan: Shandong youyi chubanshe, 2001).

Xiang Chunsong(项春松시앙춘쑹). "Liaoning Zhaowuda diqu faxian de Liaomu huihua ziliao"(辽宁昭乌达地区发现的辽墓绘画资料요저소오달지구발현적료묘회화자료)(Paintings discovered in a Kitan tomb of the Zhaowuda area, Liaoning랴오닝성 소오달 지구의 거란족 묘에서 발견된 그림들), *Wenwu*(文物문물)(Cultural relics), 6 (1979), 22–32.

Xiang Chunsong. "Neimenggu jiefangyingzi Liao mu fajue jianbao"(内蒙古解放营子辽墓发掘简报내몽고해방영자료묘발굴간보)(Concise report on the dig of the Liao-dynasty tomb in Jiefangyingzi, Inner Mongolia네이멍구 제팡잉쯔 요왕조 무덤 발굴에 관한 간략한 보고), *Kaogu*(考古고고)(Archaeology), 4 (1979), 330–334.

Xiang Chunsong & Wang Jianguo(王建国왕젠궈). "Neimeng Zhaomeng Chifeng Sanyanjing Yuandai bihuamu"(内蒙古昭盟赤峰三眼井元代壁画墓내몽고소맹적봉삼안정원대벽화묘)(Wall paintings in the Yuan tomb in Sanyanjing, Chifeng, Zhaomeng District, Inner Mongolia네이멍구 츠펑 구역 싼옌징 원나라 무덤 벽화), *Wenwu*, 1 (1982), 54–58.

Xinjiang Weiwuer zizhiqu bowuguan(新疆维吾尔自治区博物馆신장 위구르자치구 박물

관)(Uyghur autonomous district in Xinjiang). "Xinjiang Tulufan Asitana beiqu muzang fajue jianbao"(新疆吐魯番阿斯塔纳北区墓葬发掘简报신강토로번아사탐납북구묘장발굴간보)(Brief report on the excavation in the tombs of northern Astana, Turpan, Xinjiang신장 투르판 아스타나 북부 지역 무덤 발굴 보고서), *Wenwu*, 6 (1960).

Xu Hairong(徐海荣쉬하이룽). Ed. *Zhongguo yinshishi*(中国饮食史중국음식사)(A history of Chinese food and drink culture) (Beijing: Huaxia chubanshe, 1999).

Xu Jing(徐兢서긍). "Xuanhe fengshi Gaoli tujing"(宣和奉使高麗圖經선화봉사고려도경)(Illustrated record of the Chinese embassy to the Goryeo court during the Xuanhe era), in *Shi Chaoxian lu*(使朝鲜录사조선록)(Records of Chinese embassies to Korea), eds. Yin Mengxia & Yu Hao (Beijing: Beijing tushuguan chubanshe, 2003), vol. 1.

Xu Jingbo(徐静波쉬징보). *Riben yinshi wenhua: lishi yu xianshi*(日本饮食文化: 历史与现实일본음식문화: 역사여현실)(Food culture in Japan: past and present일본음식문화: 과거와 현재) (Shanghai: Shanghai renmin chubanshe, 2009).

Xu Pingfang(徐苹方쉬핑팡). "Zhongguo yinshi wenhua de diyuxing jiqi ronghe"(中國飲食文化的地域性及其融合중국음식문화적지역성급기융합)(Regions and cross-regional development in Chinese food and drinking culture중국 음식문화의 지역적 특성과 지역 간 발전), *Di 4 jie Zhongguo yinshi wenhua xueshu yantaohi lunwenji*(Proceedings of the 4th academic symposium on Chinese food and drinking culture) (Taipei: Zhongguo yinshi wenhua jijinhui, 1996).

Yang Dabin. "Choptax"(젓가락세), *Earth Island Journal*, 21: 2 (Summer 2006), 6-6.

Yang Zheng. "Chopsticks Controversy"(젓가락 논란), *New Internationalist*, 311 (April 1999), 4.

Yao Weijun(姚伟钧야오웨이준). *Changjiang liuyu de yinshi wenhua*(长江流域的饮食文化장강류역적음식문화)(Food and drink culture in the Yangzi River region양쯔강 지역의 음식문화) (Wuhan: Hubei jiaoyu chubanshe, 2004).

Yao Weijun. "Fojiao yu Zhongguo yinshi wenhua"(佛教与中国饮食文化불교여중국음식문화)(Buddhism and the food and drink culture in China불교와 중국 음식문화), *Minzhu*(民主민주)(Democracy monthly), 9 (1997), 32-33.

Yao Weijun. *Zhongguo chuantong yinshi lisu yanjiu*(中国传统饮食礼俗研究중국

전통음식례속연구)(Study of the dining etiquette and habits in traditional China중국 전통의 식사 예절과 습관 연구) (Wuhan: Huazhong shifan daxue chubanshe, 1999).

Yi Sông-u(이성우), "Chōsen hantō no shoku no bunka"(Food culture on the Korean Peninsula한반도의 음식문화), in *Higashi Ajia no shoku no bunka*(Food cultures in East Asia동아시아의 음식문화), eds. Ishige Naomichi et al. (Tokyo: Heibonsha, 1981), 129-153.

Yin Yongwen(尹永文인용원). *MingQing yinshi yanjiu*(明清飲食研究명청음식연구) (Studies of food and drink in the Ming and Qing dynasties) (Taipei: Hongye wenhua shiye youxian gongsi, 1997).

Yip Ka-che. *Health and National Reconstruction in Nationalist China*(민족주의 중국의 보건과 국가 재건)(Ann Arbor: Association for Asian Studies, Inc., 1995).

Yu Ying-shih. "Han"(漢한), in Chang, K. C. ed. *Food in Chinese Culture*(중국 문화와 음식), (New Haven: Yale University Press, 1977), 53-84.

Yuan Yuan(袁元위안위안). "Yicixing kuaizi tiaozhan Zhongguo guoqing"(一次性 筷子挑战中国国情일차성쾌자도전중국국정)(Disposable chopsticks challenge China as a country중국이 직면한 일회용 젓가락 문제), *Liaowang zhoukan*(瞭望周刊요망주간) (Outlook weekly), 33 (August 13, 2007).

Yun Kuk-Hyong(尹國馨윤국형). *Capchin Mallok*(甲辰漫錄갑진만록), Korean Classics Database (http://db.itkc.or.kr/itkcdb/mainIndexIframe.jsp).

Zhang Guangzhi(Chang K. C.)(张光直장광즈). "Zhongguo yinshishi shangde jici tupo"(中國飲食史上的幾次突破중국음식사상적기차돌파)(Several breakthroughs in the Chinese food and drink history중국음식사에서의 몇 차례의 돌파), *Di 4 jie Zhongguo yinshi wenhua xueshu yantaohui lunwenji*(Proceedings of the 4th academic symposium on Chinese food and drink culture) (Taipei: Zhongguo yinshi wenhua jijinhui, 1996), 1-4.

Zhang Jiangkai(张江凯장장카이) & Wei Jun(魏峻웨이쥔). *Xinshiqi shidai kaogu*(新 石器時代考古신석기시대고고)(Neolithic archaeology신석기 시대 고고학) (Beijing: Wenwu chubanshe, 2004).

Zhang Jingming(张景明장징밍) & Wang Yanqing(王雁卿왕옌칭). *Zhongguo yinshi canju fazhanshi*(中国饮食餐具发展史중국음식찬구발전사)(A history of eating and drinking utensils in China중국 음식도구의 역사) (Shanghai: Shanghai guji chubanshe, 2011).

Zhang Yichang, "Guoren buweisheng de exi"(國人不衛生的惡習국인부위생적악습) (The unhygienic habits of my countrymen우리나라 사람들의 비위생적인 습관), *Xinyi yu shehui jikan*(新醫與社會季刊신의여사회계간)(Journal of new medicine and society), 2 (1934), 156.

Zhao Rongguang(赵荣光자오룽꽝). *Zhongguo yinshi wenhua gailun*(中国饮食文化概论중국음식문화개론)(Introduction to food and drink culture in China) (Beijing: Gaodeng jiaoyu chubanshe, 2003).

Zhao Rongguang. *Zhongguo yinshi wenhuashi*(中国饮食文化史중국음식문화사) (A history of Chinese food and drink culture) (Shanghai: Shanghai renmin chubanshe, 2006).

Zhao Rongguang. "Zhu yu Zhonghua minzu yinshi wenhua"(箸与中华民族饮食文化저여중화민족음식문화)(Chopsticks and Chinese food and drink culture젓가락과 중국 음식문화), *Nongye kaogu*(Agricultural archaeology), 2 (1997), 225–235.

Zhen Jun(震鈞진균). *Tianzhi ouwen*(天咫偶聞천지우문)(Legends of the heavenly realm) (Beijing: Beijing guji chubanshe, 1982).

Zhongguo shehui kexueyuan kaogu yanjiusuo(中国社会科学院考古研究所중국사회과학원 고고학연구소)(The Institute of Archaeology, Chinese Academy of the Social Sciences), *Tang Chang'an chengjiao Suimu*(唐长安城郊隋墓당장안성교수묘)(The Sui tombs near the Tang capital Chang'an당나라 수도 창안 인근의 수나라 무덤들) (Beijing: Wenwu chubanshe, 1980).

Zhou Xinhua(周新华저우신화). *Tiaodingji*(调鼎集조정집)(Collection of food essays음식논문선집) (Hangzhou: Hangzhou chubanshe, 2005).

ㄱ

가게젠 264
가다쿠치바시 189
가사협 98, 138, 149, 152, 287
가이세키 요리 188, 189
감진 188
《갑진만록》 208
개별 식사 방식 220, 223, 231
게노하시 263
게으른 수전 315~318
겐즈이시 176
겐토시 176
고구려 191~193
고게이바시 146
고계홍 275
고려 35, 37, 193~199
《고려사》 196
고숭문 210
《고시키》 180, 184
고출 272, 273
골든, 피터 144

공동 식사 방식 220, 223, 231
공영달 91, 102, 103
공용 젓가락 314, 318
공자 40, 65, 66, 90, 93, 97, 102, 128, 129
공중위생 311, 312
곽도원 280
《관자》 102
관중 102
《광아》 143
《구당서》 210
국수 28, 40, 57~59, 117~160, 170, 171, 173, 214, 215, 218, 241, 267, 268, 270. 287, 89, 336
국숟가락 37, 248, 249
굴원 107, 169
그린피스 329
《금병매》 217, 218, 224, 225
금 젓가락 281, 282, 296
금속 젓가락 71, 86, 144~146, 150, 181, 202, 248

기장 36, 37, 40, 55~57, 75, 90, 93~106, 109, 111, 113, 115, 122, 125, 134, 137, 152, 153, 157, 159, 194~197, 211, 216, 218, 244, 308
김부식 192, 194
겅(국) 53, 105, 106, 115, 154, 168
꽁콰이 314, 318

ㄴ

나무젓가락 37, 71, 86, 144, 150, 165, 177, 179, 180, 182, 184~186, 188, 189, 191, 202, 248, 263, 321, 323, 325, 327, 329, 330, 338
나미다하시 237
나이프 14, 42, 48, 51, 4, 62~68, 80, 123, 131, 151, 164, 174, 199, 203, 204, 298, 303~307, 312, 332
나진 유적지 190
낙랑군 191
《낙양가람기》 148
난웨국 172
《남제서》 284, 285
네부리바시 238
네팔 48
노자 85
《논어》 93, 94, 128
누리바시 186
뉴엔 반 후엔 166, 167
니덤, 조지프 109
《니혼쇼키》 180, 184
닉슨, 리처드 316~318

ㄷ

다미판 218
다원커우 문화 133
《다케토리 모노가타리》 183
다테바시 264
당현종 154, 269, 281
대승불교 148, 177
대젓가락 12, 71, 86, 145, 165, 173, 181, 182, 184, 248, 260, 288, 296, 330
댐피어, 윌리엄 302
덜시머 279
도다이지 179, 180, 181, 188
도리바시 234, 235, 262
도시락 24, 231~233
동월 199
동탁 125, 126, 139
두보 158, 285, 286
디오통환 유적 95, 109
디쾨터, 프랑크 334
딩 83, 103

ㄹ

라다, 마르틴 데 299, 301, 302
라멘(라면, 라멘) 58, 59, 138, 143, 144, 241
란샹 188, 255
램, 코린 307~309, 311, 312
레비스트로스, 클로드 333, 335
레이바시 187
로버츠, J. A. G. 295, 324

롱치우장 유적 7, 8, 75~77, 96, 111, 112
료쿠치바시 189, 262, 263, 268
류원 76, 145, 146, 220, 221
리 83, 103, 104
리우치 155, 156
리정다오 71
리치, 마테오 298, 299, 318
리큐바시 188, 189
린위탕 131

ㅁ

마나바시 184, 189, 190
마석 133
마요이바시 237
마왕퇴묘 12, 122~124, 130, 145
마이판 134
《마쿠라노소시》 182
만두 40, 57, 59, 101, 135, 138, 140, 141, 142, 214, 215, 317, 336
만보상 280
《만요슈》 177, 182, 183, 185
만터우 140, 141
매카트니, 조지 303~305, 307
맥밀런, 마거릿 316
맹원로 210, 214
맹자 65, 66, 94, 129
먼디, 피터 300, 301, 303, 305
명절음식 168~170, 212
메시아, 로렌소 297
메오토바시 234, 255
메이메이젠 221, 232, 233

메콩강 167
모트, 프레더릭 67
몽골 37, 144, 148, 198, 199, 201~203, 215, 228
몽염 200
무령왕릉 34, 191
무카이 유키코 122, 173, 175, 178, 179, 212
《묵자》 136
미안빙 140
밀가루음식 40, 57, 59, 136, 140~142, 153, 157, 159, 215, 336

ㅂ

바르트, 롤랑 42, 63, 65, 163, 207
바버, 키미코 49
바오즈 141
반뗏 169
반포 유적 80, 98
배세청 176
백거이 155, 278, 279
백목 젓가락 187, 188
백제 34, 191, 192, 266
밴에스테릭, 페니 172
버드, 이사벨라 319, 320
번쾌 131, 132
〈병부〉 138, 254
베트남 54, 55, 59, 60, 69, 112, 114, 116, 164~174, 180, 181, 195, 197, 199, 200, 203, 212, 213, 224, 231,

233, 235, 240, 241, 245, 250, 260, 266, 267, 282, 311, 314, 321, 322, 332

부부 젓가락 25, 255, 256, 290

부지깽이 13, 84, 289

《북사》 194

불교음식 148

브레이, 프란체스카 109, 167

브루소, 하랄 82

비(숟가락) 55, 56, 79, 80, 102, 115, 125, 127, 131, 151, 256, 209, 248

비세, 마가렛 110

비쭈 56, 125, 127, 151, 209

빙(떡) 136, 153

빠센줘 224~227

ㅅ

사구리바시 237, 245

《사기》 111, 119, 120, 124, 131, 171, 253, 254

사마상여 253, 254

사마천 111, 119~121, 127, 131, 167, 171, 253, 254

《사민월령》 137

사오빙 138, 139

사이바시 189, 190

사치문화 227

사해동포주의 시대 147

사회화 333

《삼국사기》 192, 194

《삼국유사》 192

《삼국지》 125, 175, 274

삼림 파괴 325, 327, 328, 338

《삼조북맹회편》 201

상아 젓가락 84~86, 88, 280~283, 285

샤부샤부 215, 227, 228, 230, 231, 245

샤오 80

샤오미판 218

샤퍼, 에드워드 158

생명의 지팡이 261, 338

서궁 194~198

서몽신 201

서빙용 젓가락 234, 262, 314~316, 318

서태후 22, 89

《서호번승록》 283

《석명》 136

《선화봉사고려도경》 194, 198

《성세항언》 225

세 가지 식사도구 266

세금 329

세이메이노쓰에 261

센노 리큐 189

설영지 154, 159

소자현 284, 285

속석 138, 139, 254

송경 281, 282

송공 102

《송서》 276

송응성 216

쇼우시 199

촨양러우 215, 227

수공예 젓가락 146
《수서》 175, 177, 182
수이판 155
《수호전》 223, 287
《숙원잡기》 249
순자 88
숟가락 6, 30, 36, 37, 40, 42, 54~61,
　69, 77, 79~83, 90, 102, 103, 105,
　114, 115, 121~127, 131, 140, 142,
　151, 152, 154~156, 158, 159, 164,
　165, 175~177, 181, 182, 190~193,
　195~198, 200, 203, 204, 207~211,
　219, 220, 227, 230, 232, 234, 235,
　237, 240, 241, 244~249, 265, 266,
　269, 271, 274, 275, 283, 298, 304,
　309, 313~316, 318, 331, 332, 336
슈인빙 143
슈 탓세이 212
쉬징보 190
스안 220
스워빙 143
《시경》 96, 97, 107, 109, 226
시니카/자포니카종 112, 113, 195, 211,
　212, 213
시라키바시 187
시안 벼 195, 213
시판 155
식사 예법 68, 208, 211, 246, 337
식탁 예절 68, 231, 232, 239, 241, 243,
　246, 272, 308, 337
신도 신앙 26, 186, 187, 262, 263, 271,

321, 325
신라 37, 184, 191, 192, 194
《신론》 135
신비한 뱀 265
신진쿄쇼쿠 262
신하시 187
실크로드 36, 37, 138, 143
심약 276
〈싱취부푸〉 124
싼싱두이 유적 109
쌀(밥) 36, 40, 55, 56, 59, 60, 95,
　100, 107, 109~114, 116, 122, 128,
　130, 134, 148, 152, 154, 157~159,
　167~171, 174, 189, 195, 196, 209,
　211~213, 216~218, 240, 247, 261,
　267, 297, 300, 315, 336
쌀국수 170, 171
쌀떡 169, 170

ㅇ
아시카가 요시노리 268
아시카가 요시마사 268
아시카가 요시카쓰 268
아오키 마사루 211~213
안장식 맷돌 133, 134
안지추 141
야오웨이준 148
야요이 문화 36, 177
얀 83, 100
양무제 149
양사오 문화 36, 98, 133

양쯔강 78, 96, 108, 109, 111, 112, 145, 147, 152, 158, 167, 168, 211, 213, 216, 249, 334
양현지 148
앤더슨, E. N. 78, 149, 212, 216
엄숭 282
여승진 272, 274
연인 젓가락 255
에이비엘리, 닐 169
에이세이 310
《엔기시키》 181
엔닌 141, 142, 157, 177, 187, 188
《엔닌의 일기》 141, 187
엔메바시 261
엔무스비바시 255, 256
엔주바시 261
《예기》 75, 90~92, 94, 99, 101~106, 121, 127~129, 208, 235
엔시 220
오노노 이모코 176, 177, 181, 188
오누키-티어니, 에미코 174
오다 마사코 90, 319
오든, 위스턴 휴 311, 312
오랑캐 의자 139, 222, 226
오리자 사티바 95
오은지 276 277
오이와이바시 26, 262, 263
오쿠이조메바시 261
오하시 187
오하시조메시키 261
옥 젓가락 70, 284-287

온돌 탁자 224, 225
올리펀트, 로런스 306~308
와리바시 321
완탄 141, 142
왕런샹 81
왕리 312~314
왕리화 149, 158
왕명성 225, 226
왕사이시 153
왕산차이 79
왕숙 148
왕충 279
우렌더 315~318
우쓰리바시 237, 238, 265
《우쓰호 모노가타리》 182
우임금 88
유경소 276
유목민 137, 144, 147~149, 199~203, 210, 221, 222, 229, 334
유방(한고조) 119, 120, 131, 132
유비 126, 274
유우석 119, 270, 272, 278
유운 279
유희 136, 139~141
육용 249
육유 211, 244
윤학형 208, 209, 216, 232, 243
원매 288
웨이성 310
웨이성 콰이즈 320
웨이수이강 98

웬딩 106
위구르족 139, 144
위생 식탁 315, 317
위생 젓가락 320
은 젓가락 144~146, 150, 182, 189, 282, 283, 285
은허 유적 77, 79, 104
응오꾸옌 172
이백 277, 278, 286
이산화황 326
이셔우드, 크리스토퍼 311, 312
이시게 나오미치 144
이시키 하치로 49, 50, 164, 174, 185, 321
이쓰싱 콰이즈 320
《이아》 105
이연수 194, 272
이예형 249
이타부키 궁궐 유적지 177, 178
인디카종 112, 113, 195, 212, 213
일상용 젓가락 263
일연 192
　일회용 젓가락 32, 71, 72, 180, 264, 320~330
임홍 228

ㅈ

자오룽광 82, 223
자오즈 141, 143
자오추앙 222
장거정 282

장건 138
장더츠 213
장량 119, 120
장읍 143
장중경 143
재사용 젓가락 321, 322, 325, 328, 329
저우언라이 317
전골요리 221, 227~230
전염 310, 311
젓가락
　감정을 표현할 때 70, 272~278, 290, 291
　값비싼 재료 280~283
　거란족의 사용 202~204
　결혼 선물로서 70, 255
　결혼 행사에서 255~260
　공동 식사 방식 220, 221, 227, 231, 232, 234, 314
　국수를 먹을 때 58, 59, 141, 142, 144, 159, 173, 214, 336
　금기 236~238
　기원 51, 52, 75~80, 83, 84, 87~89, 116
　나이프, 포크와 비교해서 58, 62~65, 80, 1, 123, 203, 204, 303~307
　나이프, 포크와 함께 14, 114, 199, 200, 203, 204
　논쟁할 때 119, 120
　다양한 디자인 179, 180, 189~193, 220, 221
　뜨거운 음식을 먹을 때 53, 82, 83,

248
만두를 먹을 때 59, 141, 142, 214, 336
만주족의 사용 202~204
몽골족의 사용 202~204
문명의 지표로서 65, 67, 297, 307
문학적 비유로서 70, 270~273, 275,
285, 287, 288
문화적 상징으로서 70, 85, 86, 257,
258
배타적인 식사도구로서 57, 58, 164,
165, 173, 174, 209, 216~219
베트남 설화에서 266, 267
베트남인의 사용 166, 170, 171
보조적인 식사도구로서 56, 105, 106,
115
볶음요리를 할 때 151, 152
불운 268~269
사용 감소 51
사용법 64, 68, 238~241, 331~333
새해 행사에서 261~263
생명의 상징으로서 267
생일 의례에서 261
선물로서 70, 146, 254~256,
259~261, 282
손가락과 비교해서 71
숟가락과 비교해서 54~57, 247, 248,
332
식사 예법(에티켓) 68, 69, 187, 188,
230~236, 240~244, 246~248,
272~274, 337
식탁 위에서 위치 230, 231

식품 위생 311~320
시에서 70, 287~291
쌀밥을 먹을 때 59, 60, 111~114, 116,
154, 159, 174, 209, 211, 212, 217, 218
아시아 유목민의 사용 201~204
여진족의 사용 202~204
연습 27, 68, 69, 238, 239
영어로 301~302
영적 소통 264, 265, 270~272
유럽 언어로 302
육류 섭취와 관련해서 198, 199
음악을 연주할 때 278~280
이름 변화 249, 250, 259
일본 디자인 173
일본인의 사용 174, 178~190
조리도구로서 52, 77, 78
주된 식사도구로서 59~61, 159, 160
죽을 먹을 때 89, 103
중국인의 식사 습관 81, 89~92
차를 마실 때 60, 61
척도로서 286, 287
청혼할 때 256, 257
축제 238
텔레비전에서 324, 325
투르크인(터키인)의 사용 144
피해 50
한국 설화에서 265, 266
한국인의 사용 56, 61, 190~199, 232
행운을 기원할 때 267, 268
젓가락문화권 42, 48, 49, 51, 54,
58~60, 68, 69, 72, 86, 92, 147, 150,

160, 161~204, 220, 232, 233, 235, 238, 239, 249, 250, 254, 265, 295, 296, 332

젓가락 신 268

정량규 288

정현 91, 94~96

《제민요술》 98, 138, 149, 151, 287

젠빙 153

조기 94

조리 행위 333

조선 37, 86, 197, 199, 207~209, 216, 219, 232, 242, 243

《조선잡록》 199

조우(죽) 100, 101, 104, 115, 154~156

조조 126, 274

조주바시 261

조타 171, 172, 200

주강 167, 213

《주례》 94, 111

주아부 120, 121, 127, 131

주왕 84~86, 280

주원장 207, 215, 231, 232

《주지루이키》 182, 189

주쭈 272, 274

증빙 153

지리렌게 249

지쭈 278

지카바시 233, 244

《진서》 276

진수 125, 126, 175, 274

진시황 171, 200

진예 지아오리우 313

정 83, 100, 101, 200

쭈(젓가락) 56, 87, 105, 125, 127, 146, 151, 209, 249, 250, 257, 259, 272, 274, 276

찌개요리 148, 167, 168, 214, 228, 230

ㅊ

차오궈탸오 170, 171

차이(채소, 반찬) 55, 56, 58, 106, 115, 142, 154

차이나타운 295, 324

참파 벼 37, 195, 213

창, K. C. 98

《천공개물》 216

청동 숟가락 191

청동 젓가락 191

《초사》 42, 107

최부 209, 219, 232

최식 137

최호 274

《추봉오어》 249

축하용 젓가락 26, 263, 268

츠쭈 56, 127, 209

치터 279

친아들과 양아들 266

침 교환 313, 314

ㅋ

카를레티, 프란체스코 297

캉쥐 224, 225

콩지쭈 146
콰이르 259
콰이얼 249
콰이즈 249, 250, 259, 308, 309, 320
콰이즈셴 268
크롱카이트, 월터 317
크네츠게스, 데이비드 137
키신저, 헨리 317

ㅌ

탁문군 253, 254
탕빙 140, 143, 153
탕치 248
탕판 155, 218
탕현조 283
태국 48, 58, 112, 114, 212, 282
태무제 274
터우쭈 274~277
톰스, 낸시 245
티베트 48, 148, 199

ㅍ

파스타 58, 143, 144
판(밥) 55, 56, 58, 90, 99~101, 106,
    115, 134, 142, 152~156, 159, 209,
    218
팔선탁 225
퍼 170, 171
페레이라, 갈레오테 296, 297, 299
페르난데스-아르메스토, 펠리페 81,
    110

페이리강 유적 80
펜스즈 220
포스트, 에밀리 239
포크 14, 42, 48, 51, 54, 58, 62~65,
    67, 68, 80, 81, 114, 123, 131, 151,
    164, 174, 199, 203, 204, 297, 298,
    303~307, 312, 332
폴로, 마르코 296
푸 83, 100, 103
풍몽룡 216, 217, 225
프로이스, 로이스 297, 302
프리먼, 마이클 214
플라스틱 젓가락 71, 72, 321, 338
피진 영어 301
핑거 푸드 92

ㅎ

하레노하시 263
하시모토 게이코 122, 173, 175, 178,
    179, 212
하시스기 신코 185
하시와타시 264, 265
하쿠라이노하시 181
한국 36, 37, 55, 56, 59, 61, 69, 85,
    86, 143, 150, 164, 173, 177, 181,
    192~199, 203, 225, 230~233, 235,
    238, 240~244, 246~248, 250, 266,
    283, 284, 311, 314, 315, 322, 323,
    332, 335
한무제 138, 191
한비자 84, 85, 88, 97, 281

한유 154, 155
한족 137, 140, 147, 255
〈한희재야연도〉 18, 222, 223
항우 131, 132
〈행로난〉 277
행사용 젓가락 263
허무두 유적 95, 109
허스즈 220
헌터, W. C. 305
헌팅턴, 새뮤얼 63, 164
헤이조 궁궐 유적지 178, 179
호모 에렉투스 82
호모 사피엔스 82
호, 펑티 98
혼젠 요리 190
홍강 167, 171
《홍루몽》 249
화이트, 린 48, 164

화이허강 112
환담 135
황허강 97, 98, 109, 111, 200
회전식 맷돌 135
회전쟁반 315, 316, 318
후렌 137, 221
후빙 139, 140, 153
후지와라 궁궐 유적지 178
후추앙 221, 222, 226
후쿠주바시 261
훈툰 138, 141~143,
흉노족 144, 199, 200
휘쭈 289
훼이위쭈 257
히노키 젓가락 178, 179, 181

BYOC 운동 328

•인명

ㄱ

가사협賈思勰
가스파르 다 크루스Gaspar da Cruz
갈레오테 페레이라Galeote Pereira
감진鑑眞
고계흥高季興
고다이고後醍醐(후제호) 천황
고묘光明(광명) 천황
고세기 에리노小瀬木えりの Kosegi Erino
고숭문高崇文
고출高出
공영달孔穎達
곽도원郭道源
관중管仲
굴원屈原

ㄴ

낸시 톰스Nancy Tomes
뉴엔 반 후엔Nguyen Van Huyen

니콜라 디 코스모Nicola Di Cosmo
닐 에이비엘리Nir Avieli

ㄷ

더크 할스테드Dirck Halstead
데이비드 크네츠게스David Knechtges
도린 옌 헝 팽Doreen Yen Hung Feng
동월董越
동탁董卓
두보杜甫

ㄹ

란샹藍翔(람상) Lan Xiang
레이먼드 도슨Raymond Dawson
로런스 올리펀트Laurence Oliphant
로렌소 메시아Lourenço Mexia
로이스 프로이스Louis Fróis
롤랑 바르트Roland Barthes
류빙刘兵(류병) Liu Bing
류윈刘云(류운) Liu Yun
리정다오李政道 Tsung-dao Lee

리쯔란李自然(이자연) Li Ziran
리후黎虎(려호) Li Hu
린위탕林語堂(임어당) Lin Yu-tang
린 화이트Lynn White

ㅁ

마가렛 비세 Margaret Visser
마거릿 맥밀런Margaret Macmillan
마르틴 데 라다Martin de Rada
마이클 프리먼Michael Freeman
마테오 리치Matteo Ricci
만보상万宝常
맹원로孟元老
몽염蒙恬
무카이 유키코向井由紀子(향정유기자)
　Mukai Yukiko
묵자墨子

ㅂ

배세청裴世青
백거이白居易
범승지氾勝之
범엽范曄

ㅅ

사마상여司馬相如
새뮤얼 헌팅턴Samuel P. Huntington
서긍徐兢
서릉徐陵
서몽신徐夢莘
설영지薛令之

센노 리큐千利休(천리휴)
소자현蕭子顯
속석束晳
송경宋璟
송응성宋應星
쇼토쿠聖德(성덕) 태자
슈 탓세이周達生(주달생)
쉬징보徐静波(서정파) Xu Jingbo
쉬핑팡徐苹方(서빈방) Xu Pingfang
쉬하이룽徐海荣(서해영) Xu Hairong
스사노오노 미코토素盞嗚尊(소잔오존)
스이코推古(추고) 천황
시앙춘쑹项春松(항춘송) Xiang Chunsong
신추辛追
심약沈約
송렴宋濂

ㅇ

아시카가 다카우지足利尊氏(족리존씨)
아시카가 요시노리足利義教(족리의교)
아시카가 요시마사足利義政(족리의정)
아시카가 요시카쓰足利義勝(족리의승)
아오키 마사루青木正児(청목정아) Aoki Masaru
안지추顔之推
앙텔므 브리야사바랭Anthelme Brillat-
　Savarin
야오웨이준姚伟钧(요위균) Yao Weijun
양현지楊衒之
앤더슨E. N. Anderson
엄숭嚴崇
여승진呂僧珍

에드워드 샤퍼Edward H. Shafer
에드윈 라이샤워Edwin Reischauer
에미코 오누키-티어니Emiko Ohnuki-Tierney
에밀리 포스트Emily Post
엔닌圓仁(원인)
오노노 이모코小野妹子(소야매자)
오다 마사코大田昌子(대전창자) Ōta Masako
오은지吳隱之
요사렴姚思廉
왕런샹王仁湘(왕인상) Wang Renxiang
왕리王力(왕력) Wang Li
왕리화王利華(왕리화) Wang Lihua
왕명성王鳴盛
왕사이시王賽時(왕새시) Wang Saishi
왕산차이王善才(왕선재) Wang Shancai
왕숙王肅
왕젠궈王建国(왕건국) Wang Jianguo
왕충王充
우롄더伍連德(오연덕) Wu Liande
우타가와 구니요시歌川国芳(가천국방)
  Utagawa Kuniyoshi
유경소劉景素
유방劉邦
유비劉備
유우석劉禹錫
유운柳惲
유키 코마이마Yuki Komayima
유희劉熙
육용陸容
육유陸游
윤국형尹國馨

원매袁枚
위스턴 휴 오든Wystan Hugh Auden
위징魏徵
윌리엄 댐피어William Dampier
응오꾸엔吳權 Ngô Quyèn
이백李白
이사벨라 버드Isabella Bird
이시게 나오미치石毛直道(석모직도) Ishige
  Naomichi
이시키 하치로一色八郎(일색팔랑) Isshiki
  Hachirō
이연수李延壽
이예형李豫亨
이창利倉
이토 세이지伊藤清司(이등청사) Itō Seiji
임홍林洪

ㅈ

자오룽광趙荣光(조영광) Zhao Rongguang
장광즈張光志(장광지) Zhang Guangzhi
  (Chang Kuang-chih)
장거정長居正
장건張騫
장더츠張德慈(장덕자) Te-tzu Chang
장량張良
장읍張揖
장중경張仲景
저우신화周新華(주신화) Zhou Xinhua
저우언라이周恩來(주은래) Chou En-lai
  (Zhou Enlai)
정량규程良規

정현鄭玄
조광윤趙匡胤
조기趙岐
조조曹操
조지 매카트니 경Lord George Macartney
조지 맥도날드George McDonald
조지프 니덤 Joseph Needham
조타趙佗 Zhao Tuo / 찌에우 다Trieu Da
주아부周亞夫
주원장朱元璋
주체朱棣
진구황후神功皇后
진수陳壽

ㅊ

천명자陳夢家(진몽가) Chen Mengjia
최식崔寔
최호崔浩
추이다이위안崔岱远(최대원) Cui Daiyuan
칭기즈 칸Genghis Khan

ㅋ

코린 램Corrinne Lamb
쿠빌라이 칸Kublai Khan
크리스토퍼 이셔우드Christopher Isherwood
클로드 레비스트로스Claude Lévi-Strauss
키미코 바버Kimiko Barber

ㅌ

타오싱즈陶行知(도행지) Tao Xingzhi
탕쑤Tang Su

탁문군卓文君
탁왕손卓王孫
탕현조湯顯祖

ㅍ

팡후이方回(방회) Fang Hui
페니 밴에스테릭Penny Van Esterik
펠리페 페르난데스-아르메스토 Felipe
    Frenandez-Armesto
풍몽룡馮夢龍
프란체스카 브레이 Francesca Bray
프란체스코 카를레티Francesco Carletti
프랑크 디쾨터Frank Dikötter
프레더릭 모트Frederick Mote
피터 골든Peter B. Golden
피터 먼디Peter Mundy
핑티 호Ping-ti Ho / 그는 중국계 미국인 학
    자로, 중국어 이름의 한글 표기는 '허빙디
    何炳棣(하병체)'다.

ㅎ

하랄 브루소 Harald Brüssow
하시모토 게이코橋本慶子(교본경자)
    Hashimoto Keiko
한강백韓康伯
한비자韓非子
한유韓愈
한희재韓熙載
해리 카Harry Carr
허쥐롄贺菊莲(하국련) He Julian
후즈샹胡志祥(호지상) Hu Zhixiang

K. C. 창Chang

J. A. G. 로버츠Roberts

• 지명

ㄱ
가라코韓子(한자)
가오유高郵(고우)
관중關中(관중)
광둥廣東(광동)
구이저우貴州(귀주)성

ㄴ
나라奈良(내량)
네이멍구內蒙古(내몽고)

ㄷ
다원커우大汶口(대문구)
단투丹徒(단도)
당양当阳(당양)
도로登呂(등려)
둔황敦煌(돈황)
디오통환吊桶环(적통환)

ㄹ
란저우蘭州(난주)
룽치우장龙虬庄(룡규장)
린안臨安(임안)

ㅁ
만청滿城(만성)
므엉댕muòng Deng
므엉하muòng Ha

ㅂ
반포半坡(반파)

ㅅ
사오싱紹興(소흥)
사오커우韶口(소구)
산둥山東(산동)성
산시陝西(섬서)성 Shanxi
산시山西(산서)성 Shaanxi
시안西安(서안)
시즈오카静岡(정강)
신두新都(신도)
신장新疆(신강)
싼샤三峽(삼협)
싼싱두이三星堆(삼성퇴)
쑤저우蘇州(소주)
쓰촨四川(사천)성

ㅇ
아스카쿄明日香京(명일향경)
안양安陽(안양)현
안후이安徽(안휘)성
양사오仰韶(앙소)
양저우揚州(양주)
양쯔陽子(양자)강
우양舞阳(무양)

우이武夷(무이)산
웨이수이渭水(위수)강
윈난雲南(운남)성
이바伊場(이장)
이타부키板葺(판즙)

ㅈ

자샹嘉祥(가상)
자위관嘉峪關(가욕관)
장시江西(강서)성
장쑤江蘇(강소)성
저장성浙江(절강)성
주장珠江(주강)
징저우荊州(형주)

ㅊ

창사長沙(장사)
창싱長興(장흥)
창안長安(장안)
창양長陽(장양)
청두成都(성도)
충칭重慶(중경)
츠펑赤峰(적봉)

ㅋ

카이펑開封(개봉)

ㅍ

푸젠福建(복건)성

ㅎ

항저우杭州(항주)
허난河南(하남)성
허무두河姆渡(하모도)
허베이河北(하북)성
헤이룽장黑龍江(흑룡강)성
헤이조쿄平城京(평성경)
화이허淮河(회하)강
황허黃河(황하)강
후난성湖南(호남)성
후베이胡北(호북)성
후지와라쿄藤原京(등원경)

• 일반

ㄱ

가게젠かげぜん(陰膳-음선)
가다쿠치바시かたくちばし(片口箸-편구저)
가미かみ(神-신)
가오넵gao nep
가오떼gao te
가이세키かいせき(會席-회석)
거라오족仡佬族(흘료족)
게노하시けのはし(藝の箸-설저)
겐쓰이시けんずいし(遣隋使-견수사)
겐토시けんとうし(遣唐使-견당사)
고게이바시こうげいばし(工芸箸-공운저)
고다마こだま(木霊-목령)
고시키古事記(고사기)
[고]항ご飯

까오니여우 ข้าวเหนียว
꼼co'm
꽁시共食(공식)
꽁콰이共筷(공쾌)

ㄴ

나미다하시なみだばし(淚箸-누저)
나베모노なべもの(鍋物-과물)
네부리바시ねぶりばし(舐り箸-지저)
넨시쓰마이ねんしつまい(軟質米-연질미)
누리바시ぬりばし(塗り箸-도저)
눠糯(나)
니혼쇼키日本書紀(일본서기)

ㄷ

다미판大米饭(대미반)
다우르족達斡爾族(달알이족)
다이리쿠후たいりくふう(大陸風-대륙풍)
다케토리 모노가타리たけとりものがたり
　(竹取物語-죽취물어)
다테바시たてばし(縱箸-종저)
도다이지とうだいじ(東大寺-동대사)
도리바시とりばし(取り箸-취저)
도후とうふう(唐風-당풍)
두어dūa
디앤신点心
딤섬dim sum
딩鼎(정)
따오타이道台(도태)

ㄹ

라멘ラーメン
라멘拉面(납면)
레이바시れいばし(霊箸-영저)
료쿠치바시りょうくちばし(兩口箸-양구저)
루마오인쉐茹毛飮血(여모음혈)
리鬲(력)
리우구六穀(육곡)
리우치流匙(류시)
리큐바시りきゅうばし(利休箸-리휴저)

ㅁ

마나바시まなばし(真魚箸-진어저)
마요이바시まよいばし(迷い箸-미저)
마이판麥飯(맥반)
마쿠라노소시まくらのそうし(枕草子-침초
　자)The Pillow Book
마쿠라메시まくらめし(枕飯-침반)
만요슈まんようしゅう(萬葉集-만엽집)
　Collection of Ten Thousand Leaves
만터우滿頭(만두)
메오토바시めおっとばし(女夫橋-여부교)
메이메이젠めいめいぜん(銘々膳-명명선)
미안빙麵餠(면병)

ㅂ

바오즈包子(포자)
바이구百穀(백곡)
반뗏banh Tet
벤토べんとう(弁当-변당)
비ヒ(비)

비쭈匕箸(비저)
빙餠(병)
빠셴줘八仙桌(팔선탁)

ㅅ

사구리바시さぐりばし(探り箸-탐저)
사오빙燒餠(소병)
사이바시さいばし(菜箸-채저)
샤부샤부しゃぶしゃぶ
샤오勺(작)
샤오미판小米饭(소미반)
샤오시小食
산膳(선)
젠膳(선)
성生(생)
세이메이노쓰에せいめいのつえ(生命の杖 -생명의장)
쇼가쓰しょうがつ(正月-정월)
쇼우시手食(수식)
솬양러우涮羊肉(쇄양육)
수熟(숙)
수이판水飯(수반)
수판粟飯(속반)
슈우판黍飯(서반)
슈인빙水引餠(수인병)
스기スギ(杉木-삼목)
스안食案(식안)
스워빙索餠(삭병)
스키야키すきやき(すき焼き)
시耜(사)
시라키바시しらきばし(白木箸-백목저)

시아판下飯(하반)
시안籼(선)
시족稻族(서족)
시판稀飯(희반)
신보쿠しんぼく(神木-신목)
신진쿄쇼쿠しんじんきょうしょく(神人共食 -신인공식)
신하시しんはし(神箸-신저)

ㅇ

야오족瑤族(요족)
야요이やよい(彌生-미생)
얀甌(언)
양겅羊羹(양갱)
에이세이えいせい(衛生-위생)
엔기시키えんぎしき(延喜式-연희식)
엔메바시えんめいばし(延命箸-연명저)
엔무스비바시えんむすびばし(縁結び箸- 연결저)
엔주바시えんじゅばし(延寿箸-연수저)
엔시宴席(연석)
오이와이바시おいわいばし(お祝い箸-축저)
오쿠이조메바시おくいぞめばし(お食初め 箸-식초저)
오하시おはし(御箸-어저)
오하시조메시키おはしぞめしき(お箸初め 式-저초식)
와리바시わりばし(割り箸-할저)
우구五穀(오곡)
우쓰리바시うつりばし(移り箸-이저)
우쓰호 모노가타리うつほ ものがたり(字

津保物語-우진보물어)

위쭈玉箸(옥저)

윈즈雲子(운자)

웨이성 콰이즈衛生筷子(위생쾌자)

웨이치圍棋(위기)

이쓰싱 콰이즈一次性 筷子(일차성쾌자)

이즈椅子(의자)

이치젠いちぜん(一膳-일선)

이타다키마스いただきます(戴きます)

ㅈ

자오추앙交床(교상)

자오즈餃子(교자)

잔饘(전)

젠ぜん(膳-선)

젠빙煎饼(전병)

조우粥(죽)

조주바시ちょうじゅばし(長寿箸-장수저)

창족壯族(장족)

주빙煮餠(자병)

주지루이키ちゅうじるいき(忠治類規-충치
  류규)

주쭈擧箸(거저)

증빙蒸饼(증병)

지리렌게ちりれんげ(散り蓮華)

지마芝麻(지마)

지얼几儿(궤얼)

지우-구九穀(구곡)

지쭈擊箸(격저)

지카바시じかばし(直箸-직저)

진예 지아오리우津液交流(진액교류)

징粳(갱)

쩡甑(증)

쫑즈粽子(종자)

ㅊ

차오궈탸오炒粿条(초과조)

차이菜(채)

차코에티아우chhá-kóe-tiáu

창어嫦娥(항아)

츠吃(흘)

츠안겅犬羹(견갱)

츠쭈匙箸(시저)

츠판吃飯(흘반)

치匙(시)

ㅋ

캉줘炕桌(항탁)

콩지쭈工藝箸(공예저)

콰이르快乐(쾌락)

콰이즈筷子(쾌자)

콰이즈션筷子神(쾌자신)

ㅌ

탕치汤匙(탕시)

탕빙湯餠(탕병)

탕판湯飯(탕반)

터우쭈投箸(투저)

튄겅豚羹(돈갱)

ㅍ

팡줘方桌(방탁)

퍼pho
펜스즈分食制(분식제)
푸釜(부)
풘粉(분)

ㅎ

하레노하시はれのはし(晴の箸-청저)
하시はし(橋-교, 箸-저)
하시스기 신코はしすぎしんこう(箸杉信仰
    -저삼신앙)
하시와타시はしわたし(橋渡し-교도)
하쿠라이노하시はくらいのはし(舶来の箸
    -박래저)

허스즈合食制(합식제)
헤이안平安(평안)
혼젠ほんぜん(本膳-본선)
화滑(활)
화리우치滑流匙(활류시)
후렌胡人(호인)
후빙胡餅(호병)
후쿠주바시ふくじゅばし(福寿箸-복수저)
후추앙胡床(호상)
훈툰餛飩(혼돈)
휘쭈火箸(화저)
훼이위쭈回魚箸(회어저)
히노키ひのき(檜木-회목)

| 감사의 말 |

이 책을 쓰기 위해 자료를 찾고 기록하는 과정은 내게 매우 즐거운 경험이었다. 그 과정에서 나를 도와준 분들에게 기쁜 마음으로 감사를 표하고 싶다. 내가 언제부터 젓가락 역사에 관한 책을 쓰려고 했는지 정확하게 기억나지 않는다. 그러나 내가 이 주제에 관한 책이나 논문을 찾으려고 주요 도서관의 도서목록을 온라인으로 찾기 시작한 바로 그때에, 어린이 책 몇 권을 빼고는 영어로 저술된 관련 책이 하나도 없다는 사실을 알고 깜짝 놀랐던 것은 생각난다. 내가 이 책을 쓰기로 마음먹은 것은 바로 그 때문이었다. 동시에 기존에 받은 연구비를 이용해 이 주제를 연구할 수 있는 여지가 내게 별로 없다는 사실도 깨달았다. 하지만 다행히도 나는 2010년에 프린스턴고등연구소IAS에서 다른 (그러나 관련이 있는) 주제를 연구하기 위해 권위 있는 연구 지원금을 받은 상태였다. IAS의 아시아 역사 전공 교수인 니콜라 디코스모Nicola Di Cosmo의 사려 깊은 동의와 격려에 힘입어, 기존에 연구하려던 것 대신에 이 주제에 관한 초기 연구를 진행할 수 있었다. 훌륭한 연구 시설과 친절하고 유능

한 IAS의 사무직원들 덕분에 편안하게 작업을 진행할 수 있었다. 프린스턴대학교 옆에 있는 제스트도서관 또한 매우 유용한 자료들을 많이 접할 수 있는 좋은 기회를 제공했다. IAS에서 연구 기간이 끝날 때쯤 이 연구에 관한 첫 번째 발표회를 가졌다. 디코스모 교수를 비롯한 IAS 동료 연구원들의 지식과 도움, 조언에 진심으로 감사드린다. 특히, 대니얼 보츠먼Daniel Botsman, 파티 팬Fa-ti Fan, 마리 파브로 드만쥬Marie Favereau-Doumenjou, 세라 프레이저Sarah Fraser, 김진아, 돈 와이어트Don Wyatt에게 고마운 마음을 전한다. 그 기간 동안 나는 또한 프린스턴대학교의 잉쉬 유Ying-shih Yu, 벤저민 엘먼 Benjamin Elman, 수전 내퀸Susan Naquin과 펜실베이니아대학교의 폴 골딘Paul Goldin, 샤오쥬에 왕Xiaojue Wang, 시옌 페이Si-yen Fei 같은 여러 교수에게도 많은 조언과 의견을 구했다. 다음 학년도에 나는 펜실베이니아대학교에서 방문교수로 학생들을 가르치면서 〈젓가락: 아시아 문화의 '가교'Chopsticks: 'Bridging' Cultures in Asia〉라는 제목의 논문을 발표했다.

나는 또한 미국의 브랜다이스대학교와 로완대학교, 그리고 아시아 지역에서는 중국의 푸단대학교와 베이징대학교, 중국사회과학원 근대사연구소, 타이완 국립도서관에서 그 논문을 책으로 출판할 계획을 설명했다. 중국과 일본 미술사학자인 에이더 Y. 웡Aida Y. Wong 교수는 브랜다이스대학교에 내 계획을 전달할 기회를 마련해주었다. 처음부터 이 계획의 든든한 후원자였던 에이더는 내게 관련 서적들을 빌려주고 구상 중인 책의 삽화들을 찾는 데 큰 도움

을 주었다. 상하이에 있는 푸단대학교에서의 강연은 당시 인문학고
등연구소 소장이었던 거자오광Ge Zhaoguang 교수가 주선했고, 푸단
대학교 역사학과 학과장이었던 장칭Zhang Qing 교수가 진행했다. 중
국사회과학원 근대사연구소의 자오샤오양Zhao Xiaoyang과 그녀의
동료들은 중국사회과학원에 나를 초청해서 강연할 수 있게 해주
었다. 타이완 중앙연구원 근대사연구소 소장인 황꿔우Huang Ko-wu
가 주재한 타이완 국립도서관에서의 내 연구 발표는 관내 중국학
센터의 컹리춘Keng Li-ch'un, 제인 랴우Jane Liau 등이 제안한 '전 세계
중국학 학자를 위한 센터' 시리즈의 첫 번째 강연이었다. 내가 이
책을 쓸 수 있는 용기를 얻을 수 있도록 귀중한 자리를 마련해준
모든 분에게 이 자리를 빌려서 깊은 감사의 말씀을 드리고 싶다.
또한 젓가락의 역사와 문화에 대해서 더 많은 것을 탐색할 수 있도
록 열의를 보여주고 많은 질문을 아끼지 않았던 청중에게도 고마
움을 전한다.

내 연구의 많은 부분이 2007년부터 역사학과의 창장 연구비 지
원 교수로서 여름과 겨울 학기에 학생들을 가르치고 있는 베이징
대학교에서 진행되었다. 중국 최고의 대학인 베이징대학교는 엄청
난 자료들을 소장하고 있을 뿐 아니라, 중국기본고적고中國基本古籍庫
와 한적전자문헌자료고漢籍電子文獻資料庫 같은 중요한 데이터베이스
를 갖춘 도서관이 있다. 2013년 6월, 베이징대학교에서 젓가락문화
에 관해 강연했을 때, 청중으로부터 유용한 정보와 흥미로운 질문
을 많이 받았다. 베이징대학교의 교수진과 연구원들의 아낌없는 지

원과 지지에 감사드린다. 특히 리룽궈Li Longguo, 류췌니Liu Qunyi, 루오신Luo Xin, 룽신지앙Rong Xinjiang, 왕신셩Wang Xinsheng, 왕유엔저우Wang Yuanzhou, 주샤오유엔Zhu Xiaoyuan 교수에게 감사드린다. 종위Zong Yu, 리레이보Li Leibo 같은 베이징대학교 대학원생들도 자료 조사에 많은 도움을 주었다.

이 책을 완성하기까지 가장 도움을 많이 준, 로완대학교의 역사학과에 무엇보다 큰 감사의 말씀을 드린다. 케임브리지대학교출판부에 이 책에 관한 출판 기획서를 제출하기 전에 로완대학교 역사학과에 먼저 보여주고 모든 동료 교수로부터 따뜻한 격려와 귀중한 조언을 받았다. 코니 블레이크Corinne Blake, 제임스 하인첸James Heinzen, 스콧 모샤우저Scott Morschauser, 요이 빌텐뷔르흐Joy Wiltenburg는 친절하게도 여러 장을 꼼꼼히 읽어보고 더 명확한 표현을 위한 유용한 제안을 많이 해주었다. 로완대학교의 다른 학과 동료 교수들도 내 연구 작업을 도왔다. 중국 북서 지방 토박이인 유후이 리Yuhui Li는 그 지역의 식사 전통과 풍습에 관해 많은 것을 가르쳐주었고, 히에이 헤이유엔Hieu Heyuen은 베트남의 식습관에 관한 내 질문들에 답해주었다. 후쿠모리 도모요Fukumori Tomoyo는 일본 사회의 식사 예절에 대한 유용한 정보를 직접 보여주었다. 그녀는 또한 내가 찾아보아야 할 일본 문헌들을 더 잘 이해할 수 있게 도와주었다. 따라서 그녀는 연구 보조를 위한 아르바이트 학생으로서 해야 할 의무를 훨씬 넘어서서 일한 셈이다. 진심으로 고마운 마음을 전한다. 현재 역사학과 학과장인 빌 캐리건Bill Carrigan과 로완대학교 인문·사회과학부 학장인 신디 비토Cindy Vitto는 이 책을 저술하고 자료를 찾는 동안 수시로 격려를 아끼지 않았다.

나는 자료 조사를 위해 여러 박물관을 방문하고 개인 소장 자료들을 찾아다녔다. 아시아의 음식학자들과도 두루 인터뷰했다. 특별한 젓가락들을 소장하고 있는 중국 뤼순의 뤼순박물관, 충칭의 싼샤박물관, 양저우의 양저우박물관, 상하이에서 열린 상하이 젓가락 개인 컬렉션, 한국 서울의 국립민속박물관, 일본 교토의 젓가락문화박물관, 도쿄의 국립박물관, 에도도쿄박물관을 방문하면서 박물관 관계자들뿐 아니라, 아이지커Ai Zhike, 첸윈치엔Chen Yunqian, 츠이취엔Cui Jian, 한준슈Han Junshu, 리유지에Li Yujie, 류준용Liu Junyong, 류리Liu Li, 류시롱Liu Shilong, 루오린Luo Lin, 위양쪄셩 Ouyang Zhesheng, 박미희Park Mihee, 왕난Wang Nan, 왕룽Wang Rong, 쉬유에Xu Yue, 위샤오항Yu Xiaohang, 쩽쉬에원Zeng Xuewen, 자오이Zhao Yi, 자오이펑Zhao Yifeng, 저우이핑Zhou Yiping 같은 여러 개인에게도 많은 빚을 졌다. 그들은 책에 삽화로 들어갈 유용한 이미지들을 제공하고 젓가락 사용법에 관해서도 많은 정보를 알려주었다. 특히, 2013년 6월에 함께 회의하고 이야기를 나눈 란샹 씨에게 감사를 드린다. 수십 년 동안 젓가락을 수집하고 상하이 젓가락 개인 컬렉션의 주인공인 란샹은 젓가락문화와 역사에 관해 많은 글을 쓴 저술가이기도 하다. 그를 만난 것은 큰 영광이었다. 나는 그의 전시관에서 찍은 많은 사진 가운데 일부를 내 책에 실어도 된다는 허락을 받았다. 교토의 국제일본학센터 교수인 류지안후이Liu Jianhui는

2013년 7월에 내가 교토의 젓가락문화박물관을 방문했을 때 친절하게도 동행해주었다. 비록 박물관 문은 닫혀 있었지만, 가까스로 박물관 소유주인 이즈Izu 씨를 만나 잠시 대화를 나눌 수 있었다. 그러고나서 교토의 이치하라 헤이베이 상점에 있는 젓가락 가게 방문 또한 매우 유익했다. 그 가게는 1764년에 문을 열었는데, 일본에서 가장 오래된 젓가락 가게 가운데 하나다. 그 가게의 특징을 소개하는 '젓가락: 음식과 문화를 이어주는 도구'라는 흥미로운 제목의 기사를 내게 나누어준 가게 주인에게 감사의 말씀을 드린다. 그 기사는 일본에서 젓가락과 다리[橋]의 발음이 똑같기 때문에 젓가락은 서로 다른 문화들 사이의 소통과 교환을 위한 수단이라는 점을 강조한다.

또한 필요한 자료들을 찾을 수 있게 도와주거나 궁금해하는 것들에 답을 주고 실마리를 제공해준 한장Han Jiang, 한준슈와 젱쉬에원(다시 한 번!), 임지현Lim Jie-hyun, 오카모토 미치히로Okamoto Michihiro, 판쾅쥐Pan Kuang-che, 데니스 리조Dennis Rizzo, 선웨이궈Sun Weiguo, 싱이티엔Xing Yitian, 저우빙Zhou Bing에게도 고마움을 전한다. 온초 웅On-cho Ng과 디 왕Di Wang, 그리고 익명의 두 사람이 내가 케임브리지대학교출판부에 제출한 최초의 출판 기획서를 읽고 귀중한 제언을 했다. 그들의 아이디어는 책의 구성을 다듬고 개선하는 데 매우 유익했다. 그들에게도 감사의 말씀을 드린다. 나와 이 책을 쓰는 것에 대해 처음으로 논의했던 케임브리지대학교출판부의 매리골드 애클랜드Marigold Acland는 처음부터 이 프로젝트의 든든한 후원자였다. 초고를 끝마친 뒤, 매리골드의 후임자인 루시 라이머 Lucy Rhymer와 같은 출판부 어맨다 조지Amanda George의 도움을 많이 받았다. 그들의 전문 지식과 지원이 없었다면 이 책은 지금과 같은 모습으로 나오지 못했을 것이다.

이 책을 우리 어머니와 아들에게 바친다. 내가 지금까지 젓가락질을 제대로 할 수 있었던 것은 모두 어머니의 가르침 덕분이다. 또한 이제 젓가락을 사용하기에 충분한 나이가 된 우리 아들도 이 전통을 계속 이어가서 자기 자식들에게도 전수하기를 바란다. 마지막으로 아내 니Ni에게 진심으로 고마운 마음을 전한다. 그녀도 대학교수로서 이와 같은 작업을 완성하기 위해 얼마나 많은 노력이 들어가는지 깊이 이해하고 있다. 그동안 아내가 보여준 인내와 지원에 말로 표현할 수 없을 정도로 큰 감사를 드린다.